생태복지국가를 향하여

홍성태

진인진

생태복지국가를 향하여

초판 1쇄 발행 | 2019년 4월 20일
2판 1쇄 발행 | 2021년 7월 31일

지은이 | 홍성태
편 집 | 배원일
발행인 | 김태진
발행처 | 진인진
등 록 | 제25100-2005-000003호
주 소 | 경기도 과천시 별양동 1-14 과천오피스텔 614호
전 화 | 02-507-3077~8
팩 스 | 02-507-3079
홈페이지 | http://www.zininzin.co.kr
이메일 | pub@zininzin.co.kr

ⓒ 진인진 2021
ISBN 978-89-6347-471-7 93300

* 이 책은 2017년도 정부(교육부)의 재원으로 한국연구재단의 지원을 받아 수행된 연구임
  (NRF-2017-S1A3A2067220).

목차

2판 머리말 - 생태복지국가의 절박성   5

1판 머리말 - 생태적 전환을 위해   9

제1부 생태복지국가의 전망   13
- 제1장 생태위기와 생태론적 전환   15
- 제2장 생태복지의 의미와 과제   47
- 제3장 한국 사회의 발전과 생태적 복지국가   65
- 제4장 생태위기와 미국의 책임과 대응   101

제2부 생태정의와 생태문화사회   127
- 제5장 생태위기와 세대정의   129
- 제6장 생태문화사회와 사회운동   159
- 제7장 생태문화적 개발의 과제와 전망   185
- 제8장 동계올림픽 3수 도전과 강원도의 미래   205
- 제9장 용산 미군기지를 용산 생명의 숲으로   223

제3부 '4대강 사업'과 생태위기의 극단화   245
- 제10장 이명박 운하와 문화 대파괴   247
- 제11장 '4대강 살리기'와 농업 문화의 대위기   267
- 제12장 토건국가의 환상, '4대강 죽이기'   287

제13장 한국의 물 위기 301
제14장 파괴토건국가를 생태복지국가로! 327

제4부 공동체와 생태적 전환 357
제15장 지역발전과 공동체운동 359
제16장 시민사회와 생태주의 교육 397
제17장 사회운동의 생태적 전환과 연대 431
제18장 생태복지국가 연대의 형성 451

결론 – 생태복지국가를 향하여 473

2판 머리말
생태복지국가의 절박성

『생태복지국가를 향하여』가 대한민국 학술원의 '우수 학술 도서'로 선정되어 다시 펴낼 수 있게 되었다. 내용을 고치는 것은 아니어서 2쇄로 해야 하나 행정 상의 이유로 2판으로 펴내게 되었다. 짧게나마 머리말은 새로 써서 생태복지국가의 과제에 대한 의견을 추가하고자 한다.

지구의 기후위기가 계속 악화되고 있다. 과학자들은 공업화 이전에 대비해서 지구의 기온이 1.5도 이상 오르게 되면 지구는 걷잡을 수 없는 대재앙을 맞게 될 것이라고 설명한다. 공업화는 1760년대에 영국에서 시작된 생산 혁명으로 석탄과 석유를 태워 막대한 양의 탄소를 대기 중으로 방출해서 지구의 기후위기를 초래했다. 과학자들은 지구의 기후위기를 저지하는 목표년도를 2030년으로 제시했으나 이제는 2025년도 위험하다는 의견이 제시되고 있다.

2021년 4월 22~23일 '세계 기후 정상회의'(Leaders Summit on Climate)가 화상으로 열렸다. 이 회의는 지구의 기후위기가 정말 심각한 상태에 있다는 사실을 다시 확인하고 세계 각국의 책임과 적극적인 대처를 촉구했다. 생태적 전환은 이미 절박한 생존의 과제이고 발전의 과제다. 생태적 전환을 이루지 못한다면, 생존은 없고, 발전도 없다. 지구의 기후위기를 완화하기 위한 방안은 탄소의 배출을 최대한 줄이는 것과 배출된 탄소를 최대한 없애는 것이다. 건물, 공장, 차량 등 3대 탄소 배출원의 탄소 배출을 최대한 줄여야 하고, 산림, 강변, 갯벌 등을 최대한 보존-복원해서 배출된 탄소를 최대한 없애야 한다.

여기서 결정적 의미를 갖는 것은 시간이다. 최대한 빨리 필요한 조치들을 시행해야 한다. 지금부터 30년 뒤, 40년 뒤, 50년 뒤, 100년 뒤 등을 전망하고 논하는 것은 극히 위험한 공염불이 될 것이다. 2030년을, 아니 2025년을 목표년도로 설정하고 기후위기에 대한 대응을 전면적으로 실천해야 한다. 이 점에서 '강 죽이기'에 이어 '산 죽이기'가 강행되는 것은 극히 잘못된 것이다. 어느 것이나 탄소 줄이기에 맞지 않는 것이며, 임박한 대재앙의 시간을 고려하면 더욱 더 그렇다.

생태복지국가는 인류의 생존과 발전을 위한 최상의 목표지만, 그 구체적인 과제와 경로는 국가들의 상태에 따라 다르다. 한국은 '강 죽이기'에 이어 '산 죽이기'도 강행되는 '토건국가' 문제를 혁파해야 한다. 한국에서는 핵발전소 건설도 토건국가 문제와 직결되어 있다. 토건국가의 정부조직과 예산구조를 생태복지국가의 그것으로 혁신해야 한다. 이것이 한국에서 생태적 전환의 핵심이다. 생태적 전환은 그럴듯한 말과 글로 이루어지는 것이 아니라 정부와 산업의 전환으로 이루어지는 것이다.

서울 북한산 비봉 아래 은민재에서
2021년 6월 3일
홍성태

1판 머리말
생태적 전환을 위해

I.

현대 사회의 가장 거대한 문제는 바로 생태위기이다. 지구는 생태계를 이루고 있고, 인간은 그 생태계의 한 요소이다. 인간은 지구 생태계를 이용해서 엄청난 풍요와 편리를 이루었다. 그러나 바로 그 때문에 인간은 생태위기를 초래했다. 생태위기는 지구 생태계의 파멸 위기이고, 지구 생물의 멸절 위기이고, 인간의 자멸 위기이다. 인간은 거대한 풍요와 편리를 이룬 결과로 극심한 자멸의 위기에 처한 것이다.

현대 사회의 이런 모순적 상황을 가리키기 위해 독일의 사회학자

울리히 벡은 '위험사회'라는 개념을 제시했다. 이에 따르면 현대 사회의 파멸적 위기는 현대 사회의 외부에서 온 것이 아니라 그 내부에서 정상적으로 생산된 것이다. 현대 사회는 풍요와 편리를 이루기 위해 숱한 위험을 생산하는데, 이 엄중한 사실에 제대로 대처하지 않으면 결국 파멸하게 된다. 지구 온난화로 대표되는 생태위기는 그 명백한 증거가 아닐 수 없다. 유엔과 과학자들은 날로 악화되는 지구 온난화의 추세를 막지 못하면 21세기가 다 가기 전에 지구는 죽음의 별이 될 것이라고 경고하고 있다.

생태위기를 완화/극복하기 위해 우리는 무엇을 해야 할 것인가? 즉각 현대 문명을 버리고 전근대의 생태 문명으로 되돌아가야 한다고 주장하는 사람들이 있다. 그러나 이것은 불가능한 주장이다. 설령 그렇게 할 수 있다고 해도 생산력의 급락으로 말미암아 수많은 사람들이 크나큰 고통을 당하고 죽게 될 것이다. 우리는 가장 시급한 문제부터 해결하는 방식으로 생태위기를 완화/극복하고 생태적 전환을 이루어야 한다. 우리는 인류가 이룩한 최고의 역사적 성과인 복지국가를 지켜야 한다. 그것은 오직 복지국가의 생태적 전환을 통해, 즉 생태복지국가를 통해 이루어질 수 있다.

우리는 문제를 최대한 과학적으로 이해하고 해결하기 위해 애써야 한다. 물론 과학은 생태위기의 원천이며, 심지어 '과학 사기'도 횡행하고 있다. 그럼에도 불구하고 유엔이 그렇게 하고 있듯이 과학은 문제의 인식과 해결을 위해 가장 중요하다. 우리는 과학에 입각해서 현대 사회의 생태적 전환을 추구해야 한다. 그런데 과학은 문제를 설명하는 것이고, 문제를 해결하는 것은 정치다. 따라서 생태적 전환을 이루기 위해서는 결국 생태 정치의 활성화가 이루어져야 한다. 이런 점에서 생태적 전환의 궁극적 동력은 결국 시민의 생태적 각성과 실천이다. 여기서 언론의 역할이 대단히 중요하다.

II.

생태복지국가는 생태위기의 시대에 인류가 추구해야 할 최고의 발전 과제일 것이다. 그것은 자연의 한계를 존중하며 인간의 복지를 추구하는 국가를 만드는 것이며, 이런 점에서 그것은 국가 개혁을 핵심으로 하는 전통적인 구조 개혁의 연장선상에 있는 것이기도 하다. 구조 개혁은 사회의 기본 상태를 규정하는 사회 구조의 개혁을 뜻한다. 국가는 합법적 강제력인 권력을 이용해서 사회의 작동을 규정하기 때문에 국가 개혁은 구조 개혁의 핵심을 이루게 된다. 근대화와 함께 본격화된 구조 개혁은 민주주의의 정립을 거쳐 복지국가의 형성으로 나아갔다. 복지국가는 구조 개혁의 한 정점이다.

생태위기에 대응해서 복지국가는 생태복지국가로 발전해야 한다. 구조 개혁은 좋은 사회를 만드는 데 있어서 여전히 가장 중요하다. 그러나 이제 그것은 생태위기를 완화/극복하는 것을 가장 기본적인 과제로 추구해야 한다. 그런데 여기서 우리는 공동체의 역할에 주목해야 한다. 엘리너 오스트롬이 공동자원 연구를 통해 밝혔듯이 공동체는 자치를 통해 자연을 지키며 존속할 수 있다. 이런 점에서 생태복지국가는 국가기구의 개편과 함께 공동체의 보호를 중요한 과제로 추구할 필요가 있다. 공동체는 국가 개혁의 사회적 기반이 되는 동시에 공동자원을 통해 생태적 혁신의 원천이 될 수 있다.

공동체는 국가와 시장을 넘어서 생태적 전환과 사회적 혁신을 이루기 위한 '제3의 길'처럼 제시되고 있기도 하다. 종래의 국가-시장-시민사회의 3분론이 시나브로 국가-시장-공동체의 3분론으로 바뀌었다. 그런데 공동체가 생태위기를 완화/극복하기 위한 주체가 되기 위해서는 민주적 원리와 생태적 실천에 기반을 둔 시민적 공동체여야 한다. 이런 점에서 공동체는 시민의 자율-자치 영역인 시민사회의 하위 범주로 파악될 수 있다. 사실 공동체가 여러 제약을 이기고 건강하게 존속하는 것을 넘어서 생태적 전환의 주체가 되기 위해서는 시민사회에 기반을 둔 시민적 공동체로 발전해야 할 것이다.

 필자는 1998년 가을에 처음으로 생태적 전환과 생태복지국가에 관한 논문을 발표했다. 그로부터 어느덧 20년의 세월이 흘렀으나 그 동안 생태위기는 더욱 더 악화되었다. 이 책은 그 고통스러운 경과의 기록이다. 필자는 2014년 9월에 공동자원 연구를 주제로 하는 제주대학교 SSK 연구단에 참여하면서 이에 관해 많은 공부를 하게 되었다. 그렇게 해서 갖게 된 새로운 눈으로 지난 글들을 보자니 당연하게도 많은 한계와 문제가 눈에 띈다. 그러나 이 글들에서 다룬 문제들과 제시한 제안들은 여전히 유효한 것으로 보인다. 부디 생태복지국가의 희망이 머지않아 우리의 현실이 되길 바란다.

서울 북한산 비봉 아래 은민재에서
2019년 4월 1일

홍성태

제1부
생태복지국가의 전망

제1장
생태위기와 생태론적 전환
– 새로운 생태사회를 향한 전망 –

I. 생태위기의 세기말

이제 노스트라다무스가 예언한 바로 그 종말의 해가 시작된다. 어쩌면 휴거론이 더욱 극성을 떨지도 모르겠다. 그러나 종말에 대한 두려움을 단지 세기말에 대한 정서적 반응의 한 축[1]으로만 치부할 수는 없을 것이다. 그것은 생태위기가 이미 우리의 현실이 되어 버렸기 때문이다.

---

[1] 또 하나의 축은 새로운 천년에 대한 무한한 희망이며, 이 '의지의 낙관주의'를 지지하는 가장 강력한 지렛대는 17세기부터 시작하여 20세기에 만개한 현대의 과학기술이다.

예컨대 1998년을 돌이켜 보자. 봄같지 않은 봄이 오더니, 여름같지 않은 여름이 이어졌고, 가을같지 않은 가을이 뒤따랐다. 이러한 국지적 이상기후가 지구적 이상기후와 관련되어 있다는 것은 이제는 잘 알려진 사실이다. 최근에는 남극 상공의 오존층 구멍이 북미주 전체보다도 넓은 면적으로 확대되었다는 보도도 있었다. 이로 인해 피해를 입는 것은 남극의 펭귄이나 파타고니아의 양떼들만이 아닐 것이다. 생태계의 순환은 한 곳의 이상을 곧 지구 전역의 이상으로 확산시킨다. 지구는 하나의 생태계인 것이다. 지구 온난화에 관한 오랜 논란은 최근에 들어와 종지부를 찍게 되었다. 그간 회의론자들은 인공위성을 통한 대기권 관측결과를 바탕으로 지구 온난화를 부정해 왔다. 대기권 관측 위성이 지표면 3.5km 상공의 기온을 측정한 결과에 따르면, 10년에 $0.05\,^{\circ}C$ 정도로 대기온도가 낮아지는 것으로 나타났던 것이다. 그러나 최근의 조사결과에 따르면 이 관측결과는 궤도상의 위성고도가 낮아지면서 나타난 잘못된 계산이었다. 내심 회의론자들의 주장에 희망을 걸어 보기도 했지만, 불행하게도 지구 온난화는 실제로 진행되고 있었다(〈한겨레신문〉, 1998/8/17).

문제의 심각성을 보여주는 예들은 너무도 많다. 그럼에도 불구하고 문제들 간의 연관성이 너무나 복잡하기 때문에 결과를 구체적으로 예측하기란 대단히 어렵다. 비관주의에 합당한 이유가 있는 것처럼, 낙관주의에도 나름대로의 근거가 있는 것이다. 그러나 우리가 이미 체감하고 있는 현실과 여러가지 과학적 근거에 비추어 보았을 때, 우리의 행성 곳곳에서 빈발하고 있는 환경문제들의 심각성은 이미 분명하며, 나아가 그것들을 개별적인 사안으로 다루는 것은 잘못된 것임이 분명하다. 이 문제들은 우리가 그 한 구성요소인 생태계 자체가 심각한 재생산의 위기에 처해 있음을 보여주는 징후들인 것이다. 이 위기

의 심각성을 이해하기 위해서는 생태계에 대한 올바른 이해가 선행되어야 한다.[2]

생태계란 생물계의 다른 이름이 아니라, 저 먼 옛날부터 복잡한 공진화를 계속하고 있는 생물계와 비생물계의 복합체를 의미한다. 공진화란 생물계와 비생물계가 상호관계를 형성하고 변화해 간다는 것을 뜻한다. 이같은 공진화는 지구상에 존재하는 모든 종류의 생물체와 비생물체에 해당된다. 따라서 환경문제로 분류되는 갖가지 오염과 고갈 문제들, 즉 수질오염, 대기오염, 해양오염, 지구 온난화, 오존층파괴 등은 단순히 물리적 환경의 변화에 그치는 것이 아니라, 바로 그 환경과 함께 공진화하는 모든 생물들에게 영향을 미치는 것이다. 인간만은 예외라는 논리는 여기서 결코 성립되지 않는다.

생태위기란 인간의 사회활동에 의해 초래된 생태계의 재생산 위기이다. 생태계가 재생산의 위기에 처했다는 것은 인간을 포함한 모든 생물이 절멸의 위기에 처했다는 것을 의미한다. 지구가 태양계의 다른 행성들처럼, 아니 우주의 저 헤아릴 수 없이 많은 행성들처럼, 생물이 존재하지 않는 황량한 광물 덩어리가 되어 버릴 가능성이 바로 생태위기인 것이다. 1960년대 서구에서부터 시작된 이 문제의 심각성에 대한 자각은 그 동안 많은 변화를 가져왔다. 그 중에서도 생태계라는 개념의 발달사 속에서 드러나는 자연관의 변화는 특기할 만한 것이다. 생물과 무생물의 무작위적 연관이 아니라 체계적 조직을 의미하는 이 개념은 인간과 사회가 자연의 생태적 순환과정 속에서 벗어날 수 없는 존재임을 보여준다. 만물의 영장은 만물이 있을 때 비로소 존재할 수

---

2 생태계라는 용어는 1935년에 영국의 식물학자인 탠슬리(Arthur Tansley)가 '생물적 구성요소와 무생물적 구성요소를 하나로 묶어서 생각'하기 위해 고안하였다(Odum, 1993: 59).

있는 것임을, 만물이 생존의 위기에 처했을 때는 만물의 영장도 마찬가지의 위기에 처하는 것임을, 이 개념은 보여준다. 그러나 위기에 대한 대응은 아직 미약하기만 하다. 그것은 생태위기가 바로 현대 사회의 존재론적 위기이기 때문이다. 무엇보다도 생태위기의 가장 중요한 특성은, 그것이 사회에서 비롯된 위기이며 사회의 변화를 촉구하는 위기라는 점에 주의해야 한다.

생태위기는 우선 자연환경의 위기라는 형식으로 나타나지만, 사회활동의 결과로서 사회의 존재방식의 변화를 촉구하는 위기이다. 생태위기는 궁극적으로는 사회의 존속 자체를 위기로 몰아가지만, 불평등한 사회 현실을 매개로 바로 그 불평등한 사회 현실을 악화시킨다. 바로 이 때문에 생태위기에 대한 자각이 그에 대한 일관된 합리적 대응으로 이어지지는 않는다. 예컨대 지구환경문제는 지구가 하나의 생태계라는 사실을 여실히 보여주는 것이지만, 그 하위계로서 사회는 많은 조각들로 분열되어 있다는 사실을 뚜렷이 부각시키기는 것이기도 하다. '하나의 지구에서 하나의 세계로'(WCED, 1987)라는 과제는 결코 달성하기 쉬운 과제가 아닌 것이다. 이 과제에 적절히 대응하기 위해서는 사회적 분열과 함께 현대 사회의 공통기반인 공업생산력과 거대 사회체계에 대해서도 적절히 대응할 수 있어야만 한다. 예컨대 미야자키 하야오 감독이 그의 명작 만화영화 〈미래소년 코난〉에서 보여주었듯이, '인더스트리아'라는 위계적 공업문명의 몰락을 통해서만 비로소 '하이하바'라는 새로운 태양문명은 시작되는 것이다.[3] 실제로 지금까지의 상황을 보면, 계급모순과 남북문제로 대변되는 사회적 분열뿐만

---

3 이러한 인식은 카프라에게서 가장 정교한 형태로 발전되었다. 이에 대해서는 F. Capra(1981)를 참조.

아니라 현대의 공업생산력과 거대사회체계 자체가 생태위기의 직접적 원인으로 나타나고 있다. 이렇게 보면 구조적 차원의 문제는 사회적인 것과 기술적인 것이 결코 분리될 수 없는 형태로 융합되어 있는 것으로 나타난다. 그러나 또한 구조적 차원에 대한 관심만으로는 부족하다. 왜냐하면 우리가 일상을 영위하는 과정 자체가 구조적 차원의 문제를 재생산하는 과정이기 때문이다. 생태위기는 이같은 구조/행위의 복합적 산물이다.[4] 문제의 진정한 난점은 여기에 있다고 할 수 있다. 즉 위기의 원인이 저기 어딘가에 따로 있는 것이 아니라, 우리 자신이 일상을 영위하는 과정에서 재생산된다는 것이다. 주체와 대상의 분리는 자연에 대해서만 작동하는 것이 아니라, 사회에 대해서도 역시 작동하고 있다. 따라서 이 잘못된 구분을 넘어서기 위해서는 사회구조의 변화뿐만 아니라 개별 주체 차원의 성찰적 변화가 동시에 전개되어야 하는 것이다.

II. 생태적 합리성

결국 생태위기는 사회적 분열, 공업생산력, 거대사회체계로 표상되는 현대 문명의 위기인 동시에 이런 거시구조 속에서 배태되고 충족되는 미시적 욕구와 욕망에 기반한 일상생활의 위기이기도 하다. 단순한 자연환경의 위기에 머무는 것이 아닌 것이다. 좀더 근원적으로 이 위기

---

[4] 예컨대 필자는 지금 이 글을 현대 전자문명의 총화인 컴퓨터를 이용하여 작성하고 있으며, 독자들은 역시 현대 전자문명을 이용하여 출판된 책을 통해 읽고 있다. 우리의 읽고 쓰는 행위조차 현대 거대공업문명의 체계 속에서 비로소 실현되는 것이다. 이처럼 지극히 개인적이고 사소해 보이는 것들이 거대한 체계의 구성요소로서 구현되는 것이 우리의 현실이다.

는 근대적 합리성의 대변자로서 경제적 합리성과 연관된다. 그리고 이에 대한 비판으로서 생태학에 근거한 합리성의 재구성, 즉 생태적 합리성이 추구된다.

1. 경제학에서 생태학으로

경제학이 근대의 지배적 학문으로 자리잡은 것은 자본주의의 성립뿐만 아니라 그 생산력 기반인 공업의 발달과 밀접한 연관이 있다. 그것은 공업생산력에 의해 급팽창한 물질적 생산과 분배체계로서 자본주의를 관리하고 통제하기 위한 학문으로 성립된 것이다. 근대경제학은 자기의 노동에 근거하지 않은 소유, 따라서 타인 노동의 착취에 근거한 소유를 정당화하는 방식으로 자본주의를 합리화하였다. 그리고 이에 대한 가장 철저한 비판이 맑스에 의해 '정치경제학 비판'의 이름으로 수행되었다. 맑스의 비판은 근대경제학에 대한 파산선고이며, 그것을 배태한 자본주의의 내적 모순을 백일하에 드러내는 것이었다. 그러나 그 첨예한 차이와 대립에도 불구하고, 양자는 자연을 자원으로 본다는 공통의 기반 위에서 성립되었다. 양자는 자연/대상과 인간/주체의 그릇된 대당을 공유하고 있는 것이다. 이 대당의 문제점은 상당한 기간동안 문제가 되지 않았다. 그러나 2차대전 이후 포드주의의 확산 및 소비사회의 성립과 함께 생태위기가 시작되면서 이 대당은 본격적으로 문제시되기 시작하였다. 그것은 공업생산력의 성격에 대한 본격적인 문제제기의 시작이기도 했다.[5]

---

[5] 물론 이것은 자본주의 사회를 대상으로 하는 주장이다. 사회주의 사회의 경우는 결코 소비사회에까지 이르지도 못했기 때문이다. 사회주의 사회는 만성적인 결핍사회 혹은 부족사회였다. 따라서 사회주의 사회의 생태위기는 자본주의 사회의 그것과 여러 면에서 다른 원인과 양상을 보이며 전개되었지만, 그

영어의 어원으로 보았을 때, 경제와 생태는 공통의 어근을 가지고 있다. 오이코스(oikos)가 그것으로 집이라는 의미를 가진다. 경제학을 뜻하는 오이코노미아(oikonomia)는 원래 '집의 경영'을 의미한다. 이런 식으로 보자면, 생태학을 뜻하는 오이코로기(oikology)는 원래 '집의 과학'을 의미한다고 할 수 있다.[6] 이처럼 어원적으로 보자면, 양자는 집이라는 동일한 대상과 관련된다. 이 집은 물론 우리가 거주하는 주택과 가정만을 의미하는 것이 아니라 그것을 포함하며 존속시키는 자연 자체를 뜻한다. 그러나 양자는 중요한 차이를 가지고 있다. 전자가 '오이코스의 인위적이고 우연적인 법칙만을' 파악한다면, 후자는 '오이코스의 근본원리'를 추구하는 것이다. 이로부터 '오이코스를 좀더 근본적으로 이해하는 것(생태학)이 우리가 그것을 경영하는 것(경제학)에 도움을 준다고 주장하는-사실상 처방하는-' 기획이 나타난다(Tim Hayward, 1994: 117-118). 이러한 인식이 나타나게 된 것은 물론 경제활

럼에도 불구하고 양자는 공업생산력과 거대사회체계에서 비롯된 문제라는 역사적 특성을 공유한다. 현실 사회주의의 예에서 분명히 확인해야 할 것은 자본주의 비판만으로는 결코 생태위기에 적절히 대응할 수 없다는 사실이다. 공업생산력과 거대사회체계에 대한 비판이 전제되지 않는 한 현실의 사회체제에 대한 비판은 그것을 넘어서는 새로운 전망을 제시할 수 없다. 공업생산력과 거대사회체계는 체제의 차이를 넘어서 현대 사회가 기반하고 있는 메타적 준거이기 때문이다. 이 메타적 준거는 단순한 이용의 대상이 아니라 철저한 비판과 변혁의 대상이다. 이 과정은 당연히 현실의 지배적인 사회체제로서 자본주의에 대한 비판을 함축하지만, 자본주의에 대한 비판은 그 자체로는 이 메타적 준거에 대한 비판을 전혀 함축하지 않는다.

6   실제로는 생태학(ecology)은 1866년에 생물학자인 에른스트 헤켈이 유기체와 환경의 연관을 가리키기 위해 처음으로 고안한 용어로서 이후 생물학의 하위분과로서 확립되었다(Odum, 앞의 책: 59).

동이 소중한 집을 사정없이 파괴하기에 이르렀기 때문이다. 이같은 상황을 이해하고 극복하기 위해 생태계라는 개념에 근거하여 생태학이라는 학문이 재구성되고 널리 확산되었던 것이다.

 공업력은 자연을 적극적으로 개조함으로써 자연적 순환과정을 교란시키고 파괴한다. 경제학은 이러한 공업력을 생산력으로만 파악하는 일면성을 보인다. 그것이 가지고 있는 파괴적 속성은 부수적 효과 혹은 경제외적 효과로만 인정된다. 이것은 경제학이 자연/대상과 인간/주체의 대당 위에서 성립된 것임을 보여주는 것이면서, 생태파괴의 효과에서 상대적으로 덜 영향을 받는 지배계급의 처지에서 성립된 것임을 보여주는 것이다. 반면에 생태학은 자연 내의 존재로서 인간이 이 행성의 모든 존재들과 함께 하나의 지구생태계를 구성한다는 사실을 보여준다. 현재의 공업력은 생산력인 동시에 이같은 지구생태계를 위태롭게 하는 살상력으로 파악된다. 동시에 자연은 더 이상 자원으로만 다루어지는 것이 아니라 인간을 존재론적으로 구속하는 본원적 근거로서 인식된다. 따라서 생태위기의 현실을 인식하는 순간, 경제학은 이제 생태학의 원리에 근거하여 재구성되지 않으면 안되는 처지에 놓이게 된다.

2. 생태학의 원리

오늘날 생태학은 지구의 모든 생명체와 비생명체가 함께 구성하는 복잡계로서 생태계에 대한 이해를 추구하는 학문으로 정립되었다. 본래 생물학의 하위분야로 출발한 생태학이 오늘날 하나의 메타이론으로 확장된 까닭은 '생태계'라는 개념의 형성과 밀접한 연관을 맺고 있다. 이 개념은 생명체와 비생명체의 체계적 연관을 보여주는 동시에 그 연관을 지구 전체의 수준에서 확인함으로써 세계를 보는 다른 시각을 제시하였다.[7] 메타이론으로서 생태학은 이같은 의미의 생태계를 그 대상으로 하며, 그 주요원리는 다음의 네가지 법칙으로 정리될 수 있다(B. Commner, 1972: 35-50).

① 생태학의 제1법칙: 모든 것은 서로 연결되어 있다. 자연계에 존재하는 모든 것은 50억 년에 걸친 지구의 진화과정의 결과로서 복잡한 인과연쇄를 맺고 있다. 이 인과연쇄의 과정은 상당한 정도의 확대/강화의 과정을 초래한다. 따라서 한 곳에 약간의 이상이 있어도 그 영향은 크고 멀리까지 미치며 오랫동안 지속될 수도 있다.[8]

② 생태학의 제2법칙: 모든 것은 어디엔가로 가야 한다. 자연계에는 쓰레기라는 것이 없다. 자연계의 모든 것은 결코 사라지지 않고 끝없이 순환한다. 그러나 예컨대 플라스틱은 이런 식으로 순환되지 않는다. 공업적 생산과정과 그 생산물은 이렇게 자연의 순환운동을 깨뜨린다는 점에서 근원적인 문제점을 안고 있는 것이다.

---

[7] 이것은 단순히 다른 시각에 그치는 것이 아니라, 지배과학으로서 서구 근대과학에 대항하는 새로운 시각을 뜻하는 것이기도 하다. 이에 대해서는 Capra, 앞의 책을 참조.

[8] 이것은 생태계가 복잡계로서 갖는 중요한 특성이다. 특히 출력에서의 미세한 차이가 복잡한 운동을 통해 출력에서 거대한 차이로 나타날 수 있음을 의미하는 '카오스이론'의 '나비효과'와 관련된다. 갈릴레오 이래의 근대과학이 함축하고 있던 환원주의적 인식론과 결정론적 세계관은 자연/대상과 인간/주체라는 잘못된 대당을 지탱한 가장 근원적인 준거였다. 양자역학으로 촉발된 20세기의 새로운 과학혁명은 근대과학의 한계를 지속석으로 노출시키고 교정하는 역할을 수행했다. 복잡성에 대한 인식은 그 모든 과정의 총화로 나타났다. 생태계라는 개념과 그것이 복잡계라는 인식은 생태적 합리성의 핵심을 이룬다.

③ 생태학의 제3법칙: 자연이 가장 잘 안다. 자연계에 가해지는 주요한 인위적 변화는 어떤 것이라도 자연계에 해롭다. 자연계는 오랜 시간에 걸쳐 이루어진 복잡미묘한 균형과 자기보정의 체계이다. 자연계에 가해지는 주요한 인위적 변화는 바로 이러한 체계를 교란시키게 된다.

④ 생태학의 제4법칙: 공짜 점심이란 없다. 인간의 행위에 의해 무엇인가 제거된다면 그것은 다른 것으로 반드시 대체된다. 이 과정에서 치루어야 하는 댓가의 지불은 연기될 수 있을지언정 피할 수는 없다. 그리고 어느날 자연은 우리에게 그 댓가를 일시불로 지불할 것을 요구할 수도 있다. 그것은 바로 지구생태계의 대파국을 의미한다.

이 원리에서 알 수 있듯이 생태계는 연관과 순환의 체계이다. 당연히 인간도 이 체계의 구성요소이다. 즉 인간은 이 체계의 외부에 존재하면서 이 체계를 자신의 의지대로 통제할 수 있는 존재가 아니라, 이 체계의 내부에 존재하면서 이 체계를 그 원리에 따라 이용할 수 있는 존재일 뿐이다. 따라서 이 원리는 자연을 단순히 인간의 욕구충족을 위한 자원으로 파악하고 목적의식적인 개조의 대상으로 간주하는 경제적 합리성의 원리와는 전적으로 대립되는 것이다.[9] 요약컨대 코머너의 원리는 전체론과 관계론에 기반한 생태적 순환론이라고 할 수 있다. 이 원리는 우선 자연에 대한 배려라는 내용으로 나타나며, 이것이

---

9 물론 이것은 합리성 자체를 부정하는 것이 아니다. 생태적 합리성은 경제적 합리성에 대한 '합리적 비판'이며, 비합리적인 호소가 아니라 합리적인 실증과 논증으로 구성된다. 이것은 근대 과학을 부정하는 것이 아니라 그것의 제한성을 인식하고, 새로운 과학적 성과에 기반하여 근대 과학을 재구성하려는 노력들과 연관되어 있다.

결국은 인간 자신에 대한 배려[10]라는 내용으로 귀결된다. 이 점에서 생태학의 원리는 겸손과 절제의 윤리에 기반한 새로운 인간중심주의의 과학적 기반을 제공하는 것이라고 하겠다.

3. 엔트로피의 원리

엔트로피라는 개념은 오늘날 대단히 다양한 방식으로 사용되고 있다. 본래는 물리학의 개념으로 출현하였으나, 20세기 중반 이후 정보이론, 통신이론, 사이버네틱스와 체계이론의 중요 개념이 되었으며, 현대 생태학에서도 핵심적인 개념으로 확립되어 있다. 앞에서 살펴 본 생태학의 원리가 생태계의 복잡한 상호연관과 순환에 대한 인식을 통해 기존의 자연-사회관 및 경제적 합리성의 문제점을 드러낸다면, 엔트로피론은 변화의 비가역적 방향성과 궁극적인 순환불가능성을 중심으로 생태계의 궁극적 한계를 보여준다.

원래 엔트로피라는 용어는 1865년에 독일의 물리학자인 클라우지우스(Rudolf Clausius)에 의해 고안된 것으로, 그리스어에서 변형을 뜻하는 tropy와 동력학적 양을 의미하는 energy를 합성한 것이다. 클라우지우스는 에너지의 변화에는 방향이 있다는 것을 의미하기 위해 이처럼 에너지의 변형, 혹은 변형 에너지라는 뜻을 지니는 합성어를 고안했던 것이다. 이 용어는 단지 새로운 발견의 수준에 머무는 것이 아

---

[10] 이와 관련된 것으로 후세에 대한 배려라는 논리를 들 수 있다. 이것은 지속가능한 발전론의 두가지 핵심 중의 하나로서, 미래의 견지에서 현재를 제어한다는 사회적 시간관의 중요한 변화를 초래하는 것이기도 하다. 이에 비해 개발지상주의의 파우스트적 시간관에서 미래는 오직 현재의 축적이며 산물일 뿐이다. 이것은 '내일은 내일의 태양이 뜰 거야'라는 오하라 식의 태도에서 잘 드러나며, 낙천주의라는 이름으로 합리화되고 또는 칭송되기도 했다.

니라 물리학적 세계관 자체의 변혁을 초래한 일대 발견으로 인정된다.[11] 물리학적으로 엔트로피론은 18세기 말에 대두되어 19세기 중반에 확립된 열역학의 제2법칙을 의미한다. 19세기 초반에 들어와 전기, 자기, 열, 빛 등의 자연 현상들은 물질에 내재하는 단일한 힘의 다양한 효과로서 상호변환될 수 있다는 사실이 밝혀졌는 데, 19세기 초에 토마스 영은 이 효과를 가리키기 위해 활력도 아니고 힘도 아닌 동력학적 양으로서 에너지라는 용어를 제안했으며, 1851년 이후 에너지는 물리학의 기초개념으로서 물리학의 모든 현상에 적용되는 것으로 확립되었다. 열역학은 이 에너지가 열이나 일의 형태로 전달되는 과정을 연구하는 분야이다. 열역학의 양대법칙은 에너지 보존의 법칙과 엔트로피 증가의 법칙으로 불리는 데, 제1법칙인 에너지 보존의 법칙에 따르면 우주의 에너지는 생성되지 않으며 그 총량은 언제나 일정하지만, 제2법칙인 엔트로피의 법칙에 따르면 에너지는 비가역적으로 변화하기 때문에 사용할 수 있는 에너지의 양은 지속적으로 줄어든다. 바로 이 엔트로피법칙에 따라 우주는 종국적으로 완전한 무질서의 상태, 즉 사용가능한 에너지는 최소이지만 사용할 수 없는 에너지인 엔트로피는 최대인 평형상태에 도달하게 된다. 이것을 우주의 '열 죽음'이라고 부른다. 엔트로피법칙은 결국 모든 물질의 운동이 결국 자신의 소멸을 향해 가는 것임을 보여주는 것이다(J. Rifkin, 1989: 318-331).

얼핏 보면 생명현상이나 사회활동은 제2법칙의 예외인 것처럼 보인다. 그것은 질서를 유지할 뿐만 아니라 더 높은 질서를 향해 나아가는 양상을 보이기 때문이다. 이 때문에 생명현상을 '반엔트로피(negen-

---

11 이런 관점에서 엔트로피론을 설명하고 있는 대표적인 저술로는 J. Rifkin(1989)이 있다.

tropy)', 즉 엔트로피에 반대되는 경향으로 파악하기도 한다. 그러나 그러한 반엔트로피적 현상은 결국 주위의 에너지를 사용한 결과, 즉 주위의 엔트로피를 증대시킨 결과일 뿐이다. 엔트로피의 법칙은 누구도, 어디서도 피해갈 수 없는 절대적 법칙인 것이다. 물론 이 절대적 법칙이 짧은 시간 내에 '우주의 열죽음'을 가져오는 것은 아니다. 아마도 주위의 자원이 풍부하고 생태계의 항상성이 유지될 때에 엔트로피의 법칙은 인간에게 그다지 중대한 영향을 미치지 않을 수도 있다.[12] 그러나 환경오염과 자원고갈의 위기에 처한 지금의 상황에서 엔트로피법칙은 인간의 생활에 불편을 초래하는 정도를 넘어서서 생존을 지배하는 기본원리로 파악된다.

---

12   황태연(1992: 69)은 엔트로피론을 도입하여 맑스주의를 재구성하려는 알트파터의 시도에 대해, "자연과학적 엔트로피론은 수십만, 수백만년 이상의 우주론적 시간차원을 전제하는 것으로서 겨우 수백년을 취급하는 자본주의의 역사적 시간과 그 어떤 식으로든 관련시킬 수가 없는 것"이라고 비판한다. 이것은 세가지 점에서 오류이다. 첫째, 엔트로피론이 다루는 우주론적 시간은 고작 수십만, 수백만년이 아니라, 수십억년 이상의 상상조차 할 수 없는 광막한 시간단위이다. 황태연은 우주를 너무 과소평가하고 있다. 둘째, 엔트로피법칙은 그런 시간 동안 계속, 즉 우주의 '열 죽음'에 이르기까지 계속 관철되는 것이지, 그렇게 많은 시간이 흐른 뒤에 갑자기 작동하는 것이 아니다. 우리의 일상사에서도 엔트로피법칙은 작동하고 있다. 엎지른 물을 컵에 되담을 수 있는가? 다 타버린 연탄재를 다시 연료로 쓸 수 있는가? 세째, 인간의 사회활동은 지구라는 생태계의 사용가능한 에너지의 양을 가속적으로 줄이고 있다. 즉 지구의 엔트로피를 극히 빠른 속도로 증대시키고 있으며, 그 결과로 갑작스럽게 도래한 것이 바로 생태위기이다. 무한성장을 자신의 원리로 삼고 있는 자본주의는 당연히 그 주요원인들 중의 하나이다. 따라서 생태위기의 현실을 도외시하지 않는다면, 엔트로피론은 당연히 자본주의비판에서 핵심적인 지위를 차지해야 한다.

4. 생태적 합리성

생태적 합리성은 '한계인식'에 기초하여 재구성된 합리성이다. '한계인식'에 따라 자연과 인간의 관계, 자연의 존재방식, 그리고 인간의 인식능력이 모두 재평가된다. 생태학의 원리와 엔트로피론은 이같은 한계인식을 구성하는 두 축이며, 이 한계인식은 무한자연론과 무한성장론에 기초하여 형성된 현대 사회를 재구성해야 할 필요성을 제시한다. 한계인식이란 지구생태계가 인간의 사회활동의 결과로 빚어진 오염을 정화하고 항상성을 유지할 수 있는 자정능력, 인간의 사회활동을 지탱할 수 있는 자원과 에너지를 공급할 수 있는 능력, 그리고 생태과정을 이해하고 조절할 수 있는 인간의 능력에는 모두 한계가 있다는 것에 대한 인식이다. 이 한계는 절대적인 한계이다. 현대 자연과학은 한편에서 생태위기를 야기하는 주요 동력으로 작용하고 있지만, 다른 한편에서 이러한 한계의 절대성을 입증해 주고 있기도 하다.[13]

그러나 한계인식과 생태위기에 대한 반응은 다양하다. 그것은 무엇보다도 물질적 이해관계에 기반한 사회적 분열을 반영한 결과이지만, 동시에 정보 및 지식의 불균등한 분배와도 밀접한 연관을 맺고 있다. 전자는 이미 잘 알려진 것이지만, 후자의 경우는 최근의 정보화열과 관련하여 좀더 깊은 관심을 기울일 필요가 있다. 여기에서 우선 중요한 것은 그 양이 아니라 질이다. 즉 정보 및 지식의 불균등한 분배에서 무엇보다 중요한 것은 분배되는 정보 및 지식이 생태주의의 원리를

---

[13] 이 때문에 울리히 벡은 그의 '위험사회'론에서 현대 과학의 양가성을 강조한다(Ulich Beck, 1992). 그에 따르면 현대 과학을 벗어나서는 생태적 전망을 지탱할 수 있는 굳건한 기반을 찾을 수 없다. 생태위기에 대한 인식은 과학을 즉자적으로 초월하는 신비적 자각의 결과가 아니라, 치밀한 과학적 탐구의 산물이기 때문이다.

담고 있는가의 여부이다. 그러나 이른바 '정보사회'나 '지식사회'는 현재의 생태위기를 낳은 근대적 합리성과 단절하는 것이 아니라, 그것과의 연속선상에서 그것을 더욱 강화하는 방향으로 흐르고 있다. 최근의 정보화열에서도 산업주의와 경제주의의 지배는 여전히 관철되고 있다. 생태위기를 낳은 인식론적 근원으로서 종래의 과학적 합리성에 기반한 경제적 합리성이 여전히 현실을 지배하고 있는 것이다.

생태적 합리성은 이러한 경제적 합리성에 대한 합리적 비판을 통해 구성된다. 예컨대 생태적 합리성에 대해 앙드레 고르는 이렇게 말한다. "생태학은 다른 합리성을 가진다. 그것을 통해 우리는 경제활동의 합리성이 제한되어 있는 것이며 경제외적인 조건에 의존하는 것임을 알게 된다."[14] 근대적 합리성을 대변하는 경제적 합리성은 무엇보다도 자연/대상과 인간/주체의 대당을 전제로 구성되었다. 생태적 합리성은 이 전제가 잘못된 것임을 보여주는 과학적 인식에 근거한다. 그러므로 생태적 합리성에 근거한 실천원리로서 생태주의(ecologism)는 비합리성이 아니라 경제적 합리성의 비합리성에 대한 비판을 통해 새로운 형태의 확장된 합리성을 추구한다. 바로 이 지점에서 생태론적 전환이 추구된다.

III. 생태론적 전환

'생태론적 전환'은 금세기 초에 이루어진 '언어학적 전환'(Linguistic Turn)과 함께 20세기에 이루어진 인문.사회이론의 중대한 변화이다. 후자가

---

[14] Andre Gorz, 1980, *Ecology as Politics*, Boston: South End Press, p.16. 이 인용문의 글은 '에콜로지스트 선언'(Andre Gorz, 조홍섭 편역, 1984)이라는 제목으로 번역되어 있다.

언어 내적 존재로서 인간에 대한 인식에 기초하여 인문·사회이론 전반에 걸친 패러다임 전환을 야기했다면, 전자는 생태계 내적 존재로서 인간에 대한 인식에 기반하여 또 다시 인문.사회이론 전반에 걸친 패러다임 전환을 가져오고 있다. 물론 이 전환은 이론적인 차원에 머무는 것이 아니라 실천적인 차원으로 폭넓게 확산되어 있으며, 현재 완료형이 아니라 현재 진행형의 상태에서 변화를 계속하고 있다.

1. 패러다임의 전환

패러다임의 전환(paradigm shift)은 이미 하나의 유행어이다. 근대적 합리성의 죽음을 선언하는 포스트모더니즘도, 과학기술의 발달에 따라 새로운 사회가 도래하고 있음을 선언하는 정보사회론도, 모두 패러다임의 전환을 주장하고 있다. 이 주장들은 생태위기의 현실과 어떤 형태로건 연관되어 있기도 하지만, 낱낱의 연관성보다 훨씬 더 중요한 것은 사회관 자체의 변화이다. 이것은 당연히 자연관의 변화, 그리고 자연과 사회의 관계에 대한 인식의 변화를 함축한다. 이것은 일반적인 패러다임의 전환을 의미한다기보다는 메타적인 차원의 전환을 뜻한다.[15] 이와 관련하여 두가지 점에 주목할 필요가 있다. 하나는 합리성

---

15 환경사회학의 전통에서는 일찍이 캐튼과 던랩이 기존의 사회학 패러다임을 '인간예외주의'로 규정하고 환경사회학의 패러다임을 '새로운 생태적 패러다임'으로 구분하였다. 이에 대해 험프리와 버틀은 이런 구분이 '사회가 조직되는 방법과 변동하는 방법을 형성하는 사회적 세력이나 으뜸가는 운동법칙에 관해 거의 언급하지 않기 때문에 진정한 패러다임이 되지 못한다'고 비판하였다. 이들은 대신에 보수주의, 자유주의, 급진주의라는 틀을 제시하고 있으나(C. Humphrey & F. Buttel, 1982: 43-44), 이것은 기존의 패러다임을 그대로 답습하는 것일 뿐이다. 체계적 맥락이라는 관점을 도입한다면, 캐

에 대한 메타적 논의이고, 다른 하나는 인식능력에 대한 메타적 논의이다.

서구의 과학에 압도된 20세기의 지성사는 합리성의 논쟁사라고 해도 과언이 아닐 것이다. 베버에게서 비롯된 합리성에 대한 비판적이고 비관적인 논의는 양차대전을 거치면서 더욱 증폭되었다. 그리고 포스트모더니즘에서 합리성을 둘러싼 수다한 논의들은 한 정점에 이르게 되었다. 그러나 포스트모더니즘의 주장은 기존의 지배적 합리성에 대한 비판으로서 상당한 의미를 가지는 것이었지만, 합리성 자체의 부정과 거부로 나아가면서 결국 자기모순에 빠지고 말았다. 이로부터 기존의 지배적 합리성을 비판하되 포스트모더니즘의 극단적인 '부정의 정신'으로 빠지지 않는 새로운 합리성의 구성이 추구되었다. 성찰적 혹은 재귀적 근대화(reflexive modernization)는 이러한 맥락에서 주창된 것이다.

울리히 벡은 그의 『위험사회』에서 이렇게 쓰고 있다. "근대화가 19세기에 봉건사회의 구조를 해체하고 산업사회를 생산한 것과 똑같이, 오늘날의 근대화는 산업사회를 해체하고 있으며 다른 근대성이 형성되고 있는 중이다." 이것을 그는 고전적 근대화와 구분하여 성찰적 근대화로 부르는 데, 이것은 산업사회를 지탱하는 여러가지 원리들 자체를 성찰하여 산업사회를 해체함으로써 새로운 사회를 구성하는 과정으로서 산업사회의 진보이자 해체의 과정으로 파악된다(Ulich Beck, 1992: 40, 151, 178). 앙드레 고르는 벡의 논의를 수용하여 "현재 우리가

튼과 던랩의 패러다임 구분은 일종의 메타-패러다임이라고 할 수 있다. 그리고 험프리와 버틀의 구분은 이 새로운 상위의 구분 속에서 새로운 내용으로 구성된다. 이들에게 결여되어 있는 것은 이런 맥락적 사고이다.

경험하고 있는 것은 근대성의 위기가 아니다. 우리는 근대성이 기반하고 있는 전제조건들을 근대화해야 할 필요를 경험하고 있다"고 주장한다. 이것은 근대성 자체가 근대화되어야 함을, 합리성 자체가 합리화되어야 함을 뜻한다(Andre Gorz, 1990). 이러한 과정이 성찰적 합리화이며, 그 과정에서 나타나는 것이 성찰적 합리성이다. 이러한 논의는 근대화를 고정된 것으로 파악하지 않으며, 합리성 자체를 합리적 비판의 대상으로 삼는다는 점에서 중요한 의미를 갖는다.[16]

인식능력에 관한 메타적 논의는 훨씬 더 의미심장한 문제제기를 함축한다. 이것은 성찰적 합리성과 연관되는 것이면서 지배적 합리성의 서구적 연원에 대한 강한 비판을 함축하고 있는 것이기도 하다. 인간은 단순히 물리적 세계에서 살아가는 것이 아니라 의미의 세계에서 살아간다. 모든 인간은 의미의 생산자이므로, 의미의 세계는 그만큼 다양하다. 이런 면에서 인간은 각자가 모두 우주의 중심이라는 말은 결코 허튼소리가 아닌 것이다. 그러나 문제는 이런 다양성 속에서 인간은 목적을 달성해야 하고 그를 위해 확실성을 추구해야 한다는 것이다. 여기서 특히 두드러지는 것은 마투라나와 바렐라의 생물학적 인식론 혹은 구성주의의 인식론이다. 이들은 '인식이란 '저기 바깥에' 있

---

16 그러나 성찰적 합리성에 대해서는 기존의 지배적 합리성의 합리적 성찰만으로 과연 문제가 해결될 수 있느냐는 의문이 제기될 수 있다. 그것은 근대과학을 배경으로 하는 것이면서 서구적 연원을 가지는 것이기 때문이다. 이 점에서 20세기 초엽부터 전개되어 온 새로운 과학혁명의 성과를 더욱 확산시키는 동시에 서구적 이성에 대한 비판으로서 다른 문명의 사유를 도입하려는 '신과학운동'의 의미를 찾아 볼 수 있다. '신과학'에 대한 사회과학의 포괄적 분석으로는 I. Wallerstein et al.(1992)를, '신과학'과 동양사상에 대해서는 Capra(1975)와 F. Varela et al.(1991)을 참조.

는 바로 저 세계에 대한 표상이 아니라, 삶 속에서 '임의의 한' 세상을 되풀이하여 내놓는 일'이라고 본다. 이러한 인식은 '인식자의 생물학적 구조에 뿌리박은 매우 개인적인 방식으로 얽혀 있기 때문'에 '확실함을 경험한다는 것은 남들의 인지적 행위를 보지 못하는 개인적 현상'이다. 더 나아가 "우리들은 우리들이 보지 못하는 것을 보지 못한다. 그리고 우리들이 보지 못하는 것은 존재하지 않는다." 따라서 우리의 인식행위는 개인적으로는 극히 제한적인 의미만을 가질 뿐이며, 이러한 인식의 결과로 도달한 확실성은 그다지 확고한 것이 되지 못한다 (H. Maturana & F. Varela, 1987: 14, 25, 248). 타인의 인식과 인식의 맥락에 대한 고려, 즉 다른 사람들과 어우러지는 공동의 세계 속에서 '앎을 알기'가 우선 중요시되는 것이다.

이같은 패러다임의 전환은 무엇보다 근대 과학의 패권적 성격에 대한 비판을 함축하고 있다. 베이트슨이 "무엇보다 겸손해야 하며, 이 겸손은 많은 사람들에게 거부반응을 일으키는 도덕적 원리가 아니라 과학적 철학의 단순한 항목으로 여기서 제시한다"고 말하는 것도 바로 이러한 맥락에서 비롯된다(G. Bateson, 1972: 446).

2. 사회이론의 생태론적 전환

환경문제의 사례와 그에 대한 인식은 역사적으로 많은 선행사례를 가지고 있다. 예컨대 엥겔스의 『영국 노동자계급의 상태』와 『자연변증법』에서도 이에 대한 훌륭한 사례들을 쉽게 찾아볼 수 있다. 그러나 생태론적 전환이 시작된 것은 2차대전 이후의, 그것도 발전한 서구 산업사회에서의 일이다. 풍요의 50년대가 지나갈 무렵부터 풍요의 기반 자체가 심각한 위험에 처했다는 사실이 여러 사람들에 의해 인식되었다. 이로부터 '사회이론의 생태론적 전환'이라고 부를 법한 변화가 진행되었다. 이것은 1960년대 후반부터 시작되어 1970-80년대에 이론적 모색이 본격화되고 1990년대에 들어와 빠른 속도로 대중화되고 있는 사회이론의 폭넓은 변모를 의미한다. 이 전환이 생태론적 전환인 까닭은 무엇보다도 생태학의 영향이 크고 직접적이기 때문이다. 즉 그 핵심은 경제학(Economy)에서 생태학(Ecology)으로의 전환이라고 할 수 있다.

이러한 전환을 통하여 사회이론은 기존의 인간중심주의에 대한 비판적 성찰을 강화할 수 있게 되었다. 그러나 이 과정에서 또 다른 극단적 사고라고 할 수 있는 생물중심주의가 태동한 것도 사실이다.[17] 이것은 자연을 대상시하는 기존의 인간중심주의에 대한 강력한 비판이라는 의의를 지니는 것이기도 하지만, 동시에 인간을 자연과 무차별적으로 동일시한다는 한계를 가지는 것이기도 하다. 따라서 사회이론의 생태론적 전환이 추구해야 할 과제는 과도한 인간중심주의를 버리되 인간을 자연과 무차별적으로 동일시하지도 않는 생태주의(ecologism)의 확립이다. 이러한 사회이론의 생태론적 전환은 '두 문화'[18]에 대한 깊은 성찰과 현대 자연과학의 성과에 대한 이해를 요구한다. 이 점에서

---

17 하나의 극단적인 예로는 AIDS균의 박멸이 과연 생태적으로 합당한 것이냐는 식의 논의를 들 수 있다. 좀더 대중적인 예로는 동물의 권리를 둘러싼 논의와 운동들이 있다. 우리의 개고기 문화에 대한 브리지트 바르도의 비판을 떠올리면 쉽게 이해가 될 것이다. 우리로서는 종종 이해하기 어렵고 우스운 해프닝으로 여겨지기도 하는 사안이지만, 동물의 권리는 야생을 지키고 생태적 인식을 확산시키기 위해서 중요하다. 이에 대해서는 구승회(1995)를 참조.

18 40년 전에 스노우(Snow, 1964)는 '두 문화와 과학혁명'이라는 강연에서 자연과학과 인문과학의 위험한 분극화를 비판하고, 불가피한 과학혁명의 시대에 양자의 교류를 촉구하였다. 생태론적 전환은 스노우가 말한 바로 이 '두 문화'의 교류를 필요로 하며, 그것에 기초하여 이루어지는 것이다.

'사회적 합리성 없는 과학적 합리성은 공허하며, 과학적 합리성 없는 사회적 합리성은 맹목적'이라는 벡의 지적은 귀 담아 둘만한 것이다 (Ulich Beck, 1992: 69).

이미 오늘날에는 생태위기의 현실을 무시하는 사회이론은 존재하지 않는다. 모든 사회이론이 명시적이거나 암묵적으로 생태학의 원리를 수용하고 있다고 할 수 있다. 이런 점에서 사회이론의 생태학적 전환은 확실히 하나의 '거대한 변환'으로 볼 수 있을 것이다. 그러나 생태위기의 발생원인과 대책을 둘러싸고 연관되면서도 대립하는 몇가지 큰 흐름들을 확인할 수 있다. 예컨대 문순홍은 전통적인 좌우의 구분과 생태주의의 수용 정도를 조합하여 환경에 관한 사회이론을 환경개량주의, 근본생태론, 사회생태론, 생태사회주의, 생태맑스주의로 구분한다(문순홍, 1992). 이 구분은 명시적으로 생태주의를 표방하는 주요 논의들을 체계적으로 검토할 수 있게 하는 장점을 가지는 것이지만, 현실적으로 가장 큰 힘을 발휘하고 있는 환경개량주의의 위상이 제대로 파악되지 않는다는 문제를 안고 있다.

앞에서 예로 든 구분에서는 신맬더스주의의 문제제기도 제대로 다루어지지 않는다. 한때 베이트슨은 '인구폭발이 오늘날의 세계가 당면한 가장 중요한 유일한 문제'(G. Bateson, 1972: 503)라고 주장했다. 이것은 당시 크게 유행하던 신맬더스주의에 많은 영향을 받은 주장으로 보이지만, 단순히 생태적 관점으로 보더라도 인간이라는 한 개체군의 급격한 증가가 전체 지구생태계에 미칠 영향의 파급력은 쉽게 짐작해 볼 수 있다. 경제적 성장제일주의가 무조건 선이 아닌 것처럼, 인구의 지속적 성장도 역시 무조건 선일 수는 없다. 1996년에 58억 명에 달했던 인구가 이제는 60억 명으로 늘어났다. 지구가 지탱할 수 있는 총 인구수를 둘러싼 연구와 논의가 끊이지 않고 있는 데서 알 수 있듯이, 신맬더스주의의 문제제기는 60년대 말에서 70년대 초에 걸친 시기에 잠깐 나타났다가 사라진 사안이 아니라 현재 진행형의 사안이다.

　이런 점을 고려해서 새로운 구분을 시도해 보자면, 우선 반생태주의와 생태주의로 구분할 수 있을 것이다. 전자는 전통적인 성장제일주의를 의미하며, 생태학의 원리를 곡해하거나 사실상 부정한다. 그러나 아직까지 현실을 지배하는 것은 바로 이 입장이다. 이른바 '성장연합'으로 불리는 산업주의세력과 주류 정치권이 이 입장의 정치적 실체이다.[19] 후자는 지난 30년간 이론적으로나 실천적으로 크게 성장했으나 정치적으로 아직까지는 큰 힘을 발휘하고 있지는 못하다. 생태주의는 일단 생태학의 원리를 적극적으로 수용한다는 공통점을 가지고 있으나, 앞의 구분에서 볼 수 있듯이 그 내부에서는 역시 다양한 차이를 드러내고 있다. 이러한 생태주의는 한계인식, 공업생산력 및 사회체계에 대한 논의를 기준으로 반동적, 개혁적, 근본적이라는 세가지 유형으로 구분할 수 있다. 이들은 모두 한계인식을 수용한다는 점에서 일단 생태주의로 포괄할 수 있으나, 공업생산력 및 사회체계에 대한 비판에서는 큰 차이점들을 보인다. 또한 사회체계에 대한 논의는 소유제 및 생산방식뿐만 아니라 인구문제에 대한 대응와 관련하여 큰 편차를 보이고 있다는 점에 유념할 필요가 있다.

19　1990년대에 들어와서 이들이 취하고 있는 새로운 전략방향은 생태위기를 경제적으로 이용하는 것이다. 그 대표적인 예로는 이른바 '환경제국주의'를 들 수 있다. 이것은 생산과정 및 생산물에 대해 더욱 엄격한 환경기준을 적용하게 함으로써 지구 전체적으로 어느 정도 생태적 자정능력을 회복시키는 효과를 가져올 수도 있지만, 중국으로 대표되는 비선진국의 반발과 기술주의적 경제경쟁의 강화를 통해 생태위기의 악화를 야기할 가능성은 훨씬 더 높다.

3. 사회운동의 생태론적 전환

1968년 5월혁명으로 촉발된 서구 사회운동의 변화는 이른바 '신사회운동'으로 특징지워진다. 이것은 권력의 장악을 통한 새로운 사회의 형성을 목표로 했던 혁명운동에서 포드주의를 통해 달성된 성장의 과실을 분배하는 개량운동으로 변모해 온 노동운동에 대비하여 당시 새롭게 분출되었던 다양한 형태와 내용의 사회운동에 붙여진 이름이다. 이 운동의 한가운데에 환경운동이라 불리는 새로운 생태주의세력이 있다. 이들의 실천적 지형은 다음과 같은 생태주의 사회이론의 구분틀을 통해 이론적으로 추상화할 수 있다.

① 반동적 생태주의: '구명선 윤리'론, '인구폭탄'론
흔히 신맬더스주의로 지칭되는 초기 생태주의의 한 유형. 한계의 문제를 지적하는 점에서는 옳았지만, 그에 대한 대안은 제국주의 중산층의 이해관계를 대변하는 것이라고 할 수 있음. 절대적인 인구의 증가를 억제할 필요성을 절대시하는 반면에, 자원분배의 불평등을 완화할 필요성은 지나치게 폄하함. 따라서 공업생산력과 현대의 거대 사회체계 자체는 부정되지 않음.

② 개혁적 생태주의: 환경케인즈주의, 생태사회주의, 생태맑스주의
이들은 자본주의 자체의 지양을 주장하는가(생태사회주의, 생태맑스주의), 그렇지 않은가(환경케인즈주의)의 차이는 있지만, 공업생산력과 현대의 거대 사회체계 자체를 부정하는 것이 아니라 그것을 '수선'하려고 한다는 점에서 같은 '개혁적' 생태주의로 구분될 수 있음. 그러나 생태주의의 관점에서 보았을 때, 자본주의와 사회주의의 차이보다는 공업생산력에 기반한 거대 사회체계라는 동형성을

우선시해야 함.

③ 근본적 생태주의: 심층생태주의, 사회생태주의, 생태페미니즘
이들은 공업생산력과 현대의 거대 사회체계 자체의 지양을 주장. 심층생태주의는 세상 만물의 상호연관과 개인의 깊이있는 자각을 강조하며 신비주의적 경향을 보이기도 함. 사회생태주의는 심층생태주의의 신비주의적 경향에 대해 극히 비판적이며, 조화로운 자연관에 기초하여 위계없는 공동체의 건설을 주장함. 생태페미니즘은 역사적으로 형성된 남녀의 위계구조가 자연의 지배에 대해 미친 영향을 강조하며, 이 점에서 사회생태주의에 대한 중요한 비판으로 인정됨.

오늘날 생태운동은 전문 생태운동단체만의 몫이 아니다. 생태적 연관과 생태위기에 대한 인식이 확산된 결과, 모든 개혁적 혹은 변혁적 사회운동은 나름대로 생태운동의 일원으로 구실하고 있다. 생태위기를 둘러싸고 사실상의 연대가 광범위하게 형성되어 있는 셈이다. 그러나 연대의 틀은 아직 그렇게 명확하지 않다. 특히 노동운동과 생태운동의 경우가 그런 양상을 보이고 있다. 신자유주의의 횡행과 잇따른 경제위기는 이런 상황을 더욱 악화시키는 계기로 작용하고 있기도 하다. 우리의 모든 일상사가 거대사회체계의 구성요소로 작동하고 실현되는 상황에서 경제위기는 즉각 생존의 위기로 전화한다. 지금의 상황에서 이러한 거대사회체계를 부정하고 그로부터 벗어난다는 것은 상상할 수 없는 것은 아니지만, 사실상 실현불가능한 것으로 인지되고 있다고 해도 지나치지 않을 것이다. 현대의 거대사회체계를 형성하고 가동시키는 원리로서 경제주의의 전일적 지배야말로 생태운동의 가장

중대한 맞상대인 것이다.

또한 운동의 전개에 이데올로기보다는 전문지식이 더 큰 영향을 미치고 있다는 점도 중요하게 고려해야 할 측면이다.[20] 이 점에서 생태운동은 메타적 패러다임의 전환을 추구하고 확산시킬 뿐만 아니라, 새로운 대안적 과학을 발전시켜야 할 과제까지도 안고 있다. 그 동안 당연시되어 온 모든 지식에 대해 전복적으로 사고하고 인간의 인식능력을 재고할 뿐만 아니라, 이것이 양자역학에서 시작되어 복잡성이론에 이른 현대의 새로운 과학혁명의 소산이라는 점과 그에 따른 새로운 과학적 분석의 내용을 사회적으로 확산하고 공유해야 하는 과제가 제기되는 것이다. 물론 이 과제는 과학적 연구에 몰두하는 것만으로 달

---

20 예를 들어 영월댐을 둘러싼 논란을 보자. 상당수 지역주민과 환경운동 측은 1999년에 시작될 영월댐 건설계획에 강력하게 반대하고 있다. 그 논거는 아름다운 고향과 건강한 생태계를 지키자는 다소 감성적인 차원을 넘어서 이 계획이 잘못된 조사에 입각하고 있다는 과학적 차원을 가지고 있다. 이에 대해 댐 건설을 주도하는 건설교통부는 한강수계의 홍수조절이라는 명분을 제시하고 있으며, 이 또한 나름대로 과학적 근거를 통해 주장되고 있다. 논란이 이렇게 과학적 주장의 대립이라는 형태를 취하고 있기 때문에 양측이 대변하고 있는 경제적 이해관계와 정치적 힘의 불균형이라는 중요한 사회적 변수는 제대로 드러나지 않게 된다. 건설교통부가 대표하는 반생태주의는 생태주의에 비해 극히 협소한 경제적 이익을 추구하는 것이면서도 사회적 이익을 실현하려는 것으로 분식된다. 동강을 지킬 수 있는 시간은 얼마 남지 않았다. 과학적 논거는 이미 충분히 마련되었다. 지금 시급히 전개되어야 하는 것은 계획의 입안과 실행과정에서 명백히 드러난 불법 및 탈법문제를 법정으로 가져가고 관련 당사자들의 책임을 엄중하게 묻는 것이다. 환경운동연합과 같은 운동단체들을 통한 시민의지의 결집(운동단체들의 핵심적인 역할이 바로 이것이다)이야말로 가식적인 과학논쟁을 직접적인 정치투쟁으로 전환시키고 동강을 지킬 수 있는 진정한 힘의 원천이다.

성되는 것은 아니다. 대안과학은 과학의 문제일 뿐만 아니라 그 자체
가 첨예한 정치적 문제이기 때문이다. 오늘날 과학지식은 이미 가장
강력한 '신흥종교'이며 정치적 이데올로기라는 점을 떠올리는 것으로
이 문제가 직접적으로 정치적 문제라는 것을 쉽게 이해할 수 있을 것
이다. 새로운 이데올로기는 새로운 과학적 지식의 확산과 함께 나타나
고 성장한다. 따라서 그 과정 자체가 생태운동의 중요한 측면이며 목표
이다.

IV. 생태사회의 전망

공업력에 의해 지탱되고 자본주의에 의해 운영되는 현대 거대사회체
계는 다양한 매체들을 통해 그 체계를 일상적으로 유지하고 관리한다.
사이버네틱사회로서 현대 사회를 재생산하는 것은 개인과 개인, 개인
과 집단, 그리고 집단과 집단 사이에서 지속적인 소통과 피드백을 가
능하게 하는 거대한 정보통신망이다. 그 한복판에 대중미디어가 있다.
우리는 이러한 미디어를 통해 인식하고 사고하고 생활한다. 오늘날 미
디어는 수다한 생태위기 담론을 사회적으로 유통시키고 있다. 그 결과
대다수의 사람들이 생태위기를 개인적인 체감을 넘어서 사회적 문제
로 인식하게 되었다. 그러나 그 해결의 전망은 여전히 어두운 가운데
문제는 오히려 날이 갈수록 더욱 악화되고 있다.[21]

---

21 암울한 미래를 전망하는 디스토피아 담론의 상품화는 이런 맥락에서 이해될
수 있다. 이른바 '사이보그'는 이런 상황을 표현하는 특징적인 이미지이다.
'사이보그'는 무엇보다 공업적 인간, 혹은 공업적으로 생산되는 인간을 상징
하는 것이다. 공업력의 지배 속에서 생태위기가 필연적인 결과로 도래할 수
밖에 없다면, 인간에게 남은 유일한 진화의 길은 스스로 공업화되는 길밖에
없을 것이다. 사이보그는 비성적 혹은 무성적 존재로서 호혜로운 남녀관계

혹자는 대량생산/대량소비체제로서 포드주의가 소품종 다량생산/소품종 다량소비의 포스트포드주의로 변모하고 있다는 데서 희망의 근거를 찾아내기도 한다. 그러나 자연의 관점에서 보자면 포스트포드주의도 자원과 폐기물의 대량생산/대량소비체제이기는 마찬가지이다. 단순한 생산방식의 변화로 생태위기에 대처하기는 본질적으로 역부족일 수밖에 없다. 더욱이 그 생산과정과 생산물이 여전히 공업적인 것인 한, 생태적 순환의 파괴와 생태위기의 심화는 피할 수 없다. '성장의 한계'론에서 비롯되어 '제로성장'론을 거쳐 '지속가능한 발전'론으로 귀결된 개발 혹은 발전을 둘러싼 논쟁은 이런 점에서 명백한 한계를 안고 있는 것이면서 거대사회의 현실과 타협한 결과물이다. 요컨대 본질적인 논점은 현대 거대사회체계에서 벗어난 삶의 전망을 세우고 실현할 수 있느냐의 문제이다. 그리고 우리의 일상 자체가 구조적 문제를 실현하고 재생산하는 매개라는 점을 염두에 둔다면, 다른 그 누구가 아니라 바로 자기 자신이 공생적이고 자족적이며 생태적인 삶을 살아갈 것이냐의 문제이다. 이 문제는 다음과 같은 네가지의 길을 통해 검토할 수 있을 것이다.

① 신자유주의 사회: 현대 거대사회체계의 추수. 경제주의와 과학주의의 지배. 무한경쟁의 논리가 개인과 집단의 운영원리로 확고히 작동. 소비사회의 내부 계층화 진행. 물질적 소유의 상한선은 물론 하한선도 폐지.

를 상징하는 기표이기 이전에 공업력 지배의 궁극적인 완성과 인간의 실질적인 종말을 의미하는 기표라고 하겠다.

② 물질적 복지국가: 현대 거대사회체계의 추수. 경제주의와 과학주의 지배. 경제적 평등과 자유의 원리를 조화시키기 위한 국가적 개입. 대중 소비사회의 실현. 물질적 소유의 상한선은 사실상 없으며 하한선 설정.

③ 생태적 복지국가: 현대 거대사회체계의 변화 모색. 노동사회에서 문화사회로 변화 추구. 물질적 대중 소비사회에서 문화적 대중 소비사회로 변화 모색. 물질적 소유의 상한선 및 하한선 설정.

④ 자족적 공생사회: 현대 거대사회체계에서의 이탈을 통한 그 해체의 추구. 노동사회에서 문화사회로. 문화적 대중 소비사회에서 문화적 다중 소비사회로. 물질적 소유의 상한선 및 하한선 설정.

여기서 ①과 ②는 반생태주의의 길이며, ③과 ④는 생태주의의 길이라고 할 수 있다. 세계적으로 유럽식 ②의 길이 쇠퇴하고 있는 반면에 미국식 ①의 길이 빠르게 확산되고 있는 것이 현재의 상황이다. 말 그대로 '지구적 미국화'가 진행중인 것이다. ④는 대안적 삶의 양식으로서 현재 국지적으로 실천되고 있기는 하지만, 무엇보다 그 국지성이 중대한 한계로 지적된다. 이에 비해 ③은 새로운 사회적 프로젝트라고 할 수 있을 것이다. 이 프로젝트의 핵심은 물질적 소유의 상한선을 설정할 수 있는 사회적 합의를 어떻게 도출할 수 있느냐의 문제이다. 이것은 과학기술의 발달 및 그 경제적 이용에 대한 규제로 연결되며, 물질적 평등을 문화적 평등으로 변모시키는 과제로 이어진다. 이것은 근원적인 한계를 가지고 있는 물질과 육체를 향한 욕망을 절제하고, 물질적 가치 추구를 대신하여 문화적 자기개발을 촉진하는 과제이기도 하다.

그러나 이러한 변화의 과제는 현재의 사회에서 시작되는 것이지, 어느날 갑자기 나타난 새로운 사회에서 비로소 시작되는 것이 아니다.

이 점에서 사회의 조정자로서 국가의 역할은 여전히 중요하다. 다만 그 촛점은 분명히 달라져야 한다. 이와 관련하여 가장 중요한 사회적 재생산의 기제인 공교육 제도에 주목하고 싶다. 이미 많은 사람들이 경제주의적 관점에서, 혹은 인간주의적 관점에서 공교육 제도의 변화를 타진하고 있다. 그러나 생태주의적 개입은 아직 미약한 것으로 보인다. 그것은 '환경'이라는 과목을 신설하고 환경공학적 지식을 가르치는 것으로 달성되지 않는다. 더욱 중요한 것은 이런 질문이다. 왜 공교육에서는 새로운 삶의 양식에 대해 가르치지 않는가? 이미 그것을 실천하고 있고 고려하고 있는 사람들이 있는 데, 그들의 삶과 고민은 왜 학교의 교육에서 철저히 배제되고 있는가?[22] 공학적 교육은 오히려 환경에 대한 우려를 기술에 대한 긍정으로 변모시킬 수 있다. 우리가 현재의 생활양식을 자연스럽고 불가피한 것으로 인정하는 한, 기술결정론의 함정과 유혹에서 벗어나기는 대단히 어렵다. 따라서 공학적 교육 이전에, 혹은 그것과 함께 반드시 실행되어야 하는 것은, 현재 대부분의 사람들이 영위하고 있는 삶의 양식이 결코 완전한 것도 자연필연적인 것도 아니라는 사실을 가르치는 것이다. 즉 학교에서 ③과 ④의 사회구성과 생활양식에 대해 가르치고 선택할 수 있도록 해야 한다. 그것은 오랜 시간 많은 사람들이 혼신의 노력을 기울여 쌓아놓은 인류적 문화자산을 새 세대에게 전수하는 과정이면서, 그들이 지금의 생태위기를 극복하고 새로운 생태적이고 문화적인 사회를 건설할 수 있는

22　이러한 배제는 마치 과거 노동운동의 요구와 주장이 체계적으로 고립되어 비제도적인 방식으로 교수되어야 했던 상황을 연상하게 한다.

역량을 강화하는 방도가 될 것이다.[23]

(1998년 11월)

---

23 국가가 자발적으로 이런 일을 수행하지 않으리라는 것은 분명하다. 이러한 과제는 결국 생태주의 운동의 몫이다. 이렇게 말하면 자못 공허해 보일지도 모르겠다. 그러나 지금까지 대체로 대안적 삶의 양식을 추구하는 노력들이 제도를 벗어난 방식으로 추구되면서, 지나치게 비효율적이고 국지적인 상황을 벗어나지 못했다는 점을 반성할 필요가 있다. 공교육에서 지배적 삶의 양식만이 아니라 대안적 삶의 양식을 가르칠 수 있다면, 훨씬 더 많은 사람들이 자신의 삶을 생태적으로 계획하고 영위할 수 있을 것이다. 공교육을 포함한 제도의 한계에 대한 인식이 그것의 즉자적 부정보다는 전복적 이용으로 연결된다면 훨씬 생산적인 결과를 거둘 수 있을 것이다.

참고자료

Andre Gorz(1980), 조홍섭 편역(1984), '에콜로지스트 선언', 『현대의 과학기술과 인간해방 - 민중을 위한 과학기술론』, 한길사.
Andre Gorz, 1990, *Critique of Economic Reason*, London: Verso.
B. Commner(1972), 송상용 옮김(1980), 『원은 닫혀야 한다』, 전파과학사.
C. Humphrey & F. Buttel(1982), 양종회·이시재 공역(1995), 『환경사회학 - 환경·에너지·사회』, 나남.
Capra(1975), 이성범·김용정 옮김(1979), 『현대물리학과 동양사상』, (주)범양사출판부.
C. P. Snow(1964), 오영환 옮김(1977), 『두 문화와 과학혁명』, 박영사.
F. Capra(1981), 이성범·구윤서 옮김(1985), 『새로운 과학과 문명의 전환』, (주)범양사출판부.
F. Varela et al.(1991), 석봉래 옮김(1997), 『인지과학의 철학적 이해』, 옥토.
G. Bateson(1972), 서석봉 옮김(1989), 『마음의 생태학』, 민음사.
H. Maturana & F. Varela(1987), 최호영 옮김(1995), 『인식의 나무 - 인식활동의 생물학적 뿌리』, 자작아카데미.
J. Rifkin(1989), 김명자·김건 옮김(1992), 『엔트로피 - 21세기의 새로운 세계관』, 동아출판사.
Odum(1993), 이도원 외 옮김(1995), 『생태학-환경의 위기와 우리의 미래』, 민음사.
Tim Hayward(1994), 조현형 옮김(1995), '정치생태학의 의미', 『창작과 비평』, 1995/겨울.
Ulich Beck(1992), 홍성태 옮김(1997), 『위험사회』, 새물결.
WCED(1987), 조형준·홍성태 옮김(1994), 『우리 공동의 미래』, 새물결.
구승회, 1995, 『에코필로소피 - 생태.환경의 위기와 철학의 책임』, 새길.
문순홍, 1992, 『생태위기와 녹색의 대안』, 나라사랑.
황태연, 1992, 『환경정치학과 현대 정치사상』, 나남.

I. Wallerstein et al. eds., 1992, *Review*, Research Foundation of State University of New York for and on behalf of the Fernand Braudel Center, Winter 1992.

제2장
생태복지의 의미와 과제

I. 머리말

오늘날 생태위기는 우리가 대처해야 하는 가장 보편적인 문제이다. 많은 사람들의 여러 노력에도 불구하고 지역적 차원을 넘어서 지구적 차원에서 생태위기는 계속 악화되고 있다. 지구 온난화, 환경 호르몬, 오존층 파괴, 생물종 감소 등은 그 핵심적인 예이다. 다양한 자료들을 통해 우리는 이 사실을 쉽게 확인할 수 있다(Gore, 2006; BBC, 2007; MBC, 2009; 2010). 그런데 과연 생태위기는 무엇인가? 우리는 그것에 어떻게 대처해야 하는가? 우리는 어떻게 생태위기를 극복할 수 있는가?

생태위기는 '생태계의 재생산 위기'라고 할 수 있다. 지구는 하나의 거대한 생태계를 이루고 있다. 현재의 지구 생태계는 지구의 탄생 이후 무려 45억 년에 걸쳐 진행된 공진화의 결과이다. 그러나 인간의 활동으로 말미암아 지금 지구 생태계는 갑작스런 재생산 위기로서 파멸 위기를 맞고 있다. 이것은 지구 생태계의 한 존재로서 인간의 파멸 위기이기도 하다. 따라서 우리는 이 위기를 막기 위해 최선을 다해야 한다. 여기서 무엇보다 중요한 것은 생태위기가 자연의 위기로 나타나지만 그 원인은 자연적인 것이 아니라 사회적인 것이라는 사실이다. 생태위기는 인간에 의해 만들어진 것이며, 따라서 인간에 의해 완화되거나 극복될 수 있는 것이다(홍성태, 2004).

앨빈 토플러와 같은 '미래학자'는 우주 식민지의 개발이 인류의 역사적 과제라고 주장한다. 그러나 이 과제는 다이너마이트를 터트려서 강을 죽이면서 강을 살리는 것이라고 주장하는 것과 마찬가지로 결코 실현될 수 없는 주장일 뿐이다.[1] 이 광활한 우주에서 생명이 번성한 곳은 지구뿐이다. 머나먼 우주 어느 곳에 지구와 같은 별이 또 있을 수도 있지만 그것을 확인하는 것은 영원히 불가능할 수 있다. 더욱이 그곳을 찾아가서 개발하고 이용하는 것은 더욱 더 그럴 것이다. 우리는 지구에서 태어나서 살아가는 존재이다. 우리는 지구 생태계에서 작동하는 영원회귀의 순환운동을 이루는 한 요소이다. 우주 식민지를 찾는 것이 아니라 지구 생태계를 지키는 것이 우리가 해야 할 올바른 일이다.

오늘날 인류 앞에는 두 과제가 놓여 있다. 모든 인간들이 자유롭고

---

[1] 아마도 세계적으로 가장 유명한 미국의 '미래학자'일 앨빈 토플러의 주장에 대해 미국의 사회학자인 다니엘 벨은 그럴 듯하지만 사실인 경우가 드물다는 뜻에서 '스타 트렉 사회학'이라고 비판했다. 1960년대 초에 처음으로 방영된 미국의 공상과학물인 '스타 트렉'은 그럴 듯한 과학적인 외양을 하고 있지만 사실은 비현실적인 기계들을 제시해서 큰 인기를 끌었다. 이에 대해 물리학자가 본격적인 평론서를 쓰기도 했을 정도이다(Krauss, 1995).

풍요롭게 사는 것이 첫번째 과제이고, 인간과 자연이 조화를 이루고 존재할 수 있게 하는 것이 두번째 과제이다. 그런데 사실 인간은 자연 속의 존재라는 점에서 두번째 과제가 더욱 근원적이며, 생태위기의 악화에 따라 두번째 과제의 중요성은 날이 갈수록 커지고 있다. 이런 관점에서 우리는 기존의 복지를 새롭게 조망할 필요가 있다. 기존의 복지는 '물질적 복지'에 초점을 맞추면서 심각한 생태위기를 초래했다. 이제 '생태적 복지'를 중심으로 기존의 복지를 검토하고 복지의 지평을 새롭게 생성하지 않으면 안 된다(홍성태, 2004). 생태복지는 인류가 추구해야 하는 보편적인 발전의 과제이다.

II. 생태복지의 의미

생태복지(ecowelfare)는 '생태적인 복지'를 뜻한다. 그 뜻을 좀더 풀어서 말하자면, 생태복지는 '생태계와 조화를 이루는 복지'라고 할 수 있다. 따라서 생태복지를 이해하기 위해서는 우선 생태계에 대해 이해할 필요가 있다. 생태계는 생물과 비생물이 어우러져 이루는 체계를 뜻한다. 우리가 살아가는 이 세상은 하나의 생태계이다. 지구 전체가 하나의 생태계를 이루고 있다. 인간은 이 생태계와 무관하거나 그 바깥에 존재하는 것이 아니라 이 생태계를 이루는 하나의 요소일 뿐이다. 따라서 생태계의 파괴는 결국 인간의 파괴로 귀결된다. 생태계를 지키는 것은 바로 우리를 지키는 것이다. 생태계가 제대로 유지되지 않는다면 복지는 아예 생각할 수도 없게 된다. 생태복지는 여기서 비롯된다.

생태복지를 올바로 이해하기 위해서는 생태계에 대한 인식에 기초해서 기존의 사회관 자체를 재구성할 필요가 있다. 정치, 경제, 문화의 세 영역론으로 대표되는 기존의 사회관은 자연을 존재하지 않는 것으로 여기고 성립했다. 그러나 이것은 명백히 잘못이다. 사회는 자연 속

그림1 생태적 사회관

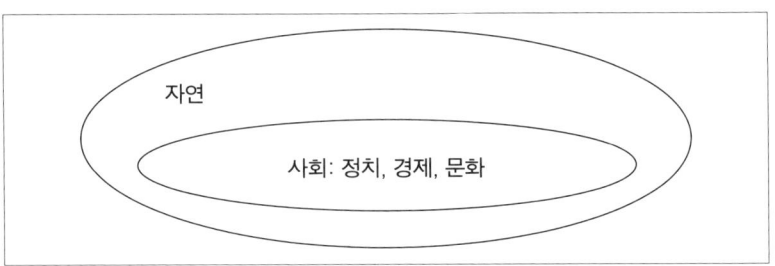

에서 성립하는 것이기 때문이다. 자연은 사회가 없어도 존재할 수 있지만 사회는 자연이 없이는 존재할 수 없다. 기존의 사회관은 새로운 생태적 사회관으로 전환되어야 한다. 그렇게 해야 우리는 사회와 자연의 관계를 올바로 이해할 수 있으며, 복지의 목표와 과제에 대해서도 올바로 이해할 수 있다. 이제 이러한 생태적 사회관에 입각해서 생태복지의 의미에 대해 좀더 살펴보도록 하자.

첫째, 생태복지는 생태파국을 향해 질주하고 있는 생태위기에 대한 적극적인 대응의 의미를 갖는다. 생태위기는 미래의 일이 아니라 현재의 일이다. 생태위기는 크게 생태파괴와 자원고갈로 나누어 살펴볼 수 있다. 지구 온난화가 생태파괴의 대표적인 예라면, 석유 고갈은 자원고갈의 대표적인 예이다. 지구 온난화는 기후 변화, 해수면 상승, 사막화 확대 등의 문제를 낳는다면, 석유 고갈은 현대 문명의 급격한 종식을 야기할 수 있다. 이러한 생태위기를 계속 방치한다면 머지않아 인류는 결국 생태파국을 맞고 말 것이다. 최악의 경우에 생태파국은 인류를 비롯한 모든 생물의 멸종으로 귀결될 수도 있다. 1970년대 이후 생태위기에 대한 대응은 크게 두 방식으로 제기되었다. 하나는 맬더스적 방식이고, 다른 하나는 생태복지의 방식이다. 전자는 불평등을 악화하는 방식으로 생태위기에 대응하고자 하는 것이고, 후자는 불평등을 완화하는 방식으로 생태위기에 대응하고자 하는 것이다. 인권의

그림2 자원 위기와 맬더스적 대응

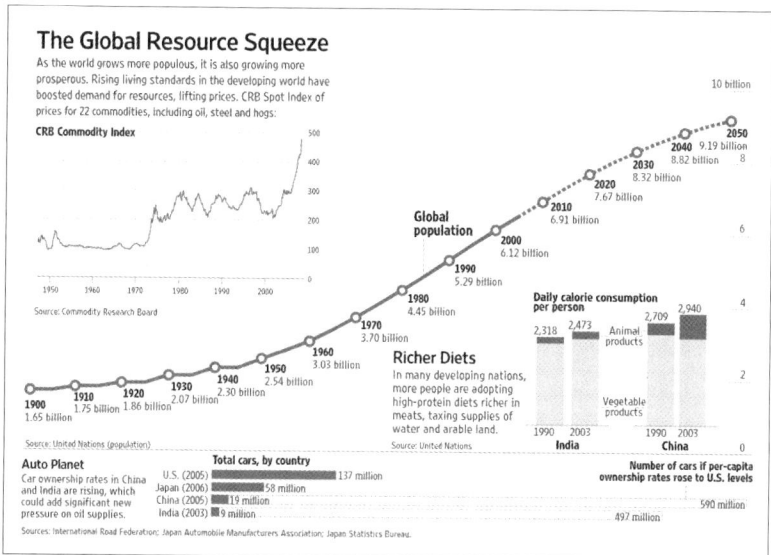

주: 자원 위기에 대한 맬더스적 대응을 보여주는 신문 기사. 20세기 이후 인구 증가와 함께 자원 소비가 급격히 늘어났다는 것이 분명히 확인된다. 그러나 인간들 사이의 거대한 불평등을 올바로 인식해야 한다.
출처: New Limits to Growth Revive Malthusian Fears, *WSJ*, March 24, 2008.

원리에 근거했을 때 우리는 당연히 생태복지의 길을 택해야 한다. 생태복지는 생태위기의 해소 또는 완화가 단순히 자연의 보호에 그치는 것이 아니라 복지의 증진으로 이어질 수 있다는 것을 보여준다. 복지는 생활의 안정으로 시작된다. 생태위기의 시대에 가장 근원적인 생활의 안정은 생태위기의 해소 또는 완화를 통해 비로소 이루어질 수 있다. 이런 점에서 생태복지는 '가장 근원적인 복지'의 의미를 가진다.

둘째, 생태복지는 단순한 복지의 확장이 아니라 복지의 전면적인 재구성을 의미한다. 인류는 오랫동안 풍요를 염원했다. 그러나 풍요는 쉽게 이루어지지 않았다. 소수의 풍요와 다수의 빈곤 상태가 오랫동안 이어졌다. 그리고 18세기 중반에 이르러 영국에서 시작된 공업혁명으로 비로소 모든 인류가 풍요를 누릴 수 있는 길이 열리게 되었다. 공업은 자연을 적극적으로 가공하는 것으로 성립된다. 인류는 공업을 통해 자연을 적극적으로 가공해서 엄청난 풍요를 이룰 수 있게 되었다. 그러나 풍요는 고르게 분배되지 않았다. 부유층과 빈곤층의 격렬한 분배투쟁을 겪고 비로소 정의로운 풍요의 분배가 이루어질 수 있게 되었다. 복지국가가 형성되었던 것이다. 복지국가는 자유주의(자본주의)와 통제주의(사회주의)의 융합을 통해 나타난 인류의 역사적 발전이다. 그러나 기존의 복지국가는 물질적 풍요를 위해 자연을 대대적으로 파괴해서 엄청난 생태적 문제를 초래했다. 서구 복지국가의 풍요는 지구 전역을 대상으로 한 생태적 착취의 결과이기도 했다. 1970년대 이후 이러한 상황은 더 이상 지속될 수 없게 되었다. 1970년대 이후 생태위기는 명백히 지구적 차원의 현실이 되었고, 서구는 타국에 대한 생태적 착취가 결국 생태적 부메랑으로 돌아온다는 사실을 깨닫게 되었다(Beck, 1992). 이런 상황에서 복지국가의 생태적 전환이 새로운 발전의 과제로 제기되었다. 1970년대에 들어와서 확산된 서구 중산층의 탈물질주의 가치도 이런 변화와 깊이 연관된 것이다. 이런 점에서 생태복지는 '가장 선진적인 복지'의 의미를 갖는다.

    셋째, 생태복지는 복지의 궁극적인 실현태이다. 복지는 모든 사회구성원에게 인간다운 삶을 보장하는 것으로 이루어진다. 이런 점에서 복지는 단순히 풍요로운 물질을 의미해서는 안 된다. 복지는 적절한 물질을 전제로 풍요로운 자연 속에서 풍요로운 관계를 맺고 살아가는 것으로 이루어질 수 있다(暉峻淑子, 1989). 여기서 우리는 자연의 중요성에 대해 재인식해야 한다. 자연은 모든 사람들이 누려야 하는 가장 보편적인 공공재이자 가장 근원적인 공공재이다. 다시 말해서 자연은 모든 사람의 건강과 생명에 영향을 미친다는 점에서 가장 보편적이고 근원적인 공공재이다. 이런 점에서 자연을 무시하고 복지를 추구하는 것은 애초부터 불가능한 것이다. 그러나 기존의 복지는 자연을 무시하고 물질의 만족을 추구했다. 이제 이런 상태를 전면적으로 반성해야 한다. 자연을 존중하는 복지를 이루는 것이야말로 복지의 궁극적인 실현이라는 관점 위에서 복지의 생태적 전환을 적극 추구해야 한다. 이런 점에서 생태복지는 '가장 보편적인 복지'라는 의미를 갖는다.

III. 생태복지의 과제

생태복지는 인류가 추구해야 하는 보편적인 목표이지만 그 경로는 나라마다 다를 수밖에 없다. 목표가 같다고 해서 그것에 이르는 경로도 모두 같은 것은 아니다. 나라마다 커다란 차이가 있고, 이것이 경로의 차이를 낳는다. 기존의 경로가 이후의 경로에 큰 영향을 미치는 '경로의존'(path dependence)의 문제는 대단히 중요한 실천의 문제이다. 기존의 경로를 무시하는 것은 너무 큰 비용을 지불하게 되거나, 그렇게 하고도 목표를 이룰 수 없게 된다. 따라서 기존의 경로를 올바로 이해하는 것이 대단히 중요하다. 사실 이것은 생태복지라는 새로운 역사적 발전의 과제에만 해당되는 것이 아니라 개혁을 추구하는 모든 사회운동에 해당되는 것이다. 새로운 길을 만들기 위해서는 우선 기존의 길을 잘 알아야 한다.

여기서 기존의 경로는 나라마다 특수한 사회적 구조를 뜻한다. 모든 나라는 저마다 역사적으로 형성된 특수한 사회적 구조를 갖고 있다. 그 사회적 구조 위에서 사회의 형태와 주체의 생활이 이루어지는 것이다. 외국의 연구를 수입하는 것으로는 결코 이 사회적 구조를 온전히 이해할 수 없다. 따라서 그런 식으로는 해당 사회의 형태와 주체의 생활도 올바로 이해할 수 없다. 우리가 살아가고 있는 나라의 특수한 사회적 구조에 대해 잘 알아야 한다. 외국의 연구는 참조대상일 수는 있어도 직접적인 해답이 될 수는 없다. 우리의 문제를 해결하기 위해서는 우리의 문제에 대해 잘 알아야 한다. 그것은 외국의 연구를 열심히 공부하는 것으로는 결코 이루어지지 않는다. 우리에 대해 열심히 공부해야 우리의 문제를 잘 알 수 있다.

생태복지는 그 의미를 강조하는 것으로 이루어지지 않는다. 모든 개혁의 과제와 마찬가지로 그것은 구체적인 개혁을 통해 이루어진다. 생태복지는 저기 어딘가에 있는 것이 아니라 지금 여기에서 개혁을 통해 형성되는 것이다. 생태복지는 지금 여기에서 잘못된 것을 바로잡으면서 만들어지는 올바른 미래인 것이다. 그것을 거부하고 계속 지금의 잘못된 것을 고집한다면 우리는 머지않아 생태파국의 나락으로 빠지고 말 것이다. 생태복지는 우선 생태파국으로 빠지는 것을 막고 지금보다 나은 미래를 만들기 위한 실천의 과제이다. 생태복지를 이루기 위해서 우리는 무엇보다 먼저 두 가지의 개혁을 추구해야 한다. 재정구조와 정부조직의 개혁이 바로 그것이다. 그리고 여기서 나아가 산업구조와 고용구조의 개혁, 생태복지를 이루고자 하는 시민 주체의 형성이 추구되어야 한다.

첫째, 재정구조의 개혁. 복지는 국가가 국민의 생활을 보장하는 제도인 만큼 많은 재정을 필요로 한다. 요컨대 정부가 거둬들인 세금의 많은 부분을 복지에 쏠수록 강한 복지국가가 되는 것이다. 따라서 복지의 정도는 재정구조에 의해 결정된다. 생태복지가 이루어지기 위해서는 기존의 복지 분야뿐만 아니라 생태 분야의 재정도 크게 강화되어야 한다. 생태복지는 생태위기의 개선을 우선적인 목표로 추구하기 때문이다. 생태위기를 방치하고 복지의 수준을 높일 수 없다는 것이 생태복지의 출발점이다. 건강한 자연은 그 자체로 가장 중요한 복지의 원천이다. 생태위기는 이런 사실을 생생히 보여준다. 또한 때로는 기존의 복지 분야를 축소하고 생태 분야의 재정을 강화해야 할 수도 있다. 예컨대 오염된 수돗물을 대신해서 생수비를 지급하는 것이 아니라 상수원과 수도관의 개선을 추구하는 것이 생태복지이고, 오염된 대기로 말미암은 호흡기 치료비를 지급하는 것이 아니라 대기의 오염을 막는 것이 생태복지이기 때문이다. 물론 이런 식의 대체는 단기적으로 이루어지는 것이 아니라 중장기적으로 변화의 추이를 검토해서 이루어져야 한다. 어느 경우에나 구체적인 항목은 나라에 따라 크게 달라질 수 있겠지만 중요한 것은 재정구조의 개혁이 생태복지를 이루기 위한 관건이라는 사실이다.

둘째, 정부조직의 개혁. 정부는 공익을 위해 존재한다. 그러나 실제는 그렇지 않을 수도 있다. 예컨대 시대적 소명을 다한 정부조직은 해체되는 것이 당연하다. 그러나 그렇게 되지 않고 오히려 확대되는 수도 있다. 권력자들이 자신들의 이익을 위해 해당 정부조직을 확대하거나 해당 정부조직의 구성원들이 자기들의 이익을 위해 그렇게 하는 것이다. 어느 경우나 결국 공익을 내걸고 사익을 추구하는 것이다. 특히 이 경우는 '국가의 사유화'라는 극히 심각한 문제에 해당된다. 그러나 이렇게 극히 심각한 문제가 비일비재하게 일어나고 있다. 가장 큰 문제는 이런 정부조직들이 '국가의 사유화'를 자행할 뿐만 아니라 변화의 요구를 억압하거나 왜곡해서 사회의 발전을 크게 제약한다는 사실이다. 생태복지가 제대로 이루어지도록 하기 위해서는 생태계의 한계를 무시하고 개발을 능사로 여기는 정부조직들을 대대적으로 개혁해야 한다. 그렇지 않는다면 이 정부조직들은 생태복지의 요구를 억압하고 왜곡해서 자기들의 이익을 추구할 것이다. 또한 이와 함께 기존의 복지와 관련된 업무를 다루는 정부조직도 상당한 개혁을 필요로 한다.

생태복지가 제대로 이루어지도록 하기 위해서는 복지를 생태의 차원에서 파악할 수 있어야 하기 때문이다. 요컨대 생태복지는 복지와 관련된 정부조직의 생태적 전환을 요구하는 것이다.

셋째, 산업구조와 고용구조의 개혁. 결국 생태복지를 이루기 위해서는 생태복지를 저해하는 기존의 재정구조와 정부조직을 개혁해서 생태복지를 추구하는 새로운 재정구조와 정부조직을 구성해야 한다. 생태복지는 새로운 것을 추가하는 것인 동시에 기존의 것을 개혁하는 것이다. 사실 개혁은 언제나 기존의 것을 개혁하는 것이면서 새로운 것을 생성하는 것이다. 또한 재정구조와 정부조직의 개혁은 생태복지를 이루기 위한 핵심적인 과제이지만 이것으로 모든 것이 충분한 것은 아니다. 재정구조와 정부조직의 개혁을 중심으로 해서 산업구조와 고용구조의 개혁을 추구해야 한다. 생태복지는 기존의 복지에 생태적 고려를 추가하는 방식으로 시작될 수 있다. 그러나 실질적인 생태복지는 이런 수준을 훨씬 넘어서야 한다. 그것은 반생태적인 사회를 생태적인 사회로 전환하는 수준으로 나아가야 한다. 이런 점에서 산업구조와 고용구조의 개혁은 관건적인 과제이다. 재정구조와 정부조직의 생태적 개혁은 산업구조와 고용구조의 생태적 개혁을 이끄는 동력으로 작용해야 한다. 이렇게 해서 공적 부문과 사적 부문을 막론하고 사회 전반에서 생태적 고려가 보편적으로 확립될 때, 비로소 생태복지는 성숙과 발전의 단계에 접어들게 되는 것이다.

넷째, 시민 주체의 형성. 현대의 복지는 서구에서 처음으로 나타났다. 잘 알다시피 그것은 자본가와 노동자의 대립을 기반으로 했다. 이 때문에 수입상적 지식인이나 운동가는 노동운동의 강화를 통한 복지의 확립을 복지국가의 유일한 길인 듯이 제시한다. 그렇다면 노동운동이 약한 곳에서는 복지국가는 불가능한 것인가? 결코 그렇지 않다. 다수의 시민이 원한다면 복지국가는 어디서나 가능하다. 핀란드의 경우에서 잘 볼 수 있듯이 경제적으로 풍요롭지 않은 상황에서도 다수의 시민이 원한다면 복지국가는 가능하다. 생태복지의 경우도 마찬가지이다. 생태복지는 기존의 복지를 개혁해야 이루어질 수 있다. 이런 점에서 생태복지는 기존의 복지를 지탱하는 노동운동과 대립하기 쉽다. 다시 말해서 노동운동이 강하지 않은 곳에서 오히려 생태복지는 이루어지기 쉬울 수 있다. 중요한 것은 다수의 시민이 생태복지의 의미에 대해 자각하고 그것을 이루기 위해 적극적으로 실천하는 것이다. 생태복지를 향한 길에서는 공적 부문과 사적 부문이 모두, 자본가와 노동자가 모두 진지한 성찰과 개혁의 대상이 되어야 한다.

IV. 한국의 경우

이제 한국의 경우에 대해 살펴보도록 하자. 생태복지를 이루기 위한 한국의 과제는 무엇인가? 이 문제에 대한 답은 한국에서 생태복지의 실현을 가로막는 문제에 대한 답으로부터 찾아야 한다. 그것은 무엇보다 '토건국가'(construction state)에서 찾을 수 있다. 토건국가는 막대한 혈세를 탕진해서 국토를 파괴하고 부패를 조장하고 토건족과 투기꾼에게 막대한 이익을 제공하는 기형적인 개발국가를 뜻한다.

토건국가는 본래 현대 일본의 문제를 지적하기 위해 1970년대 말에 일본 학자들에 의해 고안된 개념이다. 일본은 1950~60년대의 고성장을 통해 1970년대 초에 복지국가를 이룩할 수 있는 상태에 이르렀다. 그러나 일본의 보수 집권세력인 자민당은 복지국가가 아니라 토건국가를 이룩했다. 그 핵심은 전국 곳곳에서 불필요한 토건사업을 벌이는 방식으로 전국 곳곳에 막대한 혈세를 제공하는 댓가로 표를 받는 것이다. 요컨대 토건국가는 토건사업을 매개로 한 매표정치의 산물이다. 일본식 보수정치와 지역정치가 결합해서 복지국가가 아니라 토건국가를 생성했던 것이다. 그러나 그 폐해는 너무나 심각해서 결국 1990년대의 '잃어버린 10년'을 낳기에 이르렀다. 이에 따라 토건국가의 개혁이 중대한 과제로 부각되어 토건국가 일본은 1990년대 중반부터 상당한 개혁의 길에 들어서게 되었다.

한국에서 토건국가는 1960년대 초부터 형성되기 시작했다. 바로 박정희의 개발독재를 통해 토건국가 한국이 형성되었던 것이다. 박정희 정권은 국가가 주도하는 대규모 개발을 급속히 강행하는 방식으로 급속히 고성장을 이루고자 했다. 그 결과 토건업의 급속한 성장이 이루어졌다. 그리고 토건업이 경제에서 너무나 큰 비중을 차지하게 된 동시에 국민들도 거기에 너무나 강하게 길들여져서 토건업의 정상화가 굉장히 어렵게 되었다. 여기서 토건업의 정상화는 양적 축소와 질적 성숙으로 요약할 수 있다. 한국은 민주화를 통해 지속적인 경제의 성장을 이룰 수 있게 되었지만, 불행히도 민주화 세력도 토건국가의 문제를 올바로 인식하지 못했다. 그 결과 민주화 동안에도 토건국가의 문제는 더욱 더 악화되었다. 그리고 토건세력의 집권과 함께 토건국가의 극단화가 강행되고 있다.

토건국가는 복지국가가 될 수 있는 능력을 갖춘 나라가 복지국가가 되지 못하도록 막는 가장 강력한 장애물이다. 세계적으로 일본과 한국이 그 예이며, 일본은 1990년대 이후 어느 정도 개혁이 이루어졌지만, 한국은 오히려 그때부터 더욱 강력히 악화되었다. 이런 점에서 1990년대 중반에 일본에서 제시되었던 '토건국가를 복지국가로!'라는 구호는 지금 우리에게 더욱 더 생생한 의미를 갖고 다가온다. 그러나 생태위기의 현실에 비추어서 이 구호는 이제 '파괴적인 토건국가를 생태적인 복지국가로!'라는 것으로 바뀔 필요가 있다. 생태복지의 관점에서 보았을 때, 토건국가의 문제는 더욱 더 명확하게 확인된다. 그것은 크게 다음의 두가지로 제시할 수 있다.

첫째, 그것은 복지에 써야 할 막대한 재정을 토건사업에 소모해서 복지의 축소나 왜곡을 초래한다. 2000년대에 들어와서 공공부문 발주 토건사업은 매년 50조 원을 넘었으며, 이명박 정권에 들어와서는 거의 100조 원에 이르게 된 것으로 추정된다. 이렇게 막대한 혈세가 투여되는 토건사업이 모두 불필요한 것은 물론 아니다. 그러나 불필요한 토건사업이 상당한 정도에 이르고 있다. 불필요한 토건사업은 우선 사업의 타당성이 의심되는 것을 뜻한다. 새만금 개발사업, 시화호 개발사업, 한탄강댐 건설사업, 경인운하 건설사업, 그리고 무엇보다 '4대강 살리기 사업'이 여기에 해당된다. 이런 불필요한 토건사업들에 막대한 혈세를 탕진하고 있기 때문에 복지 예산을 늘리기는커녕 오히려 줄이게 된다. 이런 상황에서 이른바 '보편적 복지'에 대한 사회적 관심이 확산된 것은 대단히 다행스러운 일이 아닐 수 없다. 그러나 그것을 구현하고자 하는 방식에는 큰 문제가 있다. 무엇보다 토건국가의 문제를 올바로 인식하지 못하고 '보편적 복지'를 추진하고 있는 것으로 보이기 때문이다. '보편적 복지'를 주창하는 쪽에서는 사회의 발전을 이루기 위해 '보편적 복지'를 구현해야 하고, 이렇게 하기 위해서 '증세'가 필수적이라는 주장을 펴고 있다. 그러나 이 주장은 전제는 옳지만 결론은 꼭 옳다고 하기 어렵다. '증세'는 현실적으로 대단히 어려우며 꼭 옳은 것이라고 할 수 없기 때문이다. 현실적으로 훨씬 쉬우며 분명히 옳은 방식은 '증세'가 아니라 '전세'이다. 불필요한 토건사업에 탕진되는 막대한 혈세를 꼭 필요한 복지사업에 쓰도록 해야 하는 것이다. '보편적 복지'가 아니라 그냥 복지의 확충을 위해서도 토건국가의 개혁이 무엇보다 중요하다. 복지국가의 길을 가로막고 있는 거대한 장애물인 토건국가에 대해 무심하거나 무지하면서 '보편적 복지'는 물론이고 복지의 확충을 주장하는 것은 그저 공론에 그칠 가능성이 크다.

둘째, 토건국가는 막대한 재정을 탕진해서 소중한 국토를 파괴하는 기형적인 개발국가이다. 토건국가는 대대적인 자연의 파괴를 매개로 막대한 혈세를 분배해서 거대한 정치적 이권관계를 형성하는 방식으로 작동한다. 따라서 토건국가는 생태위기를 크게 악화시킬 수밖에 없다. 바다, 산, 들, 섬, 강을 가리지 않고 토건국가는 국토를 파괴한다. 아파트, 공장, 자동차 도로, 자전거 도로, 철도, 운하, 공항, 댐, 보, 하구언, 제방, 간척, 스키장, 골프장, 콘도 등 온갖 시설을 내세워서 토건국가는 자연을 파괴한다. '4대강 살리기'는 우리의 생명줄인 강조차 대대적으로 파괴해서 콘크리트 수로와 콘크리트 호수로 만들어 버리는 최악의 토건국가 사업이다. 토건국가의 개혁은 토건국가가 자행하는 대대적인 파괴를 줄이는 것이기 때문에 그 자체로 중대한 생태적 개혁에 해당된다. 토건국가의 개혁은 지금 이 순간에도 전국 곳곳에서 끝없이 자행되고 있는 각종 파괴를 대대적으로 중단하거나 축소하는 것이다. 생태운동 쪽에서도 이 사실을 올바로 인식해야 한다. 파괴의 현장이나 관련된 제도의 개선에 초점을 맞추는 것이 아니라 문제의 원천을 개혁하는 것에 초점을 맞추는 것이 생태운동의 올바른 방식이다. 토건국가라는 구조와 그것을 가동하는 주체를 개혁하는 것이 생태운동의 핵심적인 과제가 되어야 한다. 이것은 결국 토건국가형 재정구조와 토건국가형 정부조직을 개혁하는 것이다. 이런 점에서 생태운동의 개혁도 대단히 시급한 과제이다. 나아가 생태운동은 자연의 보호가 단지 자연의 보호에 그치는 것이 아니라 복지의 증진을 위해 가장 보편적이고 근원적인 과제라는 사실을 올바로 인식하고 널리 알려야 할 임무를 지니고 있다.

현재 한국은 토건국가의 극단화 상태에 이르렀다. '돈 많은 못 사는 나라'의 문제가 극단적으로 악화되고 있는 것이다. 복지운동과 생태운동의 개혁, 그리고 양자의 결합이 이미 시급한 과제이다.

토건국가의 극단화는 무엇보다 '4대강 살리기 사업'으로 나타나고 있다. 이 사업은 가장 불필요한 사업이며, 가장 파괴적인 사업이고, 가장 많은 혈세를 탕진하는 토건사업이다. 이 사업의 실체는 '4대강 죽이기'이자 '대운하 1단계'이다. 2010년 12월 8일에 '날치기'로 처리된 예산안에서 잘 드러났듯이 토건족은 부족한 복지비조차 무차별적으로 먹이로 삼고 있다. 한나라당은 영유아 필수 접종지원예산, 결식아동 방학 중 급식지원비 등 도저히 사람으로서는 없앨 수 없는 예산조차 없애 버렸다. 이것은 무엇보다 토건정치에 함몰된 이명박 대통령과 한나라당의 문제이지만 그 이면에서 토건국가의 구조가 작동하고 있다는 사실을 잊지 말아야 한다. '4대강 죽이기'를 막고 토건국가를 개혁하는 것은 한국에서 생태복지라는 '진정한 선진화'를 향해 성큼 나아가는 것이다.[2]

(2010년 12월)

---

[2] 2010년 12월 28일 오후에 원고를 의뢰한 사회복지협의회로부터 '4대강 살리기'에 관한 부분을 삭제하면 좋겠다는 연락을 받았다. 아래는 2010년 12월 29일 정오 무렵 수정하여 작성한 내용이다.

"토건국가의 극단화는 무엇보다 '4대강 살리기 사업'으로 나타나고 있다. 이 사업에 대해서는 이미 국내외의 수많은 전문가들에 의해 체계적인 비판이 이루어졌으나 정부는 이런 비판에 대해 대체로 무시하는 태도로 일관하고 있다. 2010년 12월 8일에 한나라당은 '4대강 살리기 사업'의 예산을 대폭 확대하기 위해 영유아 필수 접종지원예산, 결식아동 방학 중 급식지원비 등 최소 복지비조차 삭감하고 2011년 예산을 날치기로 통과시켰다는 비판이 강력히 제기되었다. 이것은 토건국가가 복지국가를 가로막고 있다는 것을 보여주는 중요한 증거라고 할 수 있다. 만일 이명박 대통령과 한나라당이 시대와 사회의 요구를 올바로 이해한다면, 우리는 지금 당장 토건국가를 개혁하고 생태복지국가를 향해 성큼 나아갈 수 있을 것이다. 그것이 바로 '진정한 선진화'이다."

참고자료

김정욱, 2010, 『나는 고발한다』, 느린걸음.
홍성태, 2004, 『생태사회를 위하여』, 문화과학사.
_____, 2007, 『개발주의를 비판한다』, 당대.
_____, 2009, 『민주화의 민주화』, 현실문화.
_____, 2010, 『생명의 강을 위하여』, 현실문화.

暉峻淑子(1989), 홍성태 옮김(2007), 『부자 나라 가난한 시민 - 풍요란 무엇인가』, 궁리.

Beck, Ulich(1992), 홍성태 옮김(1997), 『위험사회』, 새물결.
Krauss, Lawrence(1995), 박병철 옮김(1996), 『스타 트렉의 물리학』, 영림카디널.

BBC, 2007, 〈지구〉.
Gore, Al, 2006, 〈불편한 진실〉.
MBC, 2009, 〈북극의 눈물〉.
_____, 2010, 〈아마존의 눈물〉.

사진1　4대강의 파괴 – 남한강 바위늪구비

출처: ⓒ박용훈

주: '4대강 살리기'의 실체는 '4대강 죽이기'이다.

사진2　복원된 독일 뮌헨의 이자르 강

출처: ⓒimagebrokermicrostock at depositphotos.com

주: 진정한 강 살리기는 자연을 살리는 것이다.

제3장
한국 사회의 발전과 생태적 복지국가
- '진정한 선진화'의 길 -

> 우리는 자연을 파괴하고 불구되게 할 수는 있다. 그러나 그것을 창조하거나 개작할 재주는 없을 것이다.
>
> - 이태준, 1941

I. 머리말

한국은 박정희 정권의 '본격적 근대화'[1] 이래로 30년 이상의 고성장 시대를 거쳐서 오늘날 국내총생산을 기준으로 세계 10위권의 '경제대

---

[1] '본격적 근대화'란 사회적으로, 지역적으로 근대화가 전면화하는 것을 뜻한다. 이런 점에서 일제의 식민지 근대화는 '제한적 근대화'였다. 한편 박정희의 '본격적 근대화'는 정치적 근대화를 여전히 억압했다는 점에서 심각한 결함을 안고 있는 '파행적 근대화'였다. 물론 이런 점에서 일제의 식민지 근대화는 더욱 더 심각한 '파행적 근대화'였다.

국'이 되었다. 총량으로 보아서 오늘날 한국은 분명히 아주 부유한 나라이다. 여전히 가난한 사람들이 있기는 하지만, 또한 양극화라는 새로운 빈곤의 문제가 심화되고 있지만, 오늘날 한국은 이미 빈곤이 아니라 오히려 부로 고통받고 있는 나라이다. 예컨대 부의 증대는 막개발을 촉진하고 있으며, 부의 편중은 양극화를 심화하고 있다. 이제 우리는 과연 '무엇이 풍요인가'에 대해 숙고하고 잘못을 바로잡기 위해 애써야 한다(暉峻淑子, 1989; 2003).

우리는 놀라운 부를 이루기 위해 사실 놀라운 대가를 치러야 했다. 그것은 노동과 자연에 대한 '이중의 착취'로 요약할 수 있다(홍성태, 2000). 수많은 노동자들이 짐승같은 대우를 감내해야 했으며, 전국 곳곳에서 극심한 오염과 파괴가 개발의 이름으로 저질러졌다. 특히 '자연의 착취'로 환경 수준은 여전히 세계적으로 손꼽히는 후진적 상태에 있다. 세계 10위권의 경제대국을 이루는 과정에서 우리의 환경 질은 무려 세계 130위 수준으로 곤두박질치고 말았다. 세계경제포럼의 환경지속성지수 순위에서 한국은 2002년에 142개국 중 136위, 2005년에는 142개국 중 122위인 것으로 발표되었다. 금수강산은 어느덧 공해강산, 파괴강산이 되어 버렸다. 이런 극단적 부조화의 상황을 그대로 두고 '선진화'를 이룰 수는 없다.

사회의 발전은 단순히 경제성장만으로 이루어지지 않는다. 경제성장이 이루어졌다고 해도 그 때문에 자연이 심각하게 파괴되어 많은 사람들이 일상적으로 큰 고통과 불편을 느끼며 살아야 한다면 이러한 변화를 사회의 발전이라고 하기는 어렵다. 그것은 생태적 차원에서 명백히 사회의 퇴보라고 할 수 있기 때문이다. 또한 오랜 세월을 거치며 형성된 다양한 문화들이 상업적 대중문화의 범람으로 삽시간에 크게 훼손되는 것도 역시 사회의 발전이라고 하기 어렵다. 상업적 대중문화의

'획일적 다양성'[2]은 삶에서 빚어진 문화적 다양성에 대한 심각한 위협이기 때문이다. 이렇듯 사회의 발전은 경제성장만이 아니라 정치, 문화, 생태 등 여러 기준에 의해 복합적으로 규정되어야 한다.

그런데 일찍이 미국의 근대화론이 잘 지적했듯이 경제성장이 이루어지지 않은 단계에서는 대부분의 사회가 경제성장을 강력히 추구한다. 그것은 무엇보다 영양과 보건이라는 생명활동의 일차적 요건을 충족할 수 있는 물질적 기반을 크게 확장할 수 있기 때문이다. 그러나 이른바 '풍요사회'의 단계에 이르러서는 무분별한 경제성장에 대한 회의와 반성이 이루어진다. 이런 변화를 바탕으로 삶의 질에 대한 관심이나 '탈물질적 가치'에 대한 추구라는 새로운 현상이 나타난다(D'Antonio et al., 1994; Inglehart, 1977). 그렇지만 이러한 변화로 자연스럽게 생태적 전환이 이루어지는 것은 아니다. 여기에는 생태적 전환의 필요성을 숙지한 주체들의 적극적 실천이 반드시 필요하다.

근대화는 인간의 필요를 위해 자연을 대대적으로 변형하는 반생태적 과정이었다. 그 결과 오늘날 우리는 심각한 생태위기를 맞게 되었다. 이제 삶의 질이나 탈물질적 가치보다 더욱 근본적인 생존의 관점에서 근대화의 문제를 고민하고 그 해결을 위해 실천해야 한다. 생태적 전환은 반생태적 근대화를 넘어서 생태적 탈근대화로 나아가는 과정을 뜻한다. 이것은 정치, 경제, 문화 등 사회의 모든 영역에서 이루어져야 하는 거대한 역사적 변화이다. 여기에 한국 사회가 추구해야 하는 '진정한 선진화'의 길이 놓여 있다.

---

2   상업적 대중문화는 장르와 내용에서 대단히 다양한 모습을 보인다. 그러나 그것은 더 많은 돈을 벌기 위해 소비자의 감각적 반응에 초점을 맞춰서 제작되기 때문에 사실은 대단히 획일적이다. 이런 점을 지적하기 위해 '획일적 다양성'이라는 개념이 제시되었다.

II. 근대화와 생태위기

오늘날 한국의 시민운동[3]은 생태적 전환을 이루기 위한 주체로서 큰 사명감을 안고 활동해야 하는 처지에 놓였다. 여러 지표들이 잘 보여주듯이 한국은 심각한 '생태적 후진국'이기 때문이다. 생태위기는 환경운동이 주체로 다루어야 하는 사안이라고 생각하는 사람들도 있다. 그러나 생태위기에 대한 대응은 환경운동을 넘어선 모든 시민운동의 보편적 관심사가 되어야 한다. 생태위기는 우리 모두의 생존을 위협하는 보편적 위기이기 때문이다. 이제 한국 사회는 이미 심각한 생태위기 상황에 놓여 있으므로 그 발전은 '사회의 생태적 재구성'이라는 방식으로 추구되어야 한다. 그것은 각종 오염과 파괴를 규제하는 차원을 넘어서 정부조직과 산업구조, 고용구조, 생활방식 등에서 생태적 전환을 추구하는 것으로 이루어질 수 있다.

여기서 잠시 생태위기의 현실에 대해 살펴보도록 하자. 생태위기라는 시대적 규정에 대한 인식이 전제되지 않고 생태적 전환의 필요성을 논의하기는 어렵기 때문이다. 생태위기는 국지적 차원의 현상이 아니라 이미 지구적 차원의 현상이다. 그 대표적인 예로 지구 온난화를 들 수 있다.[4] 오늘날 우리는 지구 온난화의 위험에 대해 많은 경고를

---

3 이 글에서 시민운동은 민주주의 사회의 주권자로서 시민이 공익을 실현하기 위해 벌이는 자발적이고 독립적인 다양한 사회운동을 뜻한다.

4 일부에서는 지구 온난화를 비롯한 생태위기의 현실을 적극적으로 부정하기도 한다. 심지어 지구 온난화가 아니라 '지구냉각화'가 진행되고 있다고 주장하기도 한다. 그러나 유엔은 물론이고 미국 정부조차 지구 온난화를 비롯한 생태위기의 현실을 분명히 인정하고 있다. 미국은 세계 인구의 4.5%를 차지하고 있지만 지구 온난화 기여도는 30%를 훨씬 넘는다. 그러나 미국 정부는 지구 온난화 대책에 대단히 미온적이며 이 때문에 '지구의 적'이라는 비난마저

접하고 있다. 히말라야와 알프스의 빙하가 녹고 북극의 빙산이 녹는다.[5] 이 때문에 하천이 범람하고 해수면이 상승하는 놀라운 일이 빚어지고 있다. 이대로 가다가는 머지 않아 태평양의 작은 섬나라들이 바다에 잠겨 없어질 것이며, 북극곰들이 모두 멸종해 동물원에서나 겨우 볼 수 있게 될 것이라고 한다. 나아가 열대지방의 풍토병이 더워진 온대지방으로 확산되어 수많은 사람들이 목숨을 잃을 가능성도 제기되고 있다.

지구 온난화의 원인은 공업화의 결과로 비롯된 대기오염이다. 공업은 석탄과 석유를 태워 없애서 에너지를 얻는 방식으로 이루어졌다. 그 과정에서 이산화탄소를 중심으로 메탄, 이산화황, 질산화물 등의 여러 물질들이 배출되어 마침내 지구를 거대한 하나의 온실처럼 만들어 버린 것이다. 문제는 수십억년에 걸친 공진화(共進化, co-evolution)[6]

받고 있다. 나아가 미국의 거대기업은 '반환경운동'이나 '반환경연구'를 적극 지원하고 있다. 이렇게 해서 지구 온난화를 부정하는 '논문'이 쓰여져서 유명 학술지에 발표되기도 한다. '황우석 사태'에서 잘 드러났듯이 미국의 유명 학술지에 실린 '논문'이라도 '진실'은 물론이고 심지어 '사실'조차 왜곡하는 경우가 흔하다. 이런 명백한 현실을 올바로 깨닫지 못하고 미국의 유명 학술지에 실린 논문을 들먹이며 지구 온난화를 부정하는 자들은 그저 자신의 무지를 보여줄 뿐이다.

5 2007년 봄에 북극의 빙하가 너무나 많이 녹아서 수만 마리의 바다표범들이 죽었다고 한다. 이러한 변화 때문에 먹이를 구하기가 어려워진 북극곰들도 굶어죽거나 크기가 줄어드는 현상이 나타나고 있다.

6 '진화'는 생명체들이 서로 영향을 미치고 환경에 적응하며 지속적으로 변화하는 것을 뜻한다. 그러나 '진화'는 생명체뿐만 아니라 환경이 변화하는 것이기도 하다. '공진화'는 지구의 탄생 이래 물질운동의 결과로 생명체가 탄생하고, 그 결과 생명체와 환경이 서로 영향을 주고받으며 변화하는 것을 뜻한다. 따

의 결과로 형성된 지구의 기후대가 빠르게 큰 변화를 맞게 되면서 사람을 포함한 지구의 모든 생명체가 생존의 위기를 맞을 수 있다는 것이다. 물론 지구의 기온은 장기적으로 계속 변화한다. 빙하기의 간헐적 도래는 그 좋은 예이다. 그러나 현재의 지구 온난화는 인위적 요인에 의해 불과 50년, 100년이라는 너무나 짧은 시간에 이루어지는 변화라는 점에서 초유의 것이면서 지구의 모든 생명체에게 적응할 시간적 여유를 주지 않고 거대한 재앙을 초래할 수 있다. 더욱이 지구 온난화로 툰드라지대가 녹으면서 엄청난 양의 이산화탄소와 메탄이 짧은 시간에 방출되어 지구 온난화가 더욱 급속히 진행될 수도 있다.

대기오염의 결과로 우리가 겪는 고통은 지구 온난화만이 아니다. 더욱 일상적으로 우리가 겪는 고통은 건강과 생명에 대한 위협이다. 우리는 한시도 쉬지 않고 공기를 마셔야 살 수 있다. 깨끗한 공기는 건강의 일차적 조건이다. 더러운 공기는 우리의 건강을 해치고 만다. 그런데 한국은 이미 세계적으로 악명높은 대기오염국가이다. 한국에서 맑은 하늘을 보는 것은 대단히 어려운 일이 되었다. 중국의 공업화와 함께 한국의 대기오염은 더욱 악화되고 있다. 최근의 연구에 따르면, 이러한 대기오염으로 말미암아 전국적으로 16만 명이 넘는 사람들이 조기사망하고 있다.[7] 이 때문에 발생하는 사회적 비용도 몇 조 원에 이를 것으로 추정된다. 복지나 문화에 사용할 수 있는 엄청난 액수의 귀중한 돈이 대기오염 때문에 탕진되고 있는 것이다.

오염된 것은 대기만이 아니다. 물도, 흙도, 바다도 모두 심각하게

라서 환경의 급격한 변화는 생명체의 절멸로 이어질 수도 있다.

[7] 대기오염 때문에 서울 시민의 평균수명은 도쿄 시민의 평균수명보다 3년 짧다는 연구결과도 있다.

오염되었다. 10조 원이 넘는 막대한 돈을 4대강 수질개선사업에 투입했으나 여전히 4대강의 수질은 엉망이다. 계곡수나 지하수조차도 심각하게 오염되어 있다. 흙도 각종 화학비료와 농약 등으로 심하게 병들었다. 산업폐기물과 건축폐기물의 무단폐기는 토양오염의 문제를 더욱 악화한다. 대기와 물과 흙을 더럽힌 모든 것은 결국 바다로 흘러 들어간다. 더욱이 우리는 바다에 온갖 쓰레기와 분뇨를 대량으로 버리고 있기도 하다. 그러므로 건강을 위해 해산물을 날것으로 즐기다가 오히려 건강을 해칠 위험도 커지고 있다.[8] 이처럼 자연이 총체적으로 오염된 상황에서 각종 먹거리와 우리의 몸이 오염되는 것은 당연하다. 환경호르몬[9] 물질로 우리의 몸은 심하게 병들었고, 그 결과 아토피[10]라는 신종질환이 만연하게 되었다.

이렇듯 우리는 자연이 망가지고, 그 때문에 우리의 몸도 망가지는 생태위기의 시대를 살고 있다. 이것은 모두 우리가 자초한 것이다. 그러나 바로 그 때문에 우리는 생태위기를 치유하거나 완화할 수 있다. 석유고갈의 위험에서 잘 드러나듯이 현재의 풍요는 지속될 수 없으며, 조기사망이나 아토피와 같은 문제에서 잘 드러나듯이 현재의 풍요

---

8 '공해병'으로 악명높은 일본의 미나마타병은 바다로 방류된 폐수에 섞인 수은으로 오염된 어패류를 먹어서 발생한 '수은 중독증'이었다.

9 생명체 내로 들어간 화학물질이 생명체 내에서 마치 호르몬처럼 구실하면서 호르몬 체계를 교란시켜 생명체에 이상을 야기하는 것을 뜻한다.

10 아토피는 사실 '잘 모른다'는 뜻이다. 병의 증상은 명확하지만 그 원인을 알 수 없어서 이런 병명이 만들어졌다. 그 대표적 증상으로는 피부병, 천식, 류마티스 등을 들 수 있다. 오늘날 그 원인은 대체로 화학물질이나 중금속인 것으로 밝혀졌다. 이런 점에서 아토피는 '공해병' 또는 '오염병'이라고 부르는 것이 더 옳을 것이다.

는 심각한 문제를 안고 있는 것이기도 하다. 생태위기는, 자연이 문명의 물질적 조건이자 우리의 건강과 생명의 조건이라는 차원에서, 반생태적 근대화가 결코 지속될 수 없으며, 지속되어서도 안 된다는 사실을 잘 보여준다. 우리는 이제까지 우리가 이룬 문명의 성과를 활용해서 적극적으로 생태적 탈근대화를 추구해야 한다. 생태위기가 생태파국으로 폭발하기까지 남은 시간은 많지 않다.[11]

III. '토건국가'를 넘어서

오늘날 생태위기는 다양한 요인들에 의해 악화되고 있다. 공업화, 난개발, 소비사회화는 세가지 대표적 요인들이다. 그런데 여기서 우리는 한국에서 생태위기를 더욱 악화시키고 있는 구조적 문제로서 '토건국가'(土建國家, construction state) 문제에 주목할 필요가 있다. '토건국가'는 정치권과 토건업이 유착해서 불필요한 대규모 개발사업을 끊임없이 벌이면서 재정을 낭비하고 국토를 파괴하고 부패를 만연하게 하는 타락한 개발국가를 뜻한다(홍성태 엮음, 2005). 이러한 '토건국가'는 박정희의 개발독재에 그 뿌리를 두고 있으며, 따라서 그 개혁은 민주화의 핵심적 과제이기도 하다.

---

11 미 국방부가 작성한 지구 온난화에 관한 비밀보고서는 20년 안에 지구 온난화로 말미암아 대재앙이 닥칠 것으로 예측하고 있다(《한겨레신문》, 2004/2/22). 미국 정부는 지구 온난화를 완화하기 위한 대책에는 미온적이면서 그저 파국에도 계속 패권을 유지하기 위한 계획을 추진하고 있을 뿐이다. 이런 점에서 지구 온난화에 대응하기 위한 노력은 상당한 정도로 반생태적 미국의 문제를 밝히고 바로잡기 위한 노력이어야 한다(홍성태, 2003).

1. 박정희체계의 문제

산업적으로 보아서 한국의 고성장을 이끌고 온 것은 중공업과 건설업[12]이다. 두 산업은 자연에 치명적인 영향을 입힌다. 이런 점에서 오늘날 한국의 환경 질이 세계적으로 심각한 지경에 이른 것은 분명히 고성장의 직접적 결과이다. 이제는 세계 10위권에 이른 고성장의 성과를 잘 활용해서 이 문제를 해결해야 한다. 그런데 여기서 우리는 고성장의 과정에서 오염과 파괴를 당연시하는 사회체계가 이룩되었다는 사실에 유의해야 한다. 박정희 정권이 그 기초를 다지고 골격을 세웠으므로 우리는 이 사회체계를 '박정희체계'라고 부를 수 있다. 따라서 '박정희체계'를 해체하고 생태적 복지국가를 이룩하는 것이야말로 '진정한 선진화'의 요체이다(홍성태, 2007).

박정희 정권의 군사독재는 '개발독재'이기도 했다. 그것이 이룩한 박정희체계는 무엇보다 성장주의와 개발주의의 사회체계라고 할 수 있다. 요컨대 박정희체계는 '경제성장을 최고의 가치로 여기고, 그것을 위해 최대한의 개발을 추구하는 사회체계'인 것이다.[13] 이 사회체계의 문제를 가장 극명하게 보여주는 것은 '토건국가'이다. 이것은 '막대한 금액의 혈세를 탕진해서 자연을 파괴하고 부패를 만연하게 하는 방식으로 개발을 추진해서 경제성장을 이루는 국가'를 뜻한다. 이런 '토건국가'의 상황에서는 성장과 개발을 최고의 목표로 추구하는 개발주

---

12 건설업은 토목업과 건축업으로 나뉜다. 이런 점에서 토건업이 더 정확한 명칭이다.

13 또한 박정희체계는 학벌사회와 투기사회의 문제를 악화하는 방식으로 개인들을 이 체계에 옭아맸다(김상봉, 2004; 신한종합연구소, 1991). 박정희체계에서 교육과 주거라는 생활의 필수조건을 확보하기 위해서라도 개인들은 성장주의와 개발주의를 추구하지 않을 수 없다.

의 정치가 막강한 위력을 발휘하지 않을 수 없다(홍성태 엮음, 2005).

그런데 이제 우리는 풍요나 발전을 단순히 경제성장이 아니라 복지, 문화, 자연 등을 포함한 복합적 관점에서 파악해야 한다. 이를 위한 정치의 역할은 막중하다. 정치는 국가권력을 이용해서 사회발전을 추구하는 사회활동이기 때문이다. 그러나 불행하게도 한국의 정치는 개발주의의 원천이자 그 포로라는 성격을 강하게 지니고 있다. 한국의 정치는 개발주의의 문제를 치유하기보다는 악화하는 방식으로 작동하고 있는 것이다. 여기서 중요한 것은 이러한 개발주의 정치가 박정희체계의 소산이라는 사실이다. 따라서 개발주의 정치를 올바로 개혁하기 위해서는 단순히 정치의 민주화라는 식으로 정치개혁을 추구하는 데 그치는 것이 아니라 정부, 산업, 의식 등의 여러 요소들로 이루어진 박정희체계라는 '개발주의형 사회체계의 전면적 개혁'이라는 체계적 관점을 세워야 한다.

박정희체계의 개혁은 단순히 생태적 개혁을 이루는 것이 아니라 예산의 탕진과 부패의 만연을 막고 복지와 문화와 자연의 영역으로 민주화를 확장하여 '진정한 선진화'를 이루는 것이기도 하다. 이러한 '진정한 선진화'의 과제를 이루기 위해서는 개발주의 구조의 개혁뿐만 아니라 개발주의 구조 속에서 개발주의 주체로 살아가는 시민의 생활방식과 사고방식을 개혁하는 것도 대단히 중요하다. 요컨대 체계의 개혁과 주체의 개혁이라는 '이중적 과제'가 동시에 추구되어야 하는 것이다.

2. '토건국가'의 실상

'토건국가'는 정책결정과정의 왜곡, 국가재정의 왜곡, 세금의 낭비, 산업구조와 노동구조 개혁의 지체, 부패의 만연, 자연의 파괴라는 커다란 문제들을 낳는다. 민주화는 이러한 '토건국가'를 개혁하는 역사적 변화여야 했다. 그러나 한국의 민주화는 토건국가를 낳은 개발주의 정치를 해결하기보다는 오히려 강화하는 과정이었다. 이른바 '민주화 이후의 민주주의'에 대해 환멸이 커진 것은 이 때문이기도 하다. '민주정권'은 토건국가의 문제를 올바로 이해하지 못했으며, 오히려 여기에 편승해서 정치적 지지를 확대하고자 했다. '민주정권'이 이를테면 '보수정치'를 적극적으로 펼쳤던 것이다. 이로써 정권은 바뀌었어도 사회는 바뀌지 않는 상태가 계속되었다.

물론 이렇게 된 데에는 박정희부터 노태우까지 이어진 개발독재를 거치면서 토건국가가 워낙에 강력하게 확립되었다는 사정이 큰 영향을 미치기도 했다. 개발독재가 토건국가를 만들고, 이에 따라 대다수 국민들이 개발주의를 추구하게 되었으며, 그 결과 '민주정권'도 개발주의 정치를 펼치지 않을 수 없게 되었다. 개발독재가 남긴 가장 큰 문제는 이처럼 '개발주의의 악순환 구조'를 확립한 것에서 찾을 수 있다. 이런 구조 속에서 민주정부도 개발사업을 댓가로 정치적 지지를 얻는 '매표정치'로서 개발주의 정치를 추진하는 잘못을 저지르고 말았다. 민주화의 심화는 무엇보다 이러한 개발주의 정치를 혁파하는 것을 뜻해야 한다.[14] 개발주의는 민주화를 왜곡하고 저해하는 거대한 역사적

---

14 개발주의는 지역주의와 결합되어 있기도 하다. '3김 시대'의 종언과 함께 지역주의 정치는 더욱 더 개발주의 정치의 성격을 강화할 것이다. 이런 점에서 개발주의 정치의 개혁을 위해서는 지역주의 정치를 개혁해야 하며, 이를 위해 무엇보다 중요한 것은 비례대표를 크게 늘리는 방식으로 국회의원 정수를 늘리는 것이다. 한국은 국력에 비해 국회의원 수가 적으며, 고도로 분화된 사회구조에 비해 비례대표는 더욱 더 적다. 헌법에서는 국회의원 수를 '200명 이상'으로 규정하고 있는 데, 이것은 '최소규정'으로 해석해야 옳을 것이다. 그러나 국회의원의 다수가 이것을 '299명 이하'라는 '최대규정'으로

장애물이다.

여기서 토건국가의 실상에 대해 잠시 살펴보자. 다음의 표들은 통계청의 '2006년 건설업 통계'를 정리한 것이다.

표1 건설업 매출액 (백만 원)

2005	2004	2003	2002	2001
142,622,781	139,251,721	127,149,270	114,121,028	105,349,471

표2 건설업 부가가치 (백만 원)

2005	2004	2003	2002	2001
61,740,405	61,700,391	57,040,194	49,683,118	45,951,266

표3 건설업 종사자수 (명)

2005	2004	2003	2002	2001
1,718,181	1,737,166	1,719,074	1,524,562	1,422,618

표4 건설업 기업체수 (개)

2005	2004	2003	2002	2001
66,619	65,276	64,044	62,165	59,186

이 표들이 보여주듯이 건설업의 경제적 비중은 대단히 크다. 종사자수에서 약간 줄어드는 양상이 보이기도 했지만, 다른 지표들은 계속 크게 늘어나고 있다.[15] 2005년 한국의 GDP는 약 787조 5천억 원이었

해석해서 국회의원 수를 늘리지 못하도록 하고 있다. 국회의원의 기득권 논리가 시대의 변화에 걸맞은 국회의 개혁을 가로막고 있다고 해야 옳을 것이다.

15 이것은 그 자체로 상당히 주의해 볼 필요가 있는 변화이다. 대체로 개발주의 정치는 고용의 증대를 위해 토건업을 더욱 육성해야 한다고 주장한다. 그

다. 같은 해 'GDP 대비 건설업의 비중'은 매출액 기준으로 무려 18%를 넘어섰으며, 부가가치 기준으로 보더라도 7.8%에 이르렀다. 이러한 비중은 세계적으로 대단히 높은 것이다. 그것은 심지어 개발도상국보다도 높고, '병적'이라는 평가를 받을 정도이다. 예컨대 2001년도 주요 국가의 GDP 대비 건설업의 비중을 부가가치 기준으로 보면, 미국과 서구는 4~5% 수준이었고, 브라질·러시아·중국은 7% 수준이었으며, 일본은 7.1%였다. 이에 비해 한국은 7.7% 수준[16]으로 '선진국'은 물론이고 한창 고성장을 구가하고 있는 브릭스(BRICs) 국가들[17]보다도 높았다(박한진, 2004).

3. 토건국가와 개발주의 정치

이처럼 토건국가가 강력하게 확립되어 있는 상황에서 개발주의 정치

러나 토건업에서도 기계화의 진척에 따라 '고용없는 성장'이 나타나고 있다. 제조업과 마찬가지로 토건업에서도 단순히 투자의 확대가 고용의 증대로 이어지지는 않는다. 오히려 생태적 복원을 강화하는 쪽이 토건업에서도 고용의 증대나 고부가가치화를 이룰 수 있는 올바른 길일 것이다.

[16] 한국을 빼고 OECD에서 건설업의 비중이 가장 큰 일본은 1990년 9.8%, 1995년 8.2%, 2001년 7.1%이었다. 이에 비해 한국은 1990~97년 평균 11.4%, 1999~2002년 평균 7.7%, 2003년 8.5%로 일본보다 건설업의 비중이 훨씬 크다.

[17] 브라질, 러시아, 인도, 중국을 뜻한다. 네 나라의 공통점은 거대한 '대륙국가'라는 것이다. 또한 네 나라의 인구는 세계 인구의 44% 정도에 이른다. 최근에 보수언론은 네 나라의 경제성장에 따른 한국 경제의 '추락'을 주장하고 있다. 그러나 GDP 기준으로 네 나라와 한국 경제를 비교하는 것은 큰 문제를 안고 있다. 무엇보다 한국은 국토의 크기가 세계 109위밖에 되지 않는 조그만 나라이기 때문이다.

가 해결되지 않고 개발주의 공약이 남발되는 것은 아마도 당연할 것이다. 사실 다수의 국민들도 개발주의에 맞서기보다는 편승해서 이익을 취하는 쪽으로 적응되어 있는 실정이다. 지역주의가 갈수록 개발주의의 허울이 되는 것은 이 때문이다. 2007년도 정부 총지출 규모는 예산과 기금을 합쳐서 237조 1,000억 원이다. 여기서 수송·교통·지역개발 관련 예산은 18조 4,000억 원이며, 민자유치와 공기업 투자를 포함한 공공부문 건설투자는 무려 52조 8,000억 원에 이른다(기획예산처, 2007: 88).[18] 이렇게 막대한 예산을 써서 불필요한 도로 건설, 공항 건설, 댐 건설 등이 이루어진다(정광모, 2007: 136-137).

지역주의가 횡행하는 국회의원 선거나 지방선거는 말할 것도 없고 대통령 선거도 개발주의 정치에 사로잡혀 있다. 아니, 대통령 선거야말로 전국을 상대로 하는 거대한 개발주의 공약이 대대적으로 제시되는 개발주의 정치의 본무대이다. 예컨대 지난 20년 동안 대선에서 제시된 대표적 개발주의 공약만도 다음과 같다.

표5 민주화 이후 대선의 대표적 개발주의 공약

1987년	노태우	새만금간척사업
		주택 200만 호 건설사업
1992년	김영삼	준농림지 개발 허용
1997년	김대중	그린벨트 대규모 해제
2002년	노무현	행정도시 건설사업
		기업도시 건설사업
		혁신도시 건설사업

---

18 2006년 10월에 발표된 '2007년 나라살림'에 따르면, 전체 공공부문 건설투자는 52조 3천억 원에 재정투자는 45조 8천억 원이고 민자는 6조 5천억 원이었다. 재정투자는 공기업 투자 및 국고보조 지방비 매칭분을 포함한다(기획예산처, 2006: 25).

1987년 6월 항쟁 이후 민주화 20년의 역사는 사실 개발독재에 못지 않은 개발주의 정치의 역사였다. 토건국가를 구성하는 '정관재 연합'(政官財 聯合)은 해소되기는커녕 민주화에 따라 '정관재언학 연합'(政官財言學 聯合)으로 오히려 확대되었다. 다시 말해서 불필요한 건설사업으로 말미암은 자연의 파괴는 물론이고 세금의 탕진과 부패의 만연이라는 문제가 민주화 이후에도 계속 확대재생산되었던 것이다. 그리고 전체 경제는 난개발의 횡행, 부동산 거품의 조장, 투기의 만연 등으로 심각한 구조적 문제에 시달리게 되었다. 예컨대 감사원에서 사실상 폐기를 요구한 '한탄강댐'의 경우를 보자. '1조 900억 원의 시멘트 덩어리'로 불리는 한탄강댐 건설을 중단하고 그 돈을 교육이나 복지에 쓴다면 한국은 훨씬 더 '선진국'에 가까워질 것이다. 그러나 한탄강댐 건설계획은 감사원에서 폐기를 요구했어도 버젓이 되살아나서 시행단계에 접어들었다.

이런 상황에서 유력한 한 대선주자는 '경부운하'에 이어서 그것을 크게 확대한 '한반도대운하'를 핵심공약으로 제시하고 나섰다. 이것은 노태우와 노무현의 토건업 부양책을 훨씬 뛰어넘는 '단군 이래 최대의 토건업 육성책'이라고 할 수 있다. 나아가 이것은 흔히 호랑이에 비유되는 백두대간 중심의 국토구조를 크게 파괴하는 정책이다. 이런 토건업 육성책은 커다란 생태적, 문화적 문제를 유발할 수밖에 없지만, 나아가 토건업의 병적 과잉을 더욱 악화하는 경제적 문제도 낳게 된다.

4. 파괴와 부패의 만연

2004년 7월 2일에 건설교통부는 '건설경기 연착륙 방안'이라는 보고서를 발표했다. 이 보고서에서 건교부는 건설투자의 비중이 둔화되는 것에 따라 경제위기가 올 것처럼 주장하고, 이런 상황을 회피하기 위해 건설투자를 서둘러 늘려야 한다고 주장했다. 좀더 구체적으로 건교부는 '취업유발계수(명/10억 원): 건설업 20.8 제조업 14.4'를 제시하며 건설업을 부양해야 할 경제적 필요를 강조했으며, 또한 2004년 4월 현재 '건축:토목 비중 = 70:30 수준(주거용 33%, 비주거용 37%)'이라는 지표를 제시하며 신도시 건설과 같은 건축사업을 확대해야 한다고 주장했다(건설교통부, 2004).

이러한 건교부의 주장은 토건국가의 문제를 해결하는 것이 아니라 적어도 유지하고자 하는 것이다. 그리고 사실 각종 건설 관련 예산들이 보여주듯이 건교부는 토건국가를 계속 확대재생산하고 있다. 그러나 토건업의 비중이 워낙에 크기 때문에 이러한 건교부의 정책은 정치적으로 큰 힘을 지닐 수밖에 없다. 또한 건교부와 그 산하기관으로 대표되는 토건국가의 핵심주체들은 토건국가의 확대재생산에서 커다란 조직적 이익을 취한다. 그만큼 자기들을 위한 많은 일자리를 확보할 수 있기 때문이다. 정부조직은 공익을 위해 존재해야 하지만 실제로는 자기이익을 위해 권력을 활용하는 경우가 흔하다. 이런 점에서 건교부를 비롯한 여러 건설 관련 정부기관들에 대한 전면적 검토와 대책이 필요하다.[19]

---

19 '공공성'을 국가의 속성으로 간주하는 것은 국가의 이상과 현실을 올바로 이해하지 못한 데서 비롯되는 이론적 잘못이다. 다른 모든 사회적 주체들과 마찬가지로 국가의 구성요소들도 시대의 변화에 따라 폐기와 생성의 과정을 거쳐야 한다. 그러나 많은 국가기관들이 '공공성' 혹은 '공익'을 내세워서 끝없이 존속하거나 심지어 확대재생산하고자 한다. 개발독재의 견인차로 만들어진 개발부서와 개발공사(開發公社)는 그 대표적 예이다. 개발부서와 개발공사를 없애는 것은 개발독재의 폐해를 바로잡는 것이면서 '공공성'을 강화하고 '공익'을 구현하는 것이다. 국가주의 공공성은 무엇보다 국가를 신비화

다른 한편 불필요한 대규모 건설사업은 필연적으로 대규모 부패문제를 낳게 마련이다. 이른바 '눈먼 돈'을 혼자 차지할 수는 없기 때문이다. 한국은 여전히 부패가 만연한 나라로 꼽힌다. 그리고 각종 조사에서 잘 드러나듯이 부패가 가장 심한 분야는 다름 아닌 건설업이다. 토건업체가 불필요한 대형사업을 벌이면서 여기에 소요되는 막대한 혈세를 독식할 수는 없다. 당연히 관련 정치인과 공무원들에게 여러 명목으로 뇌물을 건네야 한다. 일부에서는 이러한 뇌물의 비율을 전체 사업비의 5%~20%에 이르는 것으로 파악한다. 이러한 추정에 따르자면, 매년 적어도 수천억 원의 '검은 돈' 또는 '눈먼 돈'이 중앙정부나 지자체에서 발주하는 수많은 건설사업에서 생기는 것이다.[20] 한국은 '유흥산업'이 비상하게 성장한 나라로 꼽히기도 하는 데, 여기에는 건설사업에서 발생하는 막대한 '검은 돈'이 깊이 연관되어 있을 것으로 보인다.

노무현 대통령은 2004년 6월의 국회에서 부패를 근절하겠다고 밝혔으며, 이어서 6월 29일에는 본격적인 부패청산 방안을 협의했다. 4월의 총선에서 열린우리당이 대승을 거둔 직후의 일이었다. 그러나 노무현 대통령의 의지는 전혀 실현되지 않았다. 너무 이루어진 것이 없어서 2004년 6월의 다짐이 과연 진정한 것이었는가 하는 의심마저 들 정도이다. 경실련이 2005년과 2006년에 벌인 건설부패실태조사는 이러한 사실을 잘 보여준다. 2005년 경실련과 〈경향신문〉이 함께 작성

한다는 점에서 잘못된 것이다. 이제 시민의 권리와 이익이라는 관점에서 공공성을 평가하고 실현하는 시민주의 공공성을 추구해야 한다.

20 경실련은 연간 건설시장 200조 원 중 25%인 50조 원이 거품·혈세낭비 비용이며 15조 원 정도가 비자금으로 조성되는 것으로 파악하고 있다(〈프레시안〉, 2005/4/22).

한 '건설부패실태조사 결과'에 따르면, 지난 1993년 2월 문민정부 출범 뒤 2005년 4월12일까지 사법기관의 발표를 바탕으로 언론이 보도한 뇌물사건에서 건설부문이 55%로 나타났다.

이 기간에 보도된 뇌물 사건 584건 중 건설이 55.3%인 320건이며, 뇌물을 받은 공직자 등 1,047명 중 64.3%인 673명이 건설과 관련돼 있다. 사법처리 과정에서 혐의가 입증되거나 법원에 의해 추징된 뇌물액 1,383억 4천만 원 중 건설 관련은 43.4%인 600억 6,200만 원이었다.

특히 사법처리 시기를 기준으로 건설 관련 뇌물사건은 김영삼 정부 187건(58.4%)·418명(62.1%), 김대중 정부 58건(18.1%)·126명(18.7%), 노무현 정부 75건(23.4%)·129명(19.2%)으로 집계됐다. 노무현 정부 들어 2년여만에 김대중 정부의 5년치를 넘어선 것이다(《프레시안》, 2005/4/22).

부패의 방지와 복지의 증진을 위해서도 토건국가의 문제는 시급히 개혁되어야 한다. 각종 개발공사들의 통폐합은 그 핵심적 과제이다(홍성태 엮음, 2005). 2007년의 대통령 선거에서 '민주개혁세력'의 후보는 반드시 이에 관한 공약을 제시해야 한다. 토건족이 재정을 크게 잠식하고 국토를 파괴하는 나라에 미래는 없다. '수구보수'는 말할 것도 없고 '민주개혁'도 토건국가에서 이익을 찾고자 하는 것의 문제를 직시해야 한다. 한국의 시민운동은 이 심각한 문제를 민주주의의 근원적 위협으로 파악하고 해결하기 위해 최선을 다해야 한다.

IV. 생태적 복지국가로

'토건국가'의 개혁은 사실 '국가 합리화'의 과제일 뿐이다. 우리는 '토건국가'를 넘어서 '복지국가'로 나아가야 한다. 우리는 이미 이를 위한 경제력을 가지고 있으며, 또한 이렇게 해야 지속적 경제성장을 이룰 수 있는 상태에 이르렀다. 이제 우리도 '돈 많은 못 사는 나라'라는 '기형국가' 상태에서 벗어나서 생태적으로 쾌적하고 문화적으로 격조 있는 삶을 살 수 있어야 한다(홍성태, 2006). 아무리 돈이 많은 사회라고 해도 사람들이 척박하고 삭막하고 천박한 삶을 살아야 한다면, 그 사회는 결코 '선진사회'라고 할 수 없을 것이다.

1. 생태적 복지국가의 구상

최근에 한국 사회에서는 민주주의 논쟁과 발전모델 논쟁이라는 두가지 중요한 논쟁이 벌어졌다. 이 중에서 더욱 논쟁적으로 전개된 것은 발전모델 논쟁이다. 민주주의에 대해서는 '수구보수세력'조차 부정하지 못하는 상태가 되었지만, 발전모델에 대해서는 '민주개혁세력'과 '수구보수세력' 사이에서 대단히 큰 차이를 보이고 있기 때문이다.[21] 전자는 '복지국가'라는 목표에 대해 아직 많이 부족하지만 폭넓은 동

---

21 사실은 '민주개혁세력' 내에서도 큰 차이를 보이고 있다. '좌파 신자유주의'를 주장하는 '해괴한 자유주의세력'이 있는가 하면, 재벌을 '민족자본'이라고 주장하는 '희한한 좌파'도 있고, 국가주의 공공성을 내세워서 개발주의 사회의 개혁에 반대하는 노동운동 세력도 있다. '민주개혁세력'이 정말로 하나의 세력을 이루고자 한다면, 적어도 '복지국가'라는 목표를 공유해야 한다. '수구보수세력'이 하나의 세력을 이루고 있는 이유는, '잃어버린 10년'이라는 정치적 현실의 차원뿐만 아니라, '박정희체계의 지속'이라는 사회경제적 목표의 차원에서 찾아야 한다.

의를 추구하는 상태이다. 그러나 후자는 여전히 성장주의와 개발주의의 사회체계, 즉 '박정희체계'를 확대재생산하고자 한다. 물론 '진정한 선진화'는 '복지국가'로 나아가는 것이다. 그러나 그것은 생태적 전환을 수반하지 않으면 안 된다.

왜 '생태적 복지국가'인가? 오늘날 잘 보전된 자연은 복지의 핵심적 요소가 되었다. 따라서 제대로 된 복지국가는 그 자체로 '생태적 복지국가'이기도 하다. 더욱이 한국처럼 자연이 엉망으로 파괴된 곳에서는 파괴된 자연을 치유하지 않고 복지를 증진할 수 없다. 예컨대 아무리 경제적 복지가 잘 되어 있다고 하더라도 대기오염으로 조기사망하게 된다면 무슨 소용이 있겠는가? 늘 창을 닫은 채 값비싼 공기청정기를 이용해서 호흡해야 하며, 고급차를 타고 자연을 찾아간들 시야는 뿌옇고 강물은 시커멓다면, 아무리 돈이 많더라도 복지를 누리며 산다고 하기 어려울 것이다. 생태적 복지는 경제적 복지보다 더 근본적이며 보편적이다. 또한 복지에 필요한 재정을 확보하기 위해서도 생태적 전환은 필수적이다. 매년 수조 원의 혈세가 불필요한 대규모 개발사업에 탕진되고 있다. 세금의 낭비와 자연의 파괴가 동시에 진행되는 것이다. 반(反)생태적 토건국가의 문제를 해결한다면, 여성·아동·노인 복지를 크게 증진할 수 있다. 사회적 서비스 분야의 일자리도 크게 늘어나서 한국 사회의 '진정한 선진화'가 촉진될 것이다.[22]

---

22 어떤 사람은 '생태적 복지국가'라는 개념이 '한국적 민주주의'를 떠올리게 한다고 말한다. 그러나 이것은 아주 잘못된 연상이다. '생태적'과 '한국적' 사이에는 커다란 차이가 있다. 전자는 보편적 가치를 더욱 강조하는 것이라면, 후자는 특수한 조건을 강조하는 것이기 때문이다. 사실 원래의 '복지국가'는 반생태적 성장과 개발을 통해 이루어졌다. '복지국가'라는 개념이 낡았다는 인상을 주는 이유는 이 때문이기도 하다. 이제 '복지국가'가 복지라는 목

이렇듯 '생태적 복지국가'는 단지 생태적 향상을 추구하는 국가가 아니라 정부조직과 재정의 생태적 전환을 통해 복지의 증진과 좋은 일자리의 창출을 이루고 '진정한 선진화'를 추구하는 국가를 뜻한다. 오늘날 기업의 힘이 크게 강화되었어도 여전히 국가의 힘은 막강하다. 그리고 국가는 기업과 달리 공익을 추구해야 한다는 목적을 갖고 있다.[23] 따라서 국가의 개혁은 생태적 전환을 위한 핵심적 과제이다. 더욱이 '토건국가'의 상황에서 국가는 토건업의 개혁을 가로막는 강력한 주체로 작동하고 있다. 더 이상 국가가 정치적 이유로 토건업의 개혁을 가로막지 못하도록 해야 한다.[24] 국가가 대대적 토건업 육성책을

표를 제대로 달성하기 위해서도 생태적 전환은 필수적이다. 이런 점에서 '생태적 복지국가'라는 개념은 '복지국가'라는 개념을 시대의 변화에 걸맞게 재정립하는 것이다. 더욱이 한국에서는 재정구조와 정부조직의 생태적 전환을 추구하는 '생태적 복지국가'가 아니고서는 아마도 '복지국가'를 이룰 수 없을 것이다.

23 이제는 기업도 '공익'을 추구하는 주체라는 주장이 널리 받아들여지고 있다. 기업은 사회 속에서 사회를 통해서 이윤을 취득한다. 따라서 기업도 우선 사회의 존속과 발전에 이바지해야 한다. 이런 인식은 '기업의 사회적 책임'이라는 개념으로 널리 퍼지고 있다. 그러나 한국은 세계 10위권의 경제대국이지만 여전히 '기업의 사회적 책임'은 아주 낮은 수준이다. 이것은 그 자체로 이른바 '천민자본주의'의 문제를 보여주는 것이라고 할 수 있다. 여기서 '천민'이란 물론 계급적 의미가 아니라 '수단과 방법을 가리지 않고 사익을 추구하는 천한 존재'라는 의미이다. 정치인, 재벌, 관료, 판사, 의사, 교수, 목사, 승려 등 이른바 '지도층'의 상당수가 이러한 '천민'이라는 사실은 한국 사회의 중대한 문제적 특징이다.

24 시장의 논리로 보더라도 국가의 토건업 육성책은 사실 대단히 잘못된 것이다. 그러나 어떻게 된 일인지 시장주의자들은 이 문제에 대해 한마디도 하지 않는다. 오히려 더 큰 토건업 육성책을 요구할 뿐이다. 한국의 시장주의자들

펼치지 않았다면, 한국의 토건업은 오래 전에 10% 이하 규모로 줄어들었을 것이다. 그 결과 산업구조와 고용구조, 사회의 질적 구성에서 모두 커다란 변화가 일어났을 것이다. 이러한 '진정한 선진화'의 관점에서 토건국가의 문제와 그 생태적 전환에 대해 접근할 필요가 있다.

사실 '생태적 복지국가'는 민주주의의 신장을 위해서도 중요하다. 오늘날 우리는 전국 곳곳에서 핵발전소 건설, 핵폐기장 건설, 대형댐 건설, 대규모 갯벌 매립, 각종 도로 건설, 대규모 리조트 건설, 각종 경기장 건설 등의 반생태적 개발사업을 반민주적으로 강행하고 있는 것을 볼 수 있다. 이러한 반생태적 개발사업은 자연을 파괴하고 복지를 훼손하는 것이므로 그 자체로 반민주적일 수밖에 없다. 그리고 실제로 사업을 진행하는 과정에서도 온갖 불법을 저지르는 것은 물론이고 공공연히 폭력을 동원해서 반민주적으로 사업을 강행하는 것을 쉽게 볼 수 있다. 여기서 '강제수용권'[25]의 문제에 대해 깊이 검토할 필요가 있다. 국가 공공기관이 '강제수용권'을 발동해서 대다수 국민을 처절한 '보상게임'으로 몰아넣는 개발사업이 국책사업이라는 이름으로 강행되는 척박한 상황은 이제 대대적으로 개혁되어야 한다.[26] 국가 공공기

은 '토건국가형 시장주의자'들인 것이다.

25 이것은 본래 '공익'을 위해 제정된 것이다. 그 바탕에는 사실 '토지공개념'(土地公槪念) 또는 '공간공개념'이 자리잡고 있다. '공익'을 위한 개발이 이루어질 수 있도록 '사익'을 적정한 수준에서 제한할 수 있게 하는 것이 '강제수용권'이다. 그러나 국가기관이 '공익'을 빙자해서 '사익'을 추구하게 되면 '강제수용권'은 바로 그 '사익'을 수호하는 강력한 장치로 작동할 수 있다.

26 '강제수용권'이 발동되면 대상지역의 국민은 그 적용을 사실상 피할 수 없기 때문에 결국 처절한 보상투쟁을 벌이게 된다. 서울의 한양주택이나 평택의 대추리처럼 다수의 주민들이 보상이 아니라 '정주권'(定住權)을 요구하는 곳

관이 어디서나 폭력적으로 '보상게임'을 강요하는 상황에서 파괴와 부패의 만연은 피할 수 없다. 그러므로 생태적 복지국가와 생태적 민주주의는 '진정한 선진화'의 핵심목표이다.

이제 '생태적 복지국가'를 이룩하기 위해 우리가 달성해야 하는 과제들의 목록을 나름대로 제시하고 간단한 설명을 덧붙이고자 한다. 이 과제들은 '민주개혁'을 통한 '진정한 선진화'를 바라는 모든 시민이 함께 책임을 느끼고 공동으로 추구해야 하는 몇가지 예라고 할 수 있다. 물론 '생태적 전환'을 실제로 구현하기 위해서는 대단히 치밀하고 집요한 조직적 노력이 추구되어야 할 것이다. 그러나 그 바탕에는 생태적 전환이라는 '공익'을 실현하고자 하는 시민의 생태적 전환이 자리 잡고 있어야 한다.

2. 개발정책의 전환

'토건국가' 한국에서 개발은 '발전'과 동의어이다. 그러나 사실은 그렇지 않다. 개발은 자연의 변형이고, 발전은 더 나은 상태로 되는 것이다. 둘을 같은 것으로 여기는 것은 '범주의 혼동'이라는 오류에 해당한다. 개발은 발전이 될 수도 있고 그렇지 않을 수도 있다. 무엇보다 이 점을 명심해서 '발전을 위한 개발'이 될 수 있도록 해야 한다. 이것이야말로 '진정한 선진화'의 관건이다. 한국은 '무조건 개발'의 신화에 사로잡혀 있는 '후진국'이기 때문이다.

 * 갯벌 매립정책의 전면 폐기: 갯벌은 자연이 베풀어준 최고의 선

도 많다. 그러나 '강제수용권'은 '정주권'을 인정하지 않는다. 이제는 오히려 '정주권'을 적극적으로 강화할 수 있도록 '강제수용권'을 개혁해야 한다.

물이다. 갯벌 매립정책은 개발주의형 후진국의 상징이다. 갯벌 매립정책은 전면적으로 폐기해야 한다. 갯벌을 지키는 것은 바다를 지키는 것이고, 또한 그것은 자연을 지키는 것이기에 앞서서 거대한 삶의 터전을 지키는 것이다.

* 새만금갯벌 되살리기: '새만금갯벌 죽이기'는 세계적인 수치이다. 2, 4공구에 바닷물의 유통로를 만들어서 새만금을 되살려야 한다. 새만금갯벌은 '세계자연유산'으로 길이 지켜져야 한다. '새만금갯벌'을 죽여서 그곳을 대규모로 개발하겠다는 것은 '환상'일 뿐이다. '새만금갯벌 죽이기'는 '토건국가'의 상징일 뿐이다.

* 시화호 개발 중단: 한전은 시화호에 거대한 송전탑들을 세우고 송전선로를 건설해서 겨우 복원되는 시화호를 다시 심하게 훼손했다. 그러나 더 큰 문제는 수자원공사의 대규모 매립개발사업계획이다. 필요성에 대한 연구조차 제대로 이루어지지 않은 상태에서 수자원공사가 강행하는 '시화MTV사업' 등의 대규모 매립개발사업은 '제2의 시화호 사태'를 부를 것이다. '제1의 시화호 사태'에서는 9500억 원의 혈세가 낭비되었지만 '제2의 시화호 사태'에서는 훨씬 많은 몇 조 원의 돈이 낭비될 것이다.

* 난개발 방지: 난개발은 한국형 생태위기의 핵심적 원천이다. '난개발'이라는 말 자체가 한국에서만 사용된다. 아파트가 난개발을 주도하고 있지만, 도로, 펜션, 모텔, 카페, 전원주택, 창고형 공장 등 난개발은 이미 산과 들을 가리지 않고 이루어지고 있다. 난개발은 산과 들을 심각하게 파괴할 뿐만 아니라 산재한 오염원으로

서 많은 문제를 낳는다.

* 신도시 개발정책 개혁: 각종 신도시 개발정책은 토건국가와 투기 사회라는 한국의 고질병과 깊이 연관되어 있다. 노태우 정권이 정치적으로 크게 악용한 이 정책을 노무현 정권은 더욱 크게 악용했다. 노무현 정권은 행정도시, 문화도시, 혁신도시, 기업도시 등 온갖 이름의 신도시 개발정책을 강행해서 엄청난 문제를 유발했다. 생태적, 문화적 차원을 떠나서 양극화의 심화라는 점에서 신도시 개발정책은 대단히 큰 문제를 안고 있다. 이 사실을 노무현 정권은 아주 잘 보여주었다.

3. 물 정책의 전환

* 대형댐 정책 전면 폐기: 대형댐은 심각한 반생태적 시설이다.[27] 자연과 문화의 거대한 파괴를 야기하는 대형댐 정책은 시급히 중단되어야 한다. 이제까지 전국에서 수백만 명의 수몰민이 발생했으며, 지금도 전국 곳곳에서 수십만 명이 대형댐 건설에 맞서서 싸우고 있다. 한탄강댐처럼 불필요한 대형댐 정책을 일방적으로

---

27 대형댐은 물의 흐름을 차단하며 물 속 생명체의 이동을 가로막고, 주변 지역의 국지적 기후를 변화시키며, 사람들의 건강에도 큰 영향을 미친다. 또한 대형댐은 완공되는 순간부터 설계된 용량보다 줄어들기 시작한다. 상류에서 떠밀려 오는 엄청난 양의 토사가 바닥에 쌓이기 때문이다. 대규모 수몰(水沒)의 문제는 더 말할 것도 없다. 이러한 대형댐의 생태적, 문화적, 경제적 이유 때문에 세계적으로 대형댐을 철거하는 운동이 벌어지고 있다. 대형댐은 될수록 건설하지 말아야 하며, 불가피한 건설이라도 극도로 신중하게 이루어져야 한다(McCully, 1996).

강행한 결과 수많은 사람들이 생존권과 문화권이라는 기본권을 보장받지 못하고 뿌리뽑힌 삶을 강요받고 있다(홍성태 엮음, 2006).

* 한탄강댐 건설사업 폐기: 2005년 6월에 감사원에서 사실상 폐기하도록 권고받은 한탄강댐 건설사업이 청와대와 국무총리실을 거치면서 놀랍게도 1년여만에 더욱 강력하게 부활했다. 이에 대해 시민사회는 '한탄강댐 지키기 시민연대'를 구성해서 맞서고 있다. 한탄강댐 건설사업은 1조 900억 원의 막대한 세금을 탕진해서 한탄강이라는 이 나라의 유일한 화산하천과 주변의 지역사회를 파괴하는 후진적 사업이다.

* 괴산댐(남한강 지류 달천), 임하댐(낙동강 지류 반변천), 도암댐(남한강 최상류 송천) 철거: 모두 이미 사용불능 상태에 빠진 대형댐들로서 지역의 안전을 위해서도 하루빨리 철거해야 한다. 그러나 건교부와 수자원공사의 반대로 그렇게 하지 못하고 있다. 건교부와 수자원공사에게는 자기 '재산'이자 '일자리'이기 때문이다. '공익'을 위해서 하루빨리 이 댐들을 철거하고 주위의 자연을 복원해야 한다.

* 녹색댐 정책 강화: 산이 파괴되면 물도 파괴되고 만다. 소양호 흙탕물은 좋은 예이다. 강원도의 난개발로 말미암아 소양호는 완전히 흙탕물이 되었으며, 그 흙탕물은 춘천에서도 뚜렷이 확인할 수 있다. 홍수와 가뭄의 조절을 위해서도 숲과 들을 잘 지키는 것은 대단히 중요하다. '산하'(山河), '산천'(山川)이라는 말에서 잘 드러나듯이 산과 물을 하나로 여겼던 전통적 생태사상의 과학성을 재인식해야 한다. 산과 들은 물의 원천이다(이순주, 2004).

* 물 순환 정책: 물은 한정되어 있다. 물은 아껴 써야 한다. 이를 위해 물의 소비를 줄일 뿐만 아니라 중수도(中水道) 정책을 활성화해야 한다. 공공기관부터 모두 건물에 중수도시스템을 갖추도록 해야 한다. 물은 돌고 돈다. 이 세상에는 새 물도 없고 헌 물도 없다. 이런 점에서 하수정책이야말로 가장 근원적인 상수정책이다. 그러나 불행히도 우리의 하수정책은 '돈 먹는 하마'이자 '복마전'의 상태에 머물러 있다.[28]

* 광역상수도 정책 개혁: 광역상수도는 물의 생산지와 소비지를 아주 멀리 떼어놓는 것이다. 이것은 소비지에서 심각한 자연의 파괴를 가져오는 정책이면서 지역불균형발전의 문제를 크게 악화하는 정책이다. 예컨대 국토의 0.6%밖에 되지 않는 서울을 위해 아마도 국토의 20%를 넘을 강원도와 충청도의 드넓은 땅이 볼모로 사로잡혀 있다. 서울의 수도꼭지에서 나오는 것은 단순히 팔당의 물이 아니라 한강 상류의 거대한 지역이다.

4. 에너지 정책의 전환

* 핵발전소 정책 전면 폐기: 핵발전소는 현재의 욕망을 위해 미래의 요구를 묵살하는 대표적인 반(反)지속가능발전[29] 정책의 산물

---

28 환경부의 하수도정책은 물을 지키기 위한 정책이기보다는 '토건국가'의 대규모 개발사업이라는 비판을 받고 있다. 무려 30조 원이 넘는 막대한 혈세를 사용하는 사업이면서도 그 실효성은 크게 의심받고 있기 때문이다. '토건국가'의 개혁에는 환경부의 개혁도 포함되어야 한다.

29 1992년의 '리우환경정상회의'에서 세계의 발전방향으로 채택된 '지속가능발전'(發展)은 '후세의 권리를 침해하지 않고 현세의 욕구를 충족하는 것'으로

이다. 핵발전소 정책을 고수하는 곳에 안전한 미래는 없다. 핵발전정책을 전면 폐기해야 안전한 미래를 추구할 수 있으며, 비로소 안전한 지속가능발전정책을 추구할 수 있다. 한국의 핵발전소 밀집도는 세계 최고이다. 거대한 위험을 직시해야 한다(이필렬, 1999ㄱ).

* 고리 핵발전소 폐기: 고리 핵발전소 1호기는 올해로 수명연한이 다 되었다. 수명연한이 다 된 핵발전소는 영구폐기해야 한다. 그러나 한전은 수명연장을 하려고 한다. 이것은 대단히 위험한 일이다. 이에 대해 제대로 공론화가 이루어지지 않고 있는 것은 더욱 더 위험한 일이다. 고리 핵발전소 폐기를 체계적으로 추진해야 한다.

* 석유위기 관련 정책: 석유의 소비량 증가가 생산량 증가를 웃도는 '오일 피크'(oil peak)는 곧 우리의 현실이 된다. 이렇게 되면 석유 중독증에 시달리는 현대 사회는 심각한 장애와 마비에 시달리게 될 것이다. '샌드 오일'(sand oil, 석유를 함유한 모래)을 포함한 해외 유전을 개발하는 방식으로 이 근원적 변화에 올바로 대처할 수 없다. '오일 피크'의 문제를 널리 알리고 적극적으로 대처해야 한다(이필렬, 2004).

정의된다. 그러나 핵발전은 현세의 욕구를 위해 핵폐기물을 비롯한 여러 위험을 후세에게 일방적으로 떠맡기는 것이다. 그 위험은 10만 년도 넘게 지속된다.

* 순환에너지 정책: '오일 피크'를 계기로 핵마피아는 핵발전소 정책의 강화를 강력히 요구하고 있다. 그러나 그것은 현재의 욕망을 위해 미래를 죽이는 짓이다. 핵마피아가 우리의 미래를 죽이지 못하도록 해야 한다. 햇빛과 햇볕, 그리고 바람을 중심으로 한 순환에너지 정책을 강화해야 한다. 이와 관련해서 우리는 독일에서 많은 것을 배울 수 있다(이필렬, 1999ㄴ).

* 국회의사당, 청와대, 행정도시, 혁신도시 등의 순환에너지 시설: 독일은 수상관저와 연방의회를 비롯해서 여러 정부청사에서 사용하는 전기를 햇빛발전으로 모두 자체공급하고 있다. 우리도 이렇게 할 수 있다. 예컨대 국회의사당 지붕과 청동돔[30]을 독일 연방의회의 생태적 개조[31]를 본받아 대대적으로 개조할 수 있다. 우리의 국회의사당은 시급히 생태민주적으로 개조되어야 한다.

* 전봇대 전깃줄: 한전의 설명에 따르면, 2002년에 전국적으로 750만개가 넘는 전봇대, 지구 25바퀴 반을 돌고도 남는 전깃줄이 설치되어 있었다. 5년이 지났으니 지금은 훨씬 많을 것이다. 우리의 국토는 전봇대와 전깃줄로 심하게 오염되어 있을 뿐만 아니라 커다란 위험에도 노출되어 있다. 전봇대 감전사로 전국적으로 매년 100명 정도의 사람들이 죽는다. 전봇대 때문에 가로수들이 제

---

30 이것은 원래 설계에 없던 것이나 당시 국회의원들의 권위주의적 요청으로 급조된 것으로 미학적으로나 기능적으로나 전혀 불필요한 '혹'과 같은 것이다.
31 원래 있던 청동돔을 없애고 유리돔을 얹고 지붕에 햇빛발전기를 설치한 독일의 연방의회는 오늘날 베를린에서 가장 인기있는 세계적 관광지가 되었다.

대로 자라지 못한다. 이제 이 후진적 배전방식을 전면적으로 바꿔야 한다. '선진국'처럼 지중화(地中化)를 적극적으로 추진해야 한다.

* 배전함: 보도를 차지하고 있는 커다란 배전함(配電函)도 모두 지중화해야 한다. 세계 어디서도 이런 식으로 보도 위에 위험천만한 대형 배전함을 설치한 곳은 없다. 한전은 이렇게 공공재를 사유화하는 방식으로 이윤을 늘리는 후진적 경영방식을 하루속히 개혁해야 한다. 심지어 배전함이 폭발해서 사람이 죽는 사고가 일어나기도 한다.[32] 한전은 완전독점을 통해 거두는 그 막대한 이윤을 전깃줄과 배전함의 지중화라는 상식적 정책을 실현하는 데 써야 한다. 그렇게 하지 않는다면, 한전의 '공공성'은 상당한 정도로 허구일 수밖에 없다.

* 송전탑: '초대형 전봇대'라고 할 수 있는 송전탑은 산과 들을 대규모로 파괴하고 있다. 심지어 경기도 이천군 곤지암의 어떤 산은 아예 '송전탑 산'이 되어 버렸다. 송전탑은 대형댐과 함께 전국에서 가장 많은 지역주민의 저항을 야기하고 있다. 송전 경로는 한

---

32 2004년 4월 서울의 경운동에서 배전함이 폭발해서 길 가던 60대 노인이 그 파편을 맞고 목이 잘려 즉사했다. 당시 한전은 이처럼 '폭탄'을 방불케 하는 배전함이 서울 시내에만 무려 1만 개가 넘게 설치되어 있다고 밝혔다. 또한 한전은 이 배전함들은 모두 지중화해야 하지만 경제적 이유 때문에 지상에 설치했다고 밝혔다. 한전은 매년 2조 원이 넘는 막대한 이윤을 거두고 있다. 그 많은 돈을 도대체 어디에 쓰는가? 임직원의 '사익'을 위해 쓰는가? 원활한 보행을 막고 심지어 사람을 살상하는 전봇대와 배전함을 지중화하는 '공익'에 써야 하지 않는가?

전에서 일방적으로 정하고 있다. 또한 강원도는 송전탑으로 말미암은 막대한 산불 피해를 강력히 주장하고 있기도 하다.[33] 송전탑의 필요성과 건설경로에 대한 대대적 토론과 관련 법의 대대적 개정이 하루속히 이루어져야 한다.[34]

---

[33] 2006년 의왕에서는 송전탑을 이용해 설치된 고압송전선에서 불이 나서 삽시간에 과천까지 퍼지는 사건이 발생했다. 이 사건은 낙산의 산불이 송전탑을 이용해 설치된 고압송전선 때문이라는 강원도의 주장을 상당한 정도로 확인해 주었다. 나는 2003년 초에 〈한겨레신문〉에 핵발전의 여러 문제를 지적하는 칼럼을 쓰면서 송전탑으로 말미암은 지역파괴의 문제도 함께 지적했다. 그리고 그 날과 다음 날 아침에 제천 전력관리처장이라는 사람이 내게 전화를 해서는 다짜고짜 왜 송전탑으로 말미암은 지역파괴라고 썼느냐며, 한전의 전무가 이 글을 읽고는 자기에게 나를 만나 이런 글을 쓰지 못하도록 하라고 지시했다며 언성을 높였다. 또한 그 날 오후부터 거의 한달 간 괴이한 이메일들이 들어오기 시작했다. '네가 뭘 알아서 송전탑 문제를 운운하느냐. 앞으로 이런 글 쓰지 마라'는 욕설과 협박을 해대는 한전 직원들의 '싸이버 테러성 메일'들이었다. 한전 쪽의 반민주적 대응이었다. 송전탑 문제는 이미 '상식'이다. 한전 임직원은 반민주적 대응으로 문제를 결코 은폐할 수 없다는 사실을 깨달아야 한다. 문제를 해결할 수 있는 방안은 오직 반민주적-반생태적 송전탑 건설방식을 전면적으로 개혁하는 것뿐이다. 일부에서는 한전의 공익성을 들어서 일단 무조건 한전을 보호해야 한다고 주장한다. 그러나 이것은 잘못이다. 반민주성과 반생태성은 결코 공익성일 수 없기 때문이다. 한전의 공익성을 위해서 대대적인 생태민주적 개혁이 조속히 이루어져야 한다.

[34] 가장 큰 문제는 유신 말기에 산업자원부 장관에게 송전선 설치에 관한 권한을 전적으로 위임하는 내용으로 제정된 반민주적 전원(電源)개발특례법을 폐지하는 것이며, 이밖에 전기사업법, 지방재정법 등을 개정해서 송전선의 지중화를 촉진하도록 해야 한다.

V. 맺음말

이제까지 토건국가의 문제와 생태적 복지국가의 구상에 관해 살펴보았다. 생태적 복지국가를 이룩하기 위해 우리가 이루어야 하는 여러 과제들에 대해서도 크게 세 영역으로 나누어 예시의 방식으로 살펴보았다. 우리가 토건국가의 문제를 전면적으로 개혁하는 방식으로 생태적 복지국가의 구상을 추구한다면, 추가재정을 마련하지 않고 산업구조와 고용구조의 선진화를 이루면서 생태적 복지국가를 이룩할 수 있을 것이다.

이러한 '진정한 선진화'의 길로 나아가기 위해서는 무엇보다 개발독재 시대에 만들어진 현재의 개발주의형 정부구조를 발본적으로 개혁해야 한다. 사회의 생태적 전환은 무엇보다 정부의 생태민주적 개혁을 통한 국가의 생태민주적 개혁에 의해 이루어질 수 있다. '민주개혁'을 꿈꾸는 사람들은 이러한 관점에서 개발주의형 국가의 개혁이라는 '그랜드 플랜'을 마련하고 추진해야 한다. 이제 몇가지 과제를 나름대로 제시해 보고자 한다.

* 건교부·산자부 등 개발주의 부서를 해체하고 부총리급의 '지속가능발전부'를 설치해야 한다: 중앙부서에 건설부를 설치하고 있는 나라는 드물다. OECD 국가들 중에는 한국뿐이다. 건교부는 현재의 정부조직이 개발독재 시대의 유산이며, 한국 정부가 여전히 개발주의에 사로잡혀 있다는 사실을 보여주는 생생한 증거이다. 이제 시대의 요청에 부응하도록 건교부와 산자부 등 낡은 개발주의 부서들을 해체하고 '지속가능발전부'를 설치해서 국토의 보존과 복원을 중심으로 한 미래지향적 국토정책을 펼칠 수 있도록 해야 한다.

* 개발공사 전면 통폐합: 개발사업을 전담하는 대규모 공사들도 모두 개발독재의 유산이다. 사실상 모든 중앙부서가 산하에 개발공사를 설치해서 개발사업을 벌이고 있다. 한전(산자부), 농촌공사(농림부, 새만금사업), 토공, 주공, 도공, 수공(건교부)의 6개 개발공사는 그 대표적 예이다. 이들은 국가주의 공익론을 내세워 매년 수십조 원의 건설공사를 발주하고 있으며, 불필요한 공사와 중복공사와 노골적인 부패로 말미암아 매년 적어도 몇 조 원의 혈세가 낭비되고 있다. 노동운동에서도 이러한 망국적 현실을 직시하고 개발공사의 전면 통폐합에 적극 나서야 한다. 세금을 탕진하고 자연을 파괴하는 일자리를 없애고 자연을 보호하고 복지를 증진하는 일자리를 늘려야 한다.

* 토건업의 비중 선진화 추진: 한국의 산업구조와 고용구조는 극히 후진적이다. 거의 20%에 이르는 GDP 대비 토건업의 비중을 '선진국'처럼 5% 정도로 낮춰야 한다. 이를 위한 단계적 계획을 세우고 강력히 추진해야 한다. 산업구조와 고용구조의 '진정한 선진화' 정책을 적극적으로 펼쳐야 '토건국가'의 문제를 해결하고 '생태적 복지국가'로 나아갈 수 있다.

* 쓰레기 정책 강화: 전국의 산천이 온갖 쓰레기로 뒤덮여 있다. 산업쓰레기와 생활쓰레기가 국토를 더럽히고 결국 우리의 건강을 위협한다.[35] 이토록 심각한 쓰레기 문제를 전담하는 독립된 청을

---

35 2006년에는 심지어 산업쓰레기로 시멘트를 만들어 아파트를 짓기도 했다는 어처구니없는 사실이 밝혀지기도 했다. 아토피라는 '위험한 질병'이 크게 늘어나는 것은 이처럼 잘못된 쓰레기 행정의 결과이기도 하다.

만들어야 한다. 봄에 한번 하는 '국토 대청결 운동'이 아니라 일년 내내 쓰레기를 줄이고 오염을 막기 위한 국가적 대책이 절박하다.

'생태적 복지국가'로 나아가는 길은 개발주의 기득권세력과 치열하게 싸우는 길이기도 하다. 그것은 멀고도 험한 길일 것이다. 그러나 우리는 그 길로 반드시 나아가야만 한다. '생태적 복지국가'는 공업문명을 거부하고 즉각 '자연으로 돌아가자'는 것이 아니다. 그것은 공업문명의 종식이라는 비교적 먼 미래를 바라보며 지금 여기서부터 의식적으로 이행을 준비하자는 것이다(홍성태, 2004). 이 이행의 주체는 다양한 계급·계층의 '자각한 시민'들이며, 생태위기를 완화하고 '좋은 사회'를 열망하는 시민적 노력이 이 이행의 동력이다.

(2007년 4월)

참고자료

건설교통부, 2004, 『건설경기 연착륙 방안』, 2004년 7월.
기획예산처, 2006, 『2007년 나라살림』.
_____, 2007, 『2007 나라살림』.
김상봉, 2004, 『학벌사회』, 한길사.
신한종합연구소, 1991, 『7089우리들』, 고려원.
이순주, 2004, 『자연과 하나되는 녹색댐 이야기』, 창조문화.
이태준, 1941, 『무서록』, 범우사(1993, 재판).
이필렬, 1999ㄱ, 『에너지 대안을 찾아서』, 창비사.
_____, 1999ㄴ, 『에너지 전환의 현장을 찾아서』, 궁리.
_____, 2004, 『다시 태양의 시대로』, 양문.
정광모, 2007, '예산은 마이너스 게임을 넘어설 수 없는가?', 『인물과 사상』 2007년 4월호.
홍성태, 2000, 『위험사회를 넘어서』, 새길.
_____, 2003, 『반미가 왜 문제인가』, 당대.
_____, 2004, 『생태사회를 위하여』, 문화과학사.
_____, 2006, 『현대 한국사회의 문화적 형성』, 현실문화연구.
_____, 2007, 『개발주의를 비판한다 – 박정희체계를 넘어서 생태적 복지사회로』, 당대.
_____ 엮음, 2005, 『개발공사와 토건국가』, 한울.
_____ 엮음, 2006, 『한국의 근대화와 물』, 한울.

暉峻淑子, 1989, 『豊かさとは何か』, 岩波新書.
_____, 2003, 『豊かさの條件』, 岩波新書.

D'Antonio, William et al., 1994, *Ecology, Society & the Quality of Social Life*, New Brunswick.
Inglehart, Ronald, 1977, *The Silent Revolution*, Prinston Univ. Press.

McCully, Patrick(1996), 강호정 외 옮김(2001), 『소리잃은 강』, 지식공작소.

류재훈, 2004, "미 국방부 비밀보고서' 들여다보면." 〈한겨레신문〉, 2월 22일.
박한진, 2004, "건설경기 연착륙 필요하다." 〈LG주간경제〉, 6월 30일.
이승선, 2005, "경실련, '뇌물사건 55%가 건설관련 비리'." 〈프레시안〉, 4월 22일.

제4장
생태위기와 미국의 책임과 대응
- 기후변화를 중심으로 -

I. 머리말

미국은 '현대 사회'의 원형이다(見田宗介, 1996). 그 핵심은 풍부한 물자를 마음껏 소비하는 '풍요 사회'(affluent society) 또는 '소비 사회'(consumption society)이다. 그러나 현대 사회의 풍요와 소비는 인간과 자연에 대한 이중의 착취에 기초하고 있다(Galbraith, 1958; Baudrillard, 1970; Bell, 1976). 그 결과 현대 사회는 생태위기라는 근원적인 문제에 처한 '위험 사회'(risk society)가 되었다(Beck, 1992). 미국은 현대 사회의 원형으로서 생태위기의 원천이기도 하다. 현대 사회의 생태위기에 대해 미국은 커다란 책임을 지고 있는 것이다.

생태위기는 자연의 파멸 위기이기 때문에 인종, 성, 연령, 계급, 계층 등의 여러 차이를 떠나서 인류는 그 누구도 이 위기에서 벗어날 수 없다. 생태계는 상당한 자정력을 갖고 있어서 어느 정도의 오염이나 파괴에는 안정과 균형을 되찾을 수 있다. 그러나 한도를 넘어서는 변화가 급격하게 이루어지면 생태계는 지속되지 못하고 파괴되어 버린다. 인류를 비롯한 생물의 면에서 보자면 생태계의 파괴는 멸절의 위기를 뜻한다. 요컨대 지구적 차원에서 진행되고 있는 생태위기는 지구적 차원에서 관철되고 있는 인류 멸절의 위기인 것이다.

이렇듯 중대한 위기인 생태위기의 가장 중요한 사례는 '지구 온난화'(global warming)[1]이다. 인간의 활동으로 말미암아 이산화탄소를 비롯한 이른바 '온실 기체'들이 급격히 배출된 결과로 지구의 기온이 급속히 높아져서 지구의 모든 생물이 멸절의 위기를 맞게 된 것이다. 이 사실은 유엔의 '기후 변화에 관한 정부간 패널'의 3차 보고서(2001년)와 4차 보고서(2007년)를 통해 공식적으로 확정되었다(IPCC, 2001; 2007). 특히 4차 보고서는 인간의 활동이 '지구 온난화'의 원인이라는 사실을 명확히 밝혔다.

이에 대한 인류의 대응은 1992년 6월의 '리우 환경 회의'를 계기로 본격화되기 시작했다. 그러나 그 성과는 사실 미미했고, '지구 온난화'는 계속 악화됐다. 미국의 이산화탄소 배출 규제 거부는 여기서 핵심적인 구실을 했다. 그런데 2009년 1월에 민주당의 버락 오바마가 미국 대통령에 취임하고 큰 변화가 이루어지기 시작했다. 오바마 정부

---

[1] 2014년에 발표된 IPCC의 5차 평가 보고서에 따르면, 지구의 온도는 1880년~2012년의 133년 동안에 0.85도가 상승한 것으로 측정되었는데, 이것은 단순히 온난화가 이루어진 것이 아니라 대단히 빠른 속도로 고온화가 이루어진 것이다.

는 2009년 3월에 '미국 청정에너지안보법'(American Clean Energy and Security Act of 2009: ASESA)의 발의를 시작으로 '지구 온난화'에 대한 대응을 계속 강화해 왔다. 그 결과 2015년 12월 13일 마침내 '파리 협정'이 체결되기에 이르렀다(홍의표 외, 2014; 박시원, 2016).

생태위기의 극복은 현대 사회의 지속을 위한 가장 근원적인 과제이다. 여기서 세계 최강의 경제대국이자 군사대국인 미국의 책임은 막중하다. 미국의 변화는 세계의 변화를 이끌 것이다. 다행히 오바마 정부는 경제의 생태적 전환이라는 역사적인 변화를 추진했고, 그 결과 '지구 온난화'의 대응에서 실효성을 높인 '파리 협정'이 체결되었다. 이 글은 오바마의 기후변화 정책을 경제의 생태적 전환 추구라는 적극적 관점에서 파악하며, 이런 관점에서 생태위기에 대한 미국의 책임과 대응을 제시하고자 한다.

II. 생태위기의 문제

오늘날 인류는 심각한 생태위기에 직면해 있다. 생태위기는 자연의 파멸 위기로서 자연 속의 한 존재인 인류의 파멸 위기이기도 하다. 지구는 40억 년에 걸친 공진화를 통해 대단히 복잡하고 풍요로운 생태계를 이루게 되었다.[2] 생태계는 수많은 생물과 비생물이 어우러져 이루어진 체계이다. 생태계는 물질적으로 유한하지만 순환을 통해 무한히 존재할 수 있다. 그러나 인간의 활동에 따른 파괴와 오염으로 생태계는

---

[2] 지구의 나이는 45~46억 살 정도로 추정되며, 최초의 생물은 39~40억 년 전에 나타났을 것으로 추정된다(www.korearth.net의 '생명의 역사' 참고). 지구의 모든 생명은 모두 동일한 연원을 갖고 있다. 이 점에서 지구의 모든 생물은 평등하다(최종덕, 2016).

순환하지 못하고 파멸할 수 있다(Commoner, 1971). 생태계가 파멸하면 생태계 속의 한 존재인 인간도 파멸하게 된다.[3] 따라서 생태위기를 완화-저지하는 것은 인류의 존속을 위한 절체절명의 과제이다.

생태위기의 가장 중요한 특성은 인간에 의한 자연 파멸의 위기라는 것이다.[4] 생태위기는 자연의 이상 상태로 나타나지만 그 원인은 인간의 활동이다. 바로 이 점에서 인류는 생태위기에 대해 희망을 가질 수 있다. 인간이 자연을 파괴하는 잘못을 더 이상 저지르지 않고 파괴된 자연을 치유하기 위해 노력하면 생태위기는 완화-저지될 수 있는 것이다.[5] 그러나 이것은 결코 저절로 이루어지지 않는다. 문제는 바로

---

[3] IPCC의 4차 보고서(2007년)에서는, 지구의 온도가 2도 오르면 생물의 20~30%가 멸종하고, 지구의 온도가 6도 오르면 생물의 90% 이상이 멸종할 것으로 제시되었다.

[4] 이 점에서 지질학적으로 현세를 뜻하는 '홀로세'(holocene)에서 인간에 의한 자연의 변화가 뚜렷하게 나타나기 시작한 20세기 중반 이후의 시기를 '인류세'(anthropocene)로 파악해야 한다는 의견이 제시되었다. 1995년에 노벨 화학상을 받은 네덜란드의 대기화학자 파울 크뤼천(Paul Crutzen)이 2000년에 이 의견을 처음 제시했는데, 2016년 1월 24명의 연구진이 미국의 과학지 Science에 그 공식화를 주장하는 논문을 발표했다(Waters, Colin et al., 2016). '인류세'는 인간의 활동으로 지구 온난화를 비롯한 자연의 변화가 급격히 진행되는 새로운 세계를 뜻하며, 그 명확한 특징은 핵폭탄 실험에 의한 방사능 낙진의 광범위한 분포와 자연의 속도보다 100배 정도 빠르게 진행되는 생물의 멸종으로 제시된다(주영재, 2016).

[5] 생태위기의 대표적인 사례인 '지구 온난화'의 면에서 보자면, IPCC의 5차 보고서(2014년)는 '지구 온난화'의 주요 원인이 이산화탄소의 배출인 것을 확인했고, 그 영향은 1천 년에 걸쳐서 지속될 것으로 파악했다. 생태위기에 대한 대응은 지금 여기에서 즉각 시작하되 그 완전한 효과는 1천 년 이상의 긴 시간을 두고 추구되어야 하는 것이다.

그림1   세계의 GDP   그림2   세계의 탄소 배출

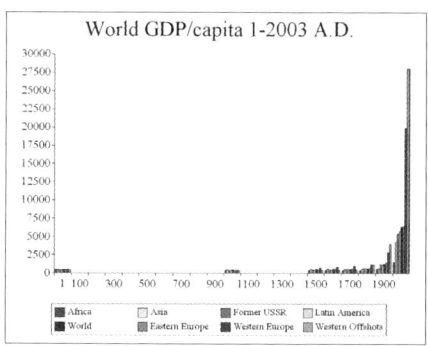
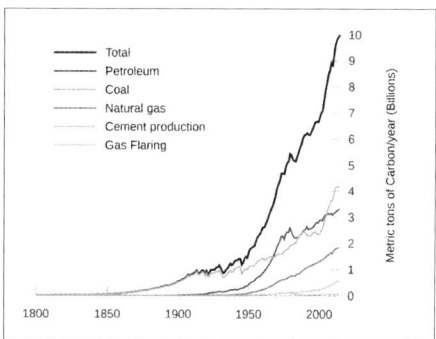

출처: World GDP/Capita 1-2003 A.D(https://commons.wikimedia.org/wiki/File:World_GDP_Capita_1-2003_A.D.png)(좌), global carbon project(https://en.wikipedia.org/wiki/Global_Carbon_Project#/media/File:Global_Carbon_Emissions.svg)(우)
주: 〈그림1〉은 20세기 중반 이후 세계의 경제성장이 급속히 이루어졌다는 사실을, 〈그림2〉는 20세기 중반 이후 세계의 이산화탄소 배출이 급격히 이루어졌다는 사실을 보여준다.

여기에 있다. 일찍이 유엔의 '세계환경발전위원회'가 지적했듯이 지구는 하나이지만 세계는 그렇지 않다. 이 세계는 다양한 집단들로 분열되어 대립하고 있는 것이다(WCED, 1987).

인류는 생태위기에 공동으로 대응하기 위해 1960년대 말부터 유엔을 중심으로 적극 논의하기 시작했다. 그 결과 1972년 6월에 스웨덴의 스톡홀름에서 '유엔 인간환경회의'(UNCHE: the United Nations Conference on the Human Enviornment)가 열렸다. 이 회의는 10년 뒤인 1982년 5월에 케냐의 나이로비에서 열린 유엔 환경계획의 회의로 이어졌다. 이 회의의 결과로 5년 뒤인 1987년에 유엔의 '세계환경발전위원회'는 '지속가능한 발전'을 제창한 『우리 공동의 미래』를 발표했다. 그리고 다시 10년 뒤인 1992년 6월에 브라질의 리우데자네이루에서 생태위기에 대한 대응을 위한 '리우 환경 회의'가 열렸다.

1992년 6월 3일~14일 동안 브라질의 리우데자네이루에서 열린

'리우 환경 회의'의 정식 명칭은 '유엔 환경개발회의'(UNCED: UN Conference on Environment and Development)이며, 그 핵심은 세계 178개국의 정상들이 참여해서 '지속가능한 발전'을 결의한 '지구 정상 회담'(Global Summit)이었다.[6] '지속가능한 발전'을 위해 가장 중요한 것은 지구 전체를 참담한 파국으로 몰아넣을 수 있는 지구 온난화를 저지하는 것이다. 이를 위해 192개국이 참여해서 '리우 환경협약'으로 널리 알려진 '유엔 기후변화기본협약'(UNFCCC: UN Framework Convention on Climate Change)을 체결했다.

유엔은 1988년에 '기후 변화에 관한 정부간 패널'(IPCC: Intergovernmental Panel on Climate Change)를 설치해서 생태위기의 대표인 '지구 온난화' 문제에 대한 전문적인 조사와 연구를 실시하기 시작했는데, '리우 환경 회의'는 세계 각국의 정상들이 '지구 온난화' 문제의 해결에 초점을 맞춰서 '지속가능한 발전'을 추진할 것을 요청하고 결의하는 역사적인 자리였다. 이런 점에서 '리우 환경 회의'는 1972년의 '유엔 인간환경회의'(UNCHE: UN Conference on Human and Environment)로 본격적으로 시작된 유엔 차원의 생태위기 대응 활동에서 한 정점을 이룬 것이었다. '환경과 개발에 관한 리우 선언', '아젠다 21', '생물 다양성 협약' 등 지구를 지키기 위한 여러 노력들이 '리우 환경 회의'에서 이루어졌다.

그러나 '리우 환경 회의'는 생태위기에 대한 대응에서 관점의 전환

---

[6] 이에 맞서서 세계 각국의 시민단체들은 리우에 모여서 '지구 포럼'(Global Forum)을 열었다. 이렇게 많은 국가의 정상들이 모여서 생태위기에 관해 논의하고 '지속가능발전'을 결의할 수 있었던 것은 1990년 10월 3일 동독의 해체, 1991년 12월 26일 소련의 해체 등으로 2차 대전 이후의 자본주의 국가들과 사회주의 국가들의 대립이 종식된 것을 중요한 시대적 배경으로 한다.

을 이루었을지언정 실제적인 개선을 이루지는 못했다. '리우 환경 회의' 이후 생태위기는 계속 악화되었다. 그 핵심은 바로 지구 온난화 문제이다. IPCC의 보고서들은 이 사실을 잘 보여주었다.[7] 그런데 '리우 환경 회의'의 결의와 협약에도 불구하고 문제가 계속 악화된 이유는 무엇일까? '리우 환경협약'은 5년 뒤인 1997년에 '교토 의정서'(Kyoto Protocol)가 체결되면서 실현되는 것으로 보였으나 실제로는 그렇게 되지 않았다. 여기에는 역사적으로 지구 온난화에 대한 최대 책임국인 미국이 참여하지 않은 것이 가장 큰 영향을 미쳤다.

그런데 2009년 1월에 미국 민주당의 버락 오바마가 대통령에 취임한 뒤에 미국의 지구 온난화 대응에서 중대한 변화가 이루어졌다(정혜영, 2015ㄱ). 그리고 이 변화는 2015년 12월의 '파리 협정'(Paris Agreement)에도 큰 영향을 미쳤다(정혜영, 2015ㄴ). '파리 협정'은 2005년부터 시행된 '교토 기후 체제'를 이어서 2020년부터 시행될 '신기후 체제'를 규정한 것으로서 세계 195개국이 채택해서 지구 온난화 대응에서 큰 진전을 이루었다. 이로써 오바마 정부의 지구 온난화 대응이 미국의 차원을 넘어서 지구의 차원에서 큰 개혁의 길을 열게 된 것으로 보인다. 그러나 물론 그 결과에 대해 낙관할 수는 없다.

III. 미국의 책임

전체적으로 문제가 있다는 것을 밝히는 것은 문제를 해결하기 위한 시

---

[7] IPCC의 기후변화 평가 보고서는 1990년에 처음 발표되었으며, 2차 보고서는 1995년에, 3차 보고서는 2001년에, 4차 보고서는 2007년에, 5차 보고서는 2014년에 발표되었다. 특히 2007년 2월 4일에 발표된 4차 보고서는 지구 온난화가 인간의 활동에 의한 것임을 명확히 밝혔으며, IPCC는 그 공로로 2007년 말에 미국의 앨 고어와 함께 '노벨 평화상'을 공동수상했다.

작일 뿐이다. 문제가 어떻게 일어나는가를 가능한 한 상세히 밝혀야 비로소 실제로 문제를 해결할 수 있는 길이 열린다. 그렇게 해야 책임을 명확히 규정하고 과제를 정확히 부과할 수 있기 때문이다. 책임은 보통 윤리적 차원에서 많이 논의된다. 사람으로서 올바로 살기 위한 기본적 요건을 밝히고 지키게 하는 것이 책임에 관한 윤리적 논의의 핵심이다.[8] 그런데 사실 책임을 올바로 지도록 하기 위해서는 책임의 법률적 차원이 가장 중요하다. 법률의 판단은 강제력을 갖고 있으며, 따라서 책임을 지게 하는 가장 강력한 동력이 될 수 있다.[9] 생태위기의 문제와 그 해결을 위한 책임은 더욱 더 그렇다.

자연은 누구나 자유롭게 이용할 수 있고 이용해야 하는 공공재의 성격을 갖고 있다.[10] 대기는 지구 전체에 퍼져 있는 '지구적 공공재' 이다(Kaul et al. eds., 1999). 누구나 자유롭게 숨쉬고 살기 위해 깨끗한 대기를 필요로 하며, 누구나 자유롭게 대기를 이용해서 살아갈 수 있다. 그러나 이 때문에 대기는 이산화탄소를 비롯한 '온실 기체'들로 크게 오염되었다. 이 문제를 막기 위한 지구적 노력은 1992년부터 본격

---

8 독일의 철학자로 미국에서 활동한 한스 요나스(Hans Jonas, 1903-1993)는 『책임의 원칙』에서 인간의 기술이 유발한 생태위기에 의해 책임이 윤리의 중심에 서게 되었다고 주장했다. 그는 인간에 의해 초래된 이 문제로 인간을 비롯한 모든 생명이 절멸의 위험에 처했으므로 인간 자신의 존속을 위해서도 이 문제에 대한 인간의 책임을 올바로 이해하는 것이 무엇보다 중요한 시대적 과제라고 제시했다(Jonas, 1979).

9 사실 이것은 '책임'이라는 말의 본래 뜻과 바로 연결되는 것이기도 하다. 책임(責任)은 해야 할 일을 올바로 하지 않은 것에 대해 꾸짖는 것이다.

10 경제학에서 공공재는 경합성과 배제성을 갖지 않는 재화로 규정된다. 해양과 대기는 그 대표적인 예이다. 공공재는 무임승차에 의한 낭비와 훼손의 문제를 안고 있다(Hardin, 1968).

화되었지만 사실 '선진국'에서 관련 법률은 이미 19세기 말부터 제정되기 시작했다. 그런데 지구적 차원에서는 개별 국가들에 대한 법률적 강제가 상당히 어렵기 때문에 윤리적 접근을 통해 법률적 효과를 추구하기도 한다. 자율적 목표를 제시하고 이행하게 한 '파리 협정'도 그런 성격을 갖는다.

생태위기는 인간의 실수에 의해 초래된 자연의 이상 상태가 아니다. 그것은 유사 이래 최대의 풍요를 이룬 현대 사회의 체계적인 산물이다. 따라서 생태위기에 대응하는 것은 바로 현대 사회를 개혁하는 것이다. 그것은 250년 전에 시작된 산업혁명 이래 인류가 당연시해 온 이산화탄소 배출, 각종 화학물질 사용, 각종 개발 사업 등을 크게 축소하고 중단하는 것을 뜻한다. 그 결과 기존의 산업에 큰 변화가 초래되어 폐업과 실업의 문제가 커질 수 있다. 이 때문에 생태위기에 대한 대응은 큰 반발에 부닥쳐 있기도 하다. 심지어 일부에서는 여전히 지구 온난화를 '음모'로 모함하고 그 대응을 막기 위해 애쓰고 있다.[11] 이런 상황에서 생태위기에 대한 대응은 명확한 과학적 조사를 요청한다.

미국은 생태위기의 모든 면에서 대단히 큰 책임을 갖고 있다. 미국은 지구 온난화는 물론이고 오존층 파괴, 환경 호르몬, 생물종 다양성 격감 등의 여러 오염과 파괴의 문제에서 사실상 최대의 책임을 져야 하는 국가이다. 이 사실은 여러 자료들을 통해 오래 전부터 확인되

---

11 이런 반발은 대기업과 자본가들이 주도하고 있다. 예컨대 기업의 자유를 강력히 주장하는 미국의 카토재단(Cato Institute)은 여전히 지구 온난화를 부정하고 있다. 한편 관련 업계의 노동자들의 저항도 컸으나 상당한 변화가 이루어지고 있다. 예컨대 미국의 최대 노조인 AFL-CIO(미국노동총연맹-산별노조협의회)는 1997년의 '교토 의정서'에는 확고히 반대했으나(French, 2001: 114~115), 2015년 파리 협정에 대해서는 노동 보호가 강력히 제시되었기에 적극 동의했다.

어 왔다. 예컨대 오존층 파괴는 냉매제로 널리 쓰이는 염화불화탄소(CFCs)에 의한 것인데 이 물질은 미국의 듀퐁사가 개발한 것이었고, 환경 호르몬은 DDT의 폐해로 알려지기 시작했는데 이미 1962년에 레이첼 카슨(Rachel Carson, 1907-1964)이 『침묵의 봄』을 써서 이에 대해 널리 알렸고, 생물종 다양성 격감의 면에서 미국은 19세기 초에 4천만 마리를 헤아리던 들소를 19세기 말에 멸종 위기로 몰아넣었다.

지구 온난화는 생태위기의 문제들 중에서도 가장 큰 문제이다. 그것은 40억 년에 걸친 지질활동과 공진화를 통해 안정된 지구의 기후가 인간의 활동으로 급격히 변해서 모든 생물의 절멸을 야기할 수도 있기 때문이다. 지구 온난화는 '온실 기체'의 대기 배출에 의한 것인데 그 중에서 가장 큰 요인은 화석연료의 연소에 따른 이산화탄소의 배출이다. 따라서 지구 온난화를 완화-저지하기 위해서는 무엇보다 화석연료의 연소에 따른 이산화탄소의 배출을 줄여야 한다. 이를 위해서는 각국 정부가 적극 나서야 한다. 그리고 이를 위해서는 우선 각국의 책임이 과학적으로 명확히 밝혀져야 한다. 이런 점에서 지구 온난화의 정치는 지구적 과학 정치[12]의 대표적인 사례이다.

그 동안 지구 온난화 문제에 대해서는 유엔을 중심으로 많은 조사

---

12 현대 사회는 고도로 복잡한 과학에 근거한 고도로 복잡한 기술을 이용해서 운영되는 과학기술 사회이다. 과학기술은 현대 사회의 풍요와 편리를 이룬 생산력이지만 지구 온난화, 핵발전소 폭발 등의 파멸적 문제를 낳은 살상력이기도 하다. 과학기술의 이용이 정치의 핵심에 놓여 있는 것이다. 따라서 과학기술의 민주화는 현대 사회의 안전을 위한 핵심적인 과제이다. 그 출발은 '과학 사기'를 엄벌하는 것이다. '4대강 사업'에서 잘 드러났듯이 '과학 사기'는 과학자들이 과학을 악용해서 이익을 거두는 차원을 훨씬 넘어서서 참혹한 생태위기의 악화로 귀결될 수 있다.

그림3 주요 이산화탄소 배출국들   그림4 주요 이산화탄소 누적 배출국들

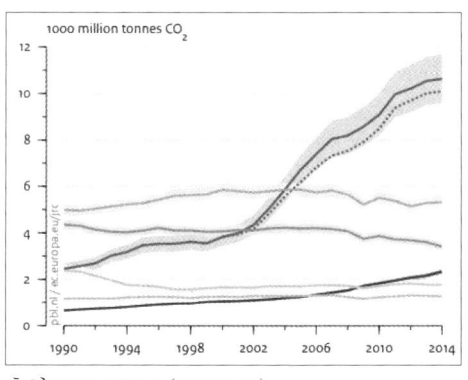
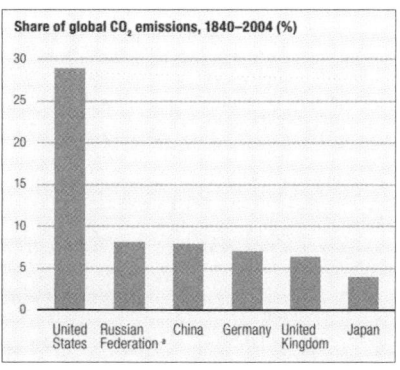

출처: PBL NEAA(2015: 11).   출처: UNDP(2007: 40)

주: 〈그림3〉에서 2014년의 최대 배출국은 중국 30%, 미국 15%, EU-28 9.6%, 인도 6.6%, 러시아 연합 5.0%, 일본 3.6%의 순이다. 〈그림4〉에서 미국은 29% 정도, 중국은 8% 정도이다.

와 연구가 이루어졌고, 그 결과 사실상 세계의 모든 나라들이 그 결과에 동의해서 '파리 협정'이 체결되었다. 그리고 공표된 자료들을 보면, 역사적으로 미국은 지구 온난화의 최대 책임국이다. 물론 2004년부터 이산화탄소 배출에서 중국이 미국을 앞질러서 세계 최대 이산화탄소 배출국이 되었다(PBL NEAA, 2015: 10). 그리고 10년이 지난 2014년에는 중국의 이산화탄소 배출이 미국을 무려 2배나 앞지른 것으로 조사되었다.

그런데 대기로 배출된 이산화탄소는 짧게는 수십 년에서 길게는 천 년을 넘어서 지구 온난화를 일으키기 때문에 역사적 배출을 잘 살펴야 한다. 즉 국가별 역사적 책임을 가능한 한 정확히 밝히는 것이 대단히 중요하다(서원상, 2012). 이것은 과학적으로 대단히 어려운 과제이지만 이제는 그 연구의 결과가 국제적으로 동의되어 있다.[13] 이에 따

---

13 환경정책의 기본은 '오염자 부담 원칙'(PPP: Pollutant Pay Principle)이다.

르면, 1850~2011년 동안의 주요 이산화탄소 누적 배출국들은 미국 27%, EU-28 25%, 중국 11%, 러시아 연합 8%, 일본 4%, 인도 3% 등의 순이다. 또한 1990~2011년 동안의 주요 이산화탄소 누적 배출국들은 미국 16%, 중국 15%, EU-28 12%, 러시아 연합 6%, 브라질 5%, 인도네시아 4%, 인도 4%, 일본 3%, 캐나다 2%, 멕시코 2% 등으로 미국이 역시 최대 책임국[14]이다(Ge et al., 2014).

사실 미국의 책임은 직접적인 이산화탄소 배출을 넘어서 현대 사회의 원형이라는 점에서 생각해 볼 필요가 있다. 미국은 1861-65년의 '남북 전쟁'을 치르고 급속한 공업화를 이루어서 이미 19세기 말에 영국을 제치고 세계 최대의 공업국가가 되었다(Chandler, 1990). 미국이 이룩한 성장과 풍요는 1945년의 2차 세계대전 종전 이후 미국을 거대한 낭비와 오염에 바탕을 둔 현대 사회의 원형으로 만들었다. 나아가 미국은 미국과 소련의 냉전이 격화되는 중에 제3세계 국가들을 자본주의 세계체제로 편입하기 위해 '제3세계 근대화론'을 내걸고 제3세계

    이 원칙이 지켜지지 않으면 '환경 정의'는 없어지게 된다. '역사적 책임'이란 이 원칙을 명확히 하는 것이다. 지구적 차원에서 이 논의가 본격화된 것은 1972년의 '유엔 인간환경회의'였다(McCormick, 1989). '리우 환경협약'의 '전문'에서 '선진국'의 '역사적 책임'이 제시됐고, '리우 환경협약'과 '교토 의정서'는 '개발국'과 '개도국'의 차별적 책임을 규정했다.

14 중국의 이산화탄소 배출량이 워낙에 급속히 늘어나서 1990~2015년의 누적 배출량은 중국이 1위일 것이다. 이렇게 보면 역사적 책임은 미국이 1위이고, 현재적 책임은 중국이 1위일 것이다. 현재의 지구 온난화에 대해 미국이 제1 책임국이고 EU가 제2 책임국이라면, 향후의 지구 온난화에 대해서는 중국이 제1 책임국이고 미국이 제2 책임국이다. 2000년대에 들어와서 미국을 비롯한 '선진국'의 배출량은 줄어드는 추세를 보였지만, 중국과 인도를 중심으로 '개도국'의 배출량은 크게 늘어났다(노동운, 2016).

의 미국화를 적극 추진했다. 이 과정에서 미국은 베트남 전쟁을 비롯한 각종 국지전과 미군의 세계 배치를 강행했다(Lostumbo et al., 2013). 이로써 미국은 경제와 군사의 양 면에서 지구적 차원의 생태위기를 촉진하게 되었다.[15]

IV. 미국의 대응

생태위기에 대한 미국의 대응은 사실 1950년대 말부터 시작되었다. 2차 세계대전 이후 '풍요사회'를 이루는 과정에서 환경문제가 심각해졌고 이에 대한 대응이 1950년대 말부터 시작됐던 것이다. 1962년에 출간된 레이첼 카슨의 『침묵의 봄』이 이런 변화에 큰 영향을 미쳤다. 이 책은 당시 인체에 안전한 '살충제'로 널리 사용되고 있던 DDT가 암을 유발하며 생물을 위협하는 물질이라는 사실을 밝혀서 케네디 대통령이 의회 연설에서 이 책을 인용할 정도로 커다란 논란을 일으켰다.[16]

---

15 2차 세계대전 이후 패권국이 된 미국은 세계를 위하고 지키는 것이 미국의 책임이라고 주장하며 미국 중심의 세계 전략을 추구했다. 그러나 그 결과로 미국은 경제와 군사의 양 면에서 지구적 생태위기를 악화시키는 촉진자가 되었다(홍성태, 2003).

16 '고요한 봄'은 DDT를 '살충제'로 널리 사용해서 벌, 나비 등의 온갖 벌레들이 대대적으로 죽은 상태를 뜻한다. 사실 겨울이 고요한 계절이고 봄은 소란한 계절이다. 봄의 소란은 겨우내 죽은 듯이 생명활동을 멈추고 있던 생물들이 활발히 움직이게 되는 것을 뜻한다. 그런데 DDT와 같은 '살충제'를 남용하면 '해충'만 죽는 것이 아니라 '익충'도 함께 죽고 '고요한 봄'이 될 수 있다. 레이첼 카슨은 DDT와 같은 화학물질이 모든 생물을 위협하는 '살생제'라는 사실을 잘 설명했고, 이로써 다양한 화학물질을 널리 사용하는 현대 사회의 문제를 근원에서 살펴보게 했다. 오늘날 DDT를 비롯한 수많은 화학물질들이 '살생제'로서 생명을 직접 위협할 뿐만 아니라 '환경 호르몬'으로서 생물의 내적 교란을 야기하고 생태위기를 초래한다는 사실이 잘 밝혀져 있다.

그러나 미국 정부의 생태위기 대응은 강력히 추진되지 못했고, 1970년에 대통령 직속 '환경보호청'(EPA)을 설치하는 것으로 일단락되었다.

오늘날 미국은 OECD 국가들 중에서 정부의 중앙부서에 '환경부'가 없는 유일한 나라일 것이다. 이것은 최강 경제국가 미국의 특징을 잘 보여주는 한 예이다. 미국은 환경문제를 전담하는 중앙부서의 설치가 경제를 억압하는 것으로 여기고 있는 것이다. 그러나 미국은 대통령의 권한이 대단히 강하고, 따라서 '환경보호청'도 대단히 강한 권한을 갖고 있다. 오바마 대통령은 미국 정부의 생태위기에 대한 적극적인 대응이 미국 상원에서 부결되자 '환경보호청'을 통해 시행했다. 사실 미국의 생태위기 대응은 오바마 대통령의 당선을 계기로 그 이전과 이후로 크게 나눌 수 있다.

지구적인 차원에서 생태위기에 대한 대응이 큰 전기를 맞은 것은 1992년 6월에 브라질의 리우에서 체결된 '리우 환경협약'이었다. 이런 점에서 오바마 대통령 이전 미국의 생태위기 대응은 1992년부터 2008년까지에 초점을 맞춰 살펴볼 수 있다. 미국 정부로 보자면 이 시기는 빌 클린턴 대통령(1993년 1월~2000년 12월)과 조지 부시 2세 대통령(2001년 1월~2008년 12월)의 시기이다. 생태위기에 대한 대응에서 미국의 민주당과 공화당은 상당히 대비되는데 지구 온난화에 대한 대응은 그 핵심적인 사례이다. 민주당의 빌 클린턴은 교토 의정서가 채택된 직후인 1997년 12월에 미국의 이산화탄소 감축을 규정한 교토 의정서에 서명했다. 그러나 공화당의 조지 부시 2세는 대통령에 취임한 직후인 2001년 3월에 교토 의정서를 공식적으로 부정했다.[17] 이로써 교토 의정서

---

17 텍사스 출신의 조지 부시 2세는 지구 온난화에 가장 큰 책임을 져야 하기에 이산화탄소 감축에 가장 강력히 반대하는 세력인 석유 자본 세력의 지지로

그림5 미국 정부의 기후변화 정책, 1992~2014

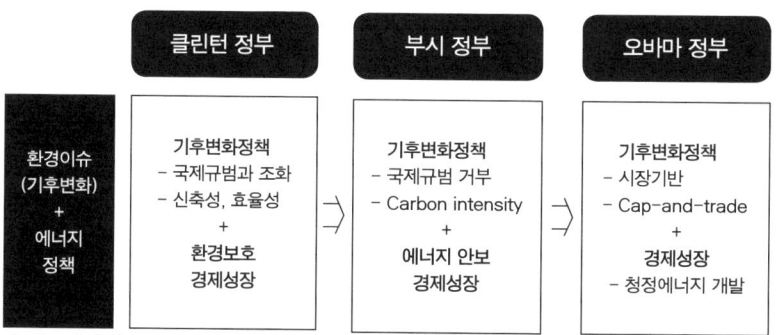

출처: 정혜영(2015ㄴ: 7)

는 폐기될 위기를 맞기도 했다. 그런데 2004년 11월에 러시아가 교토 의정서를 비준해서 55개국 이상 참여와 의무감축국가 배출량 55% 이상의 비준 요건을 충족하게 되어 2005년 2월에 교토 의정서가 채택되고 7년여만에 비로소 발효되었다(김성진, 2013).

미국 민주당의 버락 오바마는 2008년 11월에 미국 대통령에 당선되었다. 그는 후보 때부터 적극적인 생태위기 대응을 약속했다. 그리고 2009년 1월에 미국 대통령에 취임하고 그 약속을 이행하기 시작했다. 물론 이것은 1990년대 초부터 본격적으로 나타나기 시작한 생태위기에 대한 미국 민주당의 대응을 바탕에 둔 변화였다. 앨 고어가 잘 보여주었듯이 미국 민주당은 경제의 생태적 전환으로 생태위기에 대

대통령에 당선되어 석유 자본 세력이 가장 원하는 일을 가장 먼저 했던 것이다. 그런데 조지 부시 2세의 아버지인 조지 부시 1세 대통령(1989년 1월 ~1992년 12월)은 기후변화 협약에 주도적으로 참여했었다. 이런 점에서 보자면 어떤 정책의 시행은 단지 지지 세력의 선호로 환원되지 않고 정치인/권력자의 능력과 판단에 크게 달려 있는 것이다. 부시 행정부의 기후 정책에 대해서는 정하윤·이재승(2012)을 참고.

응하는 동시에 새로운 경제 성장을 이루는 길을 모색해 왔다. 이런 구조적 조건과 정책적 요청이 강력한 개혁을 추구한 오바마에 의해 결실을 맺게 되었던 것이다. 오바마 정부의 생태위기 대응은 입법, 행정, 국제협력 등을 모두 적극 활용하는 방식으로 추진되었다. 그러나 오바마 정부는 처음에 입법을 통한 정면대응에 주력했으나 이것이 공화당의 강력한 반대로 성과를 거두지 못하게 되자 행정과 국제협력을 통한 대응에 주력하게 되었다(손병권, 2013: 406; 정하명, 2015).

오바마 정부가 생태위기에 대응하기 위해 추진한 초기의 가장 중요한 일은 '미국 청정에너지안보법'(American Clean Energy and Security

표2 오바마 정부의 기후변화 대응

2009년	1월	오바마 대통령 취임 (오바마 정부 1기)
	6월	'미국 청정에너지안보법' 하원에서 통과
	12월	'코펜하겐 회의' -제15차 기후변화협약 당사국 총회(COP15)
2010년	1월	EPA, '온실가스 배출량 보고' 의무화 실시
	7월	'미국 청정에너지안보법' 상원에서 무산
	11월	중간선거에서 공화당 압승
2013년	1월	오바마 대통령 재선 취임 (오바마 정부 2기)
	6월	오바마, '기후행동계획'(CAP: Climate Action Plan) 발표
	9월	EPA, '탄소 오염 기준'(Carbon Pollution Standard) '탄소 배출량 규제안'
2014년	5월	〈3차 국가 기후평가 보고서〉 발표
	6월	EPA, '청정전력계획' 발표-2030년까지 미국 내 발전소의 온실가스 배출량을 2005년 대비 30% 감축
	10월	미-중 온실기체 감축 기여방안 공동선언
2015년	3월	2025년까지 온실가스 배출량을 2005년 대비 26~28%를 감축하겠다는 온실가스 감축 기여방안을 UNFCCC에 2015년 3월 31일 제출
	12월	'파리 협정' 체결
2016년	9월	미국과 중국, '파리 협정' 동시 비준

Act)의 제정이었다. 온실기체 배출의 대대적인 감축을 목표로 추진된 이 법의 제정에 대해 공화당은 강력히 반대했고 민주당의 일부 의원들도 반대했다. 2009년 6월 26일 이 법은 미국 하원에서 찬성 219표 대 반대 212표로 어렵게 통과되었다. 찬성은 민주당 211명과 공화당 8명이었고, 반대는 공화당 168명과 민주당 44명이었다(손병권, 2013: 351). 반대하는 민주당 의원도 상당수였지만 공화당의 반대는 너무나 명확했다. 공화당 의원들은 유엔 차원에서 지구 온난화를 명백한 과학적 사실로 확인한 상태에서도 지구 온난화를 부정하는 발언을 계속하고 있으며, 기후변화의 문제를 오바마의 정치적 문제로 공격해서 과학적 사안을 정치적 분열과 국민적 분열의 원천으로 만드는 전략을 계속하고 있다(최현정, 2014). 결국 이 법은 2010년 7월에 미국 상원에서 공화당의 반대로 제정되지 못하고 말았다.[18]

오바마 정부는 공화당의 강력한 반대에 맞서서 행정 권한을 최대한 활용하게 되었다. 대통령 직속 환경보호청(EPA)이 적극 나서서 생태위기 대응을 추진하게 되었던 것이다. 여기에는 공교롭게도 공화당의 닉슨 대통령 때인 1970년에 제정된 '청정대기법'이 활용되었다. 환

---

18 여기에는 부시 정부가 초래한 극히 불량한 경제 상황도 큰 영향을 미쳤다. 2007년 4월 연방대법원의 '환경보호청' 관련 판결과 같은 시기에 '서브프라임 모기지' 사태가 시작됐다. 이 거대한 토건 문제는 곧 금융 문제로 이어졌고, 그 결과 2008년 9월 미국의 거대 투자은행인 '리먼 브라더스'가 파산하면서 미국-세계 금융위기가 시작됐다. 이에 따라 생태위기 대응에 대한 관심이 줄어들었고, 공화당 지지자들은 생태위기 대응을 더욱 강력히 거부하고 나섰다. 이런 상황 때문에 오바마 정부는 처음부터 생태위기가 건강과 생명에 미치는 위험뿐만 아니라 생태위기의 경제적 피해, 청정 에너지 전환과 청정 일자리 창출 등을 동시에 제시했다.

경보호청은 대통령 직속이기 때문에 대통령의 성향에 따라, 즉 정권의 성격에 따라 그 활동이 크게 달라질 수 있다.[19] 부시 정부에서 환경보호청의 활동은 소극적이었다. EPA는 2003년에 환경 관련 단체들이 청정대기법에 따라 온실기체를 규제하라고 청원한 것에 대해 거부했다. 그런데 2006년에 매사추세츠 주와 환경 관련 단체들이 청정대기법에 따른 환경보호청의 온실기체 규제 권한에 관한 소송을 제기한 것에 대해 2007년 4월에 미국 연방대법원이 환경보호청의 권한을 인정하는 판결을 내렸다.[20] 이 판결에 근거해서 오바마 정부는 환경보호청이 온실기체의 규제에 적극 나설 수 있도록 했던 것이다(손병권, 2013: 426-428). 2013년 6월에 오바마 대통령이 대통령 명령으로 발표한 '기후행동계획'과 그에 따라 2014년 6월에 EPA가 발표한 '청정전력계획'은 그 한 정점에 해당된다.

또한 오바마 정부는 생태위기 대응을 위해 국제협력을 적극 활용하고 있다. 요컨대 오바마 정부는 생태위기 자체를 부정하는 공화당의 반대에 맞서서 정부 권한과 국제협력을 두 축으로 생태위기 대응을 추진하고 있는 것이다.[21] 미국의 생태위기 대응이라는 면에서 보자면 오

---

19 이런 점에서 의회에서 제정된 법률이 아니라 환경보호청의 규칙(rule)으로 추진되는 정책은 안정성이 크게 떨어질 수밖에 없다. 오바마 정부는 생태위기 대응이라는 정의를 위해 공화당이라는 최악을 우회하는 차선을 추진하는 것이라고 하겠다.

20 미국 연방대법원의 이 판결은 미국의 환경정책에서 대단히 큰 의미를 갖는 것이다. 네덜란드의 지방법원은 한 걸음 더 나아가 시민단체가 정부를 상대로 온실기체의 규제 강화를 요구한 소송에서 원고의 승소를 판결했다(박시원·박태현, 2015). 무엇보다 두 판결은 정부가 생태위기의 대응에서 더욱 적극적인 역할을 할 수 있다는 것을 명확히 밝힌 것으로서 중요하다.

21 공화당의 부시 정권은 사실상 폭력적 패권을 세계에 강요했다. 2001년 3월

바마 정부는 국제협력을 강화해서 공화당의 반대를 저지하는 정책을 추진하고 있는 것이다. 그 핵심은 경제 규모와 이산화탄소 배출에서 미국을 제치고 세계 1위 국가가 된 중국과 협력해서 세계 기후체제를 제도적으로 안정화하는 것이다. 오바마는 2014년 10월에 시진핑과 새로운 기후체제에 대해 전격 합의했고, 이에 따라 2015년 12월에 '파리 협정'이 채택될 수 있게 되었고, 다시 2016년 9월에 미국과 중국이 동시에 '파리 협정'을 비준해서 11월에 발효되었다.[22] 이로써 오바마는 공화당 정부가 들어서도 '파리 협정'을 부정하고 생태위기 대응을 거부하기 어렵게 만들었다. 그러나 그 앞날은 대단히 어둡다.[23]

V. 맺음말

자연은 사회가 없이 존재할 수 있지만 사회는 자연이 없이 존재할 수

의 교토 의정서 거부와 2003년 3월의 이라크 침략은 그 생생한 역사적 증거일 것이다. 이에 비해 민주당의 오바마 정권은 공생적 패권을 추구했다. 그것은 중국의 급부상과 개도국의 약진에 따른 불가피한 합리적인 선택이었다고 할 수 있다.

22 중간단계로서 2007년 12월 3~15일에 인도네시아의 발리에서 열린 '발리 회의'의 결과가 중요하다. 이 회의는 2007년 11월 17일에 채택된 IPCC 4차 보고서에 의거해서 세계 전체와 선진국의 온실기체 배출삭감 수치목표를 제시했다(정성춘, 2007).

23 오바마 정부는 신제도주의 국제정치를 꾸준히 추진해서 '파리 협정'이라는 성과를 거두었다. 일찍이 베블렌은 사회의 실체를 제도라고 갈파해서 제도주의의 길을 열었다(Veblen, 1899). 제도는 행위자들을 규제하는 것을 넘어서 행위를 예측하게 해서 사회를 질서지우고 안정화한다. 그러나 로널드 트럼프는 대통령 유세 중에 기후변화를 공공연히 부정하고 '파리 협정'의 탈퇴를 공언했다.

없다. 갈수록 악화되고 있는 생태위기의 현실에 직면해서 우리는 자연과 사회의 관계에 대해 다시 깊이 성찰해야 한다. 아니, 성찰을 넘어서 잘못된 자연과 사회의 관계를 바로잡기 위한 실천을 서둘러야 한다. 미국은 경제를 최고의 가치로 추구하며 생태를 대대적으로 파괴했다. 그러나 이제 더 이상 이렇게 할 수 없는 상황에서 미국의 오바마 정부는 중대한 변화를 추진했다. 여기에는 1960년대 중반부터 널리 펼쳐지게 된 환경운동의 노력이 큰 영향을 미쳤다.

미국은 개척의 이름으로 저질러진 무참한 파괴와 약탈로 세워진 나라이다. 그러나 미국은 평화와 공생을 추구한 위대한 사상가들과 실천가들의 역사도 갖고 있다. 일찍이 랄프 에머슨은 "우주는 자연과 영혼으로 이루어져 있다"(Emerson, 1836: 187)라고 썼다. 자연을 존중한 그의 초월주의 철학은 연면히 이어져서 지금도 공동체운동을 중심으로 생생히 살아 있다.[24] 그러나 미국을 지배하는 것은 역시 경제주의이며, 생태주의는 환경 정책을 통해 부분적으로 구현되고 있다. 미국은 1920년대에 영국의 경제학자 아서 피구가 제창한 규제적 환경정책을 1950년대부터 시행하기 시작했으며, 1960년대에 미국의 경제학자 로날드 코스는 오늘날 배출권 거래제로 정립된 거래비용이론 환경정책을 제안했다.

오바마 정부는 피구의 정책에 기초해서 코스의 정책을 적극 추진하려 했으나 공화당은 피구의 규제적 환경정책은 물론 신자유주의의

---

[24] 사실 오늘날 공동체운동에서는 에머슨의 철학보다 일리노어 오스트롬의 공동체 경제학이 더 중요한 역할을 하고 있다(Ostrom, 1990; 최현 엮음, 2016). 오스트롬의 연구는 신맬더스주의 생물학자 가렛 하딘의 '공유지의 비극'론에 대한 가장 강력한 실증적 반박이다.

한 핵심인 코스의 거래비용이론 환경정책도 강력히 반대하고 있다.[25] 이런 상황에서 오바마 정부가 행정 권한과 국제협력을 최대한 활용해서 경제의 생태적 전환을 목표로 하는 생태위기 대응을 적극 추구한 것은 대단히 다행스러운 일이었다. 오바마 정부는 경제적 전환과 생태적 전환을 동시에 추구해서 미국의 전환을 이루려고 했다고 할 수 있다.[26] 그러나 미국을 지배하는 석유-석탄 산업의 화석 경제는 대단히 강력하고, 이 때문에 오바마 정부가 어렵게 시작한 전환도 곧 좌초될 우려가 크다. 트럼프의 당선은 '화석 경제'의 승리와 '청정 경제'의 패배를 뜻한다.

기후변화에 대한 지구적 대응의 초기에 한 연구자는 "기후협상 성공의 열쇠는 역시 지구 대기가 아니라 지구 경제에 있음이 틀림없다"고 지적했다(French, 2001: 115). 이런 점에서 오바마 정부가 경제적 전환과 생태적 전환을 동시에 추구한 것은 현실적인 것이었다. 이로써 경제적-생태적 전환의 경로가 확립되어 잠금효과(lock-in effect)가 작동되면 공화당의 반대를 넘어서 오바마가 추진한 미국의 전환은 계속 진행될 것이다. 그러나 현재의 미국에서는 이런 전망이 유지되기 어렵

---

25 이 때문에 미국에서 '배출권 거래제'는 캘리포니아 주를 비롯한 몇몇 주에서 시행되고 있을 뿐이다(한국환경정책평가연구원, 2015).

26 오바마는 2015년 11월에 키스톤 파이프라인 건설 계획을 최종 기각시켰고, 이어서 2016년 12월에 북극해의 원유 개발을 영구 금지시켰다. 이에 대해 공화당 쪽에서는 오바마를 격렬히 비난하면서 트럼프의 취임 직후에 이 조치들을 모두 무효화하겠다고 천 명했다. 2016년 12월 기후변화 부정론자 트럼프는 같은 기후변화 부정론자 스콧 프루이트를 환경보호청장에 임명했고, 2017년 3월 28일 트럼프는 오바마 행정부의 '탄소 감축 계획을 대부분 폐기하는 행정명령에 서명했다(*NYT*, 2017/3/29).

다.[27] 2016년 11월의 미국 대통령 선거에서 기후변화 부정론자인 트럼프가 당선되어 '파리 협정'이 파탄될 수 있게 되었기 때문이다.[28] 트럼프와 공화당에 의해 미국과 세계는 참으로 크나큰 위기를 맞게 되었다.

(2017년 4월)

---

27 2016년 9월 21일 오바마 대통령은 기후 문제를 고려한 안보 정책을 수립하도록 문서로 지시했는데, 이 지시는 트럼프가 당선돼도 기후 문제를 무시하지 못하도록 하기 위한 한 조치로 파악되었다('오바마, "기후변화 문제 美안보에 반영"…트럼프 견제', 〈교도통신〉, 2016/9/22).

28 트럼프와 공화당의 기후변화 부정은 지구의 파멸을 뜻하는 것이기 때문에 미국의 전환을 강력히 촉구하는 지구적 시민운동이 참으로 절박한 과제가 되었다.

참고자료

김성진, 2013, '기후변화와 국가 대응의 정치학 - 영국, 미국, 한국의 교토의 정서 대응정책 비교', 서울대학교 외교학과 박사학위논문.
노동운, 2016, '최근 세계 온실가스 배출추이와 시사점',『세계 에너지시장 인사이트』16-5, 에너지경제연구원.
박시원, 2016, '파리협정과 Post-2020 신기후체제의 서막',『환경법과 정책』16.
박시원·박태현, 2015, '기후변화와 국가의 책임',『환경법과 정책』15.
박창석 외, 2014,『기후변화 적응강화를 위한 법안 마련 연구』, 한국환경정책평가연구원.
서원상, 2012, '기후변화에 대한 역사적 책임',『법학연구』37, 전북대학교 법학연구소.
손병권, 2013,『기후변화 대처와 미국 패권의 딜레마』, 서강대학교 출판부.
외교부, 2015,『기후변화 바로알기』.
정성춘, 2007, '발리 로드맵의 주요 내용과 향후 전망',『오늘의 세계경제』7-52, 대외경제정책연구원.
정지원 외, 2016,『기후변화 대응을 위한 국제사회의 지원체제 비교연구』, 대외경제정책연구원.
정하명, 2015, '미국의 기후변화에 대한 정책과 법제도',『유럽헌법연구』17.
정하윤·이재승, 2012, '미국의 기후변화 및 신재생에너지 정책의 전개과정 분석-행정부별 특징을 중심으로',『국제관계연구』17-2.
정혜영, 2015ㄱ, '미국의 에너지 정책 방향과 오바마 정부의 기후변화 정책',『세계 에너지시장 인사이트』15-22.
_____, 2015ㄴ, '국제관계에 따른 기후변화 체제 변천 과정과 신기후변화 체제에서 미국의 역할',『세계 에너지시장 인사이트』15-39.
최종덕, 2016,『비판적 생명철학』, 당대.
최현 엮음, 2016,『공동자원의 섬 제주1』, 진인진.
최현정, 2014, '기후변화에 대한 미국의 정치적 분열',『issue BRIEF』100, 아산정책연구원.
한국환경정책평가연구원, 2015, 『KEI 포커스-배출권거래제 현황 및 이슈』 3-2.
홍성태, 2003, 『반미가 왜 문제인가』, 당대.
홍의표 외, 2014, 『주요 국가의 기후변화 적응을 위한 전략과 정책에 관한 연구』, 한국법제연구원.
환경부, 2016, 『파리협정 길라잡이』.

Barry, John and Robyn Eckersley, 2005, *The State and the Global Ecological Crisis*, MIT Press.
Baudrillard, Jean, 1970, 『소비의 사회』, 문예출판사.
Beck, Ulich(1992), 홍성태 옮김(1997), 『위험사회』, 새물결.
Bell, Daniel(1976), 김진욱 옮김(1990), 『자본주의의 문화적 모순』, 자유문학사.
Carson, Rachel(1962), 이길상 옮김(1990), 『침묵의 봄』, 탐구당.
Chandler, Alfred, 1990, *Scale and Scope: The Dynamics of Industrial Capitalism*, Harvard University Press.
Coase, Ronald, 1960, The Problem of Social Cost, *Journal of Law and Economics*, Vol. 3.
Commoner, Barry, 1971, *The Closing Circle: Nature, Man, and Technology*, Knopf.
Emerson, Ralph(1836), Nature, William Gilman(1965), *Selected writings of Ralph Waldo Emerson*, New American Library.
French, Hilary(2001), 주요섭 옮김(2001), 『세계화는 어떻게 지구환경을 파괴하는가』, 도요새.
Galbraith, John(1958), 노택선 옮김(2006), 『풍요한 사회』, 한국경제신문사.
Ge, Mengpin et al., 2014, 6 Graphs Explain the World's Top 10 Emitters, WRI.
Hahnel, Robin, 2010, *Green Economics: Confronting the Ecological Crisis*, Routledge.

Hardin, Garrett, 1968, The Tragedy of the Commons, *Science* 13 Dec 1968:Vol. 162, Issue 3859.
IPCC, 2001, The IPCC Third Assessment Report: Climate Change 2001 (TAR).
_____, 2007, The IPCC Fourth Assessment Report: Climate Change 2007 (AR4).
Jonas, Hans(1979), 이진우 옮김(1994), 『책임의 원칙: 기술 시대의 생태학적 윤리』 서광사.
Kaul, Inge et al. eds., 1999, *Global Public Goods*, UNDP.
Lostumbo, Michael et al., 2013, *Overseas basing of U.S. military forces*, The RAND Corporation.
McCormick, John, 1989, *The Global Environmental Movement*, John Wiley & Sons Inc.
Ostrom, Elinor(1990), 윤홍근·안도경 옮김(2010), 『공유의 비극을 넘어』, 랜덤하우스.
PBL NEAA, 2015, *Trends in global CO2 emissions*: 2015 *Report*.
Pigou, Arthur, 1920, *THE ECONOMICS OF WELFARE*, Macmilan and Co.
Sayre, Kenneth, 2010, *Unearthed: The Economic Roots of Our Environmental Crisis*, University of Notre Dame Press.
UNDP, 2007, The Human Development Report 2007/2008.
Veblen, Thorstein(1899), 김성균 옮김(2005), 『유한계급론』, 우물이 있는 집.
Waters, Colin et al., 2016, The Anthropocene is functionally and stratigraphically distinct from the Holocene, *Science*, Vol 351, Issue 6269, 08 January 2016.
WCED(1987), 조형준·홍성태 옮김(1994), 『우리 공동의 미래』, 새물결.

見田宗介, 1996, 『現代社會の理論』, 岩波書店.

교도통신, 2016, "오바마, '기후변화 문제 美안보에 반영'…트럼프 견제."〈교도통신〉, 9월 22일.

주영재, 2016, "인간이 만든 새로운 지질시대 '인류세' 공식화하나." 〈경향신문〉, 1월 8일.

Coral Davenport and Alissa J. Rubin, Trump Signs Executive Order Unwinding Obama Climate Policies, *NYT* 2017/3/28.

제2부
생태정의와 생태문화사회

제5장
생태위기와 세대정의
- 생태복지사회의 관점 -

I. 머리말

우리는 태어나서 죽을 때까지 계속 생물학적, 사회학적 변화를 겪는다. 그것은 크게 유년기, 소년기, 청년기, 장년기, 노년기로 나누어 살펴볼 수 있다. 그런데 우리는 소년기 이하의 단계에서는 사회적 피보호자로 다루어지며, 청년기에 접어들면서 비로소 사회적 주체로서 권리를 행사할 수 있게 된다.[1] 여기서 중요한 것은 이러한 연령단계에 따

---

1 여기서 핵심적인 것은 성인의 법적 규정이다. 서구에서는 대체로 만 18세가 성인의 기준이다. 이에 비해 한국에서는 18세(도로교통법), 19세(청소년보호

른 생물학적, 사회학적 차이가 세대를 규정하는 기준이 되는 동시에 세대 사이에서 다양한 갈등이 나타나는 원천이 된다는 것이다.

한국처럼 사회적 변화가 빠른 사회에서 세대는 큰 관심을 끌게 마련이다. 변화의 속도가 더딘 사회에서는 세대 사이에 사회학적 차이가 별로 크게 나타나지 않는다. 그러나 사회적 변화가 빠른 사회에서는 그렇지 않다. 이런 사회에서는 예컨대 소년기나 청년기 안에서도 연령에 따라 커다란 차이가 나타나곤 한다. 한국은 그 좋은 예이다.[2] 한국은 1960년에서 1990년까지의 30년 동안에 민주화와 고성장이라는 거대한 사회적 변화를 겪었다. 이 과정에서 당연히 주체의 변화도 빠르게 이루어졌으며, 그 결과 '신세대'와 세대갈등에 관한 논란도 지속적으로 빚어졌다(신한종합연구소, 1991).

특히 2002년 대통령 선거가 끝나고 한국의 보수세력은 노무현을 지지한 젊은 세대를 '좌파'로 비난하면서 공공연히 세대갈등을 조장하

법), 20세(민법, 소년법, 선거법)의 세가지가 사용된다. 군 자원입대는 17세부터 가능하다. 2008년 10월에 법무부는 성인 기준을 19세로 낮추는 민법 개정계획을 확정해서 발표했다. 참고로 영유아는 6세 미만(영유아보호법)이고, 노인은 명확한 법적 규정이 없다. 유엔의 기준에서 노인은 65세 이상인 사람을 뜻한다. 그러나 한국에서 정년은 대체로 58세부터 시작된다. 한국에서 통용되는 사실상의 노인 기준은 유엔의 기준이나 노령화 추세에 비추어서 대단히 비현실적이다.

2 사실 미국이 더 좋은 예일 수도 있다. 미국에서는 50년대의 '비트세대'를 시작으로 60년대의 히피세대, 80년대의 여피세대, 90년대의 X세대, Y세대, N세대, 2000년대 디지털 세대, TW 세대 등 세대의 차이를 부각시키는 온갖 용어들이 쉼없이 고안되었다. 기업의 판매전략과 깊이 연관되어 있는 이 용어들은 한국에도 빠르게 유입되어 확산되었다.

고 나섰다.[3] 그러나 한국의 보수세력이 주장한 세대갈등론은 사실상 낡은 이념정치에 기반한 정치적 선동이었다(홍성태, 2004ㄱ). 세대갈등은 분명히 존재한다. 그러나 그것은 한국의 보수세력이 주장하는 것처럼 존재하지 않는다. 세대갈등은 정치갈등으로 비화할 수 있으며, 그 원인은 문화적인 것과 경제적인 것으로 대별될 수 있다. 표현의 자유를 둘러싼 문화정치가 전자를 대표한다면(미메시스 그룹, 1994), 연금의 운영을 둘러싼 경제정치는 후자를 대표한다(오건호, 2006).

그런데 문화와 경제보다 더욱 근원적이지만 여전히 제대로 인식되지 않고 있는 세대갈등의 원천이 있다. 그것은 바로 생태위기의 문제이다. 생태위기는 모든 생명의 원천인 자연이라는 생태적 자원이 대대적으로 훼손되는 것에서 비롯된다. 세대에 초점을 맞춰서 보자면, 생태위기는 앞세대의 잘못으로 뒷세대의 생존이 극히 심각한 위험에 처하게 된 것이라고 할 수 있다. 따라서 생태위기는 세대간 정의의 문제를 극명하게 제기한다(Jacobs, 1991: 19-21). 생태주의는 초기부터 이 문제를 강력히 제기했다. 그러나 개발주의가 횡행하는 가운데 이 문제는 세계 어디서나 거의 개선되지 않았다.

오늘날 생태위기는 이미 생태파국의 상황에 직면했다는 경고가 터져나올 정도로 악화되었다. 이런 상황에서 생태위기에 따른 세대간 정의의 문제는 더 이상 묵과될 수 없다. 그것은 개인과 사회의 생물적 지속을 위한 가장 기초적인 조건에 관한 문제이기 때문이다. 이 글에서는 특히 생태복지사회의 관점(홍성태, 2007ㄱ)에서 이 문제에 대해 살펴

---

3 한국의 보수세력은 흔히 '반공보수세력'으로 불린다. 이들은 자신들에 대해 비판하거나 저항하는 사람들을 항용 '좌파' 또는 '좌파 빨갱이'라는 뜻의 '좌빨'로 부른다. 이들의 비정상적 행태 때문에 '우익 빨짓꾼'이라는 뜻의 '우빨'이라는 말이 만들어졌다.

보고자 한다. 생태와 복지의 두 가치를 동시에 추구하는 생태복지사회는 우리가 추구해야 할 현실적인 구조개혁의 목표이다. 이러한 구조개혁을 통해서 현재의 생태위기에서 벗어나야 하며, 그렇게 해야 비로소 세대간 정의가 구현될 수 있을 것이다.

II. 성장의 변증법

오늘날 우리는 생태위기의 시대를 살아가고 있다. 생태위기는 인류의 생존위기이다. 이러한 생태위기에 적절히 대응하기 위해서 우리는 우선 우리가 이룬 성공을 지구의 한계라는 관점에서 재검토해야 한다. 일찍이 미국의 생물학자인 배리 코머너가 명확히 지적했듯이, 사실 인류의 거대한 성공 자체가 생태위기의 근본원인이다. 생태위기에서 벗어나기 위해서는 이러한 성공과 위기의 내적 연관을 올바로 인식하고 개혁하는 것이 무엇보다 중요하다.

> 우리가 부를 생산하기 위해 생태권을 이용하는 수단이 생태권 자체를 파괴하기 때문에 우리는 환경의 위기에 빠진 것이다. 현재의 생산체제는 자기파멸적이며 현재의 인간문명의 길은 자살적이다 (Commoner, 1971: 292).

우리는 우리의 이익을 위해 자연을 파괴하고 있을 뿐만 아니라 우리 자신의 건강과 생명을 해치고 미래세대의 생존마저 위협하고 있다. 생태위기는 지구의 한계를 무시하고 지구 전역에서 맹렬히 강행된 공업화의 필연적 결과이다. 인류는 공업에 힘입어 거대한 경제성장과 인구증가를 이룰 수 있었지만, 바로 그 때문에 생태위기라는 역사상 유례가 없는 절멸의 위기를 맞게 되었다. 우리가 이룬 거대한 성공은 과연 어떤 것인가? 우리는 그것이 야기한 위기를 극복할 수 있는가? 먼저 다음의 그림들을 보자.

그림1 　세계 인구의 증가 (서기1~2000년)

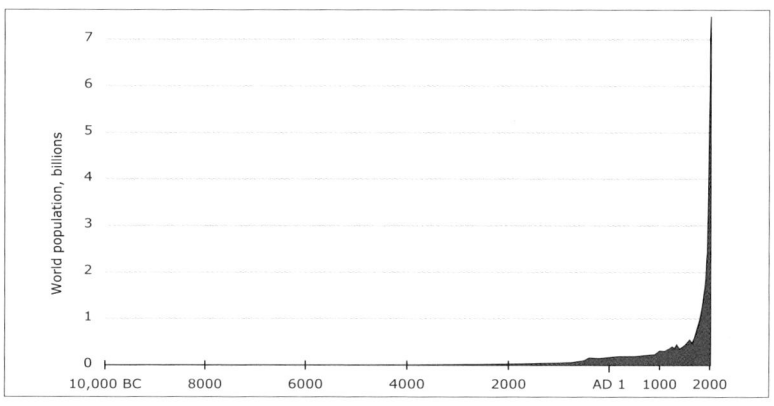

Wikipedia, 'IPAT' 항목, 2009년 1월 6일 복사

El T [Public domain], via Wikimedia Commons

그림2 　세계 일인당 총생산의 증가 (서기 1~2003년)

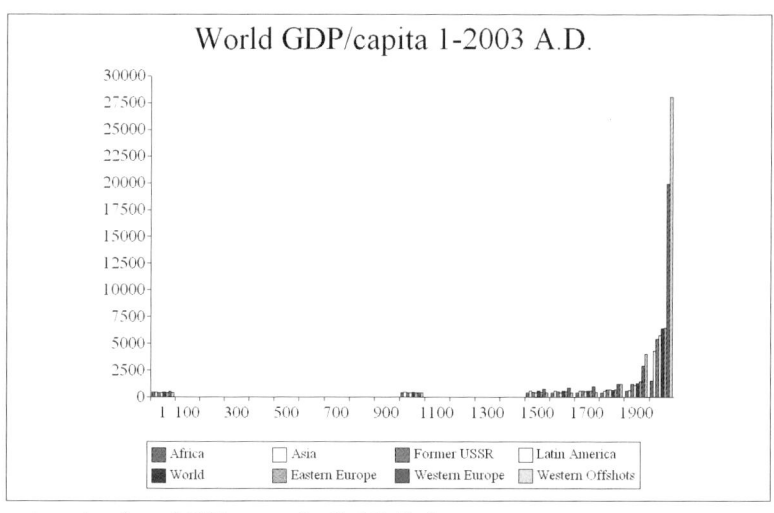

Wikipedia, 'IPAT' 항목, 2009년 1월 6일 복사

Ultramarine at English Wikipedia [Public domain], via Wikimedia Commons

〈그림1〉과 〈그림2〉가 단적으로 보여주듯이, 길게는 공업혁명 이후 250년 동안, 짧게는 2차 대전 이후 50년 동안, 세계의 인구와 생산은 대단히 놀라운 속도로 증가했다. 그 결과 지구의 한계는 이미 분명하게 드러났다. 각종 생태위기의 사례들이 잘 보여주듯이, 지구는 이미 지금과 같은 방식으로 결코 유지될 수 없는 명백한 한계상태에 접어들었다. 오랫동안 지구의 한계에 대해 많은 연구를 수행한 지구정책연구소의 레스터 브라운은 20세기의 후반에 이루어진 변화를 '성장의 시대'로 제시했다.

> 후세에 지금을 되돌아본다면, 지난 20세기의 마지막 절반은 '성장의 시대'로 기억될 것이다. 지구 인구는 지난 1950년 25억에서 2000년에는 60억으로 늘어났다. 1950년대 이후 인구 증가율은 지난 400년 동안에 걸친 인구 증가율보다 빠르다. 최근 세계 경제성장은 이보다 경이로운 수준이다. 지난 20세기 마지막 절반 기간 동안, 세계 경제는 7배나 성장했다. 무엇보다 놀라운 것은, 2000년 한 해의 경제성장률이 19세기 전반에 걸친 경제성장률을 앞선다는 점이다. … 경제성장에 따라 수요가 지구의 성장 속도를 넘어서면서, 많은 부문에서 지구 본래의 수용능력을 초과하고 있다. 세계 경제가 지난 50년 동안 7배나 성장한 반면, 지구의 생명유지체계는 본질적으로 전과 같은 상태를 유지하고 있다(Brown, 2004: 21~22).

인류가 공업을 통해 이룬 거대한 성공 속에는 거대한 위기가 내재되어 있었다. 그것은 무엇보다 막대한 물질적 성장에서 명확히 나타났다. 성장의 변증법[4]은 '지구의 한계'라는 물리적 본성에서 비롯되는 것

---

4 변증법을 뜻하는 dialectic은 본래 '대화술'을 뜻한다. 그것은 서로 다른 가와

이다. 만일 지구가 무한하다면 위기는 발생하지 않을 것이다. 그러나 지구는 유한하기 때문에 거대한 성공은 거대한 위기를 낳을 수밖에 없다. 임계점을 지나기 전까지 위기는 국지적이고 일시적인 양상으로 나타난다. 그러나 임계점을 지나는 순간 위기는 전면적이고 지속적인 것으로 급변한다. 우리는 이미 임계점을 지났다. 이 상태로는 급기야 파국을 맞고 말 것이다.

그러나 성공의 결과로 위기가 발생하는 '성장의 변증법'을 부정하는 세력들은 여전히 강고하다. 이로부터 개발주의와 생태주의의 대립이 형성되었다.[5] 개발주의는 지구의 한계를 무시한다. 개발주의는 유한한 지구에서 결코 실현될 수 없는 무한한 개발과 성장을 약속한다. 이러한 개발주의에서 미래세대의 권리는 존중되지 않는 차원을 넘어서 아예 존재하지 않는 것으로 여겨진다. 이와 달리 생태주의는 미래

나의 의견이 대화를 통해 다라는 새로운 의견을 낳는 것을 가리킨다. 헤겔은 이러한 대화술로서의 변증법을 존재의 본질로 바꾸었다. 그는 모든 존재는 서로 대립하는 성질을 본래부터 지니고 있다고 생각했다. 이것이 바로 모순이다. 모든 존재의 변화는 모순의 심화과정이며, 따라서 모든 존재는 현재태에서 그와 모순되는 잠재태로 변화한다. '성장의 변증법'은 이러한 헤겔의 변증법으로 설명할 수도 있다. 그러나 헤겔의 변증법은 사변적이다. 이에 비해 '성장의 변증법'은 물질의 운동을 다루는 것이기 때문에 과학적이다. 성장은 지구의 자원을 탕진하는 과정이며, 따라서 성장이 가속화될수록 위기가 급속히 진행된다. '지구의 한계'라는 물질적 조건이 '성장의 변증법'을 규정한다.

5 이에 관해서는 Myers and Simon(1994)을 참조. 이 책은 생태학자와 경제학자의 논쟁이다. 경제학자 사이먼은 생태위기를 격렬히 부정하며, 오히려 자원의 증대와 경제의 번영을 주장한다. 사이먼은 명백한 현실을 부정하는 망상적 경제학자이다. 이런 사람들이 학자의 이름으로 활발히 활동하고 나름대로 큰 영향을 미칠 수 있는 것은 현재의 사회구조가 반생태적이기 때문이다. 이들은 반생태적 기득권세력의 이론적 전위대이다.

세대의 권리라는 관점에서 현재의 위기에 적극 대응하고자 한다. 생태주의는 사회의 지속에 대한 관심에서 비롯되었으며, 이런 점에서 생태주의에는 미래세대에 관한 관심이 내재되어 있다.

III. 생태위기와 세대

우리는 생물과 비생물이 어우러진 생태계[6] 속에서 살고 있다. 생태위기는 이러한 생태계가 항상성을 유지하지 못하고 급격히 훼손되는 것을 뜻한다. 지구는 우주적 차원의 요행으로 생물이 살아가는 생태계를 이루게 되었으며, 지구 생태계는 수십억 년에 걸쳐 진행된 생물과 비생물의 공진화를 통해 안정상태에 이르게 되었다. 그리고 이러한 안정된 생태계를 기반으로 인류는 비로소 문명을 이룩할 수 있게 되었다. 만일 생태계가 안정상태에 이르지 않고 기후와 지반이 계속 급격한 변화 속에 있었다면, 인류는 문명을 이루는 것은 고사하고 생존을 유지하기에도 급급했을 것이다.

생태계의 안정은 문명의 필수조건이다. 따라서 생태위기를 단순히

---

[6] 우주적 우연의 결과로 지구에서는 생물이 나타나게 되었으며, 이로써 지구의 물질계는 생물과 비생물로 이루어진 생태계가 되었다. 물리적으로 보아서 생태계는 물질적으로 폐쇄되어 있는 폐쇄계이다. 폐쇄계란 외부와 주고받는 관계를 맺고 있지 않은 체계를 뜻한다. 따라서 지구는 유한하다. 공업에 사용할 수 있는 광석물질과 화석물질은 더욱 더 그렇다. 공업이 발달할수록 이러한 폐쇄계로서 지구의 한계는 더욱 더 급속히 드러나게 된다. 앨빈 토플러를 비롯한 미국의 일부 기술주의자들은 생태적 전환의 요청을 격렬히 비난하면서 '우주 식민지'를 개척해서 지구의 한계를 돌파할 수 있다고 주장한다. 그러나 이것은 결코 이루어질 수 없는 주장이다. 달이나 화성에서 하나의 돌을 가져오기 위해 얼마나 많은 자원을 소모했는가를 생각해 보면 이 사실을 쉽게 알 수 있다.

그림3 　생태위기의 형성과 성격

사회 → 오염 → 생태위기	자연의 지속위기
파괴	사회의 존속위기
고갈	인류의 생존위기

자연의 위기로 파악하는 것은 잘못이다. 그것은 우리의 문명이 야기한 사회의 존속위기이다. 더욱이 인간은 아무리 위대한 능력을 가지고 있다고 하더라도 결국 자연 속의 존재이다. 이런 점에서 생태위기는 자연 속의 존재인 인간의 생존위기이다(홍성태, 2004ㄴ). 불행하게도 생태위기는 이미 우리의 생생한 현실이다. 우리의 생존과 문명의 존속을 위해 우리는 생태위기에 적극 대처해야 한다. 이러한 생태위기는 우리가 일상적으로 저지르고 있는 오염, 파괴, 고갈의 행위에서 비롯되었다.

　오염(pollution)[7]은 다양한 인공물질들로 자연이 더럽혀지는 것을 뜻하며, 크게 공기 오염, 물 오염, 땅 오염[8]으로 나눌 수 있다. 오늘날 우리는 수많은 인공물질들을 사용해서 살고 있다. 우리가 입고, 타고, 쓰는 것들 중에서 사실상 인공물질로 만들지 않은 것이 없을 정도이다. 문제는 이 인공물질들을 생산하고 사용하고 폐기하는 모든 과정에

7 　한때 pollution은 '공해'로 번역되었다. 그러나 이것은 사실 잘못이다. 공해(公害)는 불특정 다수가 해를 입는 것을 뜻하는 영어 public nuisance를 19세기말 일본에서 번역한 것이다. 오염은 공해의 대표적 예라고 할 수 있다.

8 　물 오염은 담수뿐만 아니라 해수까지 포함한다. 또한 담수는 지표수뿐만 아니라 지하수도 포함하고, 나아가 빙하와 빙산도 포함한다. 오늘날 오염의 문제는 우주로까지 확대된 상태이다. 대기권 밖 우주까지도 수명을 다한 인공위성의 잔해를 비롯한 각종 쓰레기들로 오염되어 있는 것이다('우주 쓰레기 골치', 〈한겨레신문〉, 2006/1/22).

서 자연을 더럽히게 된다는 것이다. 그 결과 자연은 그 본성을 잃고 인간을 포함한 모든 생명이 심각한 위험에 처하게 된다. 자연의 오염은 자연 속의 한 존재인 인간의 오염이다. 이른바 '환경 호르몬'이나 각종 아토피 질병은 이 사실을 명확하게 보여준다. 이러한 오염으로 말미암은 사고의 대표적인 예로 일본의 미나마타 병, 미국의 러브커넬 사건 등을 들 수 있다. 미나마타 병은 바다로 방출된 폐수에 포함된 수은이 생태계를 통해 결국 인간의 체내에 축적되어 발생한 신경마비 병이다. 러브커넬 사건은 화학물질 매립지에 건설된 주택단지에서 살던 사람들이 결국 화학물질에 오염되어 죽거나 다친 사건이다.[9] 태내에서 오염된 선천성 기형아가 많이 발생해서 사람들을 더욱 놀라게 했던 미나마타 병이 극명하게 보여주듯이, 오염문제는 현재의 상황에 대해 아무런 책임이 없는 미래세대에게 현재세대가 치명적인 해를 입히는 것이다. 러브커넬 사건의 경우도 피해자는 주로 어린이들이었다.

파괴(destruction)는 자연의 물리적 형태와 구성이 인위적으로 급격하게 해체되는 것을 뜻한다. 가장 흔한 예는 각종 대규모 토건사업으로 말미암아 산과 들과 갯벌 등이 산산이 파괴되는 것을 들 수 있다. 이러한 파괴는 단지 자연의 파괴에 그치지 않는다. 그것은 대개의 경우에 자연 속에서 형성된 사회의 파괴로 이어진다. 예컨대 대형댐을

---

[9] 미나마타는 중금속에 의한 물 오염, 러브커넬은 화학물질에 의한 땅 오염에 해당한다. 두 사건은 모두 대표적인 자본주의 국가에서 발생했다. 이 때문에 이 사건들은 환경문제를 본질적으로 자본주의의 문제로 파악하는 일부 맑스주의자들을 지지하는 것으로 보인다. 그러나 소련, 동독, 중국, 북한 등은 자본주의 국가들보다 훨씬 더 심하게 오염되었다. 환경문제와 관련해서 사회주의가 자본주의보다 낫다는 증거는 어디에도 없으며, 오히려 훨씬 더 심하다는 증거들을 쉽게 찾아볼 수 있다(Foster, 1999: 109-115).

건설하면 드넓은 산과 들이 수몰될 뿐만 아니라 수십 개에서 수백 개의 마을들이 수몰되어 버린다. 이러한 파괴는 흔히 개발이라는 이름으로 합리화된다. 그리고 개발을 핵심적 수단으로 삼고 전개된 근대화에 의해 개발을 발전과 같은 것으로 여기는 개발주의가 널리 만연하게 되었다.[10] 특히 한국에서는 개발이 투기와 강력히 결합되어 개발의 파괴성에 대해서 더욱 주의를 기울이지 못하게 되었으며(조명래, 2006), 여기서 나아가 한국은 불필요한 토건사업을 끝없이 벌여서 재정을 탕진하고 국토를 파괴하는 세계 최악의 토건국가가 되었다(홍성태, 2007ㄱ). 한국에서 파괴의 문제를 대표하는 것이 토건국가의 문제라고 한다면[11], 지구적 차원에서 파괴의 문제로 가장 심각한 것은 바로 오존층 파괴와 지구 온난화[12]이다. 지구는 지상 50km 상공의 성층권에 오존층이 형

---

10 일찍이 경제학자 유인호는 'GNP교'라는 말로 이러한 현상을 비판했다(유인호, 1973). 그러나 그 뒤로 문제는 더욱 더 악화되었으며, 오히려 유인호의 지적은 잊혀지다시피 되고 말았다.

11 토건국가 한국은 박정희의 근대화를 통해 형성되었다. 그리고 불행하게도 '민주화 20년'은 '토건국가 한국의 확대재생산 20년'이었다. 한국의 '진보개혁세력'은 대체로 토건국가의 문제에 대해 무지하거나 무심하다. 다시 말할 것도 없이 이것은 대단히 잘못된 것이다. 토건국가는 막대한 재정을 탕진해서 국토를 파괴하고 부패를 만연시키는 국가이다(홍성태, 2007ㄱ; 정광모, 2008). 이런 상황에서 2008년 1월에 이명박 정부는 경제위기를 빌미로 '녹색뉴딜'이라는 이름으로 대다수 하천을 대대적으로 파괴하는 대규모 토건사업을 추진하기 시작했다. 이것은 결국 '한반도 대운하'라는 망국적 토건사업으로 이어질 것이다(김정욱 외, 2008). 한국에서 토건국가를 개혁하지 않고 진보와 개혁을 이룰 수 있는 길은 없다.

12 한국은 지구 온난화의 속도가 세계 평균보다 2배 정도 높은 것으로 추정되기도 한다. 한국은 세계 10위권의 경제대국이자 세계 10위의 이산화탄소 배출대국이기도 하다.

성되어 있어서 생물에게 유해한 자외선과 우주선을 차단해 주고 있다. 성층권 오존층 덕분에 지구는 생명의 별이 될 수 있었던 것이다. 그러나 '프레온'이라는 상품명으로 잘 알려진 염화불화탄소(CFCs)를 널리 사용한 결과로 성층권 오존층이 크게 파괴되었다. 한편 지구 온난화는 근대화의 물질적 핵심인 공업화의 결과로 빚어진 가장 커다란 문제이다. 공업화의 결과로 이산화탄소를 필두로 각종 기체가 대기 속으로 배출되어 지구의 기온이 급격히 상승하면서 지구 전체가 급격한 혼란 속으로 빠져드는 것이 지구 온난화이다. 홍수, 가뭄, 붕괴, 지진, 태풍, 사막화, 해수면 상승, 생물종 멸종, 해충의 창궐, 질병의 만연 등 수많은 문제들이 지구 온난화의 결과로 나타나며, 지구 온난화가 계속 진행된다면 지구는 결국 죽음의 별이 되고 말 것이다. 이렇듯 파괴는 자연을 급격히 대규모로 해체하는 것으로서 현재세대가 미래세대에게 치명적 해를 입히는 것이다.

고갈(depletion)은 사용할 수 있는 자원이 모두 탕진되는 것을 뜻한다. 가장 대표적인 예로는 각종 광물자원과 화석자원의 고갈을 들 수 있다. 지구에는 많은 자원들이 있다. 한때 이 자원들은 무한한 것처럼 보였다. 그러나 이미 1960년대부터 자원의 고갈에 대한 우려가 본격적으로 제기되기 시작했다. 1972년에 발표된 '성장의 한계'라는 제목의 연구보고서는 이 문제를 실증적으로 탐구해서 세계적으로 큰 영향을 미쳤다(Meadews et al., 1972). 현대 사회는 엄청난 자원을 소비해서 운영되는 공업사회이다. 그 중에서도 특히 중요한 것은 석유이다. 화석자원을 대표하는 석유는 연료로서는 물론이고 각종 제품의 원료로서, 심지어 식품과 약품의 원료로서 활용되고 있다. 그러나 석유는 고대의 생물이 지질학적 작용에 의해 응축되어 생성된 것으로서 유한한 물질이다. 석유의 고갈과 관련해서 대단히 중요한 개념이 바로 '석유정점'이다. 미국의 지질학자인 허버트 킹은 1950년대에 '석유정점'(Oil Peak)을 주장했다. '석유정점'은 석유의 생산량이 최대에 이르는 시점을 뜻한다. 그 뒤부터 석유의 생산량은 줄어들게 되지만 석유의 소비량은 계속 늘어난다. 따라서 '석유정점'을 지나면서 석유의 부족은 급속히 심각한 문제로 현재화된다. 스웨덴 웁살라대 교수로서 석유정점 연구협의회(ASPO)의 의장인 쉘 알레크렛은 2010년을 석유정점의 해로 제시하고 있다. 요컨대 석유에 중독된 현대 문명의 급변이 임박한 것이다(Aleklett, 2006). 과학자들은 생각했던 것보다 더 빠르게 석유의 공급이 줄어들고 있다고 경고하고 있다(이필렬, 2002; Howden, 2007). 갈수록 석유를 둘러싼 '자원전쟁'의 가능성은 커지고 있으며, 부시가 감행한 '이라크 침공'은 사실상 '석유전쟁'이었다는 비판을 받았다. 석유뿐만 아니라 다른 많은 자원들도 줄어들고 있다. 물도 각종 오염으로 줄어들고 있으며, 토양도 사막화로 크게 줄어들고 있고, 물고기와 곡물 등의 생물자원도 줄어들고 있다.[13] 현재세대의 탐욕과 무지 때문에 미래세대의 생존 자체가 갈수록 커다란 위험을 맞고 있는 것이다.

---

13 고갈의 이면은 자연의 순환을 훼손하는 각종 쓰레기의 축적이다. 필요한 자원은 빠르게 고갈되고 있는데 불필요한 쓰레기는 갈수록 크게 늘어나고 있다. 이에 대응해서 쓰레기를 발생시키지 않고 순환하는 공업을 추구하는 전문가들도 있다(McDonough, 2002). 사실 현재의 기술을 충실히 활용하는 것으로도 생태위기를 크게 완화할 수 있으며, 미래세대를 충분히 배려하는 방식으로 생태적 전환을 실현할 수 있다. 가장 큰 문제는 핵발전이다. 가장 크고 위험한 공업 쓰레기는 바로 핵발전소이기 때문이다. 핵발전소는 30년 정도만 사용하고 무려 10만 년 동안 안전하게 관리해야 하는 절대적 위험시설이다. 더욱이 우라늄은 조만간 고갈될 것이다. 핵에너지는 결코 대안에너지가 아니다.

IV. 세대정의의 문제

생태위기는 세대정의의 문제를 첨예하게 제기한다. 현재세대가 생태위기를 더욱 악화시켜서 결국 생태파국에 이르게 된다면, 그것은 현재세대가 미래세대를 절멸의 위험 속으로 몰아넣는 것과 같기 때문이다. 이런 점에서 생태위기는 현재세대가 미래세대에 대해 저지르는 가장 커다란 불의라고 할 수 있다. 한편 세대의 개념은 사회의 생물적 지속을 전제로 성립한다. 이런 점에서 세대의 개념은 생태위기에 대한 관심을 촉진할 수 있는 힘을 가지고 있다. 생태위기의 시대에 우리는 세대의 개념이 갖고 있는 이러한 성격에 더욱 더 주목해야 한다.

세대에 관한 논의는 크게 세대 안의 현상에 관한 것과 세대 간의 현상에 관한 것으로 나눌 수 있다. 세대 간의 현상으로 가장 많이 논의되는 것은 '세대차'이다. 같은 계층이나 성에 속한다고 해도 세대 간의 차이는 언제나 나타난다. 물론 여기에는 연령효과(age effect)와 사회효과(cohort effect)가 함께 작용한다. 단순한 '세대차'를 넘어서 세대가 대립하는 것을 흔히 '세대갈등'이라고 부른다. 세대갈등은 연령효과와 사회효과로 말미암은 소통과 이해의 문제로 설명되곤 한다. 물론 소통과 이해는 중요하다. 그러나 단순히 소통과 이해를 강조한다고 해서 소통과 이해가 이루어질 수 있는 것은 아니다. 더 중요한 것은 소통과 이해의 문제를 빚어낸 객관적 원인에 대한 올바른 인식이다.

세대갈등의 객관적 원인으로서 무엇보다 중요한 것은 앞세대가 한정된 지구의 자원을 남용해서 뒷세대의 생존을 위협하는 문제이다. 앞세대는 뒷세대에게 훌륭한 유산을 남겨줄 수도 있지만 뒷세대의 생존 자체를 극도의 위험 속으로 몰아넣을 수도 있다. 생태위기는 그 단적인 예이다. 지금처럼 오염, 파괴, 고갈이 계속 진행된다면 머지 않아 지구는 생명이 살기 어려운 별로 바뀌고 말 것이다. 현재세대가 자기의 이익을 열심히 추구한 결과로 미래세대는 공기, 물, 땅이 모두 오염되고 오존층 파괴와 지구 온난화가 악화되어 절멸의 위험을 맞게 되는 것이다. 생태위기의 면에서 보자면, 지금 지구에서는 앞세대가 뒷세대를 절멸의 위험으로 몰아넣는 무서운 일이 일상적으로 벌어지고 있다.[14] 결국 생태위기는 현대 문명의 비정상성을 입증하는 가장 중요한 예라고 할 수 있다.

우리는 생태위기를 둘러싼 앞세대와 뒷세대의 관계를 단순히 세대갈등이 아니라 세대정의의 관점에서 더욱 적극적으로 파악하고 대응해야 한다. 세대갈등이 세대 간의 갈등이라는 표면화된 대립현상의 해소에 초점을 맞춘다면, 세대정의는 정의라는 '사회제도의 제1덕목'(Rawls, 1971: 25)에 입각해서 세대 간의 관계를 올바로 정립하고자 하는 것이다. 그 핵심은 현재세대만이 아니라 미래세대도 실질적인 주체로 인정하고 사회의 변화를 추구하는 것이다. 현재세대는 역사상 최대의 경제적 풍요를 누리며 살고 있다. 그러나 많은 전문가들이 지적하듯이 2010년에 '석유정점'에 이르게 된다면, 이 경제적 풍요는 앞으로 한 세대도 더 지속되지 못할 것이다. 역사상 최대의 경제적 풍요가 역사상 최악의 세대적 불의로 귀결될 위기에 처해 있는 것이다.[15]

14　물론 그렇지 않다고 주장하는 자들도 있다. 미국의 카토연구소(Cato Institute)나 한국의 자유기업원이 그 좋은 예이다. 카토연구소나 자유기업원은 심지어 지구 온난화조차 부정하고 있다. 사실 미국에는 환경운동을 부정하고 공격하는 '반환경운동'이 강력히 펼쳐지고 있다. 겉보기에는 이 운동의 주체는 여러 전문가들로 되어 있지만, 실제로는 대기업이 기획하고 조정하는 것이다(Deal, 1993).

15　위기는 기회일 수 있다. 그러나 위기를 기회로 바꾸기 위해서 위기를 낳은 원인을 찾아서 없애지 않으면 안 된다. 이런 점에서 이명박 정부의 이른바

표1 현재세대와 미래세대의 구성

현재세대	미래세대
노년 장년 청년	소년 유년
소년 유년	생물적 미래세대

　　세대정의를 확립하기 위해서는 우선 다음과 같은 세가지 사실에 크게 유의해야 할 것이다. 첫째, 무엇보다 먼저 주체인 세대의 구성에 대해 살펴볼 필요가 있다. 생태위기의 관점에서 세대는 크게 현재세대와 미래세대로 나뉜다. 말 그대로 하자면, 현재세대는 현재 살고 있는 사람들을 가리키고, 미래세대는 미래에 태어날 사람들을 가리킨다. 그런데 사회적 권리의 주체라는 점에서 보자면, 현재세대는 현재 사회적 권리의 주체인 사람들을 가리키고, 미래세대는 아직 그렇지 않은 사람들을 가리킨다. 우리는 현재세대의 가장 뒷세대로서 사회적 미래세대인 소년과 유년을 주체로 인정해야 할뿐만 아니라 앞으로 태어날 생물적 미래세대의 권리도 적극 고려해서 생태위기에 적극 대처해야 한다.

　　둘째, 현재의 사회는 노년, 장년, 청년 등 사회적 권리의 주체인 좁은 의미의 현재세대를 중심으로 구성되고 운영된다. 좁은 의미의 미래세대는 말할 것도 없고 넓은 의미의 미래세대인 소년과 유년도 그 권리를 제대로 인정받지 못하고 있다. 소년과 유년의 권리에 관한 법이 없는 것은 아니지만 전체적으로 소년과 유년은 노년, 장년, 청년 등

'녹색성장'이니 '녹색뉴딜'이니 하는 정책들은 토건국가의 위기를 더 많은 토건사업으로 해결하겠다고 하는 것으로서 근본적으로 잘못된 것이다.

'성인'의 보호를 받아야 하는 존재이다. 물론 소년과 유년은 보호를 받아야 한다. 그것은 그들의 중요한 권리이다. 그러나 잘못된 보호가 일방적으로 강요될 수도 있다.[16] 광우병 위험의 강요, 새만금 갯벌의 매립, 한탄강댐 건설, 경인운하 건설, '한반도 대운하' 구상, 불필요한 하천정비사업 등이 모두 여기에 해당된다.[17] 좁은 의미의 현재세대가 지배하는 사회는 결국 현재밖에 없는 사회이다. 이런 사회에 생태파국의 미래 이외에 다른 미래가 있을 수 없을 것이다.

 셋째, 이러한 세대의 구성과 위상에 관한 인식은 사회관의 변화로 이어져야 한다. 세대에 대한 관심은 단순히 연령을 기준으로 한 인구의 구성에 대한 관심에 그쳐서는 안 된다. 그것은 주체인 인간의 재생산과 사회의 지속에 관한 관심으로 나아가야 한다. 세대에 대한 관심은 무엇보다 사회의 미래에 대한 관심이어야 한다. 미래세대는 단순히 현재세대를 이어받는 존재가 아니다. 주체로서 미래세대는 현재세대의 유산을 이어받으면서 계속 변형시킨다. 그런데 현재세대가 생태

---

16 이명박 정부가 광우병 위험이 큰 미국산 쇠고기의 전면수입을 강행한 것은 그 좋은 예이다. 대부분 학교급식을 하고 있는 10대들은 미국산 쇠고기를 먹게 될 우려가 대단히 크다. 10대 여학생이 광우병 반대 촛불집회에 적극 참여한 것은 이 때문이었다.

17 새만금 갯벌을 지키기 위해 시민들은 2000년 5월에 미래세대의 이름으로 소송을 제기했다. 이것은 국내 최초의 '미래세대 소송'이었다. 그러나 같은 해 6월에 고법은 이 소송을 기각시켜 버렸다. 그 뒤 개발세력은 미래세대의 이름을 내걸고 대규모 토건사업을 적극 추진하고 있다. 미래세대를 위해 새만금 갯벌을 매립하고, 경인운하를 건설하고, 미국산 쇠고기를 수입한다는 것이다. 막대한 재정을 탕진해서 불필요한 토건사업을 벌이거나 광우병 위험을 극대화하는 것이 어떻게 미래세대를 위한 일일 수 있는가? 그저 언어의 타락을 보여주는 좋은 예일 뿐이다.

위기를 더욱 악화시킨다면 미래세대는 생존 자체가 위협받게 된다. 그 결과 사회의 지속 자체가 커다란 의문의 대상이 되고 만다. 사회가 지속되기 위해서는 무엇보다 먼저 미래세대가 건강하게 살아갈 수 있는 조건이 마련되어야 한다. 그것은 미래세대에 대한 현재세대의 가장 중요한 책임이다. 그리고 오늘날 가장 중요한 조건은 바로 건강한 자연이다.[18]

V. 생태적 전환의 과제

생태위기의 시대에 세대정의를 확립하기 위해서 우리는 생태적 전환을 적극 추진해야 한다. 생태사회는 저기 어디에 있는 것이 아니라 지금 여기서 만들어 가는 것이다. 지금 여기의 잘못을 바로잡는 실천으로서 생태적 전환을 통해 생태사회가 형성된다. 생태사회의 모형은 크게 생태복지사회와 생태공동체로 나누어 살펴볼 수 있다(홍성태, 1998). 전자는 현대 사회의 개혁을 적극 추진하는 것이라면, 후자는 현대 사회의 해체를 전제로 하는 것이다. 이런 점에서 후자는 사실 비현실적이라고 할 수 있다. 그것은 대단히 제한적이고 국지적인 형태로 존재할 수밖에 없다.[19] 따라서 우리는 생태복지사회를 중심으로 생태적 전

---

18 생태위기는 경제위기도 함축한다. 자연이 없다면 경제도 없을 것이기 때문이다. 따라서 미래세대를 위한 현재세대의 가장 큰 책임은 자연을 잘 지키는 것이다. 자연을 악용하는 것은 미래세대를 방기하는 것이고, 그것은 결국 사회의 지속을 부정하는 것이다. 사회적 분열의 현실 속에서 사람들은 곧잘 자기 자녀에게만 몰두하곤 한다. 그러나 생태위기 속에서 사회적 분열은 큰 의미를 가질 수 없다. 생태위기가 추동하는 미래세대의 위기는 부자와 빈자, 강자와 약자의 경계를 뛰어넘는 보편적 위기이다.

19 물론 그렇다고 해서 생태공동체의 가치를 부정하는 것은 아니다. 생태공동

환을 적극 추진해야 한다.

지구적 차원에서 생태위기에 대처하기 위해 '국제연합'(UN)은 1982년부터 본격적인 연구를 시작해서 1987년에 '지속가능한 발전'(sustainable development)이라는 목표를 제시했다. 1992년에 브라질의 리우에서 열린 세계환경회의에서 각국의 정책지침으로 채택된 이 목표는 생태복지사회를 이룩하기 위한 일반적인 지침으로 활용될 수 있다. '지속가능한 발전'론은 지구적 차원에서 빈곤층의 욕구와 미래세대의 권리를 전면에 내세워서 기존의 발전론을 대체하고자 한 것이기 때문이다. 1987년에 『우리 공동의 미래』라는 보고서를 통해 제시된 '지속가능한 발전'의 주요 내용은 다음의 〈표3〉과 같다.

지속가능발전은 1972년에 『성장의 한계』라는 로마클럽의 보고서가 발표된 뒤부터 본격적으로 진행된 성장론 논쟁의 산물이다(홍성태, 2007ㄱ). '성장의 한계'에 대한 주장은 세계적으로 거센 논란을 불러일으켰다. 이에 대응해서 '제로성장'론이나 '생태적 개발론' 등의 주장들이 제기되었다. 이러한 주장들에 비해서 지속가능발전론은 두가지 큰 특징을 지닌다. 첫째, '제로성장'론과 달리 경제성장을 부정하지 않는다는 것이다. 그러나 무조건적 경제성장이 아니라 '생태학적 뿌리와 확고하게 결합'된 경제성장을 추구한다는 점에서 '생태적 개발론'과 비슷하다. 생태위기에 적극 대처하는 방식으로 경제성장을 추구하는 것이 지속가능발전의 핵심이다. 둘째, 미래세대의 관점에서 현재 상태를 파악하고 새로운 발전을 추구한다는 것이다. 지속가능발전론은 미

체는 현대 사회 안에서 다른 삶의 가능성을 보여주기 때문이다. 머지않아 공업문명이 종말을 고하게 되면 세계는 다시금 공동체로 분화되고 말 것이다. 이런 점에서 생태공동체 운동은 커다란 미래적 가치를 지닌다(이근행, 2006).

표2 　지속가능발전의 개념과 목표

개념	지속가능한 발전은 **미래세대의 욕구와 열망을 충족시킬 수 있는 능력을 위태롭게 하지 않고 현세대의 욕구와 열망을 충족시키는 발전**을 의미한다. 경제성장의 중단을 요청하기는커녕, 만약 개발도상국이 커다란 역할을 수행하고 막대한 이익을 거둘 수 있는 새로운 경제성장기가 오지 않는다면 빈곤과 저개발 문제는 해결될 수 없다는 인식이 지속가능한 발전이라는 개념에 포함되어 있다. 경제성장은 환경자원에 미치는 압력을 증가시키기 때문에 언제나 환경손상의 위험이 있다. 그러나 지속가능한 발전이라는 개념을 따르는 정책결정자들은 반드시 경제성장이 생태학적 뿌리와 확고하게 결합되도록 하고, 또한 그 뿌리가 장기적인 성장을 지탱할 수 있도록 보호하고 강화해야 한다. 이처럼 환경보호는 지속가능한 발전이라는 개념 안에 내재한다.
7가지 목표	* 성장을 소생시킬 것 * 성장의 질을 변화시킬 것 * 직업, 식료품, 에너지, 물, 위생설비에 대한 기본 욕구를 충족시킬 것 * 지속가능한 인구수준을 유지할 것 * 자원기반을 보존하고 사용효율을 높일 것 * 기술과 위험관리의 방향을 재설정할 것 * 의사결정과정에서 환경과 경제를 종합적으로 고려할 것

출처: WCED(1987: 71, 85)

래세대를 주체로 제시했다는 점에서 이전의 성장론이나 발전론과 크게 다르다. 지속가능발전론에서 제시하는 지속가능발전은 단순히 현재의 지속을 뜻하지 않는다. 오히려 그것은 미래세대의 관점에서 현재의 변화를 촉구하는 것이다. 이미 상당히 심각한 상태에 이른 생태위기가 잘 보여주듯이, 현재는 결코 지속될 수 없기 때문이다.

지속가능발전론은 생태위기에 대응해서 세대정의를 확립하고 생태복지사회를 이룩할 수 있는 길을 제시했다. 그러나 현실에서는 대부분의 나라에서 지속가능발전은 제대로 추진되지 않고 있다.[20] 지구적 차원에서 지속가능발전을 강제할 수 있는 제도가 아직 극히 미약하기 때문이다. 이 때문에 심지어 생태위기를 악화시키는 각종 개발과 낭비조차 지속가능발전의 이름으로 정당화되고 있는 실정이다.[21] 오늘날 지속가능발전은 말만 요란하고 실제는 보잘것없는 껍데기 개념으로 전락한 느낌마저 든다. 핵발전의 폐기와 태양발전의 추진, 강과 갯벌의 보존과 복원, 숲과 산의 보존과 복원, 폐기물 없는 순환형 공업생산의 추진, 자연순환형 농축산업의 증진, 땅과 물과 공기가 살아 있는 도시, 초고층 건물의 축소와 폐기, 자동차와 차도의 대대적 감축 등의 정책들이 실행되어야 지속가능발전은 비로소 실질화될 수 있을 것이다.

지속가능한 발전이 생태위기 시대에 추구해야 하는 새로운 발전의 방식이라면, 생태복지사회는 그것을 통해 이룩해야 하는 새로운 발전의 목표이다. 생태복지사회는 인류가 형성한 최상의 사회인 복지사회를 생태적으로 개혁한 사회를 뜻한다. 복지사회는 모든 구성원에게 인간답게 살기 위한 생활과 인권을 보장하는 사회이다. 복지사회에서는 대다수 구성원들이 안정된 삶의 기반 위에서 만족을 추구할 수 있으

---

20 '지속가능한 발전'론은 무엇보다 생태위기에 대처하는 것을 목표로 해서 제시된 개념이다. 그러나 1990년대 중반을 지나면서 이 개념은 경제와 사회의 '지속가능한 발전'으로 확대되면서 그 본래의 목표가 크게 변질되고 말았다.

21 싱싱하게 살아 있는 강을 죽은 강이라고 주장하면서 '강 살리기'라는 이름으로 강행되는 이명박 정부의 '하천정비사업'은 그 대표적인 예로 역사에 기록될 것이다. 더욱이 4대강의 '하천정비사업'은 2006년에 건설교통부가 보고서를 발표해서 밝혔듯이 2006년 현재 이미 97.3%가 끝난 사업이다. 이명박 정부의 '강 살리기'는 토건족을 위한 '강 죽이기'이며, 이런 점에서 이른바 '녹색 뉴딜'은 '회색 헌딜'이라고 해야 옳을 것이다.

며, 그 결과 사회 전체의 성숙과 발전이 이루어질 수 있다. 그러나 기존의 복지사회는 본질적으로 막대한 자연의 착취 위에서 성립했다. 서구의 복지사회는 자국의 자연뿐만 아니라 타국의 자연을 대대적으로 착취해서 성립했다. 이에 맞서서 1960년대 말부터 서구에서는 환경운동이 강력하게 펼쳐지면서 서구의 복지사회는 자국의 자연을 보호하는 데 큰 힘을 쏟게 되었다. 그 결과 오늘날 서구의 복지사회는 자연의 보존과 보호에서도 '선진국'의 지위를 갖게 되었다. 그러나 여전히 타국의 자연을 착취하는 문제는 크게 개선되지 않은 상태이다.

그런데 지속가능한 발전은 사실 일반적인 지침이고 국가마다 사회적 조건의 차이가 크기 때문에, 생태복지사회를 이룩하기 위해서는 국가의 수준에서 지속가능한 발전을 더욱 구체적으로 규정하고 추진해야 한다. 한국의 경우는 무엇보다 토건국가의 문제에 주목하지 않으면 안 된다. 토건국가는 불필요한 대규모 토건사업을 끝없이 벌여서 막대한 재정을 탕진하고 소중한 자연을 파괴하는 기형적인 개발국가를 뜻한다. 애초에 토건국가의 개념은 일본의 문제를 지적하기 위해 고안되었지만, 오늘날 한국은 일본보다 더 극심한 토건국가라고 할 수 있다. 새만금개발사업, 한탄강댐건설사업, 경인운하건설사업, '한반도 대운하' 구상, 하천개발사업 등 너무나 많은 불필요한 대규모 토건사업이 부당하게 강행되고 있다. 매년 무려 50조 원이 넘는 막대한 재정이 이러한 대규모 토건사업에 투여되고 있다. 이 돈을 복지, 문화, 교육, 기술에 투여한다면, 한국의 자연을 지킬 수 있는 것은 물론이고 산업의 '선진화'를 이루고, 생태복지사회를 향해 도약할 수 있을 것이다(홍성태, 2007ㄱ).

과연 우리는 생태적 전환을 이루고 생태위기가 생태파국으로 악화되는 것을 막을 수 있을 것인가? 현재로서는 이에 대한 답은 대단히 부정적이다. 그러나 그렇다고 해서 가만히 있을 수는 없다. 우리와 후손의 생명이 절박한 위험에 처해 있기 때문이다. 이제 우리가 무엇을 해야 할 것인가에 대해 'I=P×A×T'라는 등식[22]을 통해 간략히 정리해 보자. 폴 얼릭은 자연에 영향을 미치는 세가지 주요 변수들 중에서도 특히 인구의 영향을 강조했다. 인구증가와 그 영향에 대한 그의 비관적 전망과 차별적 대응책은 큰 비판을 받았다. 폴 얼릭이 이 등식을 제시한 논문을 발표한 해에 또 다른 미국의 생물학자인 배리 코모너는 『닫히는 원』이라는 제목의 책을 발표해서 폴 얼릭을 강력히 비판했다. 그는 이 등식에서 제시된 주요 변수들의 영향을 논하면서 기술의 영향을 가장 강조[23]했다(Commoner, 1971: 176-177). 오늘날 우리는 세 변수

---

22 I(Impact)는 자연에 대한 인간의 충격, P(Population)는 인구, A(Affluence)는 소비 수준, T(Technology)는 기술을 뜻한다. 1971년에 미국의 생물학자인 폴 얼릭이 제안한 이 등식은 자연에 미치는 인간의 영향을 주요 변수들로 정리해서 제시한 것으로 대단히 유용하다(Ehrlich, 1971; George, 1999: 55). 폴 얼릭은 1968년에 『인구폭탄』이라는 책을 출판해서 유명해졌다. 그는 맬더스를 따라서 인구증가를 생태위기의 원천으로 파악한다. 맬더스와 마찬가지로 지구의 한계를 지적했다는 점에서 그는 옳았지만, 역시 맬더스와 마찬가지로 빈자의 출산을 봉쇄하려 했다는 점에서 그는 틀렸다. 얼릭은 빈자에 대한 강제피임을 강력히 요구했다는 점에서 맬더스보다 더욱 더 큰 문제를 안고 있다. 자연의 한계에 대한 맬더스의 지적은 오늘날 더욱 더 중요하다. 이에 비해 맑스는 자연의 한계를 올바로 인식하지 못했으며, 이 때문에 "맑스주의의 실천은 … 환경문제에 관한 고민이 전혀 없었다"(구승회, 1995: 171). 진정한 '해방'을 위해서는 맬더스에게서도 배울 것은 배우고, 맑스에게서도 버릴 것은 버려야 한다.

23 이 때문에 그는 '기술론자'로 분류되기도 한다. 그러나 그가 더욱 강조하는 것은 정치와 사회의 변화이다. 이런 점에서 배리 코모너는 사회생태주의의 선구자로 보는 것이 옳다. 1980년대 초에 그는 스스로 당을 만들어서 대통령 선거에 참여하기도 했다.

가 모두 중요하다는 것을 잘 알고 있다. 요컨대 생태위기의 악화를 막고 세대정의를 확립하기 위해서는 인구의 감소, 소비의 축소, 적정기술의 사용이 모두 필요하다. 이러한 전면적인 관점이 확립되지 않는다면, 지속가능발전론은 언제까지나 공염불에 그치고 말 것이다.

생태적 전환은 단순히 사회의 변화를 요구하는 것이 아니다. 그것은 생산뿐만 아니라 생활의 변화를, 그리고 실천뿐만 아니라 이론의 변화를 요구한다(홍성태, 2004ㄴ). 자연을 사실상 존재하지 않는 것으로 여겼던 기존의 사회이론은 모두 재고되어야 한다. 일찍이 루마니아 출신의 수학자이자 경제학자였던 게오르게스쿠-뢰겐이 밝힌 것처럼 경제는 엔트로피를 생산하는 과정이며, 이 과정은 결코 가역적일 수 없다(Georgescu-Roegen, 1971). 자연은 유한하며, 공업은 이 사실을 너무나 급속히 악화시켰다. 우리는 자연을 가장 기본적인 변수로 설정한 생태적 사회관을 확립하고, 그에 입각해서 사회의 생태적 전환을 추진해야 한다. 그 핵심은 〈그림4〉와 같이 자연과 사회의 관계를 '자연 속의 사회'로 파악하는 것이다.

그림4 생태적 사회관의 모형

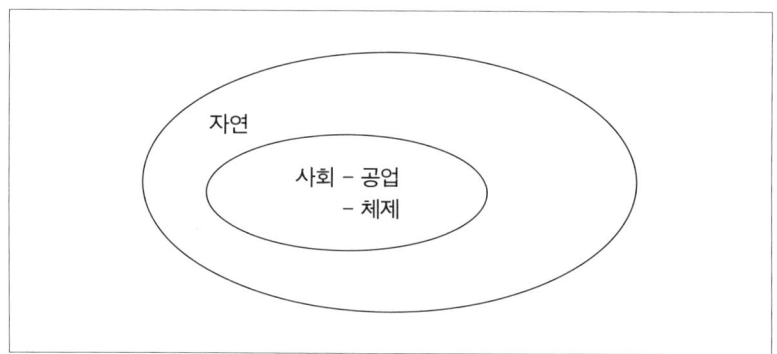

VI. 맺음말

사회는 자연 속에서 형성되고 존속한다. 자연을 파괴하는 사회는 결국 파멸하고 만다. 우리는 역사 속에서 그 사례들을 쉽게 찾아볼 수 있다 (Engels, 1876: 177). 그러나 이 자명한 사실이 여전히 널리 인식되지 않고 있다. 널리 인식되기는 했을지라도 그에 따른 전환은 제대로 실천되지 않고 있다. 그 결과 바야흐로 현대 사회는 또 다른 생태적 파멸의 사례가 될 처지에 놓이고 말았다. 그러나 많은 과학자들이 지적하듯이 현대 사회의 생태적 파멸은 역사의 종언이 될 수도 있다. 현재의 생태위기는 절박한 생존의 위기이다.

생태위기는 세대정의를 근본적으로 위협한다. 그것은 현재세대가 미래세대의 생존 자체를 위협하는 것이기 때문이다. 우리의 후손들이 건강하게 살 수 있기를 바란다면, 우리는 무엇보다 생태위기에 적극 대응해야 한다. 정부는 시민들이 각자의 눈앞의 삶에만 매달려서 후손의 생존을 위협하지 않도록 최선을 다해 교육해야 한다. 생태위기에 무지한 정부는 존재이유를 가질 수 없다. 그것은 사회의 존속에 무지한 것이기 때문이다.[24] 생태위기에 적극 대응하는 것은 자연을 위해서가 아니다. 자연 속의 존재인 우리를 위해서, 그리고 우리의 후손을 위해서, 우리는 생태적 전환을 적극 추진해야 한다.

자연의 한계를 무시한 성장론은 이미 모두 실패했다. 생태위기의 현실은 그 명백한 증거이다. 이 점에서 자본주의와 사회주의 사이에는

---

24 이런 점에서 이명박 정부의 문제는 너무나 크다. 이명박 정부는 '강 죽이기' 사업을 대대적으로 강행해서 미래세대는 물론이고 현재세대의 생존도 크게 위협하고 있다. 이것은 그야말로 토건국가의 극단화로서 결국 경제파탄과 자연파탄을 초래할 것이다.

어떤 차이도 없다. 개인주의와 전체주의, 자유주의와 통제주의 사이의 대립도 새롭게 정립되어야 한다. 맑스주의도 틀렸고, 하이에크주의도 틀렸다. 자연의 한계를 무시한 성장의 문제를 직시하고, 그 위에서 새로운 성장과 발전의 길을 찾아야 한다. 자연의 한계를 존중하는 안에서 생산과 생활이 이루어지도록 하기 위해서는 하이에크주의를 따라서는 안 된다. 그것은 자연을 탐욕의 무한경쟁에 내맡기는 가장 빠른 파멸의 길이다. 맑스주의는 개인과 자유를 제대로 인정하지 않는 동시에 강력한 성장주의와 개발주의를 추진한다는 점에서 역시 본질적인 문제를 안고 있다.

생태복지사회는 맑스주의와 하이에크주의라는 양극단을 넘어서 개인과 사회의 조화를 추구하는 동시에 자연과 사회의 조화를 추구하는 새로운 사회의 모형이다. 그것은 현대 사회의 구조를 유지하면서 세대정의를 실현할 수 있는 가장 적절한 길이다. 물론 자연의 한계 때문에 생태복지사회는 영속할 수 없을 것이다. 그러나 자연의 한계를 최대한 존중한다면 생태복지사회는 상당히 오래 지속될 수 있을 것이다. 그 과정에서 인류는 궁극적인 탈공업 생태사회로의 이행을 안정적으로 추진할 수 있을 것이다. 우리는 생태위기가 우리에게 요구하는 '정언명령'을 따라야 한다. 새로운 현실을 올바로 포착하지 못하는 기존의 이론은 당연히 혁파되어야 한다.

한국에서 생태복지사회를 이루기 위해서는 무엇보다 토건국가의 문제에 주목해야 한다. 토건국가 한국은 매년 50조 원이 넘는 막대한 재정을 탕진해서 소중한 국토를 파괴하는 비정상적 개발국가이다. 이런 국가에서 세대정의는 결코 확립될 수 없다. 막대한 재정을 불필요한 대규모 토건사업에 쏟아 붓는 것이 아니라 자연을 보호하고 복지를 증진하는 데 쓴다면, 한국은 사회 질과 환경 질을 모두 크게 개선하고 생태복지사회를 향해 도약할 수 있게 될 것이다. 그 결과 세대정의가 확립되어 미래세대의 건강한 삶이 보장될 뿐만 아니라 현재세대의 삶도 크게 개선될 것이다. 토건국가의 개혁[25]은 '돈 많은 못 사는 나라' 한국의 문제를 해결하고 '진정한 선진화'를 이룩하기 위한 필수적 과제이다.

(2009년 9월)

---

[25] 이것은 결국 토건업이 병적으로 비대한 산업구조와 고용구조의 개혁으로 이루어져야 한다. 병적으로 비대한 토건업을 지지하는 토건형 재정구조와 정부조직의 개혁은 이를 위한 전략적 과제이다. 구체적으로 이 과제는 국토해양부의 폐지, 주택공사·토지공사·도로공사·수자원공사·한국전력·농촌공사 등 '6대 개발공사'의 통합·축소·폐지로 추진되어야 한다(홍성태 엮음, 2005). 토건국가의 개혁은 박정희 개발독재에 의해 형성된 한국의 전면적 개혁을 뜻한다. 이러한 사회적 또는 국가적 전망과 목표, 과제를 올바로 정립하지 않고 서구의 이런저런 논의들을 수입해서 진보나 개혁을 이루겠다는 것은 그저 어불성설일 뿐이다.

참고자료

구승회, 1995, 『에코필로소피』, 새길.
김정욱 외, 2008, 『재앙의 물길, 한반도 대운하』, 도요새.
미메시스 그룹, 1994, 『신세대, 네 멋대로 해라』, 현실문화연구.
신한종합연구소, 1991, 『7089우리들-1970년부터 1989년까지』, 고려원.
오건호, 2006, 『국민연금, 공공의 적인가 사회연대 임금인가』, 책세상.
유인호, 1973, '경제성장과 환경파괴', 『창작과 비평』 1973년 가을호.
이근행, 2006, '한국 공동체운동의 형성과 전개에 관한 연구', 성공회대학교 NGO대학원 석사학위논문.
이필렬, 2002, 『석유시대, 언제까지 갈 것인가?』, 녹색평론사.
정광모, 2008, 『또 파? 눈먼 돈, 대한민국 예산』, 시대의 창.
조명래, 2006, 『개발정치와 녹색 진보』, 환경과생명사.
홍성태, 1998, '생태위기와 생태론적 전환 - 새로운 생태사회를 향한 전망', 『문화과학』 16호/1998년 겨울호.
＿＿＿, 2004ㄱ, '세대갈등과 문화정치', 『문화과학』 37호/2004년 봄호.
＿＿＿, 2004ㄴ, 『생태사회를 위하여』, 문화과학사.
＿＿＿, 2007ㄱ, 『개발주의를 비판한다』, 당대.
＿＿＿, 2007ㄴ, 『대한민국 위험사회』, 당대.
홍성태 엮음, 2005, 『개발공사와 토건국가』, 한울.

Aleklett, Kjell(2006), 박현철 옮김(2008), '석유정점까지 앞으로 2년', 『월간 함께사는 길』 2008년 7월호.
Brown, Lester(2004), 고은주 옮김(2005), 『지구의 딜레마』, 도요새.
Commoner, Barry(1971), 송상용 옮김(1980), 『원은 닫혀야 한다 - 자연과 인간과 기술』, 전파과학사.
Deal, Carl, 1993, *The Greenpeace Guide to Anti-environmental Organizations*, Odonian Press.
Ehrlich, Paul and J. Holdren, 1971, 'Impact of Population Growth', *Sci-*

ence, vol. 171.

Engels, Fridrich(1876), 윤형식·한승완·이재영 옮김(1989), '원숭이의 인간화에 있어서 노동의 역할', 『자연변증법』, 중원문화.

Foster, John(1999), 김현구 옮김(2000), 『환경과 경제의 작은 역사』, 현실문화연구.

George, Susan(1999), 이대훈 옮김(2006), 『루가노 리포트』, 당대.

Georgescu-Roegen, Nicholas, 1971, *The Entropy Law and the Economic Process*, Harvard University Press.

Howden, Daniel, 2007, 'World oil supplies are set to run out faster than expected, warn scientists', *The Independent*, 14 June 2007.

Jacobs, Michael, 1991, *The Green Economy*, Pluto Press.

McDonough, William, 2002, *Cradle to Cradle: Remaking the Way We Make Things*, North Point Press.

Meadows, Donella et al,(1972), 김승한 옮김(1972), 『인류의 위기』, 삼성문화문고.

Myers, Norman and Julian Simon(1994), 윤상욱 옮김(1997), 『개발이냐, 보전이냐』, 뜨님.

Rawls(1971), 황경식 옮김(1977), 『사회정의론』, 서광사.

WCED(1987), 조형준·홍성태 옮김(1994), 『우리 공동의 미래』, 새물결.

제6장
생태문화사회와 사회운동

I. 머리말

우리는 어떤 사회를 추구해야 하는가? 이 오래된 문제에 대해 수많은 답변들이 제출되었다. 그 중에서 가장 강한 힘을 발휘한 것은 다시 말할 것도 없이 맑스주의였다. 그러나 맑스주의는 현실 사회주의의 붕괴와 함께 그 힘을 크게 잃고 말았다. 아직도 많은 사람들이 맑스주의를 희망의 원천으로 여기고 있는 것으로 보이지만, 역사적으로 보아서 맑스주의는 절망과 분노와 불안의 상징이기도 했다. 현실 사회주의의 붕괴는 이런 사실을 다른 방식으로 확인시켜주었다.

현실 사회주의와 맑스주의 사이에 만리장성을 쌓을 수는 없다. 현실 사회주의의 실패는 분명히 맑스주의의 실패이기도 하다. 우리에게 절실한 과제는, 그것이 정통 맑스주의이건 또는 변형 맑스주의이건 상관없이, 맑스주의에 매달리는 것이 아니라 우리가 살고 있는 현실을 더욱 명확히 이해하는 것이다. 바로 맑스가 강조했듯이, 현실의 문제를 해결할 실마리는 현실 속에 있기 때문이다. 이것은 물론 대단히 어려운 과제이다. 현실은 어떤 이론보다 복잡하고, 또한 변화무쌍하기 때문이다.

현실 사회주의가 붕괴하기 전에도 맑스주의의 문제는 사실 잘 알려졌다. 자본주의는 기술개발과 구조개혁을 통해 맑스의 예측을 근본주의적 예언으로 만들어 버렸다. 맑스는 서구 사회에서 자본주의가 붕괴하고 사회주의가 도래할 것이라고 예측했다. 그러나 이 예측은 불길한 혹은 즐거운 예언으로 끝나고 말았다. 맑스가 사회주의 혁명을 이끌고 역사의 완성을 이룰 보편적 계급이라고 칭찬했던 서구의 노동자계급은 사회주의 혁명에 등을 돌렸다. 20세기 중반을 지나며 서구의 노동자는 19세기의 웬만한 자본가보다 훨씬 풍요롭게 살 수 있게 되었던 것이다.

사실 맑스의 사회주의 혁명론은 다수의 노동자가 가난하고 핍박받던 시대의 산물이었다. 맑스의 예측과 달리 역사는 노동자계급이 그의 사회주의 혁명론을 부정하는 방향으로 나아갔다. 이런 변화에 대해 좌우 양쪽에서 여러 설명이 제기되었다. 우파는 맑스의 죽음을 선언했고, 좌파는 맑스의 개혁을 주장했다. 우파가 변화의 의미를 크게 과장했다면, 좌파는 변화 자체에 대해 인색한 태도를 보였다. 이런 상황에서 결국 맑스주의는 현실적 힘을 잃었거나, 맑스주의의 이름을 내건 다른 무엇이 되어 버렸다.

그러나 좌파 쪽에서도 20세기에 들어와서 이루어진 변화를 적극적으로 받아들이면서 '좋은 사회'의 건설을 새롭게 추구해야 한다는 주장들이 나타나기 시작했다. 1970년대 서구에서 논의되기 시작해서 1980년대에 들어와서 비교적 명확한 형태로 제기된 '문화사회론'은 그 한 예이다. 맑스주의의 영향을 받았으나 그 이론적 한계를 본질적인 것으로 파악하는 서구의 좌파들이 서구가 나아가야 할 미래로 제시한 거시적 전망이 바로 '문화사회론'이다. 이 전망은 과거를 돌아보고 미래를 내다보는 새로운 눈을 열어주었다.

이 글에서는 이런 역사적 맥락에서 문화사회의 확장으로서 '생태적 문화사회'에 관해 살펴보고자 한다. 먼저 다음의 2절에서는 한국에서 문화사회론이 생태적 문화사회론으로 변화한 과정을 간략히 살펴볼 것이다. 3절에서는 생태적 문화사회의 개념에 대해 좀더 자세히 규정해 보고자 한다. 4절에서는 생태적 문화사회의 구현을 위한 실천의 길과 해결해야 할 과제에 대해 살펴보고자 한다.

II. 문화사회론의 전개

국내에 문화사회론은 앙드레 고르츠(André Gorz)의 논문이 소개되면서 알려졌다. 그는 1924년에 오스트리아에서 태어난 오스트리아인으로 1948년에 파리로 가서 1946년에 사르트르가 창간한 *Les Temps Modernes*(현대)의 편집자가 되었으며, 프랑스 공산당에 맞서서 '제2의 좌파'를 내걸고 1964년에 창간된 *Le nouvel observateur*(새로운 관찰자)의 창간자 중 한 명으로서 이 주간지를 위해 거의 20년 동안 '미셸 보스케'(Michel Bosquet)라는 필명으로 글을 썼다. 그는 노동문제에 관한 전문가로서 유럽의 노동운동에 깊숙히 개입했다. 그러나 1970년대에 들어서면서 맑스주의에 대해 비판적으로 되는 동시에 생태주의를 깊이 받아들이게 되었다. 그가 1970-80년대에 출간한 책들은 이런 변화

를 잘 보여준다.[1]

고르츠는 1988년에 『노동의 변환』이라는 제목의 책을 불어로 출간했는데, 이 책은 1989년에 『경제적 이성비판』이라는 제목으로 영역되었다. 이 책에는 '노동사회에서 문화사회로의 이행'이라는 제목의 논문이 실려 있는데, 이 논문이 신원철의 번역으로 1993년에 국내에 소개되었다(이병천·박형준 편저, 1993).[2] 이 논문에서 고르츠는 1980년에 프랑스에서 발간된 『선택시간의 혁명』이라는 책을 인용해서 국가권력의 장악을 중심목표로 추구하는 사회주의 혁명은 물론 아니고 오로지 임금인상과 고용안정에 몰두하는 이익집단형 노동운동도 아닌 새로운 사회의 상을 제시하고 설명했다. 그것은 복지국가의 기반 위에서 자유시간의 확대를 통해 생산력의 사회화를 추구하고 문화적으로 활력있는 삶을 사는 '문화사회'의 전망이다.

앞서의 모든 분석으로부터 실현가능한 다른 사회에 대한 상이 말하

---

1 *Ecology as Politics*, *Farewell to the Working Class*, *Paths to Paradise*, *Critique of Economic Reason*, *Capitalism Socialism Ecology* 등을 들 수 있다. 국내에 가장 먼저 소개된 그의 글은 '에콜로지스트 선언'으로서 이 글은 1970년대에 발간된 *Ecology as Politics*에 실린 것인데, 조홍섭의 번역으로 그가 엮은 『현대의 과학기술과 인간해방』(1984)에 '미셸 보스케'의 글로 실렸다. 조홍섭은 일본어를 옮긴 것이어서 영어본과 조금 차이가 있다.

2 박형준은 당시 잘 알려진 소장 맑스주의자였으며 1987년 대선 때에는 열렬한 김대중 지지자였다. 10년의 세월이 흐른 뒤인 2004년에 그는 이 나라의 가장 강력한 '색깔' 정당인 한나라당의 국회의원이 되었다. 이 놀라운 변화를 어떻게 보아야 할 것인가? 물론 이런 식으로 지식인이나 운동가의 사회적 책임에 대해 다시금 생각하게 하는 사람이 박형준 의원만은 아니다. 이런 변화를 '전향'이라는 관점에서 살펴볼 필요가 있지 않을까?

자면 간접적으로 제시되었다. 그러한 사회에서는 경제적 목표를 위해서 필요한 노동이 점진적으로 감소됨에 따라서 자율적인 활동이 지배적인 활동으로 될 것이다. 즉, "자유시간이 자유롭지 않은 시간보다 많아질 것이고, 노동보다 여가가 많아질 것이다." 또 "여가는 더 이상 단순한 휴식이나 보완물이 아니라, 필수적인 생활시간이자 살아가는 이유가 될 것이다. 노동은 단순한 수단으로 그 지위가 저하된다." "그렇게 되면 모든 일반적 가치가 부여되는 것은 바로 이러한 자유시간이다. 만일 창조성과 활기, 미학과 놀이가 노동에 따르는 효율성과 수익성이라는 가치를 압도하게 되면 우리 사회에 어떠한 대격변이 초래될 것인가를 우리는 생각해 보아야 한다." "이것은 핵심적인 문제이다. ... 바로 훌륭한 생활예술과 사회적 창조성의 혁신적 형태가 발명되어야 한다." 이는 노동에 기초한 생산주의적 사회에서 자유시간 사회-경제적인 것보다 문화와 사회활동에 더 커다란 중요성이 부여되는 사회-로의 이행과 연관된 문제이다. 한마디로 말해서 독일에서 '문화사회'라고 부르는 사회로의 이행이다(Gorz, 1989; 심광현·이동연 편저, 1999: 109-110).

『문화과학』은 알튀세르 등의 서구 맑스주의에 관한 연구를 거쳐 문화연구, 문화운동, 문화정책 등에 관한 실천적 관심을 키우는 쪽으로 나아갔다. 그 결과 이런 관심을 응축하는 거시적 전망으로서 고르츠의 '문화사회'를 만나게 되었다. 특히 강내희와 심광현이 적극적으로 이 개념을 받아들여서 우리가 추구해야 하는 새로운 사회의 전망으로 제시하고자 했다. 그러나 고르츠가 탈맑스적 생태사회주의자로서 노동자계급의 문제에 주목한다면, 강내희와 심광현은 정통 맑스주의에 가깝게 노동자계급의 역할을 강조한다.

이런 관점에서 먼저 강내희는 문화사회를 현실의 요청이자 새로운 이상이라는 이중적 방식으로 제시했다. 그는 문화사회를 이룰 수 있는 물질적 기반이 이미 만들어졌으며, 또한 문화사회를 이룰 수 없는 유토피아로 여겨서는 안 된다고 주장한다. 그러나 그는 문화사회를 이루기 위해서는 계급투쟁의 문제에 주의해야 하며 노동운동의 활성화가 이루어져야 한다고 본다. 그러나 과연 이 과제를 어떻게 이룰 것인가? 노동운동의 활성화가 이루어지기 위해서는 노동운동의 개혁이 이루어져야 하지 않을까? 현재의 노동운동은 문화사회의 전망을 거부하고 있지 않은가?

> 노동사회와 대비되는 사회를 설정하고, 그것을 새로운 사회로 인식하는 일은 오늘 일상이 강요하는 생활과는 다른 유형의 삶을 꿈꾼다는 말이다. 일상이 강요하는 삶은 노동과 시장이 결합된 삶일 뿐이다. 거기서 인간다운 삶은 상품가치와 화폐가치에 의해서 오염되고 있을 뿐이다. 문화사회를 상상하고 그런 사회를 실현하기 위해 노동운동과 사회운동을 활성화하는 노력은 우리의 삶을 새로운 차원의 삶으로 전환시키기 위함이다. 그 노력은 인류사회가 오랫동안 가치있다고 여겨온 것들을 보존하고 인간의 잠재력을 더 잘 구현하는 새로운 조건들을 만드는 것이다(강내희, 1999: 29).

심광현은 경제의 재편이라는 사회구조적인 과제와 문화사회의 전망을 연결해서 살펴보았다. 그리고 여기서 그는 문화사회의 전망이 '생태학적 전환'의 방향으로 나아가야 한다고 설명한다. 이렇게 해서 심광현은 고르츠의 '문화사회'를 '생태적 문화사회'로 재규정하게 되었다. 아직 생태적 문화사회라는 용어는 사용되지 않았지만, 그 개념적 내용은 여기서 처음으로 제시되었다. 사실 그가 제시하는 전환의 내용이 이루어지기 위해서도 노동운동의 개혁은 필수적이다. 그러나 그도 이에 대해서는 아직 언급하지 않고 있다.

문화사회라는 전망은 현재의 생산성 제일주의와 무제한의 자본축적에 기초한 자본주의경제 패러다임의 근본적 전환과 동시에 근대경제 속에서 배태된 근대문화의 틀 자체의 혁신과 전환을 동시에 요구하는 것이다. 그리고 이런 패러다임 전환을 관통하는 방향성을 다음과 같은 의미에서 '생태학적 전환'이라고 칭할 수 있다고 본다.

1) 우선 경제 패러다임의 생태학적 전환을 전망할 때 다음과 같은 점들을 고려해야 한다. 생태적 변수를 전혀 고려하지 않은 오늘날의 산업과 에너지 기반은 하루 아침에 친생태적인 산업과 에너지로 변하는 것도 아니며 그렇다고 이를 하루아침에 폐기하고 과거의 기술로 되돌아갈 수 없음은 분명하다. 이런 이유로 현재의 산업과 에너지 체제를 친생태학적인 산업과 에너지 체제로 전환시키기 위한 대체기술과 대체에너지 개발을 위한 정책적인 노력이 시급하다.
…

2) 생활양식과 문화적 가치의 재구성이 필요하다. 오늘날 우리의 생활양식은 근대자본주의 상품경제에 철저히 종속됨으로써 반자연적이고 비자연적인 생활양식과 문화 속에서 살고 있다. 이 과정을 통해 오늘날 문화적 가치와 의미는 철저하게 자연과 대립항을 이루며, 사이버문화와 인공생명/지능기술을 추동하는 일부 세력들은 자연 그 자체를 대체하려는 원대한 목표를 세우고 있다(심광현, 1998: 60-61).

III. 생태적 문화사회의 개념

한국에서 문화사회의 개념은 짧은 시간에 커다란 내용적 변화를 겪었다. 문화사회의 전망이 생태학적 전환을 이루어야 한다는 심광현의 주장은 상당히 의미심장한 것이었다. 사실 고르츠의 논문이 발표된 뒤에 지구적 생태위기의 실상이 더욱 잘 알려졌으며, 이와 관련된 한국의 실태도 1990년대에 들어와서 국민적 사안으로 확대되었다. 심광현의 주장은 이런 인식을 적절히 반영한 것이었다. 그러나 이 주장에 대한 논의는 그 동안 거의 이루어지지 않았다. 이제 여기서 생태적 문화사회 혹은 생태문화사회(eco-cultural society)에 관한 논의를 좀더 진척시켜 보도록 하자.

1. 문화사회와 자유시간

이를 위해 먼저 문화사회에 대해 살펴볼 필요가 있을 것이다. 문화사회는 쉽게 말해서 '노동시간이 아니라 자유시간을 중심으로 구성된 사회'라고 할 수 있다. 이 사회가 문화사회인 까닭은 확대된 자유시간을 이용해서 개인과 사회의 문화적 발전을 추구할 수 있기 때문이다. 이 점에서 문화사회라는 개념은 다분히 이상적인 함의를 지니고 있다고 할 수 있다. 그러나 아무튼 이런 함의를 떠나서 자유시간의 확대는 대단히 중요한 사회적 목표이다. 자유시간에 우리는 육체적 정신적 휴식을 취하고, 또한 각자의 다양한 취향과 욕망을 추구할 수 있기 때문이다.[3]

---

[3] 노동이 인간의 본질이라고 주장하는 헤겔적 노동관은 확실히 노동을 이상화하는 것이다. 맑스는 이러한 노동관을 고스란히 물려받았다. 그러나 헤겔이 노동자계급을 노동에 묶어두기 위해 그렇게 했다면, 맑스는 노동자계급을 노동에서 풀어놓기 위해 그렇게 했다. 어느 경우이건 노동은 필수적이지만 그렇다고 이상화할 필요는 없다.

그런데 자유시간이란 무엇인가? 문화사회의 개념을 더욱 잘 다듬기 위해서는 무엇보다 이 질문에 대한 답을 찾아볼 필요가 있다. 무작정 노동하지 않는 시간을 자유시간이라고 할 수는 없기 때문이다. 이와 관련해서 자발적 노동거부라는 것도 물론 가능하겠지만, 대다수 사람들이 실제로 겪는 것은 강제적 노동박탈이다. 그것은 자본주의는 물론이고 현실 사회주의에서조차 죽거나 거지(와 비슷한 존재)가 되는 것을 뜻한다. 자발적 노동거부는 대단히 어려운 일이다. 노동을 이상화할 필요는 없지만, 노동은 분명히 필수적 활동이다. 그것은 각자의 사회적 권리이자 의무이다. 이런 점에서 자발적 노동거부는 상당한 문제를 안고 있는 것이기도 하다. 따라서 우리는 고용안정과 사회복지를 통한 인간안전의 강화라는 맥락에서 자유시간의 확대를 추구할 필요가 있다.

이런 맥락에서 자유시간은 자유롭게 쓸 수 있는 돈을 '가처분소득'이라고 하는 것과 같은 의미에서 자유롭게 쓸 수 있는 '가처분시간'을 뜻한다(暉峻淑子, 1989: 109). 생활을 영위할 수 있는 경제적 조건이 보장되어야 비로소 자유시간이 제 의미를 지니게 되는 것이다. 따라서 문화사회는 복지국가 또는 복지사회의 전망을 바탕에 깔고 있어야 한다. 사실 서구에서 문화사회의 전망은 복지국가의 위기를 문화적 방식으로 해결하고자 하는 노력의 산물로 나타났다. 경제적 보상에 초점을 맞춘 자본과 노동의 대타협이 약화되는 상황에서 자유시간의 확대와 각자의 문화적 발전이라는 방식으로 복지국가의 질적 변화를 추구한 결과로 문화사회의 전망이 나타났던 것이다. 따라서 한국처럼 복지국가가 절박한 과제인 사회에서는 문화사회의 전망은 복지국가 형성의 과제와 더욱 밀접하게 결합되지 않으면 안 된다.

여기서 잠시 사회적 시간구조에 대해 살펴보도록 하자. 잘 알다시피 노동시간은 본래부터 8시간이었던 것이 아니다. '메이데이'의 배경이었던 미국 노동일 단축투쟁에서의 목표는 하루 10시간 노동이었다. 그 전에는 하루 12시간에서 18시간까지도 노동해야 했다. 그러나 오랜 투쟁의 결과로 하루 8시간 노동이 세계적으로 표준노동일로 정착되었다. 여기에는 삶을 이어가기 위해서는 세가지 활동이 필수적이라는 판단이 영향을 미쳤다. 그 결과 하루 24시간을 8시간씩으로 삼분하게 되었던 것이다. 그것은 '노동하는 시간, 수면·식사 등 생리적으로 필요한 시간, 문화·사회적 시간'이다.

다음의 〈표1〉를 통해 우리는 문화사회를 위해 우리가 추구하는 새로운 사회적 시간구조에 대해 좀더 구체적으로 이해할 수 있을 것이다.

표1 생활시간의 분류기준

수입생활시간	근무시간 통근시간 재택근무 부업 등	
소비생활시간	생리적 생활시간	수면 식사 세면, 용변 등 휴식 의료
	가사적 생활시간	가사작업 육아 세차 등
	사회적·문화적 생활시간	학교 운동 교양오락 여가 교제 잡담 종교 등 사회적 활동

출처: 藤本武編(1974), 『最近の生活時間と餘暇』, 勞動科學硏究所出版部(暉峻淑子(1989), 『豊かさとは何か』, 岩波, 151쪽).

2. 생태적 전환의 과제

생태문화사회는 두가지로 나누어 살펴볼 수 있다. 첫째, 사회의 생태적 전환을 바탕에 둔 문화사회이다. 쉽게 말해서 문화사회는 전체 사회의 면에서 생태적으로 지속될 수 있는 사회여야 한다. 전체 사회의 구조와 변화를 무시한 문화사회 구상은 위험하거나 무의미하다. 심광현이 문화사회의 '생태학적 전환'을 주장한 것에 바로 뒤이어서 나는 현대 사회의 생태학적 전환과 생태사회의 전망에 관한 글을 써서 발표했다. 이 글에서 나는 생태학적 전환의 의미를 다음과 같이 설명했다.

> '생태론적 전환'(ecological turn)은 금세기 초에 이루어진 '언어학적 전환'(linguistic turn)과 함께 20세기에 이루어진 인문·사회이론의 중대한 변화이다. 후자가 언어 내적 존재로서 인간에 대한 인식에 기초하여 인문·사회이론 전반에 걸친 패러다임 전환을 야기했다면, 전자는 생태계 내적 존재로서 인간에 대한 인식에 기반하여 또 다시 인문·사회이론 전반에 걸친 패러다임 전환을 가져오고 있다. 물론 이 전환은 이론적인 차원에 머무는 것이 아니라 실천적인 차원으로 폭넓게 확산되어 있으며, 현재완료형의 것이 아니라 현재진행형의 상태에 있다(홍성태, 1998: 66-89; 2004).

이러한 생태학적 전환은 무엇보다 이 세상의 한계와 연관에 대한 과학적 이해에서 비롯된다. 이 세상의 모든 것은 한정되어 있으며, 또한 서로 깊게 연관되어 있기도 하다. 따라서 많은 자원을 인위적으로 가공해서 자연적 순환을 파괴하고 교란하는 방식으로 형성되고 작동되는 공업문명은 궁극적으로 지속될 수 없다. 문명의 시간으로 보자면 그것은 머지 않은 장래의 일이다. 따라서 우리는 현재와 같은 공업문명의 풍요 속에서 머지않아 사라질 공업문명의 미래에 대해 고민해야 하며, 새롭게 도래할 탈공업 농업사회를 위해 공업문명의 문제를 최소화할 수 있도록 노력해야 한다. 요컨대 우리는 생태적 합리화, 곧 생태학의 가르침을 사회적으로 구현하고자 하는 합리화를 추구해야 한다.

사회의 생태학적 전환은 자연의 한계를 존중하는 사회로 나아가는 것이다. 그러나 이것은 '자연의 권리'를 지키는 것에 그치지 않는다. 이렇게 해서 우리는 무엇보다 우리 자신의 '삶의 질'을 높이게 된다. 건강하고 즐거운 삶을 원한다면, 이제는 '자연의 권리'에 대해서도 주의해야 한다. 우리 자신이 자연의 한 요소라는 점에서 이것은 우리의 잊혀진 권리를 되살리는 것이다. 이 점에서 생태학적 전환은 신비로운 것이 아니라 구체적인 것이며, 이상적인 것이 아니라 세속적인 것이다. 또한 생태학적 전환은 '후손의 권리'를 지키기 위한 것이다. 우리는 후손에게 책임을 져야 한다. '후손의 권리'를 위해 우리의 삶을 통제할 수 있어야 한다. 사실 '후손의 권리'는 지속가능발전의 개념에서 가장 먼저 규정되었다. 이 점에서 생태학적 전환은 인간과 자연을 포함한 생태계의 견지에서 지속가능발전을 더욱 명확하게 표현한 것이라고 할 수 있다.

둘째, 생태문화사회는 생태적 문화가 널리 받아들여지고 존중되는 문화사회이다. 이것은 자연의 한계를 거스르지 않는 생태적 생활방식, 자연에서 미적 만족을 추구하는 생태미학 등이 널리 퍼진 사회라고 할 수 있다. 이른바 '웰빙'은 새로운 중산층 소비문화로 비판받기도 하지만, 다른 관점에서 보자면 중산층이 생태문화에 적극적 관심을 기울이게 된 것으로 볼 수도 있다. 그리고 이런 관심은 이제 계층의 차이를 떠나 보편적 관심으로 확산되고 있는 중이다. 생태계의 원리에 따라 '웰빙'은 결코 개인적 차원에서 이루어질 수 없다. 세상이 위기에 빠지면 개인의 삶은 위태로워지지 않을 수 없기 때문이다.

그렇지만 현대 사회에서 생태문화는 모순적 상황에 빠지기 쉽다. 현대 대중문화에서 가장 인기있는 장르인 영화를 예로 해서 이 문제에 관해 생각해 보자. 영화는 본질적으로 반생태적 문화이다. 영화의 생산과 소비과정은 모두 심각하게 반생태적이다. 영화가 근대성의 상징으로까지 여겨지는 것은 완전한 반생태성을 구현하고 있기 때문이다. 근대성의 핵심인 인공성을 영화처럼 완벽하게 구현하는 문화는 없다. 그러나 영화는 즐겁고 괴롭고 천박하고 심오하다. 이런 영화를 생태적 전환의 이름으로 거부해야 할 것인가? 아마도 그렇지는 않을 것이다. '환경영화제'와 같은 행사들이 잘 보여주듯이, 우리는 영화의 선전기능을 활용해서 생태위기의 현실을 널리 알릴 수 있다. 영화는 생태문화의 전도자가 될 수도 있다. 그러나 영화 자체는 여전히 반생태적이다. 이 모순적 상황을 명확히 자각할 필요가 있다.

이렇듯 공업사회에서 생태적 문화를 추구하는 것은 결코 쉽지 않은 과제이다. 영화의 경우는 그 모순성이 특히 두드러지지만 다른 많은 경우에서 우리는 비슷한 모순을 접할 수 있다. 핵발전소에서 생산한 전기를 이용해서 핵발전의 문제를 알리는 강연을 한다, 지구 온난화에 관해 경고하기 위해 온실가스를 가장 많이 배출하는 교통수단인 점보제트기를 타고 태평양을 건넌다 등등. 이런 예들은 생태문화의 확산이 언제나 사회 전체의 생태적 전환이라는 맥락과 연관되어야 한다는 것을 보여준다.

IV. 두가지 길

문화사회의 전망과 관련해서 고르츠는 다음과 같이 실천의 중요성을 강조한다. 문화사회를 위한 생산력 발달이라는 물질적 조건은 이미 마련되어 있지만, 그것을 사회적 조건으로 바꾸는 것은 결국 우리 자신의 사회적 실천이라는 것이다.

무엇보다도 필요한 것은 이미 진행중인 과정을 통제하는 것이고, 또 그러한 과정을 그 특성에 부합하는 방향으로 조정하는 것이다. 이는 저절로 일어나는 과정이 아니다. 우리는 왜 그런가 하는 이유를 알고 있다. 즉, 생산력의 발전은 그 자체로 필요노동량을 감소시킬 수 있지만, 그것이 그 자체로 이러한 자유시간에 의해서 모든 사람들이 자유롭게 되는 조건을 만들어낼 수는 없다. 역사는 더 많은 자유를 확보할 수 있는 가능성을 우리에게 부여할 수 있다. 하지만 그렇다고 우리 스스로가 그러한 가능성을 포착해서 그로부터 혜택을 얻어야 할 결정론에 의해서 우리의 해방이 이루어지지는 않을 것이다. 과정에 내포되어 있는 해방의 가능성은 인간이 그것을 포착하여 스스로를 해방시키기 위해서 이용할 때만 실현 될 수 있다(Gorz, 1989; 심광현·이동연 편저, 1999: 112).

이러한 실천은 다양한 주체에 의해 다양한 방식으로 펼쳐질 수 있다. 여기서는 그것을 크게 구조개혁과 대안형성의 두가지 길로 나누어 살펴보도록 한다.

1. 구조개혁의 길

생태문화사회의 전망은 현재 우리가 살고 있는 사회를 생태문화적으로 전환하는 것으로 구현될 수 있다. 생태문화사회는 저기 어딘가에 있는 것이 아니라 지금 여기서 우리가 만들어 가는 것이다. 이 과제의 핵심은 복지국가의 기반 위에서 자유시간을 확대하는 것이다. 그런데 이러한 구조개혁의 목표가 제대로 이루어지기 위해서는 세 주체의 개혁이 필수적으로 요청된다.

첫째, 정부의 개혁. 시대의 변화에 따라 그 동안 여러 차례 정부의 개혁이 이루어졌다. 그러나 한국 정부는 여전히 개발독재 시대의 구조를 고수하고 있다. 박성희 정권은 강력한 개발주의 정부를 조직했다. 그것은 무엇보다 경제와 개발 관련 부서가 지배력을 행사하는 정부 구조로 나타났다. 이것은 아직까지도 사실상 그대로 유지되고 있다. 재정경제부, 산업자원부, 건설교통부 등의 세 부서가 여전히 지배력을 행사하고 있는 것이다. 이에 따라 개발주의와 성장주의가 계속해서 강력하게 재생산되고 있다.

여기서 개발을 전문으로 하는 각종 개발공사의 문제[4]를 살펴볼 필요가 있다. 토지공사, 주택공사, 수자원공사, 도로공사(이상 건교부 산하), 한국전력(산자부), 농촌공사(농림부) 등의 공사들은 모두 거대 개발사업을 주업무로 하고 있다. 요컨대 이 공사들은 거대 개발사업의 생산을 자신의 존재이유로 삼고 있다. 그러나 이것이 그 본래 존재이유는 아니다. 모든 공사는 국민의 복지를 위해 존재해야 한다. 따라서 개발의 필요에 대한 투명한 정보공개와 토론이 있어야 하며, 그 필요를 충족했을 때에는 당연히 해체되어야 한다. 개발공사들은 매년 수조 원이 넘는 막대한 돈을 써서 불필요한 개발사업을 벌이고 있거나, 심지어 그런 개발사업들을 통해 엄청난 폭리를 취한다는 비판을 받고 있다. 개발공사들을 통폐합한다면, 그 인력과 예산을 복지국가의 강화와 생태문화사회의 형성을 위해 쓸 수 있을 것이다.

한국은 세계 10위의 경제대국이다. 반면에 삶의 질은 10위는커녕 50위에도 미치지 못하는 실정이다. 경제력과 삶의 질 사이의 이 두드

---

4 이에 관한 자세한 분석은 홍성태 엮음(2005)을 참조.

러진 격차야말로 현재 한국 사회가 안고 있는 기본모순이라고 할 수 있다. 우리는 오랜 세월 고생해서 쌓은 막대한 부를 잘 이용해서 이 격차를 줄여야 한다. 삶의 질을 높여야 경제의 질도 높아질 수 있고, 그렇게 해야 경제성장도 계속 이어갈 수 있다. 이를 위해 정부의 구조를 크게 바꿀 필요가 있다. 새로운 시대를 이끌 환경부와 문화부가 개발 관련 부서를 젖히고 전면에 배치되어야 하는 것이다. 예컨대 건교부는 환경부로 통합되어 '지속가능발전부'로 바꾸고, 문화관광부는 문화부로 재편되어 '문화의 시대'라는 규정을 제대로 살릴 수 있도록 해야 한다.

둘째, 기업의 개혁. 산업구조로 보자면, 한국 경제는 이미 '서비스 경제'이다. 한국 경제를 이끄는 것은 1차 산업은 물론 아니며, 이미 2차 산업도 아닌 것이다. 산업구조만으로 보자면, 한국 경제는 이를테면 '선진 경제'의 모습을 취하고 있다. 그러나 GDP 대비 비중으로 보자면 건설업이 무려 20%를 차지하는 기형적 구조를 보이고 있다. 이것은 OECD국가들 중에서 가장 높은 수치로, 그 중 높다는 일본보다도 2배 이상 높은 것이다. 바로 이 때문에 한국은 일본보다 더 나쁜 '토건국가'라는 비판을 받고 있다.

'토건국가'는 정치권과 관료와 기업이 결탁해서 세금을 탕진해서 자연을 파괴하고 이익을 챙기는 국가를 뜻한다. 따라서 '토건국가'는 반드시 '부패국가'일 수밖에 없다. 정치권은 불필요한 사업인 줄 알면서도 추진을 결정하고, 관료는 불필요한 사업인줄 알면서도 허가를 내주고, 기업은 그렇게 해서 막대한 이윤을 손에 넣는다. 따라서 기업은 반드시 정치권와 관료에게 이윤의 일부를 상납해야 한다. 정-관-재의 토건네트워크는 바로 부패네트워크인 것이다. 이런 식으로 '토건국가'는 복지국가를 형성하고 생태문화사회를 추구하는 데 쓰여야 할 인력과 세금을 탕진한다. 대신에 전국 곳곳에 불필요한 도로들이 어지럽게 들어서고, 천혜의 갯벌이 매립되어 사라지고, 하늘은 늘 스모그로 뿌옇게 더럽혀진다.

한국의 기업가들은 자신들에 대한 비판을 '반기업 정서' 탓으로 여긴다. 그러나 여기서 한번 더 생각해 볼 필요가 있다. '반기업 정서'가 왜 그토록 널리 퍼졌는가? 한국에서 기업가는 정치인 다음으로 불신을 받는 대상이다. 이병철, 정주영, 이건희, 정몽구, 김우중, 최태원 등 한국을 대표하는 재벌의 총수들은 모두 거대한 경제 범죄자들이기도 하다. 물론 여기에는 '시대적 상황'이 영향을 미치기도 했다. 그러나 더 큰 문제는 고도성장과 민주화를 이룬 뒤에도 여전히 옛 방식으로 세상을 보고 사업을 하고자 하는 데 있다.

기업은 수단과 방법을 가리지 않고 돈만 많이 벌면 되는 존재가 아니다. 사회적 존재로서 기업은 반드시 지켜야 하는 사회적 책임이 있다. 부패를 저지르지 않는 것은 그 작은 부분일 뿐이다. 노동자에게 손해배상소송을 걸어서 노동운동을 압살하려는 시도도 당연히 해서는 안 된다. 여기서 나아가 자연을 지키고 문화를 키우는 일에 적극적으로 참여해야 한다. 그렇게 해서 시대의 흐름에 맞게 사회의 변화를 이끌어야 한다. 그렇게 하지 않고 낡은 정경유착의 방식으로 최대이윤을 챙기고자 애쓰기에 '반기업 정서'가 널리 퍼진 것이다.

세째, 노동운동의 개혁. 한국의 노동운동은 서구에 비해 아직 많이 약한 상태이다. 그러나 한국의 노동운동은 서구와 마찬가지로 이미 중요한 경제주체이다. 신자유주의와 사회양극화의 강력한 추세에도 불구하고 이 사실은 분명하다. 한국의 노동운동은 분명히 전태일 시대와는 천양지차의 발전을 이루었다. 물론 한국의 노동운동은 아직도 이룰 것이 훨씬 더 많지만, 그것을 위해서도 사회의 개혁을 이끄는 주체로 거듭나야 한다.

그런데 이와 관련해서 한국의 노동운동은 큰 문제를 안고 있는 것으로 보인다. 먼저 한국의 노동운동은 노동자계급의 내적 분화와 갈등에 잘 대처하지 못하고 있다. 예컨대 대기업 정규직 노동자와 비정규직 노동자 사이의 연대를 이루어야 한다. 또한 한국의 노동운동은 다양한 계급과 계층이 공감할 수 있는 사회적 전망을 제시하지 못하고 있다. 신자유주의에 반대한다는 것만으로는 너무나 부족하다. 요컨대 한국의 노동운동은 사회개혁의 주체로서 자신의 사회적 책임에 대한 요청에 제대로 부응하지 못하고 있다. 노동운동의 사회적 책임에 대해 더욱 깊은 토론과 합의가 이루어져야 한다.

문화사회의 전망은 본래 노동운동의 개혁이라는 맥락에서 제시되었다. 한국의 노동운동은 그 발전을 위해 문화사회의 전망에 대해 진지하게 검토해야 한다. 노동자계급은 성장연합의 한 축으로 작동하는 것이 아니라 사회의 생태문화적 재구성을 이끄는 주체가 되어야 한다. 현재 한국의 노동운동은 강력한 이익집단운동의 성격을 가지고 있으며, 이 때문에 사회적으로 커다란 불신을 초래하고 있다. 이 문제를 적극적으로 타파하고 개혁하지 않는다면, 한국의 노동운동은 훨씬 더 큰 위기를 맞을 것이다.

우리가 이루어야 하는 구조개혁의 과제는 합리화, 정상화, 문화적 발전, 생태적 전환으로 요약할 수 있다. 토건국가와 부패국가의 문제를 해결하는 것은 합리화와 정상화의 과제일 뿐이다. 그러나 이를 통해 우리는 생태문화사회를 위한 엄청난 자원을 확보할 수 있을 것이다. 더 많은 경제적 보상에 매달리는 것을 넘어서 더욱 자유롭고 심오하게 문화적 발전을 추구하고, 오염과 파괴의 문제를 혁파하고 생태적 전환을 이룰 수 있는 길을 활짝 열게 될 것이다.

시민운동은 이와 관련해서 많은 일을 해 왔다. 그러나 이제 더욱 전문적인 대응이 필요하다. 예컨대 문화연대는 생태문화사회의 전망을 더욱 다듬어서 정책화하고 여러 주체들과 다각적인 토론을 벌이고 실천에 옮겨야 한다. 노동운동과 다른 시민단체, 그리고 기업과 정부를 대상으로 문화연대에서 추구하는 생태문화사회의 전망을 알리고 연대하는 과제를 더욱 체계적이고 구체적으로 펼쳐야 한다.

2. 대안형성의 길

구조개혁과 함께 생태문화적 삶을 보여주는 작업이 이루어질 필요가 있다. 이러한 대안형성의 길은 각종 공동체의 활동에서 잘 살펴볼 수 있다. 여기서는 생태공동체를 대표하는 변산공동체, 교육공동체를 대표하는 간디학교의 예를 통해 이러한 대안형성의 길에 대해 살펴보도록 한다. 또한 공동체가 아니라 '풀뿌리 시민단체'이지만 대안적 에너지체계의 형성을 적극적으로 추진하고 있는 에너지전환의 활동에 대해서도 살펴보도록 한다.

변산공동체(황대권, 2005: 494-497, 509-511)는 1996년에 당시 충북대학교 철학교수였던 윤구병이 변산에서 시작한 생태공동체이다. 오늘날 공동체운동은 크게 계획공동체와 지역공동체로 나뉜다. 전자는 뜻을 같이 하는 사람들이 일정한 공간 안에서 공동체를 이루고 생산과 생활을 함께 하는 것을 가리킨다. 후자는 독립된 가구들이 일정한 지역 안에서 분포되어 있으면서 공동체적 관계를 이루고 있는 것을 가리킨다. 여기서 공동체의 본래 성격에 더욱 잘 들어맞는 것은 물론 계획공동체이다. 변산공동체는 이러한 계획공동체로서 2004년 6월 현재 변산공동체에는 4가구 20명이 거주하고 있었다. 그리고 변산공동체에서 훈련을 받고 변산 지역에 정착한 귀농자들이 십여 가구 있다고 한다.

변산공동체는 '자신의 몸을 써서 직접 농사를 지어 의식주 문제를 해결한다'는 생태공동체의 원칙에 가장 충실한 생태공동체로 알려졌다. 이 때문에 변산공동체의 일상은 대단히 고된 것으로 알려져 있기도 하다. 이에 대해 황대권은 다음과 같이 평가한다.

> 원래 자본주의적 상품교환 체제를 극복하고자 생태공동체를 만들었는데 생존을 위해 어쩔 수 없이 그 교환체제로 들어가야 하는 딜레마에 빠져드는 것이다. 이를 경계하여 일부 근본주의적 공동체는 애초부터 '자발적 가난'을 목표로 삼는다. 자발적 가난은 물질적으로 초라할지 몰라도 문화적으로 또는 정신적으로 부자를 추구하는 전략이다. 변산공동체도 이 부류에 속한다고 볼 수 있다. 그러나 자발적 가난을 목표로 하는 근본주의적 공동체는 대중적 영향력이 없다. 대중들은 물질적으로 풍족하면서도 생태적으로 건강하고 정신적으로 풍요로운 삶을 바라기 때문이다. 따라서 대중적 영향력을 확보하려면 그들의 물질적 욕구를 어느 정도 채워주어야 하는데 그것은 거의 불가능에 가깝다. 우리는 여기서 대중적 영향력에 대한 입장을 분명히 해둘 필요가 있다. 생태공동체는 물질적 영역에서 대중적 영향력을 행사할 것이 아니라 정신 혹은 영성적 차원에서 대중적 영향력을 가지려고 '노력'해야 한다. 그렇다면 변산식의 자발적 가난으로 그러한 영성 차원의 대중적 영향력을 가질 수 있겠는가? 아쉽지만 그렇지 않다는 것이 연구자의 견해이다(황대권, 2005: 511).

'농사 그 자체의 우주적 의미'를 치열하게 파고들어야 영성이 자라날 수 있는 데 변산공동체에서는 그런 모습을 찾아볼 수 없었다는 것이다. 그러나 황대권의 지적은 상당히 중요하지만 너무 어려운 것으로 보인다. 문명의 전환이라는 거시적 관점에서 변산공동체가 생태문화적 삶의 한 예를 만들고 있다는 사실에 주목할 필요가 있을 것이다.

간디학교는 1997년에 문을 연 대안학교이다. 이 학교가 대안학교의 효시는 아니다. 이 학교가 크게 주목을 받게 된 까닭은 1990년대에 들어와서 새로운 시대의 흐름으로 떠오른 생태문화적 전환의 요청을 적극적으로 추구하고 있기 때문이다. 다음은 이 학교의 설립취지문이다.

이와 같이 한국의 교육이 근본적으로 거듭나야 한다는 사명감에서 97년 3월 간디학교가 탄생하였다. 비록 비인가로 출발했지만 그 의미는 제도권 바깥에 머물겠다는 뜻이 아니라 제도권의 폭을 보다 다양하게 보다 깊게 개혁하지 않으면 안된다는 시민의 결의이자 촉구로서 출발한 것이다. 교육부와 교육책임자들 또한 우리와 같은 관점에서 간디학교를 비롯한 많은 형태의 다양한 대안학교들이 탄생하여 한국의 교육을 공급자 위주에서 수요자 중심으로, 획일적이고 주입식 위주의 교육에서 개성이 존중되는 교육으로 변혁하고자 하는 강한 의지를 보여 주고 있음은 매우 바람직하고 고무적이다. 이러한 정부의 노력과 도움에 힘입어 간디학교는 비인가의 틀을 벗고 당당히 제도권 속에서 인가된 학교로 출발하였다.

간디학교는 앞으로 말로만 전인교육이 아닌 진정한 전인교육의 한 모델을 만들고자 모든 노력을 할 것이며 구체적으로 이러한 목표를 달성하기 위해 주입식이 아닌 창의적 지식교육의 방법 계발, 감성교육과 덕성교육을 하기 위한 여러 가지 다양한 교과의 배치와 계발을 꾸준히 해 나감으로써 진정한 의미의 특성화학교를 만들어 가고자 한다.[5]

---

5 간디학교 설립취지문, www.gandhischool.net/bbs/indexeasy.htm

간디학교는 1997년 산청간디학교로 출발했지만, 2006년 현재는 제천간디학교와 군위간디학교 등으로 늘어났다. 그리고 산청간디학교는 고등학교 과정의 인가학교가 되었다.

이 학교의 목표와 특징은 학교 이름을 '간디'라고 한 것에서 잘 나타난다. 이 학교의 설립자인 양희규는 이에 대해 간디의 단순함, 노동의 삶, 공동체를 그 이유로 들고 있다. 그는 '내적 공동체'가 없이는 어떤 조직도 '껍데기'일 수밖에 없다고 본다. 반면에 '내적 공동체'를 이룰 수 있다면, 거대한 '구조악'에 맞서서 더 나은 사회를 만들 수 있다는 것이다. 이 점에서 간디학교는 단순히 대안학교를 넘어서 대안사회를 향해 나아간다. 양희규는 다음과 같이 밝히고 있다.

> 나는 이 곳의 식구들과 함께 공동체를 탐구하고 모색하고 있다. 공동체를 통해 생명이 살아 숨쉬고 인간이 인간답게 대접받는 새로운 문화를 만들고 싶어서이다. 우리는 기존 문화에 대한 비판보다는 새로운 문화로 향한 작은 노력을 더 값지게 여긴다. 이 곳에서 운영하는 '숲속마을 작은학교'나 '간디대학' '협동조합 식의 운영 방식,' 이 모두가 새로운 문화에 대한 우리의 꿈을 표현하는 것이다.[6]

'에너지전환'은 핵발전과 화석연료의 문제에 대한 비판자로 잘 알려진 방송통신대 이필렬 교수가 대안적 에너지를 널리 보급해서 현재의 지속불가능한 에너지체계를 지속가능한 에너지체계로 바꾸기 위해 설립한 시민운동단체이다. 이 단체는 2000년 10월에 '에너지대안센터'라는 이름으로 발족했으나, 2006년 봄에 에너지체계의 전환이라는 뜻

---

6 양희규, '왜 간디인가', www.gandhischool.net/bbs/indexeasy.htm

을 좀더 명확히 하기 위해 '에너지전환'으로 이름을 바꾸었다. 다음은 창립선언문의 부분이다.

> 우리는 에너지 위기는 원자력발전의 확대나 화석연료의 안정적 확보로는 결코 극복될 수 없다고 생각한다. 오직 효율적인 에너지 사용과 재생가능 에너지의 적극적인 개발을 통해서만 위기가 극복될 수 있다고 믿는다. 그러므로 우리는 오늘 에너지대안센터의 창립을 통해 민간 차원에서 에너지 위기 극복을 위한 운동을 전개하고자 한다. 우리는 정부의 무분별한 원자력발전 확대 정책이 에너지 위기 극복의 커다란 장애물이라고 생각하기 때문에, 원자력발전 확대 저지를 위해 노력할 것이다. 나아가서 낙후되고 위험한 원자력발전과 지속불가능한 화석연료를 뛰어넘어 에너지의 효율적 사용과 재생가능 에너지의 확대를 위해 모든 노력을 기울일 것이다. 그럼으로써 궁극적으로 원자력과 화석연료에 기반한 거대하고 중앙집중적이고 지속불가능한 에너지 시스템을 폐기하고 재생가능 에너지에 기반한 분산적이고 지속가능하고 평화를 가져오는 에너지 시스템을 확립할 것이다.[7]

에너지전환은 비판적 운동의 한계를 넘어서기 위해 만들어졌다. 요컨대 대안에너지에 대한 사회적 확신을 키우는 운동이 필요하다는 인식에서 출발한 것이다. 이를 위해 에너지전환은 '시민발전소'를 설립해서 햇빛발전이나 바람발전 사업을 활발히 펼치고 있다. 에너지위기가 갈수록 강화되고 있는 상황에서 에너지전환의 활동은 중요한 정

---

7 에너지전환 창립선언문, energyvision.org/124

책적 함의를 갖는다. 그것은 생태문화사회의 물질적 기반을 만드는 것이면서 그 자체로 생태문화의 계발과 확산에 이바지하는 것이다.

V. 맺음말

생태문화사회의 전망이 잘 확산되지 않는 데에는 몇 가지 문제가 있는 것으로 보인다. 첫째, '생태'라는 말 자체에 대한 오해이다. 생태주의를 대표하는 것은 분명히 근본 생태주의라고 할 수 있다. 사람들은 '생태'라는 말을 들으면 일단 근본 생태주의를 떠올린다. 그러나 생태주의의 스펙트럼은 대단히 넓다. 생태주의에는 근본주의만 있는 것이 아니라 현실주의도 있다. 생태주의에 대한 근본주의적 오해를 해소하고, 생태적 전환의 가능성이 대단히 넓다는 것을 널리 알릴 필요가 있다.

둘째, 문화에 대한 오해이다. 사람들은 문화를 어떤 작품을 만들거나 혹은 그것을 감상하는 것으로 여기는 경향이 있다. 문화활동에 대한 오해, 그리고 그 생산과 소비에 대한 오해 등이 강력하게 작동하고 있는 것이다. 그러나 문화는 각자의 내적 욕망과 취향을 추구하고 만족하고 계발하는 활동이자 결과이다. 이를 위해서는 여유와 여가가 있어야 한다. 더욱 큰 문제는 이러한 여유와 여가를 '누군가의 것'으로 보는 경향이 있다는 것이다. 그러나 여유와 여가는 우리 모두의 권리이다. 요컨대 자유시간의 확대는 우리 모두를 위한 것이다.

유럽의 경우와 비교해서 보자면, 유럽에서는 복지국가의 위기에 맞서서 노동운동의 개혁을 위한 새로운 목표로 문화사회의 전망이 제출되었다. 이와 달리 한국에서는 문화운동에서 한국 사회의 거시적 발전목표로 문화사회의 전망을 제시했다. 그리고 생태위기의 현실에 맞서야 한다는 절박한 필요에서 이것을 생태적 문화사회라는 목표로 변형하게 되었다. 복지국가가 여전히 한국 사회의 핵심적 과제인 상황에서 거기서 한걸음 더 나아간 생태문화사회의 전망은 설득력이 약할 수도 있다. 그러나 우리의 능력과 문제에 비추어 보자면, 이 전망은 이미 현실적인 것이라고 해야 한다.

생태문화사회의 전망이 널리 공유되지 않는 데에는 사회양극화의 문제를 넘어선 여러 장애들이 작용하고 있다. 예컨대 우리 모두의 목에 걸린 맷돌이라고 할 수 있는 투기사회와 학벌사회 등의 문제에도 큰 주의를 기울여야 한다. 이 문제들로 말미암아 우리의 일상은 지독하게 반생태적이고 반문화적인 상황 속에서 이루어지고 있다. 공간은 더 많은 불로소득의 대상으로 타락하고, 교육은 더 나은 지위를 획득하기 위한 수단으로 전락한다. 가장 공적인 두 영역에서 무한경쟁이 펼쳐진다. 이런 상황에서 생태문화사회의 전망을 추구하는 것은 대단히 어렵다. 우리 모두에게 드리워져 있는 투기사회와 학벌사회의 그늘에서 벗어나 자유시간과 문화적 발전을 추구하는 것은 어려울 수밖에 없다.

생태문화사회의 전망이 더욱 많은 사람들에게 호소력을 갖게 되기 위해서는 구조개혁과 대안형성의 노력이 모두 한층 강화되어야 할 것이다. 여기서 가장 강력한 조직적 사회운동세력인 노동운동의 적극적 관심과 참여가 절실하다. 복지국가의 강화, 투기사회와 학벌사회의 문제에 대한 대응 등이 함께 이루어져야 하기 때문이다. 물론 이런 다층적 과제를 이루기 위해 이 전망을 제시하고 추구하는 주체들의 반성과 변화가 더욱 깊게 이루어져야 할 것이다.

(2006년 5월)

참고자료

강내희, 1999, '문화사회를 위하여', 『문화과학』17/1999년 봄호.
강내희, 2000, 『신자유주의와 문화 – 노동사회에서 문화사회로』, 문화과학사.
藤本武編, 1974, 『最近の生活時間と餘暇』, 勞動科學硏究所出版部.
심광현, 1998, '사회적 경제와 문화사회로의 이행에 관하여', 『문화과학』 15/1998년 가을호.
심광현, 2003, 『문화사회와 문화정치』, 문화과학사.
심광현·이동연 편저, 1999, 『문화사회를 위하여』, 문화과학사.
이병천·박형준 편저, 1993, 『후기자본주의와 사회운동의 전망 – 마르크스주의의 위기와 포스트 마르크스주의 III』, 의암출판사.
조홍섭 편역, 1984, 『현대의 과학기술과 인간해방』, 한길사.
홍성태 엮음, 2005, 『개발공사와 토건국가』, 한울.
홍성태, 1998, '생태위기와 생태론적 전환-새로운 생태사회를 향한 전망', 『문화과학』16/1998년 겨울호.
홍성태, 2004, 『생태사회를 위하여』, 문화과학사.
황대권(2005), '한국 생태공동체의 농업현황과 전망', 국중광·박설호 엮음 (2005), 『새로운 눈으로 보는 독일 생태공동체』, 월인.

Gorz, André, 1989, *Critique of Economic Reason*, Verso.
陣峻淑子, 1989, 『豊かさとは何か』, 岩波新書.

간디학교 설립취지문, http://gandhi-h.gne.go.kr/gandhi-h/cm/cntnts/cntntsView.do?mi=129277&cntntsId=16840
양희규, '왜 간디인가', http://www.gandhischool.net/bbs/indexeasy.htm
에너지전환 창립선언문, http://energyvision.org/124

제7장
생태문화적 개발의 과제와 전망

I. 머리말

우리는 모두 공간적 존재이다. 그러므로 삭막한 공간에서 우리는 풍요롭고 아름다운 삶을 살 수 없다. 그러나 한국의 공간문화는 대단히 삭막하다. 산이고 들이고 거대한 시멘트 아파트가 들어섰고, 가야 할 도로를 찾기 어려울 정도로 온갖 도로가 건설되었으며, 건물이고 길이고 요란하고 더러운 광고물들로 뒤범벅되어 있고, 버스와 택시는 귀를 때리는 소음폭력의 공간이 되었다. 밤거리를 환하게 밝히는 거대한 형광등 통간판이나, 밤하늘에 둥둥 떠 있는 시뻘건 십자가는 결코 선진적 공간문화의 지표라고 할 수 없다.

해외여행을 하고 온 사람들이 이 나라에는 아주 많다. 대다수 공무원들이 막대한 혈세를 들여서 해외연수를 다녀오기도 했다. 그러나 이 나라의 삭막한 공간문화는 도무지 개선되지 않고 있다. 왜일까? 유럽은 물론이고 일본도 한국보다 훨씬 아름답고 인간적인 공간문화를 가지고 있다. 아니, 중국이나 동남아 국가들도 한국만큼 엉망은 아니다. 한국처럼 삭막하고 시끄러운 공간문화를 가지고 있는 나라는 세계 어디서도 보기 어렵다. 그렇게 많은 사람들이 해외여행이며 해외연수를 다녀왔어도 이렇게 심각한 문제가 전혀 개선되지 않는 것은 참으로 기이한 일이 아닐까?

한국은 세계적으로 손꼽히는 개발주의 국가이다. 중앙정부와 지자체는 개발을 발전과 같은 것으로 여기며 온갖 대규모 개발사업을 끊임없이 경쟁적으로 펼치고 있다. 한국의 가장 중대한 구조적 문제로 '정관재 연합'이 불필요한 '사익'을 위해 대규모 개발사업을 벌이는 토건국가의 문제가 꼽히기도 한다. 역사적으로 토건국가는 개발독재의 가장 중대한 사회적 유산이다. 이런 점에서 토건국가의 문제는 우리의 민주화가 개발독재마저 제대로 극복하지 못했다는 것을 증명한다(홍성태, 2007). 공간을 더 많은 개발이익의 대상으로 여기는 개발주의가 위력을 발휘하는 국가에서 공간문화가 개선되기는 어렵다.

우리는 이제 하루빨리 이런 병적 상태를 극복하고 생태적 복지사회를 이룩해야 한다. 이러한 사회적 목표를 구현하기 위한 공간적 과제로 '생태문화적 개발'을 추구해야 한다. 이것은 '경제적 이익보다 생태적 가치와 문화적 가치를 더 중요하게 여기는 개발'을 뜻한다. 생태문화적 개발은 삶의 질을 높이기 위해 필수적 과제이다. 생태적 가치는 우리가 쾌적하고 안전하게 살기 위한 필수적 가치이며, 문화적 가치는 우리가 아름답고 우아하게 살기 위한 필수적 가치이다. '진정한 선진화'를 위한 시대적 과제인 생태문화적 개발을 위해 지자체의 책임은 갈수록 커지고 있다.

II. 경기도의 난개발

경기도는 '난개발 공화국' 한국에서도 각종 개발사업이 가장 활발하게 이루어지고 있는 곳이다. 따라서 경기도는 생태문화적 가치를 무시한 난개발의 문제뿐만 아니라 생태문화적 개발의 중요성도 잘 보여주고 있다. 경기도의 전체 면적은 10,190.87km^2로 전국의 12% 정도이며, 인구는 2006년에 1,100만 명을 넘어서 전국의 23% 정도이다.

경기도의 난개발은 급속한 인구집중에 따른 불가피한 결과로 볼 수도 있다. 2006년 말 현재 '주민등록인구통계'에 따르면, 경기도의 총 인구는 11,106,831명이며, 2005년에 비해서 무려 25,3674(2.3%)명이 늘어났다.[1] 이러한 인구급증 때문에 급속한 도시화가 추진된 측면이 있다. 문제는 그것이 '졸속적 도시화'이기도 했다는 것이다.

경기도 인구는 지난해말 기준으로 1100만 명을 넘어섰다. 경기도는 매년 10만 가구 이상이 공급되고 있지만 주택 보급률은 97%로 전국 평균 102%에도 못 미치고, 16개 광역 지자체 중 14위다.[2] 또 주민 1만 명당 공무원수는 전국 평균 110명, 서울 93명이나 경기도는 38

---

1 2004년 경기도의 인구밀도 증가율은 전국의 6배를 기록했으며, 2020년에 도시계획법상 경기도 인구는 무려 1,600만 명에 이를 것으로 예측되고 있기도 하다.

2 전국의 주택보급율은 이미 105%를 넘어섰다. 주택정책의 핵심과제는 무조건 더 많은 주택을 짓는 것이 아니라 무주택자가 주택을 제대로 소유하거나 점유할 수 있도록 하는 것이다. '공급중심정책'은 건설업자와 투기꾼 중심의 정책에 가깝다. 97%의 주택보급율도 결코 낮은 것이 아니다.

명으로 전국 최하위다. 또 교원 1인당 학생수도 29명(전국 평균 25명), 학급당 학생수 37명(전국 평균 32명)으로 꼴지를 면하지 못하고 있다. 인구 1만 명당 병상수는 61병상(전국 평균 74병상)으로 16개 광역 지자체 가운데 15위에 그치고 있는 실정이다(〈경향신문〉, 2007/1/9).

그런데 최근의 한 연구에 따르면, 사실은 급속한 도시화 때문에 인구급증이 이루어진 측면이 더 큰 것으로 밝혀졌다. 그 주체는 바로 중앙정부였다. 따라서 경기도의 급속한 도시화와 졸속적 도시화에 가장 큰 책임을 지고 있는 것은 중앙정부, 좀더 정확히 말해서 건교부(와 산하의 개발공사인 주택공사, 토지공사)라고 할 수 있다.

경기도의 인구 증가는 중앙정부에 의한 과도한 택지개발사업 때문으로 1980년부터 2000년 사이 300만 명이 택지개발 부문에서 유입된 것으로 밝혀졌다. 경기개발연구원 김제국 연구위원은 9일 '도시기본계획 인구지표 설정실태와 관리방안에 관한 연구'에서 1980년 택지개발촉진법 제정 이후 지난해까지 경기도에서 정부 주도로 추진한 택지개발사업은 모두 168건으로 개발 면적만도 수원시 전체면적(121km^2)의 두배인 241km^{2}에 달한다고 밝혔다(〈연합뉴스〉, 2007/5/9).

노태우의 '주택 200만호 건설사업'에서 잘 드러났듯이, 중앙정부의 수도권 개발사업은 상당한 정치적 성격을 지니고 있었으며, 또한 토건국가와 투기사회의 문제를 크게 악화하는 것이었다. 나아가 아파트 중심의 난개발은 삶의 질을 높이는 데 필수적인 생태적 가치와 문화적 가치를 지키기보다는 크게 파괴하는 결과를 빚어내고 말았다.

그러나 이러한 상황에서 경기도는 더욱 더 심각한 난개발의 늪 속으로 빠져 들어가고 있다. 중앙정부도, 경기도도, 지방자치단체도 모두 광적으로 '개발경쟁'을 벌이고 있다. 그러나 경기도는 이미 생태적으로 중병을 앓고 있으며, 문화적으로도 난개발의 폐해에 크게 시달리고 있다. 경기도는 과연 개발주의의 덫에서 벗어날 수 없는가?

경기도는 공사 중이다. 정부는 정부대로, 지방자치단체는 지방자치단체대로 빈 땅만 있으면 마구 파헤쳐 아파트를 짓는 데 혈안이다. 정부는 최근 파주·검단 등 수도권 6개 신도시에 총 29만6,000가구를 공급하겠다는 지난해 11·15 대책을 확정, 발표했다. 이곳에는 부동산시장 안정을 위해 평균 용적률을 175%에서 190%로 올리고, 녹지율은 31.6%에서 27.2%로 낮춰 당초 계획보다 4만3,000가구가 추가 공급된다. 쾌적한 환경과 삶의 질보다는 부동산시장 안정이 우선이라는 논리다.

8일 정부와 경기도에 따르면 1989년 1월 이후 경기도 내에서 개발되거나 예정 지구로 발표된 택지지구는 모두 170개 지구 7,533만 평에 이른다. 이는 서울 여의도 면적(89만 평)의 85배에 이르는 규모다. 이 가운데 105개 지구 3,146만 평은 이미 개발이 완료돼 291만 2,000여 명이 새로 입주했다. 또 58개 지구 3,031만 평은 현재 공사가 한창 진행중이다. 12개 지구는 현재 행정 절차를 밟고 있다.

정부 신도시 계획과는 별도로 경기도도 500만~1,000만 평 규모의 '명품 복합신도시' 4곳을 계획하고 있다. 우선 경기 남부와 북부 각 1곳씩을 조만간 발표할 계획이다. 또 주거 지역 50만m^2(15만 평) 이상 구도심을 대상으로 한 뉴타운 사업지구도 1차로 9개시 10개 지구 1,275만여 m^2(3백86만여 평)를 선정, 2015년까지 개발할 계획이다. 이와 함께 기초 지자체들도 '도시 및 주거환경정비법'에 따라 본격적인 구도심 재개발에 나서 194곳 1,500여만 m²(450여만 평)를 개발할 계획이다(《경향신문》, 2007/1/9).

경기도의 토지거래허가구역은 56%로서 전국 평균 21%보다 높다 (《중앙일보》, 2007/2/14). 이것은 경기도 전역에 걸쳐서 난개발과 투기의 광풍이 불고 있다는 것을 입증하는 한 지표라고 할 수 있다. 경기개발연구원이 2007년 2월 1일 밝힌 '도내 전역에 대한 국토환경성평가도'에 따르면 경기도의 절대보전지역은 경기도 면적의 40%[3]에 이른다(《뉴시스》, 2007/2/1). 절대보전지역을 제외한 거의 모든 지역이 토지거래허가구역인 것이다.[4] 그러나 이러한 토지거래허가구역에서도 개발이익을 노린 각종 불법과 투기가 극성을 부리고 있다(《경인일보》, 2007/6/6).

III. 난개발의 폐해들

난개발은 한국의 가장 보편적 사회문제이다. 사실 난개발 혹은 막개발이라는 말은 오직 한국에서만 사용되고 있는 말이기도 하다. 그만큼 한국의 공간문화가 엉망이라는 것을 보여주는 말이라고 할 수 있다. 난개발은 '생태적 가치나 문화적 가치는 도외시하고 최대의 개발이익을 추구하는 개발'을 뜻하며, 또한 '주변 공간과의 조화는 완전히 무시하고 자기이익만을 추구하는 개발'을 뜻한다. 한마디로 난개발은 '사

---

3   경기도의 그린벨트는 경기도 면적의 23%이다.
4   2006년 8월 25일에 경기개발연구원이 발표한 '경기도 표고데이터'에 따르면, 경기도의 25%는 표고가 높아 개발불능지라고 한다. 이곳에는 과연 난개발과 투기의 광풍이 불지 않을 것인가?

익을 최대한 구현하기 위해 공간의 공공성을 최대한 무시하는 반사회적 개발'이다. 그것은 생존의 한계에 내몰린 난민의 개발이지 사회의 주체인 시민의 개발은 아니다.

난개발이 난무하는 사회는 '난민사회'가 되기 십상이다. 생존의 한계에 내몰린 난민은 다른 사람을 배려할 여유를 가지지 못하며, 생태적 가치와 문화적 가치를 배부른 자의 사치로 여기고 혐오한다. 세계 10위권의 경제력을 자랑하면서 '난민사회'적 공간문화 속에서 살고 있다는 것은 심각한 문제가 아닐 수 없다. 우리는 이제 난개발을 있을 수 있는 문제가 아니라 하루빨리 척결되어야 하는 절박한 문제로 파악해야 한다. '난민사회'에서 벗어나 '시민사회'에서 살기 위해서 아름답고 평화로운 공간문화를 절실한 과제로 여기고 추구해야 한다. 상호가해적 난개발이 횡행하는 곳은 결국 사람을 사람답게 살기 어렵게 만들고 만다.[5]

주로 도시화와 관련해서 나타나는 '난개발의 폐해'는 대단히 많다. 먼저 졸속적 도시화의 문제를 들 수 있다. 인구급증에 부응하는 도시 기반이 제대로 마련되지 못하는 것이다. 경기도에서 서울에 가까울수록 대체로 도시화가 크게 진척되었으며, 따라서 서울에 가까울수록 대체로 인구밀도가 높다. 특히 서울과 인천과 수원 사이의 지역[6]이 그렇다. 전철이 남으로는 천안, 북으로는 동두천, 동으로는 덕소까지 연결

---

5 자기만의 최대이익을 추구하는 난개발은 사회적으로 결국 서로에게 해를 입히는 난개발이 된다. 이런 상황은 종종 극단적 결과를 낳는다. 최근에 대청호 지역에서는 강변 난개발 때문에 주민들의 갈등이 심화되다가 난개발의 당사자가 항의하는 두 명의 이웃을 잔인하게 살해하는 사건이 발생하기도 했다.

6 서울은 전국의 $606km^2(0.6\%)$에 1,100만 명이 살고 있으며, 인천은 $958.24km^2$ (0.95%)에 266만 명이 살고 있고, 수원은 $121.14km^2(0.12\%)$에 110만 명이 살고 있다.

되면서 경기도의 난개발 면적은 더욱 더 확장되고 있다. 서울이라는 '블랙홀'이 주변의 경기도 지역으로 드넓게 펼쳐지는 형국이다.

둘째, 반생태적 도시화의 문제이다. 난개발은 소중한 자연을 마구 파괴한다. 산이고 들이고 가리지 않고 파괴된다. 하천이고 갯벌이고 가리지 않고 파괴된다. 생태적 수용성의 문제는 형식적으로만 검토될 뿐이다. 그 결과 경관이 삭막해질 뿐만 아니라 삶의 조건 자체가 척박해진다. 이미 2001년에 경기개발연구원은 서울과 수도권에서 대기오염으로 매년 12만 명이 넘는 사람들이 조기사망하고 있다는 놀라운 연구결과를 발표했다. 물도 땅도 모두 심하게 오염되고, 햇빛도 제대로 받지 못하고 살아야 한다.

세째, 반문화적 도시화의 문제이다. 난개발은 소중한 문화를 마구 파괴한다. 최근의 것은 물론이고 석기시대의 유물조차 필요한 보호를 제대로 받지 못한다. 무형의 문화들은 유적이나 유물보다 더욱 심각한 처지에 놓이고 만다. 그 가치를 평가하는 것도 훨씬 어렵거니와 난개발은 지역에 스며 있는 역사와 생활 자체를 모조리 파괴하고 없애 버린다. 땅에 구현되어 있는 오랜 문화는 포크레인과 덤프트럭에 의해 완전히 파괴되어 영원히 사라지고 만다. 이렇게 해서 시멘트 아파트의 획일적 공간이 조성된다.

네째, 반인간적 도시화의 문제이다. 난개발은 사람들의 관계를 마구 파괴한다. 지역의 자연과 문화뿐만 아니라 지역의 사회 자체를 완전히 파괴해 없애 버린다. 대를 이어가며 깊은 인연을 맺고 살던 사람들이 졸지에 산지사방으로 흩어져 생사조차 확인하지 못하고 살아가야 한다. 난개발은 사람의 인정을 근본적으로 무시하며 경제적 보상으로 모든 문제를 해결하고자 한다. 난개발이 횡행하는 곳에서 사람들은 깊은 인연을 맺고 살아가기 어렵다. 난개발은 사람의 인정을 파괴하고

'불신사회'의 문제를 악화시킨다.

이제 '난개발의 양상'에 대해 살펴보자. 이것은 무엇보다 먼저 아파트 건설 중심의 주거공간으로 나타나고 있다. '아파트 공화국'이라는 표현이 전혀 어색하지 않을 정도로 한국에는 이미 너무나 많은 아파트들이 건설되어 있다. 그러나 중앙정부와 지자체는 경쟁적으로 더 많은 아파트를 짓겠다고 한다. 사실 한국의 난개발은 '아파트 난개발'로 대표된다. 산에도 들에도 갯벌에도 아파트가 들어서고 있다. 각종 페인트로 채색된 거대한 시멘트 덩어리들이 한국의 공간문화를 상징하고 있다.

둘째, 우리는 주거공간의 난개발뿐만 아니라 하부구조의 난개발에도 주의하지 않으면 안 된다.[7] 우선 도로의 난개발이 있다. 한국에서 도로건설은 중복공사와 예산낭비가 가장 심한 분야로 손꼽힌다. 더욱이 그 결과 전국 곳곳에서 자연과 문화가 크게 파괴되고 있다. 송전탑의 문제도 심각하다. 거대한 송전탑들이 산과 들을 누비고 다니면서 전국 곳곳에서 지역경관의 훼손이라는 차원을 넘어서 지역사회의 파괴라는 문제를 낳고 있다. 전봇대의 문제도 마찬가지로 심각한 문제이지만 어쩐 일인지 아직까지 크게 제기되지 않고 있다. 전국에 780만 개 이상의 전봇대가 설치되어 있으며, 지구를 30바퀴 정도 돌 수 있는 분량의 각종 전깃줄이 어지럽게 설치되어 있다. 그 공해는 이미 인내의 수준을 넘어선 지 오래이다.

---

7 여기서 잘 알 수 있듯이 난개발의 주체는 단순히 건설과 직결된 존재들뿐만 아니라 한전, 도공 등의 공사들도 포함된다. 최근에 한전은 전봇대를 세우기 위한 토지 점용료로 자치체에 1기당 600여 원의 돈을 내면서 통신업체나 케이블방송업체로부터 전봇대 이용료로 1기당 1만여 원의 돈을 받아서 엄청난 '폭리'를 취한 것으로 드러나기도 했다.

셋째, 여가공간의 난개발도 심각하다. 골프장과 스키장으로 대표되는 소비사회형 여가공간의 난개발은 도시나 공단을 건설하는 것에 못지 않게 커다란 문제를 낳는다. 골프장과 스키장은 굉장한 자원낭비형 여가공간이자 굉장한 자연파괴형 여가공간이다. 그것은 너무나 인위적으로 자연을 즐기는 방식이다. 우리는 골프장과 스키장을 자연에 가까운 시설이 아니라 도시나 공단과 유사한 시설로 봐야 한다.

넷째, 간판의 난개발에 주목해야 한다. 한국은 세계적으로 보기 드문 천박한 간판문화를 가지고 있다. 간판은 사실 '공공장식'이다. 그러나 한국에서 간판은 대체로 '호객을 위한 처절한 수단'일 뿐이다. 마치 목소리 크기 경쟁을 하듯이 간판의 크기와 밝기 경쟁을 하고 있다. 도시와 농촌을 가릴 것 없이 전국이 간판공해로 시달리고 있다. 그것은 엄청난 자원의 낭비이기도 하다.

IV. 생태문화적 개발의 과제

한국의 공간문화는 천박하고, 시끄러운 것으로 대변된다. 이제 우리도 세계 10위권의 경제력에 걸맞은 '선진적 공간문화'를 이루어야 하지 않을까? 그렇게 해야 삶의 질도 높아지고, 따라서 사회 질도 높아질 수 있지 않을까? 공간문화의 개혁은 우리의 절박한 발전의 과제이다. 여기에는 두가지 접근이 동시에 필요하다. 첫째, 구조적 접근으로 개발주의를 확산하는 토건국가와 투기사회의 문제를 개혁하는 것이다(홍성태, 2007). 둘째, 생태문화적 접근으로 생태적 가치와 문화적 가치를 존중하는 개발이 이루어질 수 있도록 하는 것이다(홍성태, 2006).

구조적 접근은 난개발의 문제에 대한 근원적 접근이라고 할 수 있다. 그것은 예컨대 토지공개념, 아파트 분양원가공개제, 아파트 후분양제 등과 같은 제도적 개혁을 통해서 난개발의 가능성을 원천적으로 봉쇄하고자 한다. 그러나 구조적 접근만으로 '선진적 공간문화'를 이룰 수 있는 것은 아니다. '선진적 공간문화'는 생태문화적 가치를 적극적으로 구현해야 비로소 이루어질 수 있다. 따라서 우리는 한편으로 구조적 접근의 노력을 강화해서 난개발을 원천적으로 봉쇄해야 하며, 다른 한편으로 생태문화적 접근의 노력을 강화해서 아름답고 평화로운 공간문화를 만들어야 한다.

생태문화적 접근이란 생태적 가치와 문화적 가치를 적극적으로 구현하고자 하는 것을 뜻한다. 그런데 여기서 생태적 가치가 그 자체로 소중한 문화적 가치라는 사실을 유념할 필요가 있다. 다른 모든 분야와 마찬가지로 문화적 가치의 인식에서도 '생태적 전환'이 이루어져야 하는 것이다. 오늘날과 같은 지구적 생태위기의 시대에 잘 보존된 자연 또는 잘 조성된 자연은 그 자체로 소중한 문화적 산물의 의미를 갖는다. 그것은 우리가 만들어낸 문화가 아닐지라도 우리의 마음 속에서 그 무엇보다 깊고 넓은 문화적 의미를 자아내기 때문이다. 우리는 자연 속의 존재이므로 잘 보존된 자연은 우리 마음 속에서 커다란 문화적 울림을 낳게 마련이다(홍성태, 2004).

생태문화적 개발을 위해서 먼저 그 자원에 대해 살펴볼 필요가 있다. 1960년대 이래 엄청난 난개발이 자행되었으나 아직 우리 주위에는 많은 자연자원들이 남아 있다. '남이섬'의 변신이 잘 보여주듯이 중요한 것은 이러한 자연자원들의 가치를 제대로 파악하고 살릴 수 있는 문화적 상상력과 행정적 추진력이다. '남이섬'은 생태적 자원을 문화적 자원으로 인식해서 대성공을 거둔 사례라고 할 수 있다(강우현, 2006). 산, 들, 숲, 버드나무, 미류나무, 느티나무, 은행나무, 한강, 한탄강, 강화갯벌, 송도갯벌, 시화호, 모래밭, 섬, 바다, 새, 갈대, 풀, 꽃, 돌, 벌레, 수달, 노루, 사슴, 멧돼지, 맹꽁이, 두꺼비, 개구리, 빠가사리, 붕어, 잉어, 쏘가리 등 모든 자연존재가 생태문화적 개발의 중요한 자원이 될 수 있다. 이러한 자원을 삽시간에 대대적으로 완전히 없애 버리는 후진적 난개발은 이제 그만 중단해야 한다.

경기도는 반생태적 난개발의 전시장같다. 특히 용인 일대는 악명이 높다. 그러나 또 다른 예도 있다. 10년쯤 전에 경기도 양평 양수리에 아파트 단지가 들어섰다. 양수리는 팔당댐을 막아서 아름다운 백사장은 사라졌지만 대신에 산과 어우러진 호수 경치가 대단히 빼어난 작은 농촌이었다. 그러나 이런 곳에 난데없이 고층 아파트 단지가 들어서면서 경관이 크게 훼손되고 말았다. 아름다운 생태문화적 경관의 경제적 가치가 대폭 줄어든 것은 다시 말할 필요가 없을 것이다. 이런 문제가 곳곳에서 쉬지 않고 벌어지고 있다. 양수리에 붙어 있는 서종면 일대에서는 '전원주택'이 대대적으로 들어서면서 엄청난 산림파괴가 이루어졌다. 50년 동안 잘 보호되어 이제 숲다운 숲의 모습을 보이던 곳이 삽시간에 영원히 회복될 수 없는 불모지로 파괴되고 말았다. 이런 파괴적 개발은 하루빨리 중단되어야 한다.

문화자원도 아직 많이 남아 있다. 구석기 시대의 유물과 유적부터 최근의 생활공간에 이르기까지 온갖 문화자원이 곳곳에 널려 있다. 중요한 것은 그 가치를 올바로 이해하고 잘 지키는 것이다. 특히 역사적 문화자원은 설불리 이용하려고 하다가는 그 가치를 완전히 잃어버릴 수도 있다. 이 점에 주의해서 대단히 세심하고 전문적으로 다루지 않으면 안 된다. 이와 관련해서 경기도 남양주 능내리의 다산 유적지는 중요한 문제적 사례이다. 다산이 태어나 살다가 돌아가신 '여유당'을 잘 지키는 것이 아니라 이용하기에 급급해서 그 주변을 다시는 가고 싶지 않은 곳으로 만들어 버렸다. 심지어 길가에 초막이라고 엉터리 시설물을 세우고는 싸구려 마네킹을 정약용 선생이라며 갖다 놓았다. 이것은 정약용 선생에 대한 심한 모욕이다. 이런 식으로 해서는 안 된다.

한국은 사실 어디서나 많은 문화자원을 찾을 수 있다. 경기도도 그렇다(문화사회연구소, 2006). 그러나 난개발과 투기의 광풍은 이러한 문화자원을 뭉텅뭉텅 없애고 있다. 현재 건교부가 잘못된 한탄강댐 건설계획을 강행해서 한탄강 일대에 산재한 수많은 소중한 구석기 시대의 유물과 유적들이 영원히 사라질 위기에 처해 있다. 이런 상황에서 근대 건축물들이 아무렇지도 않게 헐려 없어지는 것은 오히려 당연해 보일 지경이다. 그러나 건축물을 비롯한 골목길 등의 장소는 대단히 소중한 문화자원이다. 파리나 프라하 등의 유럽 도시들이 웅변하듯이 잘 보존된 공간은 가장 거대하고 중요한 문화자원이다. 무엇보다 이 사실을 명심해야 한다. 건축물이라는 '점의 보존'에서 골목길 등의 '선의 보존'으로, 다시 전주의 한옥마을처럼 장소나 지역이라는 '면의 보존'으로 나아가야 한다.

생태문화적 개발의 주체는 대규모 건설업체나 개발공사가 아니라 전문가와 지역주민과 공무원으로 이루어져야 한다. 그런데 공무원은 실무를 지원하는 정도에 머물러야 하며, 실제 내용은 전문가와 지역주민이 만들어야 한다. 아직 생태문화적 개발의 전문가가 많지는 않지만 여러 곳에서 활발히 활동하고 있는 모습을 어렵지 않게 찾아볼 수 있다. 서울의 문화연대나 문화우리와 연관되어 활동하는 건축가, 도시계획가가 있는가 하면, 또한 진안이나 부안에서 새로운 지역사회만들기에 몰두하고 있는 연구자와 활동가도 있다. 생태문화적 개발은 도시와 농촌을 아울러서 난개발의 문제에 대응하기 위한 새로운 개발의 패러다임이다. 따라서 세 주체의 긴밀한 협조와 이해가 대단히 중요하다.

생태문화적 개발은 난개발에서 볼 수 있는 것과 같은 '대규모 싹쓸

이식 개발'의 문제를 바로잡기 위한 것이다. 그것은 기존의 공간을 전제로 이루어지는 '소규모 개량형 개발'을 더 중요시하는 개발이라고 할 수 있다.[8] 더 많은 돈이 아니라 더 나은 삶을 위해 자연을 존중하고 문화를 보존하는 것이 무엇보다 중요하다는 절박한 인식이 생태문화적 개발의 출발점이다. 따라서 생태문화적 개발은 지역의 자연과 문화에 대한 깊은 학습을 요구한다. 이런 학습이 충실히 이루어질 수 있도록 자치체는 시설과 경비를 잘 지원해 줄 필요가 있다. 일본에서는 1990년대에 미나마타시를 중심으로 '지역을 지키기 위해 지역을 알자는 학문'으로서 '지원학'(地元學)이라는 것이 형성되었다. 이런 학문의 확산을 위해 자치체는 많은 이바지를 해야 한다.

생태문화적 개발의 필요성을 잘 알리기 위해 무엇보다 '실패에서 배운다'는 태도로 현재의 상태에 대한 냉정한 평가가 이루어져야 한다. 더 많은 개발이익을 노리고 자행되는 난개발이 과연 사람들을 풍요롭고 행복하게 하는가? 아파트가 늘어나고, 도로가 늘어나고, 전봇대가 늘어나고, 대형간판이 늘어나면, 사람들은 더 풍요롭고 행복해지는가? 우리는 언제까지 이렇게 척박한 공간문화 속에서 살아가야 하는가? 과연 무엇이 행복이고, 무엇이 풍요인가? 우리는 유럽처럼 아름답고 평화로운 공간문화를 누리며 살 수 없는가? 이런 중요한 질문에

---

8 그러나 꼭 소규모 개발만 생태문화적 개발을 할 수 있는 것은 아니다. 대규모 개발이라도 생태문화적 가치를 살리기 위한 노력을 크게 강화할 수 있다. 아파트 용적율의 하향, 옛 도로의 보존과 도로 신설의 억제, 골목길을 비롯한 토지 조직의 보존, 언덕과 개천과 나무의 보존, 실질적 생태이동로의 개설, 근대 건축물의 보존과 개선, 간판의 개선, 전봇대의 폐기와 전깃줄의 지중화, 옥상 정원의 설치, 벽면이나 창의 화분 장식 강화 등 구조와 세부의 양 면에서 생태문화적 개발을 추구할 수 있는 여지는 너무나 많다.

대해 시민들이 깊이 성찰할 수 있도록 하기 위해 난개발의 실상을 있는 그대로 파악하고 보여주는 자료집과 사진집을 만들어서 널리 배포하는 것도 좋을 것이다.[9]

V. 생태문화적 개발의 전망

건교부는 투기에 대한 큰 우려에도 불구하고 또 다시 수도권 신도시 건설계획을 발표했다. 사실 이 계획은 지역균형발전정책에도 정면으로 위배되는 것이다. 또한 새로운 신도시는 서울에서 너무 멀기 때문에 강남의 아파트값을 잡겠다는 목표도 영 터무니없는 것이다. 이런 점에서 건교부의 새로운 수도권 신도시 건설계획은 무엇보다 건설업자와 투기꾼들을 위한 것이라고 할 수 있다. 그리고 물론 신도시 건설 사업이 중요한 일거리인 건교부를 위한 것이기도 하다. 건교부는 자신을 위해 경기도를 이용하는 것이다.

경기도의 정책도 건교부와 전혀 다르지 않다. 아니, 경기도는 건교부보다 더 강력한 '경기도 집중정책'을 추진하고 있다. 공장도, 도로도, 아파트도, 대학도, 인구도 모두 가능한 늘리는 것이 경기도의 일관된 정책방향이다. 만일 경기도의 정책이 성공한다면, 아마도 2050년 정도에는 '경기민국'이 될 것 같기도 하다. 전체 인구는 계속 크게 줄어드는 데, 경기도 인구는 계속 크게 늘어날 것이기 때문이다. 그러나 과연 그렇게 해서 경기도가 행복한 지역이 될 수 있을까? 인구증가와 성장주의는 '개발독재' 시대의 핵심적 특징이 아닌가? 이제 경기도도 삶

---

9 이러한 취지에서는 문화연대 공간환경위원회는 2000년 11월에서 2001년 3월에 걸쳐 '서울-수도권 대탐사'를 했으며, 그 결과는 『문화도시 서울, 어떻게 만들 것인가』라는 책으로 묶었다.

의 질을 최우선시하는 수준높은 정책을 펼칠 때가 되지 않았는가? 그렇다면 경기도가 최우선적으로 추진해야 하는 정책은 양적 성장을 막고 질적 성숙을 추진하는 것이 아닐까? 그렇게 하기 위해서는 현재의 집중상태를 완화하기 위해 최선을 다해야 하지 않을까? 경기도는 이미 폭발상태가 아닌가?

최근에 소래갯벌에서 발생한 '소금창고 파괴사건'에서 잘 알 수 있듯이 생태문화적 개발은 지난한 과제로 보인다. 문화재로 지정되어 개발이 저지될 것을 우려한 소유자가 소중한 근대문화유산의 가치를 가지고 있는 수십 채의 소금창고를 하룻밤 사이에 파괴했다. 소유자로서는 자기의 소금창고가 문화유산으로 지정되어 막대한 개발이익을 손해봐야 할 이유가 없었던 것이다. 생태문화적 개발이 좀더 진척되기 위해서는 우선 중앙정부와 자치체를 비롯한 공공부문부터 생태문화적 가치의 중요성은 올바로 깨닫고 지키는 쪽으로 적극적으로 변화해야 한다. 그리고 제도적으로 개발이익의 문제를 바로잡기 위한 노력을 크게 강화해야 한다.[10] 막대한 개발이익을 아주 손쉽게 누릴 수 있는 상황에서 소금창고를 문화재로 지정해서 지키는 것은 사실상 불가능에 가깝다.[11]

사람의 욕심에는 끝이 없다고 한다. 그러므로 개발주의에는 끝이 없다. 문제의 원천을 막지 않으면, 난개발은 끝없이 계속되고 만다. 생

---

10 이 점에서도 우리는 유럽에서 많은 것을 배워야 한다. 유럽에서 토지공개념은 당연한 상식이다. 이 때문에 투기이익을 노린 난개발은 원천적으로 봉쇄된다.

11 이 때문에 근대 건축물들이 빠르게 대규모로 멸실되고 있다. 우리의 소중한 기억과 문화들이 사라지면서 그윽한 정취를 간직한 많은 곳이 뿌리를 잃은 부박한 공간으로 타락하고 있다.

태문화적 개발의 전망은 저절로 생기는 것이 아니라 난개발의 문제를 바로잡으려는 지난한 노력의 결과로 빚어지는 것이다. 다행히 일부에서 변화가 이루어지고 있기도 하다. 이런 변화에 의지해서 토건국가와 투기사회의 개혁을 촉구하는 시민의 노력이 강화되어야 한다. 잘못된 난개발의 문제를 바로잡고 삶의 질을 높이려는 시민의 노력만이 결국 생태문화적 개발을 이룰 것이다. 정치개혁이나 경제개혁에서와 마찬가지로 생태문화적 개발에서도 올바른 '공익'을 추구하는 시민의 관점이 무엇보다 중요하다.

(2007년 6월)

그림1 경기도 시군별 인구와 면적(2007년)

출처: http://www.kg21.net/sp/sp_child/cartoon/cartoon_people.html

참고자료

강우현, 2006, 『나는 남이섬에서 산다』, 여성신문사.
문화사회연구소, 2006, 『전통가옥 활성화 방안 연구 – 남양주 궁집, 화성 정용채·정용래 가옥』, 문화재청.
정기용 외, 2002, 『문화도시 서울, 어떻게 만들 것인가』, 시지락.
홍성태, 2004, 『생태사회를 위하여』, 문화과학사.
_____, 2005, 『생태문화도시 서울을 찾아서』, 현실문화연구.
_____, 2006, 『현대 한국사회의 문화적 형성』, 현실문화연구.
_____, 2007, 『개발주의를 비판한다 – 박정희체계를 넘어서 생태적 복지사회로』, 당대.

경태영, 2007, "개발열풍 경기도.", 〈경향신문〉, 1월 9일.

제8장
동계올림픽 3수 도전과 강원도의 미래
– 생태문화적 개발을 향해 –

I. 머리말

평창에 동계올림픽을 유치하고자 한 강원도의 두번째 노력도 결국 실패로 끝나고 말았다. 표결의 내용으로만 보자면, 평창은 다음과 같이 아깝게 탈락했다.

- 1차 투표: 한국 36 / 러시아 34 / 오스트리아 25
- 2차 투표: 소치(러시아) 51 / 평창(한국) 47

이 결과에 대해 여러 분석들이 제기되었다. 예컨대 국제올림픽위원회가 부패해서 객관적 평가를 하지 않았다거나, 푸틴이 진두지휘한 러시아의 외교가 승리를 거뒀다거나, 한국의 스포츠 외교가 안고 있는 문제가 다시 드러났다거나 등의 분석들이 제기되었다.

그러나 이러한 음모론적이거나 고답적인 분석들이 분분히 제기되는 가운데, 과연 평창에 동계올림픽을 유치하려고 한 계획이 타당한 것이었는가, 동계올림픽을 유치하려는 노력에 대한 평가는 어떻게 이루어져야 하는가 등의 본질적 사안에 대한 논의는 거의 이루어지지 않았다. 그 대신에 동계올림픽 3수에 도전해야 한다는 말들이 조금씩 나돌더니 어느새 강원도가 그것을 공식화하기로 했다는 소식이 들려왔다. 이것은 그 자체로 큰 문제가 아닐 수 없다.

동계올림픽을 유치해야 한다는 주장은 그것이 엄청난 지역발전의 계기가 될 것이라는 기대를 전제로 하고 있다. 여기서 지역발전은 사실 지역경제의 성장을 뜻할텐데, 그러나 동계올림픽을 유치해서 지역경제가 성장했다는 곳은 세계 어디에도 없다. 오히려 과도한 재정을 투여해서 심각한 재정난에 처한 곳은 있다. 지역발전의 방도는 크게 외발적 길과 내생적 길로 나뉘는 데, 동계올림픽 유치와 같은 것은 외발적 길의 대표적 예에 속한다. 그러나 외발적 길은 지역발전의 동력을 외부에서 찾는 것이기 때문에 여러 문제를 안고 있다. 그 중에서 가장 중요한 문제는 지역이 결코 주도적 주체가 될 수 없다는 것이다. 따라서 내생적 길을 중심으로 외발적 길을 배치하는 것만이 선진적 지역발전의 방도이다.

여러 면에서 지금 동계올림픽 3수 도전을 추진하는 것은 잘못이다. 지금 이루어져야 하는 것은 유치계획 자체의 타당성과 유치활동의 적절성에 대한 면밀한 평가이다. 예컨대 동계올림픽 유치를 마치 로또복권에 당첨되는 것처럼 선전하는 후진적 행태 등에 대한 평가가 이루어져야 한다. 수백억 원이라는 천문학적 혈세를 사용한 것에 대해 면밀한 평가를 시작해야 할 때에 3수 도전을 선포하는 것은 정치적으로 심각한 의혹을 낳을 커다란 우려마저 안고 있다. 설령 3수 도전을 한다고 하더라도 반드시 두 차례에 걸친 유치활동의 실패에 대한 면밀한 평가를 통해 새롭게 계획을 세워야 옳을 것이다. 더 나아가 내발적 지역발전을 적극적으로 추진하고 그 성과 위에서 3수 도전이 이루어지도록 해야 옳을 것이다.

II. 릴레함메르의 교훈

동계올림픽은 1924년에 처음 개최되었다. 사실 동계올림픽은 하계 올림픽의 서막이었다. 겨울인 연초에 동계올림픽을 열고 여름인 연중에 하계 올림픽을 여는 것이다.[1] 동계올림픽이 하계 올림픽과 별도로 치러지기 시작한 것은 1956년부터였다. 이 해부터 동계올림픽은 하계 올림픽 개최국과 별개의 국가에서 개최되기 시작했다. 그리고 다시 1994년부터 하계 올림픽과 같은 해가 아니라 2년의 차이를 두고 개최되기 시작했다. 이렇게 해서 70년만에 동계올림픽의 '독립'이 완성되었다.

그런데 동계올림픽은 하계 올림픽과는 아주 다른 조건을 가지고 있다. 먼저 이 세상에 여름이 없는 곳은 없지만 겨울이 없는 곳은 있다는 사실에 주목할 필요가 있다. 동계올림픽의 종목은 사실 겨울이 있는 나라에서나 즐길 수 있는 운동인 것이다. 겨울이 없는 곳에서 동계올림픽 종목을 즐기는 것은 완전히 반생태적인 것이어서 사실상 불가

---

[1] 이것은 물론 북반구를 기준으로 한 설명이다. 남반구에서 개최되면 시기가 바뀔 수밖에 없다. 남반구에서 개최된 최초의 올림픽이었던 1956년의 16회 멜버른 올림픽의 기간은 11월 22일부터 12월 8일까지였다.

능하다. 이런 점에서 동계올림픽은 모든 인류가 참여해서 즐길 수 있는 제전과는 상당한 거리가 있다.[2] 따라서 동계올림픽을 하계 올림픽과 비교해서 종목만 다를 뿐 사실상 같은 것으로 봐서는 안 된다.

무엇보다 사람들의 참여와 향유라는 점에서 둘은 커다란 차이를 지니고 있다. 동계올림픽의 종목은 65억 세계 인구 중에서 1/5 정도의 인구만 비교적 자유롭게 참여하고 향유할 수 있다. 동계올림픽을 겨울이 있는 나라들이 주도하는 것은 당연한 일이다. 또한 동계올림픽은 하계 올림픽보다 더 많은 도구와 시설을 필요로 한다. 동계올림픽은 하계 올림픽보다 더 많은 물자와 에너지를 써야 하는 것이다. 예컨대 마라톤은 맨발로도 할 수 있지만 크로스 컨트리는 결코 그렇게 할 수 없다. 동계올림픽을 겨울이 있는 부유한 나라들이 주도하는 것은 당연한 일이다. 이렇듯 동계올림픽은 단순히 또 하나의 하계 올림픽이 아니라 하계 올림픽과는 아주 다른 또 하나의 올림픽이다.

사실 자연조건에 비추어 보아서 동계올림픽은 겨울이 있는 나라들의 제전에 그쳤어야 했다. 그러나 IOC는 이것을 또 하나의 올림픽으로 만들었다. 그 결과 IOC의 권한은 더욱 더 커졌고, 또한 동계올림픽의 가치도 더욱 더 커졌다. 동계올림픽은 하계 올림픽 못지 않게 커다란 정치적, 경제적 가치를 지니게 되었으며, 이렇게 해서 동계올림픽의 '독립'이 이루어지게 되었던 것이다. 동계올림픽의 유치를 둘러싸고 세계 각국이 경쟁을 벌이는 것은 이 때문이다. 그러나 그 이면에서

---

[2] 자메이카 봅슬레이팀의 실화를 그린 영화 〈쿨 러닝〉(Cool Runnings, 1993)의 감동은 이러한 동계올림픽의 특징에서 비롯되는 것이다. 봅슬레이를 즐길 수 없는 열대의 나라인 자메이카의 봅슬레이팀이라는 존재 자체가 웃음을 유발하게 되지만 동계올림픽에 참여하기 위해 여러 제약을 뛰어 넘으려는 진솔한 노력에 사람들은 큰 감동을 느끼게 된다.

정부재정의 낭비와 생태위기의 악화라는 문제에 대한 우려도 계속 커졌다.[3] 이 때문에 '선진국'에서는 이런 문제들을 충분히 고려해서 신중하게 동계올림픽의 유치를 추진하고 있다.

생태적 전환을 적극적으로 내걸었던 최초의 동계올림픽은 1994년 노르웨이의 릴레함메르(Lillehammer) 동계올림픽이었다. 노르웨이는 세계적인 자연보존 모범국으로서 친환경적 동계올림픽을 치른다는 계획을 세웠다. 물론 동계올림픽은 원천적으로 반생태적 문제를 안고 있다. 그러나 그 문제를 줄이고자 최선을 다했다는 사실은 대단히 중요하다.[4] 그것은 크게 세가지로 줄일 수 있다. 첫째, 기존의 시설과 자연

사진1 릴레함메르의 전경   사진2 릴레함메르의 바이킹 돔

https://simple.wikipedia.org/wiki/Lillehammer#/media/File:Lillehammer DSC01504.JPG

https://en.wikipedia.org/wiki/Vikingskipet#/media/File:Vikingskipet-Hamar.jpg

---

3 이것보다 더욱 전통적인 올림픽의 문제로 정치적 억압과 경제적 불평등의 은폐를 들 수 있다. 1968년의 멕시코 올림픽과 1988년의 서울 올림픽은 그 좋은 예이다.

4 목재 건축물이 들어선 구시가는 차없는 거리로 지정되어 있기도 하다. 자연과 역사를 지키려는 이러한 노력의 결과로 오늘날 릴레함메르는 수많은 세계인이 찾아오는 관광지가 되었다. 바로 이런 것이야말로 릴레함메르에서 우리가 진정으로 배워야 할 것이다.

그림1 릴레함메르의 위치

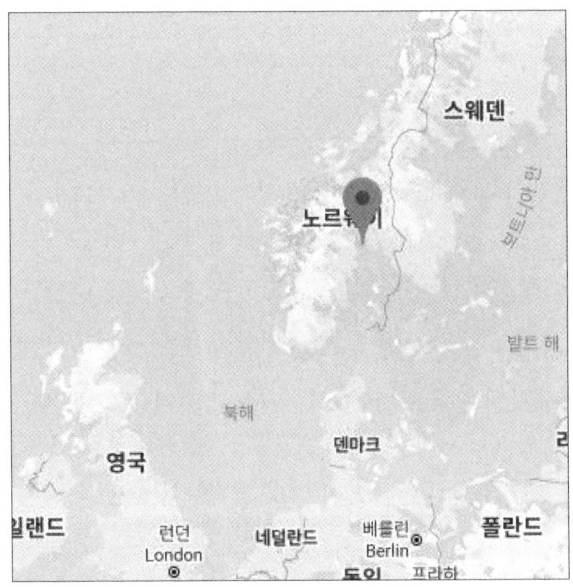

ⓒ구글 맵스

을 있는 그대로 활용했다는 것이다. 둘째, 최대한 생태적 건설과 건축을 추진했다는 것이다. 셋째, 생태적 관점에서 이후의 활용과 관광에 관한 계획을 세웠다는 것이다. 적어도 이러한 세가지 사항은 동계올림픽 개최의 최소원칙으로 확립되어야 할 것이다.

III. 소치의 특징과 매력

이제 평창을 제치고 동계올림픽을 유치하게 된 러시아의 소치(Sochi)에 대해 잠시 살펴보자. 소치는 각종 하부구조도 엉망인 러시아의 소도시인데 푸틴과 러시아 재벌이 적극적으로 나서서 유치활동을 펼쳤기 때문에 동계올림픽을 유치하게 되었다는 평가들을 쉽게 접할 수 있기 때문이다. 과연 그런가? 소치는 그렇게 형편없는 도시인가?

먼저 인터넷에서 러시아 소치로 찾으면, 다음과 같은 소개를 쉽게 볼 수 있다. 이 소개에서 볼 수 있듯이 소치는 그렇게 별 볼일 없는 도시가 아니다. 그보다는 '러시아에서 가장 유명한 휴양지'로 알려진 아주 대단한 도시라는 것을 알 수 있다.

소치

러시아 크라스노다르 지방의 휴양도시.

위치 러시아 크라스노다르

인구 약 32만 9천 명(1994)

인구 약 32만 9천 명(1994). 흑해(黑海)의 북동 해안에 위치하며, 배후에 대(大)캅카스 산맥이 있기 때문에 겨울에도 따뜻하고, 아열대성 식물이 자란다. 연평균 강수량은 1,400mm이며, 러시아연방에서도 가장 유명한 휴양지·피한지이다. 철도와 항공로로 모스크바와 연결되며, 선박으로 크림 방면과 이어진다. 시역(市域)은 해안을 따라 140km나 계속되고, 휴양시설이 흩어져 있으며 관광기지·국제회의장·국제스포츠경기장(레닌스타디움) 등이 있다. 관광 명소로는

사진3　소치의 전경　　사진4　소치의 해변

https://www.interkultur.com/de/newsroom/choir-games/details/news/sotschi-und-seine-umgebung/

https://en.wikipedia.org/wiki/History_of_Sochi#/media/File:RIAN_archive_579736_Promenade_and_beach_in_Sochi.jpg

그림2　소치의 위치

ⓒ구글 맵스

마체스타 광천(鑛泉), 나무 위주의 식물원, 대규모 전망대, 동쪽 약 100km에 있는 산간의 리차호(湖) 등이 있다.

한마디로 소치는 산과 바다가 어우러진 세계적인 휴양도시이다. 거대한 캅카스 산맥은 동계올림픽을 위한 최상의 자연조건을 갖추고 있다. 여기서 나아가 소치는 모든 유럽의 도시들처럼 아름다운 공간문화를 간직하고 있기도 하다. 이것은 우리가 적극적으로 배워야 할 중요한 덕목이 아닐 수 없다.

IV. 토건국가형 동계올림픽

2014년 동계올림픽의 개요는 다음과 같다. 동계올림픽에 이어서 장애인 동계올림픽이 열리며, 세계 80여 개국에서 5,000명이 넘는 선수와 임원들이 참여하게 된다.

이렇듯 긴 시간 동안 많은 사람들이 방문해서 숙박하며 경기를 벌여야 하기 때문에 동계올림픽을 위해서는 엄청난 준비가 필요하다. 그

표1   2014년 동계올림픽 개요

동계올림픽	2014.2.7 ~ 2.23일(17일 간)
장애인동계올림픽	2014.3.9 ~ 3.18(10일 간)
IOC 회원국	80여 개국 선수·임원 5,000명
종목	총 7개 경기 15개 종목 84개 세부 종목

러나 그만큼 그 가치도 크다. 정치적, 경제적 효과만으로 보자면, 또는 문화적 효과로 보더라도, 올림픽과 같은 세계적 대회의 가치는 확실히 크다. 그러나 그 가치는 이면의 문제를 최소화하려는 노력을 올바로 기울였을 때 비로소 실현될 수 있다. 이를 위해 여러 문제들에 대한 민주적 토론과 합의가 필요하다는 것은 더 말할 것도 없다.[5] 특히 동계올림픽의 반생태적 문제에 대한 적극적 대응이 무엇보다 필요하다.

그러나 평창 동계올림픽 유치위원회는 이미 1994년부터 강력히 추구되기 시작한 생태적 전환의 요청에 대해 아예 모르고 있는 듯했다. 예컨대 '대회이념과 비전'에서 이에 대한 의지는커녕 인식조차 엿볼 수 없었다.

이러한 평창 동계올림픽의 이념과 비전은 생태적 전환의 요청보다

표2   평창 동계올림픽의 이념과 비전

선수중심·경기중심의 올림픽 목표 달성
아시아지역 동계 스포츠의 확산
한반도의 평화정착과 공동번영에 기여

---

5   이런 점에서 정부와 재계는 물론이고 심지어 종교계까지 나서서 동계올림픽의 유치를 일방적으로 옹호하는 것은 그 자체로 문제라고 하지 않을 수 없다.

표3 평창 동계올림픽의 주요 사업계획

구분			사업내용	비고
경기장	13		6(보완)	경기장은 2천만 수도권에서 1~2시간대의 뛰어난 접근성을 갖추고 있는 데다 대회 이후 각종 국제대회 개최와 동계스포츠의 저변 확산과 발전을 위한 시설로 활용.
			7(신설)	
교통시설		도로	제2영동고속도로	모두 완공되면 관광객 수송 및 교통량의 효과적 분산 등 다원적 교통망을 갖추게 됨
			대체도로인 국도와 지방도의 확장·선형개량	
		철로	원주~강릉간 철도	

는 개발주의의 강화에 훨씬 가까운 것이었다. 이러한 성격은 사업계획에서 더욱 명확하게 드러났다.

여기서 알 수 있듯이 평창 동계올림픽의 유치계획은 동계올림픽 자체보다도 경기장 건설과 도로 건설에 훨씬 큰 비중을 두고 진행되었다고 할 수 있다. 이와 별도로 각종 숙박시설의 대규모 신개축도 추진되었다. 물론 이러한 건설, 건축이 강조되는 것은 유치조건에 맞추기 위해 필요한 것이기도 했다. 그러나 '경제적 파급효과'에 대한 강원도청의 설명은 평창 동계올림픽 유치계획이 단순히 유치조건에 맞추는 차원을 넘어서 분명히 토건국가형[6]으로 추진되었다는 사실을 잘 보여

---

6 토건국가란 토건업을 중심으로 경제정책이 추진되는 국가를 뜻한다. 이 이면에서 토건업과 정치권의 끈끈한 유착이 이루어져서 불필요한 대규모 개발사

표 4 평창 동계올림픽의 경제적 파급효과

구분	금액	금액 (제2영동고속도로 건설 포함)
총생산액 유발효과	11조 5,166억 원	15조 572억 원
부가가치 유발액	5조 1,366억 원	6조 6,987억 원
고용증대 효과	14만 3,976명	18만 6천 명
건설부분 생산유발	4조 1,904억 원	
제조업	3조 4,650억 원	
기타 서비스	1조 8,862억 원	

준다.

'경제적 파급효과'만으로 보자면, 평창 동계올림픽 유치계획은 토건업을 위한 것이라고 해도 좋을 것같다. 그런데 한국은 GDP에서 토건업이 19%를 차지하고 있는 세계 최악의 '토건국가'이다. 병적으로 비대한 토건업을 유지하기 위해 막대한 정부재정을 투입해서 불필요한 대규모 토건사업을 끝없이 벌이고 있다. 이 때문에 국토의 파괴는 물론이고 정부재정의 낭비와 왜곡, 정부 정책결정과정의 왜곡, 뇌물과 부패의 만연, 투기의 조장과 촉진 등의 심각한 문제가 잇달아 일어나고 있다. 토건국가형 동계올림픽은 너무나 큰 문제를 안고 있다.

업을 국책사업으로 펼치곤 한다. 이렇게 불필요한 대규모 개발사업에 너무나 많은 재정을 쏟아붓기 때문에 재정구조가 왜곡되어 사회복지와 같은 진정한 발전의 과제에 재정을 투여할 수 없게 된다. 이러한 구조가 강력히 확립되어 있는 상황에서 다수의 시민들은 토건국가의 수혜자가 되기 위해 최선을 다하기 쉽다. 따라서 개발주의가 더욱 만연하게 되고, 결국 토건국가는 더욱 강화된다. 지금 한국은 이러한 토건국가의 악순환에 빠져 있다(홍성태, 2007).

V. 강원도의 생태문화적 미래

동계올림픽과 같은 국제행사에 강원도의 미래를 맡기는 것은 잘못이다. 토건국가형 동계올림픽에 강원도의 미래를 거는 것은 더욱 더 잘못이다. 선진국이 되기 위해서는 우선 올바른 내생적 지역발전의 길로 적극 나아가야 한다. 물론 선진국도 동계올림픽을 추진한다. 그러나 그것은 토건국가형 동계올림픽이 아니다. 선진국이 어떤 동계올림픽을 추진하는가에 대해서도 제대로 연구하고 올바로 이해해야 한다.

여기서 우리는 생태주의와 개발주의의 이분모델을 통해 동계올림픽의 올바른 추진방향에 대해 살펴볼 수 있다. 원칙적으로 생태주의는 동계올림픽에 반대한다. 동계올림픽을 치르기 위해서 숲과 들과 강을 대대적으로 파괴하지 않을 수 없기 때문이다. 반대로 개발주의는 동계올림픽을 적극 찬성한다. 숲과 들과 강을 대대적으로 파괴해서 엄청난 돈을 벌 수 있기 때문이다. 사실 생태주의는 동계올림픽 자체에 반대하는 것이 아니라 그 때문에 빚어지는 대대적인 자연의 파괴에 반대하는 것이다. 이와 달리 개발주의는 동계올림픽 자체에 찬성하는 것이 아니라 그것을 핑계로 대규모 개발사업을 벌여서 막대한 돈을 벌 수 있기 때문에 찬성하는 것이다. 따라서 우리는 개발주의가 아니라 생태주의의 관점에서 동계올림픽을 검토해야 한다.

생태적 동계올림픽이란 더 많은 돈을 벌기 위해 자연을 마구 파괴하는 개발주의가 아니라 지속적 경제성장을 위해서도 자연의 보존을 강조하는 생태주의의 관점에서 추진되는 동계올림픽을 뜻한다. 2006년에 국제연합 환경계획에서도 동계올림픽의 생태적 전환을 위해 이와 관련된 제안을 했다. 그 주요내용은 다음과 같다.

국제연합 환경계획(UNEP)은 올해 2월에 개최된 토리노 올림픽의 환경을 배려한 대책을 살펴보고, 차기 동계올림픽에 대해 더욱 환경을 배려한 대회로 개최하기 위한 제안을 실시했다. 이러한 대책의 하나가 새로운 구조물을 건축하는 대신 기존의 시설 및 설비를 활용하는 것이다.

올림픽을 개최할 때마다 새로운 경기시설물을 만드는 것이 아니라, 기존의 설비를 개량하거나 하는 등으로 대응하는 것을 장려하고 있다. 봅슬레이 경기를 예로 들면, 토리노 올림픽에서는 새로 건축한 경기코스를 봅슬레이 교실로 활용하는 것을 검토하고 있다.

그러나 UNEP는 "산 중턱에서 커다란 냉장고와 같은 시설을 가동해 가면서 유지하는 것은 지속가능성이라고 하는 면에서 커다란 문제가 있다"고 지적하고 있다. 이러한 시설에서는 냉매로 암모니아 48톤이 사용되고 있으며, 오존층 파괴의 우려가 없다고는 하지만 만일 이러한 냉매가스가 누출되는 경우에 미칠 환경 영향에 대한 염려를 표명했다.

UNEP는 2010년에 캐나다 밴쿠버에서 개최되는 올림픽에서는 1988년에 캘거리 올림픽에서 사용한 봅슬레이 코스를 개량하여 재이용하도록 제안하고 있다. 이 외에도 환경부하가 적은 태양열에 의한 난방이나 빗물처리 시스템의 도입, 야생생물이 경기장을 횡단할 수 있게 하도록 하는 길을 만들도록 하는 등 제안이 포함되어 있다.

UNEP는 1994년부터 국제올림픽위원회와 제휴하여 올림픽의 환경배려를 추진하여 왔다. 그 결과, 토리노 올림픽에서는 프론을 사용하지 않는 음료냉장시설의 도입, 나무를 심어 온난화가스 배출량을 억제하는 등의 대책이 이루어졌다.

"국제연합환경계획(UNEP), 동계올림픽 환경부하삭감 방법 제시"
(http://www.kosen21.org)

올바른 동계올림픽에 관해 제대로 연구할 필요도 있겠지만, 강원도는 일단 동계올림픽을 잊는 것이 더 중요할 것으로 보인다. 강원도는 우선 산적한 난개발의 문제를 해결하는 데 집중해서 강원도의 가치를 올바로 보존하고 향상해야 한다. 이를 위해 무엇보다 '6대 난개발'의 문제를 해결해야 할 것이다.

첫째, 송전탑 난개발에 대처해야 한다. 강원도의 가장 큰 환경문제는 바로 송전탑이다. 무분별한 송전탑의 건설을 방치해서는 안 된다. 심지어 평창군에도 대규모 송전탑들이 들어설 계획이다. 한전이 '전원개발특례법'이라는 무서운 법에 의거해서 일방적으로 송전선로를 결정했기 때문이다.

둘째, 전봇대 난개발에 대처해야 한다. 한국은 도시는 물론이고 농촌도 전봇대가 무수히 들어서 있는 '전봇대 공화국'이다. 이로 말미암아 경관의 훼손을 넘어서 심각한 안전문제가 발생하고 있다. 강원도의 도시와 농촌도 마찬가지이다. 곳곳에 널려 있는 전봇대와 늘어진 전깃줄은 경관을 난잡하고 초라하게 만든다.

셋째, 도로 난개발에 대처해야 한다. '도로족'이라는 말이 나올 정도로 한국의 도로는 엄청난 재정의 낭비와 극심한 난개발의 문제를 빚고 있다. 강원도의 자연과 경관도 이미 도로 난개발 때문에 크게 훼손된 상태이다. 서구는 말할 것도 없고 일본만 해도 지방도로는 자연의 일부처럼 되어 있다. 한국은 너무 삭막하다.

넷째, 간판 난개발에 대처해야 한다. 한국의 간판문제는 세계적인 비난의 대상이다. 간판은 사실 그 자체로 하나의 공예품이 될 수 있다. 평창과 경쟁했던 잘츠부르크의 거리는 세계에서 가장 아름다운 간판문화를 자랑하는 곳이기도 하다. 우리는 이런 것을 배우고 구현해야 할 것이다.

다섯째, 건축 난개발에 대처해야 한다. 한국의 도시는 아파트가 지배하는 척박한 장소이다. 한국은 농촌에서도 자연과 조화를 이룬 건물을 좀처럼 볼 수 없다. 소박하고 생태적인 아름다움을 갖춘 농촌을 재건해야 한다. 유럽의 농촌은 참으로 깨끗하고 아름답다. 우리도 그렇게 할 수 있다. 그렇게 해야 '도시와 농촌의 결혼'이라는 올바른 도농관계도 추구할 수 있다.

여섯째, 펜션 난개발에 대처해야 한다. 깊은 산 속이나 계곡을 막론하고 펜션에 마구잡이로 들어서면서 경관의 훼손이나 자연의 파괴가 이미 심각한 문제가 되었다. 펜션은 도로의 개설, 전봇대의 설치, 오폐수의 방출, 쓰레기의 배출, 지하수나 계곡수의 낭비 등의 2차오염 문제도 낳는다.

이러한 '6대 난개발'의 문제를 해결하는 것은 지역의 자연과 문화를 최대한 살려서 내생적 발전을 추구하는 '생태문화적 개발'의 핵심이다. 릴레함메르와, 잘츠부르크는 말할 것도 없고 소치도 우리의 중요한 모범이다. 강원도가 자연과 문화를 잘 지키고 가꿔서 세계적 휴양지로 떠오른다면, 아마도 동계올림픽 유치는 저절로 이루어질 수도 있을 것이다. 송전탑 때문에 산을 마구 파괴하고, 전봇대 때문에 가로수를 마구 잘라내고, 도로 때문에 산과 들을 마구 파괴하고, 간판 때문에 저절로 눈살이 찌푸려지다 못해 머리가 아프고, 건물 때문에 차라리 눈을 감고 싶은 후진적 상태를 하루빨리 벗어나야 한다.

인생의 진리는 지역발전에도 적용될 수 있다. 스스로 능력을 갖추지 못한 사람은, 일찍이 프랭클린이 말했듯이, 빈 자루처럼 쓰러지고 만다. 그러나 열심히 노력해서 출중한 노력을 갖춘 사람은 감자가 가득 들어 있는 자루처럼 꼿꼿이 서 있을 수 있다. 지역의 자연과 문화를 충실히 살리는 내생적 발전을 추구하는 것만이 올바른 지역발전의 길이다.

추기: 2018년 2월 한국은 평창 동계올림픽을 성공적으로 치렀다. 그러나 이를 위해 가리왕산은 크게 파괴되었다. 2019년 1월 환경부는 약속대로 가리왕산의 복원을 강원도에 요구했다. 부디 가리왕산이 제대로 복원되기를 바란다. 그리고 주변의 난개발 문제와 의혹이 확실히 밝혀지기를 바란다.

(2007년 8월)

참고자료

홍성태, 2007, 『개발주의를 비판한다 - 박정희 체계를 넘어서 생태복지사회로』, 당대.
_____ 엮음, 2005, 『개발공사와 토건국가』, 한울.

제9장
용산 미군기지를 용산 생명의 숲으로

I. 머리말

용산 미군기지는 한 나라의 수도에 외국군의 대부대가 자리잡고 있는 희귀한 사례이다. 아무리 강력한 군사동맹관계를 맺고 있더라도 외국군의 대부대가 한 나라의 수도에 자리잡고 있는 것은 그 나라의 주권과 관련해서 심각한 문제를 제기할 수밖에 없다. 이런 점에서 용산 미군기지는 굳건한 한미동맹의 상징일 뿐만 아니라 '미제의 식민지'의 상징이었다.[1] 국방부가 용산 미군기지에 둘러싸여 있기 때문에 이런

---

[1] 이런 사실을 반영해서 용산 미군기지의 이전계획은 '민족자존회복'을 첫번째 목표로 내걸고 있다. 그러나 용산 미군기지를 평택 미군기지로 이전하는 것이

성격은 더욱 강화되었다.

용산 미군기지는 사실 '서울 속의 미국'이다. 이곳은 캘리포니아 주소를 쓰고 있기도 하다. 용산 미군기지는 단순히 군사기지가 아니다. 이곳은 주한미군의 사령부가 주둔해 있는 곳으로서 주한미군을 통제하기 위한 거대한 정보통신시설이 설치되어 있고, 군인과 가족을 위해 식당과 병원을 비롯한 온갖 편의시설과 유치원에서 대학교에 이르기까지 온갖 교육시설들이 설치되어 있다. 용산 미군기지는 말 그대로 '서울 속의 미국'이다.

사정이 이렇다 보니 용산 미군기지는 서울의 변화에서 심각한 장애물로 떠오르게 되었다. 본래 용산 미군기지는 서울의 외곽에 자리잡은 군사기지였다. 그러나 서울의 팽창과 함께 용산 미군기지는 그야말로 '서울의 배꼽'에 자리잡은 꼴이 되고 말았다. 이로부터 많은 문제들이 빚어졌다. 용산 미군기지에 가로막혀 동작대교의 북단이 끊어진 것은 그 대표적인 예이다. 지하철 4호선의 삼각지-신용산-이촌 구간이 심하게 휜 것도 역시 용산 미군기지 때문이다.

이렇듯 여러 문제를 안고 있는 상황에서 주한미군의 문제에 대한 비판이 커지자 결국 한국과 미국 정부는 용산 미군기지의 이전계획을 추진하기 시작했다. 그러나 1987년에 노태우가 시작한 용산 미군기지의 이전계획은 1993년에 일단 수포로 돌아가고 말았다. 그리고 10년이 지난 2003년 초에 다시 추진되어 2004년 1월에 한국과 미국 사이에 합의가 이루어지고 같은 해 12월에 국회에서 확정되었다. 그 핵심적 내용은 2008년 12월 31일까지 용산 미군기지를 평택으로 완전히

과연 '민족자존회복'인가? '국민불편해소'라는 두번째 목표도 마찬가지. 세번째 목표인 '수도서울발전'도 아직은 불투명하다.

이전한다는 것이다.

　용산 미군기지의 이전계획이 확정됨으로써 용산 미군기지의 변화를 둘러싸고 본격적인 논란이 벌어지게 되었다. 용산 미군기지는 과연 어떻게 변할 것인가? 대다수 시민들은 용산 미군기지가 거대한 숲으로 다시 태어나기를 바라고 있다. 이러한 시민의 여망을 바탕으로 시민사회에서는 오래 전부터 용산 미군기지를 '생명의 숲'[2]으로 만들자는 활동을 펼치고 있다. 용산 미군기지는 과연 아름다운 숲으로 다시 태어날 수 있을까?

II. 용산 미군기지의 역사

용산은 서해로 나아가는 한강의 물길과 서울에서 남도로 이어지는 땅길이 만나는 곳이기 때문에 예로부터 전략적 요충지였다. 이 때문에 조선은 용산에 둔병을 두고 길목을 지켰다.

　그러나 사실 지금 용산 미군기지가 있는 곳은 옛날의 용산이 아니다. 원래 용산은 지금의 원효로와 마포로 사이에 있는 작은 산의 이름이다. 지금은 동쪽에는 삼성 아파트가 들어서 있고, 서쪽에는 현대 아파트가 들어서 있어서 잘 보이지도 않지만, 옛날에는 한강에서 바로 보이면서 용이 물을 마시는 모습으로 여겨졌던 산이다. 그 산줄기는 만리재를 지나 아현과 서대문 밖의 안산으로 이어신다. 동쪽 중턱에는 용산성당이 자리잡고 있으며, 그 아래 골목에서는 함석헌 선생이 살았었다.

---

[2] 이 이름은 필자가 2000년 초부터 문화연대에서 용산 미군기지의 생태공원화 운동을 본격적으로 펼치면서 생태공원의 내용을 시민들에게 좀더 쉽게 전달하기 위해 고안한 것이다.

그림1　19세기 중반의 서울 지도

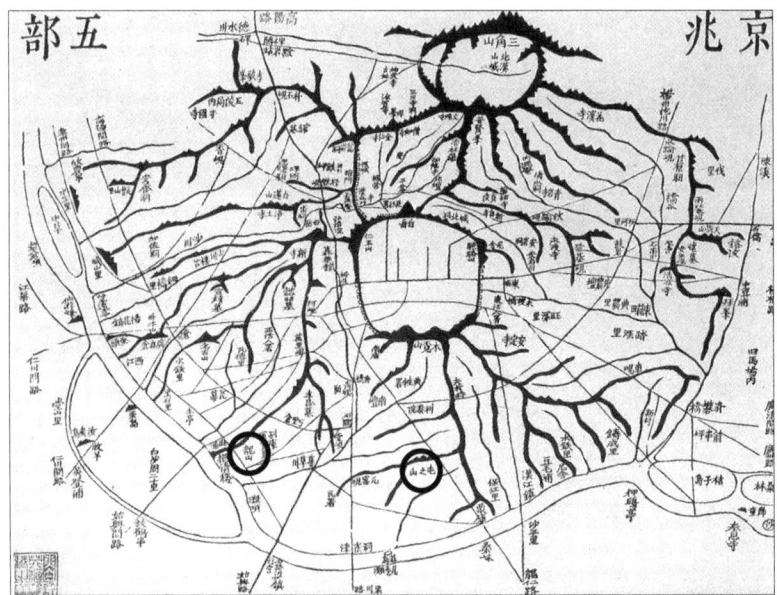

고산자 김정호 선생이 〈대동여지도〉의 부록으로 작성한 서울지도인 '경조오부도'(1861년). 왼쪽 아래 한강가에 '龍山'이라는 지명이 보이고, 가운데 아래에 '屯之山'이라는 지명이 보인다.

지금의 용산 미군기지가 자리잡고 있는 곳에는 남산의 산줄기가 이어졌으며, 둔지산(屯之山)이라고 불리는 작은 산이 '사우스 포스트' 지역에 있었다. 조선의 둔병이나 외국군이 터를 잡았던 곳은 이곳이다. 특히 현재의 용산 미군기지는 일제의 조선주차군사령부를 그대로 물려받은 것으로 그 역사는 1894년의 청일전쟁으로 거슬러 올라간다. 청일전쟁 때부터 둔지산 부근에 병력을 주둔시켰던 일제는 1904년에 러일전쟁을 일으키고 조선을 협박해서 '한일의정서'를 체결했다. 이로써 일제는 용산 일대에서 300만 평을 군용지로 강제수용해서 115만 평에 군사기지를 건설하고 나머지는 일본인들에게 팔거나 대한제국에게 돌려주었다. 이렇게 해서 1908년에 현재의 용산 미군기지 자리에 일제의 조선주차군사령부가 들어섰으며, 나아가 원래의 용산 자락을 비롯해서 사령부 주변지역은 일본인의 주거지와 상가로 바뀌었다. 일제는 조선주차군사령부가 들어선 지역을 '신용산'이라고 불렀으며, 서울의 급격한 변화와 함께 원래의 용산은 잊혀지게 되었다.

1945년 9월에 남한에 들어온 미군은 일제의 조선주차군사령부를 접수했으며, 1948년 8월에 남한 단독정부가 수립되면서 미군은 본국으로 철수했다. 그러나 1950년 6월에 한국전쟁이 일어나자 미군은 다시 한국에 들어왔고, 이어서 1953년 8월부터 지금의 용산 미군기지에 주한미군사령부를 설치하게 되었다.[3]

1945년 9월 8일 미국은 제2차 세계대전에서 패배한 일본군을 무장해제시키고 한반도 남한지역에서 군정을 실시하기 위하여 하지 중장이 이끄는 미국 육군 제24군단을 인천에 상륙시켰다. 그해 11월까지 일본군의 무장해제를 위해 남한 각 지역에 배치된 24군단 병력은 7만여 명이었다. 이때 미군은 일제강점기에 한국에 주둔한 일본군이 사령부로 사용하던 용산의 군사시설을 인수하여 사용하였다.

---

3 "주한 유엔군사령부는 1950년 6월 27일 채택된 유엔 안전보장이사회 결의 제1511호(유엔의 대북한 군사제재 결의)와 1950년 7월 7일 유엔 안보리결의 제1588호(유엔군 통합사령부 설치 결의)에 따라 창설되었다. ... 1957년 7월 1일에는 일본 동경에 있던 유엔군사령부가 서울로 이동하였다(현재까지도 유엔사의 후방기지는 일본에 잔류중). 이후 1974년 7월 1일 유엔군사령부와 주한미군사령부 그리고 미8군의 참모부가 통합되어 단일 참모부가 되었으며, 1978년 11월 7일에 한·미 연합사령부가 창설됨에 따라, 유엔사의 한국군에 대한 작전통제권은 한·미 연합사령부로 넘어갔다."(네이버 백과사전, '주한유엔군사령부')

그러다가 1948년 대한민국 정부가 수립되어 미군정이 종식됨으로써 1949년 6월 주한미군은 500여 명의 군사고문단만 남기고 철수하였다.

이듬해 북한이 남침하여 6·25전쟁이 일어나자 미국이 참전하였다. 이때 미국은 딘 소장을 사단장으로 한 24군단 병력을 배치한 데 이어, 일본 요코하마[橫濱]에 있던 미8군 선발대를 급파하여 대구에 주한미제8군사령부를 설치하였다. 서울을 수복한 뒤 주한미제8군사령부는 종로구 동숭동에 있던 옛 서울대학교 문리대 건물을 사용하다가, 정전협정 체결 직후인 1953년 8월에 용산기지로 이전하여 지금에 이른다.(네이버 백과사전, '미군과 용산기지')

용산 미군기지의 이전에 관한 논의는 1987년 겨울에 노태우가 공약으로 제시하면서 본격적으로 시작되었다. 그러나 그 성과는 1991년 6월에 용산 미군기지의 골프장 부지 9만 평을 돌려받는 것에 그쳤다. 2008년 12월 31일까지 용산 미군기지의 이전이 끝나면 1908년에 일제의 조선주차군사령부가 준공된 이래 100년만에 용산 미군기지는 외국군 대부대의 주둔지에서 벗어나게 되는 셈이다.

III. 용산 미군기지의 이전

용산 미군기지의 이전은 이제까지 두번 추진되었다. 첫번째는 노태우가 추진했고, 두번째는 노무현 대통령의 참여정부가 추진하고 있다. 각각의 경과를 간략히 살펴보도록 하자.

〈표1〉에서 볼 수 있듯이 용산 미군기지의 1차 이전계획은 1987년 12월에 노태우의 대통령선거 공약으로 시작되어 1990년 6월에 1996

표1   1차 이전계획(1987~93년)

1987년 12월	민정당의 노태우 대통령 후보, 용산 미군기지의 이전을 공약
1989년	서울시, 용산 미군기지의 민족공원화 계획 발표
1990년 6월	'용산 미군기지 이전합의서' 체결(1996년까지 이전)
1991년 6월	용산 미군기지의 미8군 골프장 반환 서울시, '용산 군 이적지 활용방안과 기본계획' 발표
1992년 12월	용산 가족공원 개장
1993년 8월	정부, 용산 미군기지 이전계획 취소

년까지 용산 미군기지의 이전을 완료하기로 한 합의서가 체결되었다. 그러나 미국 정부가 이전부지와 이전비용에 대해 과도한 요구를 함으로써 1차 이전계획은 1993년 8월에 공식적으로 취소되고 말았다. 여기에는 당시 막 시작된 북핵위기가 영향을 미치기도 했다. 이렇듯 1차 이전계획은 용산 미군기지의 이전이 대단히 어려운 과제라는 사실을 확인해주었다. 그러나 이와 함께 '용산 가족공원'은 용산 미군기지가 지니고 있는 생태문화적 가능성을 확인해주기도 했다.

2차 이전계획은 노무현의 대통령 당선과 함께 시작되었다. 그러나 논의 자체는 그보다 조금 앞서서 시작되었다. 2001년 12월에 주한미군이 용산 미군기지에 미군 아파트를 짓겠다는 계획을 발표하면서 용산 미군기지의 이전에 관한 논의가 다시 시작된 것이다. 미지 않아 용산 미군기지를 돌려받게 된다면 많은 돈을 들여서 미군 아파트를 짓는 것은 잘못이기 때문이었다. 이에 대해 국방부는 미군이 자기 돈으로 짓는 것이므로 뭐라고 할 수 없다고 했으나 국방부의 설명은 모두 거짓말이었다. 2004년 6월 28일에 완공된 이 호화 아파트의 건설비는 모두 한국에서 부담했으며, 또한 당초 60가구를 건설한다고 했으나 모두 118가구를 건설했다(〈연합뉴스〉, 2004/6/30).

더욱 주목할 것은 이 아파트가 한창 건설되고 있는 가운데 용산 미군기지의 2차 이전계획이 추진되기 시작했다는 점이다. 결국 주한미군은 곧 옮겨갈 곳에 한국의 비용으로 호화 아파트를 짓도록 했던 것이다. 그리고 국방부는 이런 사실을 알면서도 거짓말로 국민들을 속이고 주한미군의 황당한 요구를 그대로 들어주고 말았다.[4] 이에 대해서 국방부의 관계자는 반드시 책임을 져야 할 것이다.

1차와 달리 2차 이전계획은 순조롭게 진행되었다. 1차 이전계획은 미국 정부가 협상과정에서 이전비용을 지나치게 부풀린 것이 겉으로 드러난 가장 큰 장애였다. 그러나 사실 그 이면에는 용산 미군기지를 이전하려 하지 않는 주한미군의 의도가 자리잡고 있었다. 이전부지나 이전비용과 관련해서 달라진 것은 없다. 한국 정부는 우리가 원해서 주한미군이 이전하는 것이므로 주한미군이 원하는 대로 이전부지와

표2 2차 이전계획(2003~2008?)

2003년 4월	제1차 FOTA(미래 한미동맹정책구상)에서 미국 정부는 한강 이북 미군을 한강 이남으로 이전하겠다는 뜻을 밝힘.
2003년 10월	국무총리실 주한미군대책기획단 창설
2004년 1월	제6차 FOTA, 유엔사와 연합사를 포함한 전체 용산 미군기지의 이전에 합의.
2004년 7월	제10차 FOTA, 용산 미군기지 이전협상 타결
2004년 10월	용산기지이전협정 대통령 재가(10월 25일) 용산기지이전협정 국회 제출(10월 29일)
2004년 12월	용산기지이전협정 국회 본회의 의결(12월 9일)

---

4 국방부의 문제는 이미 너무나 잘 알려진 상태이다. 용산 미군기지와 관련하여 필자는 개인적으로 국방부의 문제를 경험한 적도 있다. 이에 대해서는 홍성태(2003: 185-188)을 참조.

이전비용을 부담하기로 했다. 1차와 2차의 큰 차이는 미군의 세계전략이 변화한 것에 맞춰서 주한미군의 전면적 변화가 추진되고 있다는 것이다. 다시 말해서 2차 이전계획에서 용산 미군기지의 이전은 주한미군의 전략적 선택이라는 성격이 더 강하다. 바로 이 때문에 2차 이전계획은 실현될 수 있게 된 것이다(홍성태, 2006).

IV. 정부와 서울시의 '공원+개발' 계획

용산 미군기지의 이전계획이 본격적으로 추진되면서 용산 미군기지의 공원화계획이 적극적으로 추진되기 시작했다. 이것은 사실 이미 1989년에 확정된 국민적 합의사항이었다. 다음은 그 주요경과를 정리한 것이다.

〈표3〉에서 볼 수 있듯이 용산 미군기지의 공원화는 정부, 서울시, 시민사회가 모두 합의한 내용이다. 그러나 세 주체가 추진하는 구체적인 내용은 크게 다르다. 우선 정부와 서울시의 계획에 대해 간략히 살펴보도록 하자.

정부의 계획은 2004년 초부터 조금씩 윤곽을 드러내기 시작했다. 먼저 2004년 2월에 노무현 대통령은 중앙일보와의 인터뷰에서 사실상 '공원+개발'의 방식을 제시했다. 2004년 7월에 민주노동당의 노회찬 의원은 정부가 2004년 5월에 마련한 『용산기지 반환부지 활용과 재원조달 방안』 보고서를 입수하여 발표했다. 이 보고서는 '공원+개발'이 최적이라는 결론을 담고 있다. 정부는 2005년 10월에 『용산기지 공원화 구상 연구』 보고서를 작성했는데, 그 내용이 2006년 8월에 한겨레21의 특집기사를 일부 보도되었고, 10월에 한나라당 김양수 의원은 이 보고서를 입수해서 발표했다. 그 내용은 다시 '공원+개발'로 요약된다.

표3 용산 미군기지의 공원화계획(1989~2006)

1989년	서울시, 용산 미군기지의 민족공원화 계획 발표
1991년 6월	서울시, '용산 군 이적지 활용방안과 기본계획' 발표
2000년 3월	용산구청, 용산 미군기지의 '불법호텔 건축'에 대해 법적 대응 추진.
2004년 1월	이명박 시장, 용산 미군기지의 국립공원화 건의
2004년 2월	노무현 대통령, 용산 미군기지의 공원화 구상 개진 – "용산반환부지는 녹지로 유지하되, 지상·지하를 입체적으로 잘 활용하여 동북아 명소로 개발하겠다."(중앙일보 인터뷰) 국무총리실 용산기지 공원화기획위원회(위원장 권태준) 구성
2004년 5월	주한미군대책기획단, '용산기지 반환부지 활용과 재원조달방안' 보고서
2004년 12월	문화관광부, 용산 미군기지 녹지·문화공간화 기본구상
2005년 7월	국무총리실 용산기지 공원화기획위원회(위원장 권태준) 해산
2005년 10월	국가 주도 공원화계획 발표 주한미군대책기획단, '용산기지 공원화 구상 연구' 보고서
2005년 11월	용산민족역사공원건립추진위원회 및 추진단 출범
2006년 7월	'용산민족역사공원 조성 및 주변지역 정비에 관한 특별법' 입법예고 오세훈 시장, 용산 미군기지의 전면공원화를 위한 다른 공유지 매각방안 제시
2006년 8월	용산기지 공원화 선포식(8월 24일)

정부의 계획은 서울시와 시민사회의 커다란 반발을 불러 일으켰다. 정부는 주변지역은 물론이고 메인 포스트와 사우스 포스트라는 '몸통'에 대한 개발도 추진하고 있기 때문이다. 정부가 이렇게 무리한 개발계획을 추진하는 까닭은 잘못된 이전협정 때문이다. 정부는 주한미군이 원하는 대로 이전비용을 주기로 했다. 그 액수는 최소 4조 원에서

최대 10조 원을 넘을 것으로 추정된다. 그런데 2003년의 용산 시티타워 분양에서 잘 드러났듯이 용산 미군기지는 엄청난 경제적 잠재력을 지니고 있다. 따라서 일부만 개발해도 용산 미군기지의 이전비용은 충분히 충당할 수 있다. 정부는 불평등한 이전협정을 맺고는 그 잘못을 실현하기 위해 용산 미군기지의 개발이라는 또 다른 잘못을 저지르려 하고 있는 것이다.

이에 대해 서울시는 일관되게 '전면공원화'를 주장하고 있다. 메인 포스트와 사우스 포스트는 모두 자연공원으로 만들어야 한다는 것이다. 그러나 서울시는 아직까지 구체적인 계획을 마련하지는 않은 상태이다. 2004년 2월에 서울시정개발연구원에 계획을 마련하도록 지시해서 추진되었으나 같은 해 8월에 돌연 중단하도록 지시해서 중단된 것으로 알려졌을 뿐이다.[5] 어떤 방식과 비용으로 자연공원을 만들 것인가에 대해 서울시는 구체적인 계획을 하루빨리 제시해야 한다.

또한 서울시는 주변지역의 재개발과 개발이익의 환수라는 중대한 문제에 대해서도 역시 뚜렷한 방안을 제시하지 않고 있다. 오히려 한남뉴타운이나 유턴프로젝트 등에서 잘 볼 수 있듯이 주변지역의 난개발을 부추기는 모습을 보이고 있다. 이런 식으로 한다면, 용산 미군기지가 자연공원이 된다고 해도 그것은 '부자들의 앞마당'이 되기 십상일 것이다. 이런 의혹에서 벗어나고자 한다면, 서울시는 용산 미군기지의 주변지역에 대한 재개발계획을 하루빨리 발표해야 한다.

사실 서울시는 이미 강력한 신개발주의의 의혹을 받고 있다. 이명박 전 시장은 청계천복원을 내세우고 청계천개발을 강행했으며, 주변지역의 초고층 재개발을 추진해서 큰 논란을 일으켰다. 마찬가지로 오

---

[5] 이 연구의 보고서는 2006년 12월에 제출될 것으로 알려졌다.

세훈 시장은 용산 미군기지의 공원화를 내세우고도 관련 계획을 제대로 세우지 않고 있으며, 나아가 정부와 '밀실협상'을 진행하면서 관련 정보를 구체적으로 밝히지 않고 있다. 이 때문에 정부와 서울시가 시민사회를 사실상 완전히 배제하고 서로 이득을 볼 수 있도록 용산 미군기지의 개발계획을 추진하고 있다는 의혹이 커지고 있다.

V. 시민사회와 '생명의 숲' 구상

시민사회는 1996년 7월부터 용산 미군기지의 공원화 구상을 제시하기 시작했다. 물론 그 전제는 기존의 기지를 최대한 효율적으로 활용하는 방식으로 용산 미군기지가 이전하는 것이다. 시민사회의 구상은 1999년 말에 문화연대를 통해 새롭게 '생태문화공원'으로 제시되면서 시민들의 커다란 호응을 얻었다. 현재 이 구상은 '생명의 숲'이라는 이름으로 널리 확산되었다.[6]

'생명의 숲' 구상을 제시하기에 앞서서 정확히 우리가 돌려받게 되는 용산 미군기지의 면적에 대해 살펴볼 필요가 있다(외교통상부, 2004; 이유진, 2005; 이형수, 2006). 정부나 서울시의 여러 발표문이나 보고서에서는 이것에 관해 사실상 '속임수'를 쓰고 있기 때문이다. 우리는 과연 얼마나 넓은 땅을 돌려받아서 공원을 만들 수 있는 것일까?

'용산기지이전협정'에 따라 서울지역에서 돌려받게 되는 미군기지는 성남 골프장을 포함해서 모두 9개 기지에 118만여 평이다.[7] 미 대

---

[6] 이 활동은 정기용과 홍성태가 책임을 맡아 진행했다.

[7] 유엔사는 2008년에 반환받을 예정이었으나 2006년에 조기반환되었다. 이유진의 자료와 달리 이형수의 자료에는 캠프 모스가 들어가 있다. 그 크기는 9천평 정도인 것으로 제시되었다.

표4   시민사회의 대응(1996~2006)

1996년 7월	'용산 미군기지 진단과 민족적 활용방안에 대한 토론회'(전국연합 주최)
1999년 12월	문화연대, 용산 미군기지의 생태공원화운동 시작.
2000년 4월	문화연대, '용산 미군기지를 시민생태공원으로' 토론회
2003년 5월	용산미군기지반환운동본부, '용산미군기지의 반환과 활용방안' 토론회
2006년 9월	용산기지 생태공원화 시민연대 발족(9월 7일)
2006년 10월	용산기지 생태공원화 시민연대 토론회(10월 25일)

사관이 옮겨가게 될 캠프 코이너는 메인 포스트에 포함되어 계산되었다. 이 중에서 용산구에 속하는 기지는 모두 7개에 89만여 평이다.[8] 이와 함께 연합토지관리계획(LPP)에 따라 서울에서 두 개의 기지를 더 돌려받게 된다. 하나는 용산구 한강로에 있는 캠프 킴이고, 다른 하나는 동작구 대방동에 있는 캠프 그레이다. 캠프 킴은 1만 4천 평이므로 돌려받는 용산구 내의 기지는 모두 8개에 90만 4천여 평이 된다.[9]

용산민족역사공원건립추진위는 메인 포스트와 사우스 포스트를 공원대상으로 제시했다. 이와 함께 조성하려는 공원의 규모를 '용산가족공원, 중앙박물관, 전쟁기념관 등을 합쳐 약 80만 평 규모로 가능'이라고 밝혔다. 그러나 세 곳은 돌려받는 용산 미군기지에 포함되지 않으며, 그 크기는 모두 합해서 약 16만 평에 이른다. 이런 점에서 정부는 메인 포스트와 사우스 포스트의 81만 평에서 적어도 15만 평 이상을 다른 용도로 쓰려는 계획을 갖고 있다는 의혹을 사게 되었다. 사실

---

8   캠프 모스를 추가하면 8개에 90만 평 정도로 늘어난다.
9   캠프 모스를 추가하면 9개에 91만여 평으로 늘어난다.

은 어떤가?

정부는 메인 포스트와 사우스 포스트의 81만 평을 모두 공원화하겠다고 말하고 있지만, 이러한 말 자체가 이루어질 수 없는 '거짓말'이라고 할 수 있다. 메인 포스트 지역에 미 대사관 이전부지 2만 4천여 평, 전쟁기념관 확장 1만 3천여 평, 사우스 포스트 지역에 잔류부대 부지와 국방부 연결지역 2만 4천여 평, 드래곤힐 호텔 등 잔류부대 부지 2만 5천여 평, 헬기장 1만 7천여 평, 미121병원 1만 6천여 평 등 12만여 평이 이미 공원화 대상에서 빠져 있는 상태이기 때문이다(용산기지 생태공원화 시민연대, 2006; 이형수, 2006: 18-19).

원칙적으로 미 대사관 이전부지[10]를 제외하고 메인 포스트와 사우스 포스트의 모든 부지를 공원화하는 계획을 수립해야 한다. 그러나 현재 정부는 전체 81만 평에서 12만 평을 뺀 69만 평 정도를 공원으로 만들 수 있다. 그런데 정부가 추진하는 '공원+개발' 계획에서는 다시 12만 평을 개발하는 것으로 제시되어 있다. 따라서 전체 81만 평에서 57만 평만이 공원으로 조성될 수 있는 것이다(이형수, 2006: 21). 여기서 서울시의 문제도 함께 지적하지 않을 수 없다. 똑같은 이유에서 서울시도 결코 81만 평을 모두 공원으로 만들 수 없다. 서울시도 공원대상 면적을 정확히 밝혀야 한다. 이를 위해서는 무엇보다 '잔류부지'를 정확히 제시해야 한다. 이미 엄청난 크기의 잔류부지가 여러 용도로 확정되어 있는데도 불구하고 81만 평 전체를 공원화하겠다고 발표하는 것은 국민을 속이는 짓일 뿐이다.

시민사회는 용산 미군기지가 '생명의 숲'으로 다시 태어날 수 있도록 '잔류부지'의 최소화와 함께 '산재부지'의 개발도 최소화할 것을 요

---

10 대사관저와 대사관 직원숙소 부지를 포함한다.

청하고 있다. LPP에 따라 2007년에 돌려받는 캠프 킴은 현재 길가를 빼고는 모두 '자연녹지지역'으로 지정되어 있다. 그런데 정부는 이곳에 초고층 오피스텔을 건설하는 계획을 추진하고 있다. 이미 극심한 지경에 이른 한강로의 난개발을 막아야 할 정부가 오히려 난개발의 주체로 나서고자 하는 것이다. 이렇게 해서는 곤란하다. 메인 포스트와 사우스 포스트는 물론이고 주변의 '산재부지'도 난개발을 억제하고 그 상처를 치유하기 위한 공적 공간으로 활용되어야 한다. 이 소중한 공간을 정부가 나서서 개발하겠다는 것은 정부의 무능을 보여주는 것일 뿐이다.

이런 점을 감안해서 시민사회가 추구하는 '생명의 숲' 구상은 최소한 메인 포스트와 사우스 포스트 81만 평을 대상으로 한다. 정부와 미군의 잔류부지 계획이 실현되는 한, 용산 미군기지 반환운동은 앞으로도 계속 전개될 것이다. 가장 큰 문제는 아마도 미 대사관 이전부지일 것이다. 그런데 미 대사관 이전부지는 사실 1만 4천평의 캠프 킴으로 충족할 수 있다. 나아가 미 대사관이 신축될 캠프 코이너에는 남단과 같은 귀중한 역사유적이 있는 곳이기도 하다. 지금의 계획대로라면 미 대사관은 이러한 귀중한 역사유적을 파괴하고 들어서게 된다. 그러므로 미 대사관은 캠프 코이너가 아니라 캠프 킴에 들어서야 한다.[11]

또한 앞으로 재개발이 이루어질 곳은 물론이고 이미 재개발이 이루어진 곳에 대해서도 개발이익을 환수하도록 해야 한다. 개발이익을 환수하는 것은 사회정의의 출발일 뿐이다. 용산 미군기지의 공원화를

---

11 이 구상은 이형수 국장이 2006년 10월 25일에 열린 토론회에서 처음으로 제안한 것이다. 나는 이 구상이 한미관계의 정상화나 용산공원화의 완성을 위해 대단히 합리적인 것이라고 생각한다.

통해 막대한 불로소득을 챙기도록 방치하는 것은 그 자체로 사회정의를 무너뜨리는 것이다. 환수된 개발이익은 이전비용이나 공원화 비용에 충당될 수 있을 것이다. 나아가 재개발이 초고층 난개발로 이루어지지 않도록 강력히 규제해야 한다. 이를 위해 우선 주변지역의 사유지는 가능한 매입해야 한다. 이미 초고층 난개발로 말미암아 용산 미군기지 안으로 그림자가 길게 드리워지고 있다. 더 이상 초고층 재개발은 이루어질 수 없도록 해야 한다.

'생명의 숲'은 숲을 중심으로 생태공원을 형상화한 표현이다. 용산 미군기지에는 이미 커다란 나무들이 많이 있다. 이 나무들을 최대한 살려서 적어도 한 세대 이상의 오랜 시간에 걸쳐 자연적 천이가 이루어질 수 있도록 해야 한다. 이런 점에서 '생명의 숲'은 토목업자와 조경업자가 아니라 생태학자가 주도해서 이루어야 할 것이다.[12]

삼각지와 이태원을 잇는 길은 지하화하되 동작대교의 연장은 신중히 검토할 필요가 있다. 그리고 '생명의 숲'은 지상만이 아니라 지하도 고려해야 한다. 지하를 개발하고 지상에서 '생명의 숲'을 유지할 수는 없다. 이런 점에서 지하철 '신분당선'의 역사를 사우스 포스트 지역에

---

12 정부의 계획이 잘못되었다는 것을 상징적으로 보여주는 예로 용산민족역사공원건립위원회의 구성을 들 수 있다. 특히 1986년에 '평화의 댐'을 적극 주장했던 토목학자 선우중호 위원장의 문제가 크다. 그는 〈한겨레21〉과의 인터뷰에서 용산 미군기지의 적극적 개발을 주장하기도 했다. 정부가 정말 공원을 만들 계획이라면, 용산민족역사공원건립위원회부터 전면적으로 재구성해야 할 것이다. 또한 시민사회의 일부 주체들이 이곳에 기념관 등의 대규모 시설을 지을 수 있도록 해달라고 요청해서 정부의 잘못된 '용산민족역사공원건립' 계획을 사실상 지원하고 있다. 이런 행태는 결국 공익을 저버린 것으로 국민의 비판과 지탄을 받게 될 것이다.

두 곳이나 설치하겠다는 것은 지하철 역사를 빙자해서 개발계획을 추진하려는 것일 뿐이다. 이 파괴적 계획은 즉각 철회되어야 한다. 자연공원 안에 대규모 역사를 두 곳이나 짓겠다는 것은 그 자체로 너무나 몰상식한 계획이 아닐 수 없다. 지상과 지하는 따로 존재하는 것이 아니라 한 몸으로 이어져 있다. 지상에는 잔디를 심고 지하는 개발하겠다는 식의 발상은 자연공원에 대한 무식의 소치일 뿐이다. 나아가 용산 '생명의 숲'은 서울의 남북녹지생태축을 되살리는 귀중한 생태자원이 될 것이다. 여기서 핵심은 북으로 남산과 연결하는 것과 남으로 한강과 연결하는 것이다. 이미 개발이 이루어진 남산 쪽과 한강 쪽에 여러 생태통로를 만들기 위한 다양한 노력이 필요하다.

 '생명의 숲'이 오염문제에 대한 조사로 이루어지기 시작한다는 것은 다시 말할 필요가 없다. 또한 '생명의 숲'은 용산 미군기지 안에 있는 많은 역사유산을 보듬어서 더욱 아름답게 만들 것이다. '생명의 숲'은 자연과 역사가 어우러져서 후손에게 길이 물려줄 아름다운 문화로 피어나는 곳이다. 이 점에서 그것은 진정한 '선진화'의 길을 활짝 열어주는 장소가 될 것이다.

(2006년 10월)

참고자료

김기호·문국현, 2006, 『도시의 생명력 그린웨이』, 랜덤하우스 코리아.
외교통상부, 2004, '용산기지이전협정 해설'.
이유진·고이지선, 2005, 녹색연합 보고서, 『미군기지의 그늘을 벗고 생명의 공간을 준비하자』.
조명래, 2000, '공간의 정의와 생태문화운동-용산기지 시민생태공원화 운동을 사례로', 『문화과학』 2000년 겨울호.
홍성태, 2000, '군사공간의 생태적 재생 - 용산 미군기지의 경우', 『공간과 사회』 2000년 겨울호.
_____, 2003, 『반미가 왜 문제인가』, 당대.
_____, 2006, '용산 미군기지와 서울의 생태문화적 재생', 『에코』 2006년 상반기호.

길윤형, 2006, "용산 기지를 부자들의 앞마당으로?", 〈한겨레21〉, 8월 15일.
용산기지 생태공원화 시민연대, 2006, "용산기지 생태공원화 시민연대 발족 기자회견문.", 9월 7일.
이유진, 2005, '미군기지 반환을 둘러싼 원칙과 용산 기지 반환의 의미', 『반환되는 용산 미군기지, 무엇을 준비할 것인가』, 녹색연합 토론회, 10월 28일.
이형수, 2006, "정부와 서울시의 용산공원안의 문제점과 대안.", 『용산기지의 공원화, 어떻게 할 것인가? - 정부와 서울시의 계획에 대한 비판』, 용산기지생태공원화시민연대 토론회, 10월 25일.
조명래, 1996, "도시계획 및 발전에서 바라본 용산 미군기지.", 『용산 미군기지 진단과 민족적 활용방안에 대한 토론회』, 전국연합 등 주최 토론회, 7월 1일.

부록 1
주한미군의 체계

('주한미군 사령부' - 네이버 지식iN, milcamp, 2005년 6월 작성)

사령관은 8군사령관과 유엔군사령관, 한미연합사령관을 겸임하는 미 육군대장이며 육군 2만 8,000명, 해군 396명, 공군 8,459명, 해병대 76명으로 총 36,931명이다. 각 부대는 평시에는 주한미군사령부 소속이나 전시에는 전부 한미연합사 소속으로 전환이 된다. 유일하게 평시에도 한미연합사 소속의 부대는 육군 38방공여단과 공군의 공중정찰용 비상대기 F-15전투기 2대이다. 주한미군 전체는 미 태평양사령부 직할 부대[13]이다.

그림 주한미군의 체계

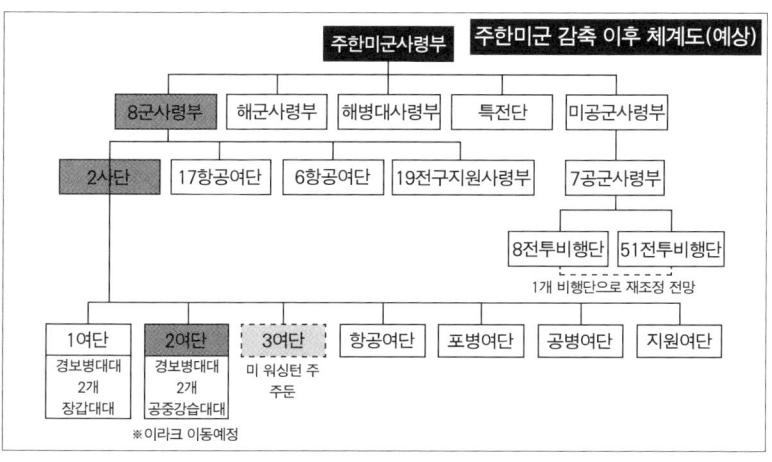

---
13 "현재 8군사령관은 주한유엔군 총사령관과 미국 태평양육군 사령관, 주한 미국군(통합군) 사령관을 겸임하고 있으며, 사령부는 서울특별시 용산구에 있다."(네이버 백과사전, '주한 미 제8군')

부록 2
용산기지의 역사와 현황
(네이버 백과사전, '주한미군 용산기지')

■ 용산기지 역사

서울 도심의 용산 일대에 외국군이 처음 들어온 것은 13세기로, 고려말 한반도를 침입한 몽고군이 당시 용산지역을 병참기지로 활용했다.[14] 임진왜란 때는 평양전투에서 패한 왜군 고니시(일본 장수) 병력이 원효로 4가에, 가토 병력은 청파동 일대에 각각 주둔했다.

1892년 임오군란 때 청나라 병력 3천 명이 주둔한 데 이어 러.일전쟁을 앞둔 1904년 일본은 용산 일대에 수만 명의 일본군이 주둔할 수 있는 병영을 지었다. 당시 일본은 한일의정서를 내세워 용산지역의 부지 3백만 평을 헐값에 강제수용했다가 이 가운데 1백15만 평만 군용지로 사용했다. 이 군용지가 바로 현 용산 미군기지의 기반이 됐다. 용산지역에 부지를 확보한 일본군은 이곳에 조선주둔일본군사령부와 조선총독부 관저, 20사단 사령부를 설치하고 2만 명의 병력을 주둔시키면서 만주 침공의 후방기지로 삼았다.

1945년 해방 후 용산기지는 미군 손에 넘어갔다. 같은 해 9월 2일

---

14 김천수 용산문화원 역사문화연구실장의 연구에 따르면 몽골군은 용산에 주둔하지 않았다. 고려의 수도는 개성이었으니 몽골군이 한양에 올 이유도 없었다. 몽골군과 고려군이 큰 전투를 벌였던 평안북도 귀주성의 서문 앞에 '용산'이 있는데, 여기에 몽골군이 주둔했던 것을 한양의 용산에 주둔했던 것으로 착각했던 것으로 보인다.
김천수, 2014, 『용산의 역사를 찾아서』.
_____, 2017, 『용산기지 내 사라진 둔지미 옛 마을의 역사를 찾아서』.

발표된 한반도 분할점령을 공식화하는 '연합군 최고사령관의 일반명령 제1호'에 따라 미군이 남한을 점령, 미 7사단 병력 1만5천 명이 용산에 진주, 일본군의 병영을 모두 접수하면서 용산기지를 차지했다. 이어 터진 6·25 전쟁에 개입한 미군은 1953년 7월 휴전 후 용산기지를 다시 사용하게 되면서 한국이 미군에 제공하는 공여지 형태로 정리됐다. 그후 미군은 주한미군사령부(57년)와 한미연합사령부(78년)를 연이어 창설하면서 용산지역을 사실상 관할해 왔다.

이처럼 용산지역은 가까운 한강을 통해 상륙한 뒤 남산과 북한산을 점령하면 서울을 쉽게 함락시킬 수 있는 데다 운송이 편리하고 퇴로가 항상 확보돼 있는 전략적인 요충지이기 때문에 외국군대가 주둔하게 된 것이다.

■ 용산기지 현황

현재 용산 미군기지에는 '한·미 연합방위체제'의 핵심 지휘부가 들어서 있다. 삼각지 사거리와 이태원을 잇는 2차선 도로를 중심으로 남북으로 나뉘어져 있는 용산기지는 1만여 명의 주한미군과 군속이 생활하는 데 필요한 모든 업무 및 지원시설이 마련된 총 80여만 평의 작은 도시이다.

북쪽지역은 제5정문(게이트 5)에서 시작해 남산의 남단에 위치한 후암동 용산고교 사이의 메인포스트(Main Post)로, 주한미군사령부와 8군사령부, 한미연합사령부 등 지휘부가 있다. 남쪽지역은 제10정문(게이트10)을 지나 국립박물관이 신축 중인 용산가족공원까지의 사우스포스트(South Post)로, 주거시설과 병원 등이 배치돼 있다.

지휘시설인 메인포스트에는 3층 건물의 주한미군사령부 겸 한미연합사령부와 군사고문단 및 예하 참모부 건물이 나이트필드연병장을 사이에 두고 마주보고 있다. 연병장의 서쪽에 위치한 'CC서울'이란 지하벙커는 유사시 지휘부가 임시로 들어가 한반도 전쟁을 총지휘하게 된다. CC서울에는 인공위성과 U-2R 고공정찰기 등이 수집한 정보를 오산 전역항공통제센터(TACC)를 통해 제공하는 등 한반도와 관련된 각종 정보를 취합하고 분석하는 첨단장비가 설치돼 있다. 나이트필드 연병장의 동쪽에는 전술지휘통제(C4I)체계가 있으며 주거지역인 사우스포스트에는 드래곤 힐 호텔, 그 건너편 서쪽에는 초·중·고교가 있다.

제3부
'4대강 사업'과 생태위기의 극단화

제10장
이명박 운하와 문화 대파괴

I. 이명박 운하의 전개

이명박 당선자는 2005년 10월 1일 '청계천복원공사' 준공식에서 '경부 운하'를 건설하겠다는 계획을 밝혀서 많은 사람들을 뜨악하게 만들었다. 2007년의 한나라당 대통령 경선과정에서 '경부운하' 계획의 문제는 적나라하게 드러났다. 그러나 이명박 당선자는 이 계획을 폐기하기는커녕 오히려 '한반도 대운하'로 확대해서 발표했다. 호남에도 운하를 만들고, 북한에도 운하를 만들어서, 한반도 전체를 운하로 연결하겠다는 것이다.

이 황당무계한 토건국가 확대계획에 대응해서 전국의 200여 개 시민단체들은 '운하저지 국민행동'을 구성했고, '국민행동'은 '한반도 대운하'라는 명칭 자체가 혹세무민의 문제를 갖고 있으므로 '이명박 운하'라는 명칭을 사용하기로 했다.

역사적으로 보아서 '경부운하'는 박정희의 '남한강 주운사업'에서 시작되었다고 한다. 박정희가 1966년에 서울·팔당을 거쳐 영월을 연결하는 270km 대운하를 건설하려는 사업을 시도했다는 것이다. 이 사업에 대해 1971년에 정부는 타당성이 없다고 결론지었으나, 1980년에는 타당성이 있는 것으로 결론이 바뀌었다. 1989년에 경제기획원은 타당성은 있으나 재정상 유보한다는 결론을 내렸다. 그 뒤 1995년에 세종대 부설 세종연구원이 '한강~낙동강 운하 가능성과 내륙 수운체계의 필요성'이란 연구보고서에서 경부운하 등 10개 운하의 필요성을 제기했다. 그리고 1996년 7월에 국회에서 당시 이명박 의원(신한국당)이 본회의 대정부질문에서 내륙운하 건설을 제안했다.[1] 이에 대해 수자원공사는 국토연구원에 연구를 의뢰했고, 1998년에 국토연구원은 경제성이 낮고 생태계 파괴가 우려된다는 결론을 내렸다.[2]

---

[1] 이에 대해 세종연구원과 정부 사이에 '논쟁'이 벌어졌다. "물류난 해결을 위해 주요 강을 운하로 연결, 내륙주운망을 갖추자는 세종연구원 주장에 대해 관련 학계 및 건설교통부 등은 경제적 타당성이 없으며, 기술적 가능성이 검토되지 않은 탁상공론이라고 반박하고 있다. 세종연구원은 한강과 낙동강을 연결하는 운하건설이 물류난 해결에 크게 도움이 된다는 주장을 지난 해부터 계속 펼쳐 왔고, 이번에는 한강을 시화호에 연결하자는 구상까지 발표했다. 그러나 이 주장이 우리나라 기후와 지형상 특성을 감안하지 못한 연구이며, 엄청난 환경파괴가 뒤따른다는 것이 건교부 측 주장이다(〈중앙일보〉, 1996/11/30, 07면). 세종연구원의 '연구'에 대해 '탁상공론'이라고 반박했던 건설교통부가 그것보다 더욱 더 심한 '탁상공론'이라고 비판받고 있는 '이명박 운하'에 대해 적극 찬성하고 나서는 것을 어떻게 이해해야 하는가?

[2] 〈위클리 조선〉, 2007/10/30. 이 기사에 따르면, 이 계획은 '전문가들의 자발적

이로써 '경부운하' 계획은 죽은 것으로 보였으나, 2005년 10월에 이명박 당선자에 의해 되살아났다. 그는 왜 이렇게 무모한 계획을 제시했을까? 정치적으로 보아서, '경부운하'는 박근혜 의원과의 경선에서 영남의 표를 끌어오기 위한 계획으로 기획된 것이고, '호남운하'는 대통령 선거에서 호남의 표를 끌어오기 위한 계획으로 기획된 것이라고 할 수 있다. 또한 정치적으로 보아서, 대통령 선거 이후 그야말로 "지도에 선을 그은 것에 불과하다"는 비판까지 받는 '호남운하'와 '금강운하'가 그나마 "나름대로 구체적인 계획을 마련했다"는 평가를 받는 '경부운하'보다 더욱 강조되는 까닭은 4월 총선에서 '호남 입성'의 꿈을 이루겠다는 한나라당의 정략적 계산 때문으로 보아야 할 것이다.[3]

모임'인 '한반도 대운하 연구회'가 주로 연구하고 있으며, 여기에 참여한 주요 '전문가'들은 '곽승준(고려대), 황기연(홍익대), 이상호·배기형(세종대), 전택수(한국정신문화연구원), 조원철(연세대), 정동양(한국교원대), 구자윤(한국해양수산연구원), 박태주(부산대), 박석순(이화여대), 송재우(홍익대), 신종호(건국대), 이병담(서남대), 노창균(목포해양대), 이시진(경기대) 교수와 김기식 한국환경기술개발원장 등'이다. 그런데 인수위 대운하 TF의 장석효 팀장은 이 연구회의 대표를 겸임하고 있다. '한반도 대운하 연구회'를 과연 누가 단순한 '자발적 모임'으로 보겠는가? 장석효 팀장은 서울시 토목관리 출신으로 서울시지하철사업본부장을 거쳐, 청계천복원추진단장을 맡았고, 이어서 서울시 제2행정부시장을 지냈다. 전형적인 토목관리이자 이명박 '서울시장'의 사람이다.

3 이런 점에서 '호남운하', '금강운하'는 '제2의 새만금사업'이라고 할 수 있다. 호남의 표를 얻기 위한 노대우의 매표책이었던 새만금개발사업은 엄청난 재정의 탕진과 국토의 파괴를 낳았다. '호남운하', '금강운하'도 같은 의도에서 비롯된 것이며, 결국 같은 결과를 빚을 것이다.

II. 이명박 운하의 '연구'

이명박 당선자 쪽에서는 운하에 대해 10여 년 전부터 열심히 연구했다고 주장한다. 그러나 정말로 그랬다는 증거는 어디서도 찾을 수 없다. 1996년 7월의 국회 본회의에서 대정부질문한 것이 전부이다. 사실 이명박 운하는 세종대의 주명건 전 이사장이 시작한 것으로 알려졌다. 수학자인 그가 지도를 보다가 남한강과 낙동강을 터널로 연결해서 운하를 만들자는 생각을 했고, 이것을 세종대 부설 세종연구원에서 연구과제로 추진해서 1995년에 연구보고서를 발표했던 것이다. 이 연구보고서는 1996년에 책으로 출간되었다. 그 뒤 1997년에 세종연구원에서 다시 한 권의 책을 발간했고, 이에 관한 책은 10년 뒤인 2007년에나 발간된다. 그 주요 서적은 다음과 같다.

- 『물류혁명과 국토개조전략』, 주명건 외, 세종연구원, 1996(590쪽)
  - 우리 국토의 특성과 물류의 현실을 올바로 이해하지 못하고 경부운하를 비롯해서 10개의 운하를 건설하자는 황당한 의견을 제시해서 토건업계를 기쁘게 한 책. 이명박 운하의 모태라고 할 수 있다.

- 『경부·경인운하와 물류혁명』, 주명건 외, 세종연구원, 1997
  - 새로 쓴 책이 아니라 위의 책에서 '경부·경인운하'만 추린 것이다.

주명건 전 세종대 이사장이 중심이 되어 세종대 부설 세종연구원에서 발간된 책 외에는 경부운하 등에 관한 책은 국내에서 출간되지 않았다. 2007년에 들어와서 이명박 당선자 쪽에서 비로소 관련 책을 출간하기 시작했다. 그 중에서 추부길 목사가 가장 먼저 책을 발간해서 이명박 운하의 선전활동을 본격적으로 펼치기 시작했다.

- 『왜 한반도 대운하인가 - 물길은 생명길이다』, 추부길, 말과창조사, 2007년 10월
  - 추부길 대통령 당선자 비서실 정책팀장은 본래 목사이다.[4] 2006년까지 그는 '가족사목', '실버사목' 등에 관한 책들을 썼다. 그랬던 그가 2007년에 갑자기 '운하 전문가'가 되어서 온갖 매체를 통해 운하를 선전하고 있다. 목사는 이렇게 쉽게 '운하 전문가'도 될 수 있는 것인가? 그는 이어서 12월에 『운하야 놀자』(월인출판사, 2007년)라는 제목의 책도 발간했다. 제목[5]에서 알 수 있듯이 이 책은 후세에게 운하를 선전하기 위한 목적으로 제작된 것이다.

- 『대한민국 대운하 프로젝트 - 영산강운하와 축복의 땅』, 남도, 이병담, 모아북스, 2007년 10월
  - 이병담은 서남대 교직과 교수로서 '한반도 대운하 연구회'에

---

4 나는 일방적 주장을 쉼없이 반복하는 추부길 목사를 보면서, 린 화이트 주니어라는 미국의 사학자의 유명한 논문을 떠올렸다. 그는 1967년에 '우리의 생태위기의 역사적 근원'이라는 논문을 *Science*에 발표했다. 그 핵심은 가장 인간중심적인 종교인 기독교가 생태위기의 역사적 근원이라는 것이었다. 이 논문을 계기로 '선진국'에서는 기독교의 인간중심주의를 바로잡고자 하는 노력이 폭넓게 펼쳐졌고 커다란 성과를 거두었다. 린 화이트 주니어가 한국에 와서 본다면, 아마도 자신의 이론이 너무나 잘 들어맞는 것에 절망할 것이다.

5 이 제목은 『논리야 놀자』라는 유명한 제목의 책에서 따온 것이 분명하다.

참여하고 있으며, '영산강뱃길살리기협의회 공동대표'라는 직함을 가지고 있고, '한반도 대운하 광주·전남추진본부장'이 되었다. '영산강뱃길살리기협의회'는 '영산강운하'를 추진하는 광주·전남지역의 조직이다.

이명박 당선자 쪽의 '연구'는 '한반도대운하연구회'가 2008년 1월 초에 발간한 다음의 책으로 마무리되었다.

- ■ 『한반도대운하는 부강한 나라를 만드는 물길이다』, 한반도대운하연구회, 경덕출판사, 2008년 1월

이 책은 제목부터 너무 노골적이고 후진적이다. '부강한 나라'라는 낡은 부국강병의 논리로 강들을 모두 파괴하겠다는 것이다. '부강한 나라'란 일본이라면 메이지 시대의 논리요, 한국이라면 박정희 시대의 논리이다. 운하는 강을 대대적으로 파괴하고 건설되는 '물길'이다. 강은 '물길'로 사용될 수도 있지만 '물길'이 강인 것은 아니다. 강은 '물길'보다 훨씬 더 크고 복잡한 생태계이다. 운하는 강을 일정한 너비와 깊이로 개조하고 거대한 콘크리트 옹벽을 쌓아서 건설되는 '인공 물길'이다. 운하의 가장 두드러진 물리적 실체는 바로 거대한 콘크리트 옹벽이다. 콘크리트 옹벽을 건설해서 강을 파괴하는 것은 나라를 파괴하는 것이다.

『한반도대운하~』의 문제는 유우익 교수의 '서론'에서 명확히 드러난다. 그는 '물길 이어 국토 개조'라는 제목으로 서론을 썼다. 1970년대 초 당시 일본의 수상이었던 다나카 가쿠에이는 '일본 열도 개조계획'이라는 정책을 발표하고 강행했다. 그것은 더 편리한 국토의 형성

을 내걸고 토건국가를 확대하는 정책이었다. 유우익 교수의 글은 다나카같은 자들이 이끌었던 불행한 일본의 현대사를, 그리고 그보다 훨씬 불행한 우리의 현대사를 떠올리게 한다. 지금이 어떤 시대인데 '국토 개조'를 외치는가? '국토 개조'야말로 박정희의 개발독재를 상징하는 개념이 아닌가?

이명박 당선자의 '멘토'(스승)라고 불리는 서울대 지리학과의 유우익 교수는 몇 해 전에 『장소의 의미1, 2』라는 제목으로 기행기를 발간했다. 전국의 52곳을 일년 동안 답사하고 기행기를 쓴 것이다. 이 책에 대해 서울대 지리교육과의 한 학생은 다음과 같은 감상을 인터넷에 올렸다.

> '아름다운 한국(Beautiful Korea)'이라는 제목의 기행문으로 쓰여져 새롭게 만들어낸 책… 이 책은 내가 살고 있는 이 대한민국이 얼마나 아름다운지, 그리고 진정 아름다운 나라는 자연과 인간의 심성이 어우러진 나라라는 것을 다시 한 번 생각하고 느끼게 만드는 책…"국토를 답사하는 것은 현재의 땅에서 과거를 보려 함이다. 과거를 보고 다시 서야 할 현실에 서면 '미래의 창'이 열린다"는 저자의 생각은 하나의 틀림도 없었습니다.

몇 해 전에 '현재의 땅에서 과거를 보기 위해 국토를 답사'했던 사람이 갑자기 돌변해서 국토의 과거를 송두리채 파괴하는 '국토 개조'를 외치는 것을 우리는 어떻게 보아야 할 것인가? 그가 강행하고 있는 이명박 운하는 단군 이래 최대의 '국토 개조'사업일 뿐만 아니라 문경 일대에서 붕괴와 지진을 유발하고 강들을 유독물질로 온통 오염시킬 수도 있는 단군 이래 최대의 '위험사회' 사업이기도 하다.

이명박 운하의 문제에 대해서는 이미 낱낱이 지적되었다. 『경부운하, 축복일까 재앙일까』, 박진섭·장지영의 글(오마이뉴스, 2007년 7월)은 그 대표적인 성과이다. 『한반도대운하~』는 이런 지적에 대해 새로운 내용을 제시하지 못하고 있는 것으로 보인다. 이명박 당선자 쪽은 실제로 토론을 하기보다는 권력을 최대한 이용하여 혹세무민 전술, 기정사실화 전술, 기득권 형성 전술을 펼쳐서 이명박 운하를 강행하려는 것으로 보인다. 반대의견을 수렴하되 운하사업은 예정대로 진행한다는 이재오 의원의 반민주적 발언은 그 단적인 예이다. 운하사업을 예정대로 진행하는 것은 반대의견을 수렴하는 것이 아니라 묵살하는 것이다. 이재오 의원은 자신이 얼마나 위험한 말을 했는가를 깨달아야 한다.

앞의 책이 전면적인 분석이라면, 경제성 주장에 대한 서울대 경제학과 이준구 교수의 비판과 문화재 훼손에 대한 황평우 문화연대 문화유산위원장의 비판도 대단히 중요하다. 그런데 여기서는 일단 한 시민의 비판에 주목해 보자. 이것만으로도 사실 이명박 당선자 쪽의 문제는 여실히 드러난다. 이 시민은 우리에게 학식보다 양심이 더 중요하다는 사실을 다시금 일깨워주고 있다.

> 처음에는 물류비용을 낮추기 위해서 운하를 한다고 했다가, 관광레저 사업과 내륙개발 효과를 강조하고 있다. 처음에는 수질이 개선된다고 했다가, 식수원이 문제가 되면 강변여과수를 하면 된다고 한다. 문화재 조사 및 발굴 관련 내용은 아예 처음부터 들어 있지 않아서, 〈한반도운하〉계획이 얼마나 허술한지 스스로 증명해 보였으며, 최근에는 경제성평가에서 비용은 누락하거나 최소화하고 편익은 최대로 평가하여 객관성에서 치명적인 약점을 안게 되었다(〈가라운하〉, 2008/1/20).

III. 문화 대파괴의 문제

토건국가는 불필요한 대규모 토건사업을 끊임없이 벌여서 재정의 탕진과 국토의 파괴라는 심각한 문제를 일으키는 기형국가이다(홍성태, 2007). 토건국가는 병적으로 비대한 토건경제에 포획된 부패국가이다. 한국은 세계 12위의 경제대국이면서 세계 43위의 부패대국이기도 하다. 그런데 부패의 60% 이상을 토건업이 차지하고 있다. 이명박 운하는 토건국가의 문제를 극단화할 단군 이래 최대의 토건국가 확대정책이 될 것이다. 그 문제는 공학적, 경제적, 생태적, 문화적 차원으로 나누어 살펴볼 수 있다. 문화적으로 이명박 운하는 필경 역사적인 문화 대파괴로 귀결되고 말 것이다.

여기서 먼저 확인해야 할 것은 이명박 운하를 추진하고 있는 두 핵심 주체인인 이명박 당선자와 장석효 대통령직인수위원회 국가경쟁력강화 특위 한반도대운하TF팀장이자 한반도대운하연구회 대표(전 서울시 행정2부시장, 전 청계천복원추진본부장, 전 서울시지하철건설본부장)의 문제이다.

최근에 장석효 팀장은 '대운하는 청계천보다 쉬운 사업'이라고 말해서 사람들을 경악하게 만들었다. 사실 이 말은 이명박 당선자가 2007년 10월에 했던 말을 반복한 것이다. 청계천은 전체 구간이 5.8km밖에 되지 않는 도시하천이다. 이에 비해 경부운하는 무려 540km 또는 560km에 이르는 길이의 자연하천을 개조해야 하며, 20km 또는 40km가 넘는 터널도 뚫어야 한다. '대운하'는 남한이 1,000km에, 북한이 1,100km에 이를 것이다. 2,100km의 '대운하' 건설사업이 5.8km의 '청계천개발사업'보다 쉽다는 말은 결코 납득할 수 없는 말이다. 아니, 제 정신을 가지고 있는 사람이라면, 결코 이런 말을 할 수 없을 것이다. 이명박 운하는 '청계천개발사업'보다 100만배 어려운 사업이다.[6]

---

[6] 이명박 당선자는 청계천을 없애고 그 자리에 국적불명의 새로운 '인공분수'를

또한 장석효 팀장은 1월 8일에 '물 속에 무슨 문화재가 있는가'라고 말해서 다시 한번 사람들을 경악하게 했다. 이 말은 1월 7일 환경운동연합에서 열린 '한반도운하는 역사문화를 파괴하는 불도저운하' 기자회견에 대한 반박이었다. 그러나 이 말은 바로 '무식하다'는 비판을 받았다. 그도 그럴 것이 물 속에도 문화재는 무수히 잠겨 있기 때문이다. 나는 이 말을 듣고 다시 이명박 당선자의 말을 떠올렸다. 그는 서울시장 당시 "청계천에 수표교와 광교를 빼고는 돌덩이 외에 무슨 문화재가 있느냐"는 말로 세상을 놀라게 했었다. 그는 결국 어렵게 남아 있던 영조 때의 석축을 모두 밀어 없앴고, 이 때문에 시민사회의 대표들에 의해 서울지검에 형사고발되기도 했다.

이제 이명박 운하의 문화 대파괴에 대해 살펴보기로 하자. 이 문제는 크게 세가지로 나누어 살펴볼 수 있다. 역사문화의 파괴, 지역문화의 파괴, 생명문화의 파괴가 그것이다. 이명박 당선자 쪽에서는 '전통과 현대가 조화된 세계적인 문화관광벨트'(전택수)를 외치고 있지만, 그리고 여기에 문화관광부가 뇌동하고 있지만, 참으로 어처구니없는 행태라고 하지 않을 수 없다. 우리만의 역사문화, 지역문화, 생명문화를 대대적으로 파괴하는 것을 '전통과 현대가 조화된 세계적인 문화관광벨트'의 조성이라고 주장하는 것에 대해 그야말로 세계는 황당해하고 비웃을 것이다.

먼저 '역사문화의 파괴'에 대해 살펴보자. 강은 생명의 원천이라고 한다. 실제로 그렇다. 또한 바로 그렇기 때문에 강은 문명의 원천이기

만들었다. 이런 점에서 청계천복원사업은 '명박천 개발사업'이라고 불러야 옳을 것이다. 그 과정과 내용의 문제에 대해서는 홍성태(2006)를 참조.

도 하다.[7] 강 바닥과 주변에는 엄청난 역사문화의 자취들이 남아 있다. 운하의 건설은 이 모든 것을 삽시간에 없애버리는 잘못을 저지르는 것이다. 황평우 문화연대 문화유산위원회 위원장이 대략적인 자료조사를 통해 밝혔듯이, 이명박 운하 예정지 주변의 지정문화재는 72곳이고 매장문화재는 177곳에 이른다. 여기서 지정문화재는 한강과 낙동강 주변 반경 500m 이내의 지역을 조사한 것이고, 매장문화재는 유역 반경 100m 이내 지역을 조사한 것이다.

이명박 운하는 세계적인 역사문화 파괴사례로 길이 기억될 것이다. 세계의 모든 역사와 문화 관련 문헌은 이명박 운하를 참으로 황당한 역사문화 파괴사례로 길이 전할 것이다. 이와 관련해서 황평우 위원장은 다음과 같이 이명박 운하의 문제를 지적한다.

① 한반도운하 전체의 문화유적이 아닌 한강, 낙동강 등 경부운하 주변에 있는 문화재 분포이며 실제 한반도운하 2,100km에는 수천~수만의 문화유적이 분포하고 있을 가능성이 높다.

② 또한 정밀도가 낮은 기존 문화재 분포지도를 바탕으로 조사한 한계도 있다. 각 시군별로 조사한 이 지도는 지방자치단체가 개발에 영향을 받을 것을 우려해 축소 보고했을 수 있으며, 조사 방식 지표에 대한 육안 조사였기 때문에 정확도는 떨어질 가능성이 있다.

③ 뿐만 아니라 실제 운하의 영향권에 들어가는 터미널, 갑문, 수

---

[7] 근대화는 강을 파괴하고 이루어졌다. 근대화의 문제를 해결하는 것은 강을 살리는 과제와 직결된다. 이에 대해 홍성태 엮음(2005; 2007)을 참조. 이명박 운하는 이미 심각하게 파괴된 강을 완전히 파괴해 없애려는 계획이라고 할 수 있다.

중보, 연결도로, 편의시설, 관광단지 등을 포함할 경우 문화유적 분포 반경 면적을 예측할 수 없기 때문에 분포지역은 더욱 확대될 가능성이 높다.

④ 운하 추진 측 자료에 따르면 남한구간 운하는 총 2,100km에 이른다. 산술적으로 따져도 발굴조사비만 최저 2,300억 원 이상 소요될 것이다. 강의 둔치를 발굴하는 환경적 요인 때문에 기술적인 비용은 더욱 증가할 수 있다.

⑤ 2,000여 명 남짓에 불과한 국내 문화재 조사인력 구조 속에서 대운하와 관련된 정밀 조사를 실시하려면 수십 년이 걸릴 것이다.

⑥ 운하 개발로 사라질 수 있는 강 주변 동식물과 지질구조에 대한 연구조사까지 합치면 대운하와 관련된 조사 영역은 고고학, 미술사학, 민속학, 동식물학, 건축학적인 조사로 대폭 확대된다.

다음에 '지역문화의 파괴'에 대해 살펴보자. 이명박 운하는 애초에 물류난 극복을 목표로 제시되었다. 그러나 경운기보다 느린 운하의 실태가 적나라하게 드러나면서 '물류운하'가 아니라 '관광운하'로 바뀌었다. 그러나 관광을 즐기기 위해 경운기보다 느린 운하를 찾을 사람이 과연 몇이나 되겠는가? 그리고 그렇게 느린 배를 타고 가면서 즐길 경치가 과연 얼마나 되는가? '관광운하'는 '물류운하'보다 더 말이 되지 않는다. 서울대 이준구 교수가 지적했듯이, 어느 모로 보나 이명박 운하는 경제성이 전혀 없는 것이다. 이 때문에 이명박 당선자 쪽은 경부운하에만 무려 47개의 터미널을 건설해서 지역개발을 촉진하겠다는 계획을 발표했다. '물류운하', '관광운하'가 안 되자 '지역개발 운하'를 건설하겠다는 것이다.

이에 대해 이명박 당선자 쪽에서는 '세계적인 문화관광벨트'를 조성할 것이라고 주장하고 나섰다. 그러나 지역의 정체성을 형성하고 있는 강과 역사야말로 '세계적인 문화관광벨트'의 자원이다. 그것을 송두리채 없애면서 '세계적인 문화관광벨트'의 건설을 주장하는 것은 참으로 앞뒤가 맞지 않는다. 지역색이나 지역성으로 얘기하는 지역만의 특성은 지역의 생태와 역사를 가장 기초적 자원으로 해서 나타나는 인문적 특성이다. 이명박 운하는 이 모든 것을 삽시간에 없애 버리고 그 자리에 콘크리트 옹벽, 아파트, 주차장, 모텔, 가든 등을 건설하겠다는 것이다. 이런 토건국가 정책은 그 자체로 지역문화를 파괴하는 것일 뿐이다. 그것은 개발업자와 투기꾼, 그리고 지주만을 위한 정책이다.

끝으로 '생명문화의 파괴'에 대해 살펴보자. 이명박 당선자 쪽에서는 마치 운하가 생태적 시설인 것처럼 주장하고 있다. 그러나 이 주장은 그야말로 혹세무민의 대표적 예가 될 것이다. 첫째, 이명박 운하는 산을 부수고 수십 km의 터널을 뚫어야 한다. 지질학적 시대로부터 지금까지 유구히 이어온 자연을 대대적으로 파괴하고 건설되는 것이 바로 이명박 운하인 것이다. 이런 시설에 대해 생태를 운운하는 것 자체가 심각한 혹세무민이 아닐 수 없다. 둘째, 이명박 운하는 모든 구간에 걸쳐 강을 일정한 너비와 깊이로 파헤치고 다듬어야 한다. 이것 자체가 심각한 생태파괴라는 것은 다시 말할 필요가 없지만, 이것은 수많은 생명체를 도륙하는 살상행위이자 나아가 그 서식지까지 완전히 파괴하는 말살행위이다. 셋째, 이명박 운하는 강을 일정한 너비와 깊이로 개조할 뿐만 아니라 일정한 양의 물이 흐르도록 해야 한다. 이를 위해 수십개의 댐을 건설하는 것은 물론이고 강변에 거대한 콘크리트 옹벽을 쌓아야 한다. 강을 콘크리트 옹벽으로 둘러싸인 인공수로로 만드는 것이 바로 이명박 운하이다. 넷째, 이제까지 한번도 이어진 적이 없던 강들을 억지로 이어서 고유한 생물종의 훼손과 멸종을 유발할 것이다. 이명박 운하는 강 생태계는 말할 것도 없고 그 안에서 살고 있는 다양한 강 생물종에 대한 전대미문의 위협이다. 다섯째, 이명박 운하는 강의 모래와 자갈을 모두 채취해서 판매하는 방식으로 건설될 것이다. 이명박 당선자 쪽은 모래와 자갈을 오직 '골재'라는 물질로만 파악하고 있다. 그러나 모래와 자갈은 수많은 생명체의 서식처이자 지하수의 원천이기도 하다. 모래와 자갈을 오직 '골재'로만 파악하는 관점이야말로 너무나 잘못된 후진적 관점이다.

IV. '토건망국'의 위협

이명박 운하는 국토와 자연을 토건사업의 대상으로만 파악하는 토건국가의 문제, 그리고 끝없는 개발과 투기의 대상으로만 파악하는 투기사회의 문제를 극단적으로 악화시킬 것이다. 정부는 이미 매년 45조 원 정도의 돈을 대규모 개발사업에 퍼붓고 있다. 이제 이 돈이 더욱 더 크게 늘어날 것이다. 당연히 교육과 복지 등 삶의 질을 개선하고 '진정한 선진화'를 위한 재정은 줄어들 수밖에 없다.

그 결과로 전대미문의 문화 대파괴가 일어난다는 것은 참으로 묵과할 수 없는 문제가 아닐 수 없다. 신임 대통령이 '특별법'을 제정해서 이러한 문화 대파괴 사업을 강행하고자 하는 데서 우리는 '취약한 민주화'의 문제를 되새기지 않을 수 없게 된다. 막대한 혈세의 탕진과 국토의 파괴를 가져올 이명박 운하의 건설을 강행하는 것은 민주주의의 시계를 되돌려서 이 나라를 70년대의 개발독재 시대로 되돌리는 것이다.[8]

---

8 기독교도(이명박 장로와 추부길 목사 등)가 이 사업을 주도하는 반면에 불교 문화재가 가장 큰 피해를 입을 것이라는 점에서 이명박 운하는 전대미문의 종

국민의 저항은 이미 시작되었다. 이명박 운하의 시행을 저지하는 것은 사실 환경이 아니라 재정의 안정과 복지의 증진을 위한 것이다. 환경단체를 넘어선 시민사회 전체가 힘을 모아야 하는 이유는 여기에 있다. 이명박 운하를 저지하는 것은 망국적 토건국가를 혁파하고 생태복지국가를 향한 '진정한 선진화'의 길로 나아가는 것이다. 이명박 정권이 '진정한 선진화'를 위한 올바른 정책을 펼 수 있도록 시민의 힘을 모아야 한다.

이명박 당선자 쪽은 이미 권력을 이용해서 다양한 세력을 규합하고 정말 불도저처럼 이명박 운하의 건설을 강행하고 있다. 이명박은 자신을 '컴도저'(컴퓨터 불도저)라고 말하지만, 사실 그는 '거도저'(거짓말 불도저)라고 할 수 있다. 요컨대 문화를 존중한다며 파괴하는 것이다. 이 점을 그는 청계천에서 여실히 증명했다. 대통령이 '거도저'라면, 나라가 너무 불쌍하다. 이 불행에서 벗어날 권리와 의무는 주권자인 우리 자신에게 있다.

(2008년 1월)

교적 갈등마저 예고하고 있다. 보수 기독교는 사실 불교와 유교로 대표되는 전통문화에 대해 오래 전부터 강력한 적대적 태도를 보여왔다. 이명박 당선자는 이 사회의 분열과 갈등에 대해 우려하는 발언을 하기도 했는데, 정말 그렇게 생각한다면 공학적, 경제적, 생태적, 문화적, 그리고 심지어 종교적 갈등마저 일으키고 있는 이명박 운하 계획을 폐기해야 할 것이다. 만일 박근혜 의원과의 경쟁에서 이기기 위해 이 사업을 강행하는 것이라면, 그것은 너무나 잘못된 것이다. 이명박 당선자는 이미 모든 정치경쟁에서 이겼다. 그러나 이명박 운하를 강행한다면, 그는 결국 공학적, 경제적, 생태적, 문화적, 그리고 종교적 패자가 되고 말 것이다. 나라를 위해서는 말할 것도 없고 자신을 위해서도 이명박 당선자는 큰 정치를 해야 한다. 그것은 이명박 운하 계획의 폐기로 시작될 수 있을 것이다.

자료
관련 저서의 목차

* 『물류혁명과 국토개조전략』, 주명건 외, 세종연구원, 1996 (590쪽)

　목차
　001. 우리도 운하를 개척하자-물류혁명과 국토개조 전략
　002. 수도권운하
　003. 경부운하
　004. 서남 및 중부권 운하
　005. 항만 환경변화와 아산만 확충
　006. 요약 및 결론
　007. 부록/내륙운하 건설공사계획
　008. 부록/라인-마인-도나우운하

* 『한반도대운하는 부강한 나라를 만드는 물길이다』, 한반도대운하연구회, 경덕출판사, 2008년 1월 (675쪽)

　목차
　프롤로그 / 이명박
　제1장 서론
　　1. 물길 이어 국토 개조 / 유우익
　　2. 운하의 기능 / 조원철
　제2장 해외 친환경 운하 사례
　　1. 유럽의 운하 / 정동양
　　2. 중국의 운하 / 이병담
　제3장 한반도운하의 역사
　　1. 시대별 주운의 변천 및 분류 / 조원철
　　2. 한반도대운하가 나오기까지 운하의 역사 / 이태형
　제4장 한반도대운하(경부운하) 기본구상 / 구자윤, 송재우, 신종호, 이상덕,

이시진, 이영인, 조원철, 황기연
　　1. 일반 현황
　　2. 주운 계획
　　3. 하천환경 개선 방안
　　4. 터미널 계획
　　5. 친환경 대책
　　6. 사업비 산정
제5장 환경과 수자원
　　1. 환경문제의 오해와 진실 / 박석순
　　2. 낙동강 수계의 환경과 수자원 / 박태주
제6장 친환경 생태하천 조성 / 김귀곤
제7장 전통과 현대가 조화된 세계적인 문화관광벨트 / 전택수
제8장 유비쿼터스 개념의 지능형 한반도대운하 / 조병완
제9장 한반도 대운하 건설의 경제성 분석 / 곽승준

* 『경부운하, 축복일까 재앙일까』, 박진섭·장지영, 오마이뉴스, 2007년 7월
목차
글을 시작하며
1부 2007년 대선 향한 이명박 발 경부운하
　　경부운하로 4만 불 신화를 연다
　　한강과 낙동강 553km를 뱃길로 연결한다
2부 운하의 정의와 역사
　　운하란 무엇인가
　　세계 운하건설의 역사
　　우리나라 운하건설의 시도와 실패
3부 우리나라 하천의 현황과 특성
　　우리나라 하천 현황
　　주요 4대 강
　　우리나라 하천의 특성

4부 우리나라의 운하논쟁
  내륙주운의 기본적인 조건들
  운하 타당성 검토와 논쟁
5부 경부운하 경제성의 허구
  물류통계의 왜곡
  물동량의 과대추정
6부 골재 팔아 경부운하 건설한다?
  물류비 절감의 왜곡
  골재 장사하는 대통령?
7부 느린 12척의 배로 4만 불 시대를 연다?
  경부운하의 연안 수송시간 비교
  철도와 선박의 대기오염 절감효과 비교
  경부운하 하루 선박 12척, 철도를 이길 수 없다
8부 경부운하는 먹는 물을 위협한다
  우리나라 물 관리 역사
  수질오염의 원인
  수중보는 물의 흐름을 막는다
  하상준설은 수질개선효과 없다
  하천생태계를 파괴하는 골재채취는 불가능하다
9부 국민의 2/3가 이용하는 식수원을 포기해야 하는가?
  취수지점과 취수원을 바꿀 수 없다
  강변여과수 방식은 우리나라에 적합하지 않다
10부 유럽 운하의 교훈
  독일의 내륙주운과 마인·도나우 운하
  네덜란드의 운하
글을 마치며
참고자료

참고자료

박진섭 · 장지영, 2007, 『경부운하, 축복일까 재앙일까』, 오마이뉴스.
유우익, 2004, 『장소의 의미1, 2』, 삶과꿈.
이병담, 2007, 『대한민국 대운하 프로젝트 - 영산강운하와 축복의 땅』, 남도, 모아북스.
주명건 외, 1996, 『물류혁명과 국토개조전략』, 세종연구원.
_____, 1997, 『경부·경인운하와 물류혁명』, 세종연구원.
추부길, 2007ㄱ, 『운하야 놀자』, 월인출판사.
_____, 2007ㄴ, 『왜 한반도 대운하인가 - 물길은 생명길이다』, 말과창조사.
한반도대운하연구회, 2008, 『한반도대운하는 부강한 나라를 만드는 물길이다』, 경덕출판사.
홍성태 엮음, 2005, 『한국의 근대화와 물』, 한울.
_____, 2007, 『동북아의 근대화와 물』, 한울.
홍성태, 2006, 『생태문화도시 서울을 찾아서』, 현실문화연구.
_____, 2007, 『개발주의를 비판한다』, 당대.

위클리 조선, 2007, "한반도 대운하의 역사.", 〈위클리 조선〉, 10월 30일.
정태웅, 1996, "내륙 운하 건설 타당성 있나(논쟁).", 〈중앙일보〉, 11월 30일.
한반도대운하반대시민연합, 2008, "〈한반도운하〉 건설 이유와 10가지 반대 이유.", 1월 20일(http://www.gobada.co.kr).

제11장
'4대강 살리기'와 농업 문화의 대위기
- 생태문화의 관점 -

I. '4대강 살리기'의 실체

이명박 대통령과 한나라당이 70%가 넘는 국민들의 반대와 우려에도 아랑곳하지 않고 강행하고 있는 '4대강 살리기'의 실체는 무엇인가? 그것은 과연 '4대강 살리기'인가? 아니다. 그렇지 않다. 그것은 '4대강 죽이기'이자 '대운하 살리기'이다. 그것은 혈세를 탕진하고 국토를 파괴해서 토건족과 투기꾼의 배를 불리는 망국의 토건사업이다. 따라서 이 사업은 현세대와 후세대의 삶을 모두 극히 어렵게 만들 것이다. 바로 이 때문에 '4대강 살리기'는 한시바삐 중단되어야 한다. '4대강 살리기'가 죽어야 진정 대운하가 죽고 4대강이 산다. '4대강 블랙홀'을 넘어서야 '생태복지국가'를 향한 '진정한 선진화'의 길이 열린다(홍성태, 2010).

이명박 대통령과 한나라당은 '4대강 살리기'에 대한 반대가 '무지에 의한 반대'라고 주장한다. 과연 그런가? 아니다. 그렇지 않다. 전국에서 2천 명이 넘는 교수들이 '4대강 살리기'의 실체를 '4대강 죽이기'이자 '대운하 살리기'라고 지적하며 반대하고 있다. 이 교수들이 정녕 무지해서 반대하는 것이라면, 이명박 대통령과 한나라당은 텔레비전의 공개토론을 통해 이들의 무지를 만천하에 공개할 수 있을 것이다. 이명박 대통령과 한나라당은 한시바삐 텔레비전의 공개토론을 통해 반대하는 교수들의 무지를 깨우쳐 주고 국민들에게 널리 알려주기 바란다.[1]

이명박 대통령과 한나라당은 '4대강 살리기'에 대한 반대가 '정치에 의한 반대'라고 주장한다. 천주교의 올바른 비판에 대해, 정몽준 한나라당 대표는 어떤 신부의 말을 전하는 방식으로 강하게 반박하는 발언을 한 것으로 알려졌고,[2] 이명박 대통령은 또 다시 '정치 공세'를

---

[1] 이명박 대통령과 한나라당은 '물고기가 살지 않는 강', '철새가 찾지 않는 강' 등의 주장을 전면에 내건 선전물을 만들어서 전국적으로 유포했다. 그러나 이 선전물의 주장은 모두 새빨간 거짓말이다. 새빨간 거짓말인줄 모르고 이런 선전물을 만들었다면 참으로 무능한 정부요 정당이 아닐 수 없다. 이명박 대통령과 한나라당의 '4대강 홍보물'은 아마도 국가권력이 만들어서 퍼트린 '유언비어'의 대표적인 사례로 역사에 기록될 것이다.

[2] 다음은 〈한겨레신문〉의 보도와 청와대의 해명에 관한 기사이다. 과연 진실은 무엇일까? 아무튼 정정길 실장과 정몽준 대표가 '4대강 살리기'를 좋은 사업으로 여기고 있는 것은 분명하다.
"청와대가 4대강과 관련한 정정길 대통령 실장과 정몽준 한나라당 대표의 발언 기사는 사실과 다르다고 22일 밝혔다. 박선규 청와대 대변인은 "발언의 내

운운하며 정면대응을 촉구했다고 한다. 그러나 과연 무엇이 '정치 공세'인가? '4대강 살리기'야말로 토건과 투기의 광풍을 부추겨서 정치적 지지를 얻고자 하는 '정치 공세'의 전술이 아닌가? '4대강 살리기'는 토건정치를 떠나서는 결코 이해될 수 없는 기괴한 토건사업이 아닌

> 용이 다르고 간접화법으로 다른 사람들의 이야기를 인용한 것을 직접 이야기한 것처럼 꾸몄다"면서 "한겨레신문에는 정정을 요구했다"고 말했다.
> 박 대변인이 설명한 고위당정회의 당시 정 실장의 발언은 "4대강 추진본부의 말을 들으니 '천주교정의평화위원회에서 와서 설명을 해달라고 했는데 그 위원회에는 워낙 비판적인 분들이 많아 오히려 괜한 오해를 부를 것 같아 안 갔다'고 하더라"며 "그래서 내가 '그건 잘못된 것이다. 당연히 가서 설명을 했어야 했다'고 말했다"는 것.
> 정몽준 대표 역시 "아프리카에 살다 오신 분의 얘기를 들었는데 그 분이 살던 동네는 식수가 부족해 어려움을 겪고 있는데도 유럽에서 온 환경운동가들이 그 지역에 댐을 만들면 안 된다고 말하더란다"며 "자신이 보기에는 도무지 현실에 맞지 않는 소리를 하는 것으로 보였고 자신들은 물을 충분하게 먹으면서 먹을 물조차도 없는 다른 나라 사람들에게 그러는 모습을 보고 위선적이라고 느꼈다고 하더라"는 해명이다.
> 한편, 〈한겨레신문〉은 23일자에서 "22일 오전 서울 삼청동 국무총리 공관에서 열린 고위당정협의회에서 정 실장이 '천주교 쪽은 반대하려고 작정하고 나선 사람들이어서 설명을 하면 외려 말꼬리를 잡아 반대 논리에 활용할 것이라 여겨 사전에 설명을 하지 않았다'며 '그래도 듣고 보니 결과적으로 사전 설명을 하지 않은 것은 잘못한 것 같다'"고 보도했다. 또한 정 대표는 "최근 지역구의 신부 한 분을 만났더니 '(4대강을 반대하는) 환경운동을 하는 사람들은 환경에 관한 인식이 부족하다. 유럽만 보고 유럽식으로 이야기를 하는데 이는 우리나라 현실에 맞지 않는다. 이 사람들은 생떼를 쓰고 굉장히 위선적이고 편향되어 있다. 아무것도 모르는 사람들이다'라고 하더라"며 천주교의 4대강 반대 운동을 비판했다고 여러 명의 회의 참석자들이 전했다"고 보도했다(〈데일리안〉, 2010/3/23).

가? '4대강 살리기'는 후진적인 토건정치의 산물일 뿐이다.[3]

이명박 대통령과 한나라당은 '4대강 살리기'가 '하천정비사업'이라고 선전한다. 그러나 '하천정비사업'은 2006년에 이미 97%가 끝난 사업이다. 이렇듯 사실상 완전히 끝난 사업을 어떻게 2년만에 다시 할 수가 있는가? 그렇다면 일을 잘못한 공무원들부터 모두 철저히 처벌해야 하지 않는가? '4대강 살리기'는 혈세의 탕진과 국토의 파괴를 극히 악화시키는 '토건국가의 극단화'에 해당하는 사업이다. 우리가 '진정한 선진화'를 이루고자 한다면, 무엇보다 먼저 '4대강 살리기'를 즉각 중단시켜야 한다. 생명의 젖줄을 죽이고는 선진화는커녕 생존조차 제대로 이어갈 수 없기 때문이다.

II. 한국 농업의 현황

강은 식수원이라는 의미에서 생명의 젖줄이자 농업의 기반이라는 점에서 생명의 젖줄이다. '4대강 살리기'는 식수원을 파괴하는 것이자 농업의 기반을 파괴하는 것이다. 이런 점에서 '4대강 살리기'의 문제는 훨씬 더 복합적이고 근원적이다. 우리는 이 사실을 올바로 이해해야 한다. 농업은 우리의 생명을 지탱하는 기반이다. 농업을 그저 농민의 문제나 농촌의 문제로 여기는 것은 잘못이다. 농업은 우리의 생명을 좌지우지한다. 따라서 우리는 '4대강 살리기'가 농업에 미치는 파괴적 영향에 대해 깊은 관심을 기울여야 한다.

---

3 '4대강 살리기'의 문제를 지적하고 반대하는 천주교 주교회의의 결정을 비난하는 광고가 3월 25일과 26일 〈조선일보〉, 〈동아일보〉, 〈중앙일보〉, 〈문화일보〉 등 '보수' 신문에 실렸다. 주체는 '뜻있는 천주교 평신도 모임'이라고 되어 있을 뿐 누구인지 전혀 알 수 없었다. 이런 짓이야말로 '정치 공세'에, 그것도 익명의 장벽 뒤에 숨어서 비난하는 저급한 '정치 공세'에 해당되는 것이다.

우리의 농업은 어떤 상태에 있는가? 잠시 몇 가지 지표를 통해 한국 농업의 현황에 대해 살펴보자. '2009년 농업 및 어업조사 결과'의 주요내용은 다음과 같다.

지난해 말 기준 농가인구의 고령화율(65세이상 비율)은 34.2%로 전체 인구의 고령화율 10.7%에 비해 23.5%P나 높은 것으로 나타났다. ... 지난 10일 통계청이 발표한 '2009년 농업 및 어업조사 결과'에 따르면 2009년 12월 1일 현재 우리나라 농가수는 119만5,000가구(총 가구의 7.1%), 농가인구는 311만7,000명(총 인구의 6.4%)으로 지난해 대비 각각 1.4%, 2.2% 감소한 것으로 나타났다.

농가인구중 남자는 151만 명, 여자는 160만7,000명으로 여자가 남자보다 9만7,000명 많으며 전년대비 남자는 2.1%, 여자는 2.3% 각각 감소했다. 또 농가경영주의 32.6%(38만9,000가구)는 70세 이상 고령자였으며 이는 전년에 비해 수치로는 5.3%, 비중은 2.1%P가 증가한 것이다.

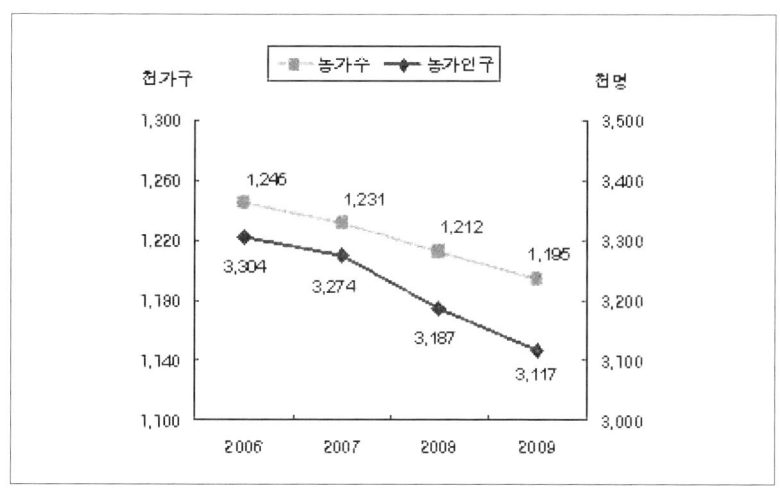

농가의 주된 영농형태는 논벼로 전체 농가의 47.8%를 차지했다. 화훼(1.1%), 특약용(3.7%), 축산(6.7%), 일반밭작물(6.3%), 과수(12.4%) 농가는 전년대비 증가한 반면 논벼, 채소농가(21.6%)는 감소했다. 농축산물 판매금액이 연간 1,000만 원 미만인 농가는 78만6,000가구로 0.9% 증가한 반면, 5,000만 원 이상인 농가수는 6만7,000가구로 전년대비 9.1% 감소했다(〈농수축산신문〉, 2010/3/10).

농업 인구가 계속 줄어들고 있을 뿐만 아니라 농지 면적도 계속 줄어들고 있다. 농업의 사양세는 인구와 면적의 양 면에서 계속 명확히 확인되고 있는 것이다. 이에 따라 식량안보의 문제도 계속 심각하게 악화되고 있다.

농지가 현 추세대로 감소하면 10년 뒤에는 식량자급률 목표 달성에 필요한 최소 면적에도 못 미칠 수 있다는 전망이 나왔다. 21일 한국농촌경제연구원의 '농업전망 2010' 보고서에 따르면 현재의 농지 감소세가 계속되면 2020년에는 농지 규모가 158만8,000ha가 될 것으로 예측됐다. 이는 2008년 국내 농지 면적(176만ha)에 비해 17만2,000ha가 줄어드는 것이다. 문제는 이런 규모가 식량자급률 목표치 달성을 위해 필요한 농지 면적에 미치지 못해 식량 안보에 빨간불이 켜지고 있다는 점이다.

농촌경제연구원은 2008년 보고서에서 2020년 농지보전 목표치로 156만~165만ha를 제시했다. 현재의 국제 곡물 가격과 국제 농업통상 여건이 유지될 경우 156만ha, 목표 식량자급률을 현재의 27%에서 30%로 3%포인트 상향조정하면 165만ha가 필요하다는 설명이다. 실제 정부는 식량자급률 목표치를 지금보다 늘리는 방안을 검토 중이다. 밀, 콩, 사료, 채소류, 과실류 등의 자급률 목표치를 상향 조정하는 한편 일부 곡물만 기준으로 삼아 자급률을 뽑던 것을 '식품자급률'로 개편해 과수, 축산물, 채소, 가공식품까지 포함해 산출한다

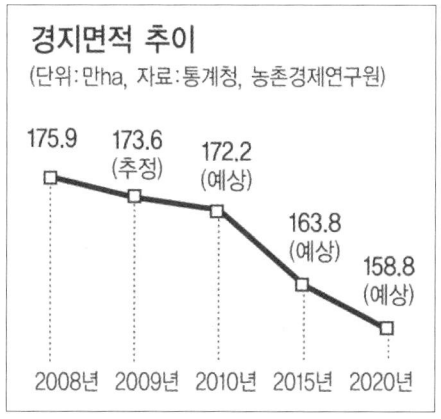

는 것이다. 농림수산식품부 관계자는 "정부 내부적으로는 식량자급률 목표치를 맞추기 위해 2020년에 농지가 165만ha는 돼야 한다고 판단하고 있다"고 말했다.

농지가 줄어드는 것은 도로 등 사회간접자본(SOC) 시설이나 각종 개발사업용 부지로 농지를 전용하는 사례가 늘어나고 있기 때문이다. 농지는 2001년 이후 매년 1만ha 이상이 전용됐고 2007년에는 세종시, 기업·혁신도시 건설로 2만5,000ha가 줄었다. 2008년에도 1만8,000ha의 농지가 사라졌다(《경향신문》, 2010/3/21).

III. '4대강 살리기'와 농업의 위기

만일 '4대강 살리기'가 진정한 강 살리기라면, 강 바닥과 강변을 원래대로 두고, 콘크리트 호안과 댐을 가능한 한 없애야 할 것이다. 이런 방식으로 식수원을 늘리고, 홍수를 줄이는 것이 아니라면 그것은 강을 죽이는 것이다. 콘크리트 호안과 댐을 건설하고 제방에 도로와 주택을 건설하는 것은 후진적인 박정희식 강 죽이기를 되풀이하고 파괴와 투기를 부추기는 것일 뿐이다.

강 죽이기는 농업 죽이기와 직결될 수밖에 없다. 농업은 강에 의지해서 이루어지기 때문이다. '4대강 죽이기'는 '강 죽이기'를 넘어서 '생태계 죽이기'이고 '식수원 죽이기'이고 '농업 죽이기'이다. 5명의 주교를 포함한 1,106명의 신부들이 '4대강 살리기'를 '역사상 최악의 자연 파괴'로 규정하고 그 철회를 촉구하고 나선 것은 이 때문이다. '4대강 죽이기'는 생명을 기르는 물을 죽이고 식량을 기르는 농업을 죽인다는 점에서 천인공노할 전대미문의 망국적인 토건사업이다.

이렇게 다른 목적의 달성이 불투명한 반면 4대강 사업이 농업생산을 크게 위축시킬 것만은 분명하다. 4대강 사업으로 감소할 농경지 면적을 추정해보자. '4대강 살리기 사업 마스터 플랜'에서 산정한 전체 사업구간의 경작지의 총 면적은 1만5,686ha로 2008년 현재 전국 농경지 총 면적175만8,795ha의 0.89%에 달한다. 큰 비중을 차지하지 않으니 별 문제가 되지 않을 것이라고 하겠지만 팔당 근처의 유기농 단지는 30여 년 가까이 정착된 곳으로 35만 가구에 채소를 공급하고 있으며 세계 유기농대회를 유치할 정도로 인정을 받은 옥토다. 4대강 사업으로 강바닥을 파낸 준설토를 쌓아두는데 소요되는 농경지면적 또한 만만찮다. 인근 농지 9,324ha를 빌어 휴경비를 보상하고 2년간 파낸 토사 5.6억m³를 쌓는다는 계획이다. 이 토사를 처리하는 데는 적어도 5년 이상 소요될 것이다.

보 설치에 따른 수위상승으로 침수피해를 당할 농경지 면적도 있다. 보의 설치로 강 수위가 올라갈 경우에는 지하수 수위가 높아져 침수로 농사를 지을 수 없게 되고, 강바닥 준설로 수위가 낮아지면 주변 지하수가 강으로 유입되어 농작물 재배에 악영향을 준다. 함안보의 경우가 이를 잘 보여준다. 9일 대한하천학회가 창원에서 연 세미

나에서 인제대 토목공학과 박재현 교수는 수치 모델링 결과, 함안보 설치로 함안 지역만 2,475ha를 웃도는 지역이 침수되는 것으로 조사됐다고 밝혔다. 정부는 처음 4대 강 살리기 마스터플랜을 제시할 때는 낙동강 지역 4,215ha가 습지로 변할 악영향이 있다고 했다가, 이후 이 수치를 1,525ha로 줄였는데 함안보의 영향에 의한 침수면적만으로도 이 추정수치를 웃도는 것이다.

이렇게 추산할 경우 4대강사업으로 감소될 농경지는 경작 중단될 하천부지, 토사 적치 농지, 침수예상농지 면적을 합쳐서 약 3만ha에 달하고 전제 농경지의 약 1.71%에 이른다. 4대강 주변의 농지는 그 야말로 옥토이다. 충적토라서 농작물 재배에 최적의 조건을 갖추고 있고 노지 채소나 비닐하우스 채소 재배를 많이 하고 있다. 2008년 현재 전국의 채소재배면적이 22만3천ha(그중 시설채소 재배 면적이 5만 3백ha)인데 3만ha라면 전체 채소재배면적의 13.5%에 해당한다. 감소될 농경지의 30%에서 시설채소 재배가 행해지고 있다면 시설채소면적이 20%나 감소하게 된다. 시설채소 재배에 적합한 곳은 이미 경작되고 있으므로 경작조건이 불리한 곳으로 경작이 확대되어야 하고 이 경우 채소가격이 오를 것이 분명하다. 가뜩이나 국내 식량 자급률이 27%로 낮고 각종 개발로 매년 농지가 2만ha 내외 축소되는데도 정부는 4대강 사업으로 식량 위기를 가중시키고 있는 것이다(〈한국농어민신문〉, 2009/12/17).

'4대강 살리기'에 의한 농업의 파괴와 농민의 축출은 예상을 훨씬 뛰어넘는 수준으로 강행되고 있다. 일단 하천 둔치에서 농사를 짓던 25,000명 정도의 농민들이 쫓겨나게 된다. 2,000만 평 이상의 농지가 사라지고, 2,252억 원 이상의 보상비가 소요될 것이다. '4대강 살리기'

는 농업의 위기를 더욱 급속히 악화시키고 식량안보를 더욱 심각하게 만들 것이다. 어느 면으로 보더라도 '4대강 살리기'는 나라를 위한 사업이라고 할 수 없다. 농업의 위기가 더욱 악화되고 식량안보가 더욱 심각해진다는 것은 나라의 근간이 더욱 위태로워진다는 것을 뜻한다. '4대강 살리기'는 나라의 운명을 거대한 위기 속으로 몰아넣는 토건사업이다.

4대강의 하천 둔치에서 농사를 지어온 전국 2만4,763명의 농민들이 정부의 4대강 사업으로 일자리를 잃게 될 것으로 조사됐다. 또 4대강 사업에 따라 하천 둔치에서 6,197만m^2(1,877만 평)의 농지가 사라지고, 1,661만2,000m^2(503만 평)의 사유지가 강제수용된다.

17일 조정식 민주당 의원이 국토해양부에서 입수한 '지자체 하천점용 경작지 현황·사업구간내 사유지' 자료를 보면, 점용허가를 받은 전국의 농민 2만1,930명이 농사짓는 하천 둔치 농지 5,277만m^2(1,599만 평)가 4대강 사업 과정에서 사라진다. 또 점용허가를 받지 않은 2,833명이 농사짓는 919만m^2(278만 평)의 농지 역시 사라진다. 전체적으로 2만4,763명의 농민들이 농사짓는 6,197만m^2(1,877만 평)의 하천 둔치 농지가 사라질 예정이다. 이 농경지들은 4대강 사업 과정에서 파헤쳐져 물에 잠기거나 둔치공원·자전거도로·산책로로 바뀌게 된다.

한국의 농가들은 보통 가족 전체가 농업에 종사하고 농가 1가구당 평균 구성원 수는 2.61명(2009년 기준)이므로, 가족을 포함해 최대 6만4,631명까지 생계 수단을 잃을 수 있다. 일자리 창출을 목표 가운데 하나로 내세우는 4대강 사업이 2만~6만 명에 이르는 농민들의 일자리와 터전을 빼앗는 셈이다.

특히 정부는 점용허가를 받은 농민과 농지에 대해서는 2년치 영농비를 보상할 계획이지만, 점용허가를 받지 않은 농가에는 지장물 외에는 일절 보상을 하지 않을 방침이다. 이에 따라 관행적으로 하천 둔치에서 농사를 지어온 농민들의 반발도 적지 않다.

또 지난해 말까지 정부가 4대강 사업을 통해 강제수용하기로 확정한 하천 주변 농지와 주택지 등 사유지도 1만5,831필지 1,661만 2,000m²(503만 평)이며, 현재까지 감정평가된 보상비도 최소 2,252억 원에 이르는 것으로 조사됐다. 이런 규모는 국토해양부가 지난해 6월 발표한 '4대강 살리기 마스터플랜'에서 수용 대상 토지로 산정한 836만m²(253만 평)보다 2배쯤 많은 것이어서 보상 비용도 애초보다 크게 늘어날 것으로 예상된다(《한겨레신문》, 2010/3/18).

IV. 임박한 농업문화의 대위기

강은 모든 생명의 근원이므로 강을 죽이는 것은 죽음의 연쇄반응을 낳을 수밖에 없다. 강 죽이기에서 이득을 챙기는 자들을 제외하고는 그 누구도 강 죽이기에 무심해서는 안 되는 것은 이 때문이다. 강 살리기를 내세운 강 죽이기로 말미암아 농업이 대대적인 파괴의 위기에 처했고, 농민이 대대적인 축출의 위기에 처했다. 이 끔찍한 재앙 앞에서 우리는 도대체 우리가 어떤 시대, 어떤 사회에서 살고 있는 것인가에 대해 심각하게 묻지 않을 수 없다. 지금 이 나라는 과연 제대로 된 민주국가라고 할 수 있는가? 지금 이 나라는 과연 생태위기에 제대로 대응하고 있는가? 지금 이 나라에서는 모든 것에 우선해서 존중되어야 하는 생명이 너무나 하찮게 여겨지고 있지 않은가? 대대적인 강 죽이기를 강행하면서 강 살리기를 한다고 선전하는 것은 너무나 큰 문제가 아닌가?

'보수' 세력이라고 해서 다 같은 '보수' 세력이 아니다. 한국의 '보수' 세력은 친일과 독재의 역사에 뿌리를 두고 있다는 커다란 태생적 문제를 안고 있다. 그런데 이명박 세력은 여기에 덧붙여서 심각한 토건과 파괴의 문제를 대대적으로 일으키고 있다. 이명박 세력은 토건과 파괴를 오히려 보존이나 복원이라고 우기면서 한사코 강 죽이기를 강행하고 있다. 이 잘못을 지적하며 전국에서 2,000명이 넘는 교수들이 나섰고, 이어서 수천 명의 승려, 신부, 목사 등 성직자들이 나섰다. 그러나 이명박 세력은 잘못에 대한 교수들의 지적도 무시하고, 생명을 지키자는 성직자들의 호소도 무시하고, 계속 강 죽이기를 강행하고 있을 뿐이다. 이 때문에 아름다운 풀빛으로 되살아나야 할 강들이 오히려 짙은 회갈색으로 처참하게 죽어가고 있다. 그리고 그 안에 깃들여 살아가던 이루 헤아릴 수 없이 많은 생명체들이 비명조차 지르지 못하고 죽어가고 있다.

이명박 대통령과 한나라당에 의해 아름답고 풍요로운 강변이 불도저와 포클레인의 난장판으로 바뀌었다.[4] '4대강 살리기'에 의한 농업문화의 대위기는 이미 시작되었다. 농업문화는 단순히 작물을 길러서 식량을 공급하는 문화가 아니라 자연 속에서 생명을 보듬고 기르는 문

---

[4] 이명박 대통령과 한나라당은 '세종시'의 변경은 국익을 위해 불가피하다면서 국민투표를 하자고 주장하고 있기도 하다. 그러나 '세종시'의 변경은 국민투표의 사안이 아니다. 이에 비해 '4대강 살리기'는 모든 국민의 안위와 결부된 것이기 때문에 국민투표의 사안이 될 수 있다. '세종시'가 아니라 '4대강 살리기'야말로 국민투표를 해야 한다. 해서는 안 되는 망국의 토건사업이지만 정녕 해야겠다면 반드시 국민투표를 통해 승인받아야 하는 것이 '4대강 살리기'이다. 우리는 대통령에게 우리의 생명을 맡기지 않았다. 우리는 대통령에게 우리의 생명줄인 강을 죽이라고 허락하지 않았다.

화이다. '4대강 살리기'는 이러한 농업문화를 대대적으로 파괴하고 있다. '4대강 살리기'는 자연을 일방적인 개조와 이용의 대상으로 보는 후진적인 자연관의 극단적인 표출이다.[5] 자연과의 교감과 조화를 핵심으로 하는 농업문화는 '4대강 살리기'에 의해 여지없이 파괴되고 만다. '4대강 살리기'가 지지하는 농업문화가 있다면, 그것은 어디까지나 반생태적인 농업문화일 뿐이다. 공업의 생태적 전환조차 중대한 과제로 제기되고 있는 상황에서 생태적인 농업문화를 부정하고 반생태적인 농업문화를 유포하는 '4대강 살리기'는 시대의 요구를 완전히 거스르는 심각한 문제를 안고 있다. 온통 녹색으로 뒤덮인 홍보물을 수없이 만들어서 널리 퍼트린다고 해도 이 문제를 숨길 수는 없다.

사실 박정희의 '조국 근대화' 이래로 우리의 농업은 농약, 비료, 비닐, 기계, 전봇대, 콘크리트로 크게 훼손되고 말았다. 이 문제를 시정하기 위해 오래 전부터 많은 노력이 행해졌다(장일순, 1997; 한살림, 1990; 이영문, 1999; 천규석, 1999). 1990년대 들어와서 이 노력은 유기농의 발전으로 이어졌다. 그런데 '4대강 살리기'는 이 귀중한 역사적인 성과를 대대적으로 파괴하고 있다. 그 대표적인 예는 '팔당 유기농 단지'를 비롯한 유기농 단지들의 파괴이다. 이명박 대통령은 후보 시절이던 2007년 9월 22일에 '팔당 유기농 단지'를 찾아서 일손을 거들면서 '팔당 유기농 단지'를 극구 칭찬했다. 그러나 대통령이 되자 안면을 완전히 바꿔서 '팔당 유기농 단지'를 완전히 없애려 하고 있다.[6] 이명박 대통령

---

5 이것은 이명박 대통령의 '국토재창조' 주장에서 단적으로 드러난다. 자연의 대대적인 개조는 심각한 생태적 재앙을 낳는다. '국토재창조'는 '국토대파괴'일 뿐이다. 이런 점에서 '4대강 살리기'는 대재앙으로 귀결된 스탈린의 '자연개조사업'을 떠올리게 한다.

6 도대체 이명박 대통령의 언행은 믿을 수 있는 것이 하나도 없는 것 같다. 그에

은 농업문화의 중요성을 전혀 이해하지 못하고 있는 것 같다. 그에게는 유기농을 포함해서 농업 전체가 '필요악'이거나 '장식품'인 것 같다.

농업문화는 농촌문화의 근간이다. 농업이 없는 농촌이란 거짓이다. 그러나 '4대강 살리기'는 농업 없는 농촌을 추구하는 것으로 보인다. 농업을 없애고 그 자리에 주택이나 공장이나 유원지가 들어서게 한다는 것이다. 이렇게 되면 농촌은 껍데기만 남게 된다. 농업의 과정이자 그 결과인 농촌은 사라지게 된다. 그 대신에 자못 화려한 외양의 건물이나 시설들이 들어서서 사람들을 유혹하게 된다. 이런 식으로 농업은 더욱 더 피폐해진다. 농촌의 발전을 위해서는 농촌의 섣부른 도시화나 농업 없는 농촌을 추구해서는 안 된다. 농촌의 독자적이고 절대적인 가치를 올바로 인식하고 보호하는 것이 농촌의 발전을 이룰 수 있는 유일한 길이다. 그것은 농업의 올바른 발전을 통해 이루어질 수 있다. 농업은 우리의 궁극적인 미래이며, 자연과 조화를 이루고 이웃과 함께 살아가는 농촌은 우리의 오래된 미래이다.

> 게 확실한 것이라고는 어떤 것도 확신해서는 안 된다는 사실뿐이다. 이와 관련해서 여주 신륵사의 강변에 선원을 열고 고행하고 있는 수경 스님의 말씀에 귀를 기울일 필요가 있다. "(문) 이 대통령이 최근 국무회의에서 "반대를 위한 반대는 문제가 있지만 건설적인 문제 제기는 필요하다"며 정치적으로 비난하는 것까지도 일부 허용할 수 있다고 했다." "(답)"내가 보기에 이 대통령은 정직하지 못한 사람이다. 진실하지 못한 사람이다. 지금까지 해 온 언행을 보면 알 수 있다. 4대강 문제만 하더라도 그렇다. 농사지을 때 농약을 뿌려서 논이 죽어가고 있는데 가장 하부에 있는 강을 뒤집는다고 해서 강이 살아나겠는가. 근본적인 문제는 그대로 놔두고 강만 파헤치면 되는 줄 아는 그런 대통령의 말을 믿을 수 있겠는가. 옛말에 '양약고어구(良藥苦於口) 충언역어이(忠言逆於耳)'라고 했다. 좋은 약은 입에 쓰고 옳은 말은 귀에 거슬린다는 뜻인데 듣기 싫은 소리를 듣지 않고 때려잡으려고만 한다""(《위클리 경향》, 2010/3/30).

현재 우리의 농촌은 여러 곳에서 남루하고 초라하고 너저분한 문제를 안고 있다. 농촌의 독자성과 중요성을 올바로 이해하지 못하고 섣부르게 천박한 개발을 추진했기 때문이다. 농촌은 생명을 기르는 곳으로서 거룩함과 풍요로움과 아름다움을 지닌 곳이어야 한다. 농촌을 버리는 것은 생명을 버리는 것과 같다. 우리는 농촌을 지켜야 한다. 그렇게 하기 위해서는 우리의 농촌을 거룩하고 풍요롭고 아름다운 곳으로 만들어야 한다. 섣부른 천박한 개발은 농촌을 허접한 잡공간으로 만든다. 농촌은 생태문화적 개발을 필요로 한다. 농촌을 올바로 지키기 위해서는 우리의 농업을 지켜야 한다. '비교우위'를 내세워서 농업 죽이기를 강행하는 것은 '비교우위'를 내세워서 자신의 생명을 버리는 것과 같다. 생명은 '비교우위'의 잣대를 적용할 수 없는 것이다. 생명을 기르는 근간인 농업에 '비교우위'의 잣대를 들이대는 것은 무지의 소산이거나 악마의 농간이다. 농업을 우습게 여기는 데서 농촌의 피폐화가 시작되었다. 그리고 농촌의 피폐화는 다시 농업의 쇠락으로 이어졌다. '4대강 살리기'는 이 악순환을 더욱 악화시킬 것이다.

농업과 농촌의 파괴는 결국 농민의 파괴로 이어진다. 농민은 생명을 기르는 주체이다. 농민은 생명이 어떻게 만들어지고 자라는지를 잘 아는 생명 전문가이다. 이 세상의 모든 것에 한계가 있으며, 그것들이 복잡하게 연관되어 있고, 또한 한없이 순환할 수 있다는 것을 농민은 잘 알고 있다. 농민이 파괴되는 것은 이러한 생명 전문가가 파괴되는 것이다. 그 결과 세상은 더욱 더 피폐해지고 삭막해지고 만다. 농민은 농업문화와 농촌문화의 담지자이자 전수자이다. 농민이 없다면 결국 농업과 농촌도 없어지고 만다. 농촌을 잡공간화해서는 안 되며, 농민을 잡상인화해서는 안 된다. 시대가 아무리 바뀌어도 농민은 천하의 큰 바탕이다. 토건족과 투기꾼이 농민을 노예로 만드는 사회의 미래는 암울하다. 농민은 작물을 기르는 것을 넘어서 미래를 기르는 존재이다. 농민의 수가 아무리 줄어들지라도 우리는 농민을 존중해야 한다. 농민을 존중하고 농민에게 희망을 주는 사회를 만들 수는 없는가? 농민을 소멸해야 할 대상으로 보는 사회를 근본적으로 개혁하는 것은 불가능한가? 그렇지 않을 것이다. 그러나 '4대강 살리기'는 농민에게 더욱 더 큰 좌절과 모욕을 안기고 있다.

V. 무엇을 할 것인가?

'4대강 살리기'는 생명에 대한 크나큰 위협이며, 생명을 기르는 농업에 대한 크나큰 위협이다. 우리는 반드시 '4대강 살리기'를 막아야 한다. 그 실체는 '4대강 죽이기'이기 때문이다. 이를 위해 무엇을 해야 하나? 그리고 농업문화를 지키기 위해 무엇을 해야 하나? 여기서 함께 검토하고 성찰해야 할 세 가지 과제를 제안하고자 한다. 세 과제의 안에는 다양한 하부 과제들이 포함되어 있다. 아무쪼록 이 제안을 자료로 삼아서 널리 활발한 논의가 이루어지고 새로운 커다란 실천의 물꼬가 트이기를 바란다.

첫째, '4대강 살리기'의 실체가 '4대강 죽이기'라는 사실을 널리 알리기 위해 최선을 다해야 한다. 최근에 김우룡의 인터뷰 보도에서 잘 드러났듯이, 이명박 대통령과 한나라당이 사실상 대표적인 언론매체를 모두 장악하고 있는 상황에서 사실과 진실을 아는 것 자체가 대단히 어려워지고 말았다. 이런 상황에서 사실과 진실을 아는 사람들이 그렇지 않은 사람들에게 사실과 진실을 알리는 것 자체가 대단히 중대한 과제가 되었다. 모두 더 열심히 노력하지 않으면 안 된다. 사실과 진실을 알리기 위한 다양한 방식을 모색해서 활발히 실천해야 한다. 현수막을 내거는 것, 자료를 만들어서 널리 배포하는 것, 인터넷과 핸

드폰을 활용하는 것, 각종 행사를 여는 것, 강연회를 개최하는 것, 답사를 하는 것, 서명을 하는 것, 모금을 하는 것, 항의편지를 보내는 것 등 할 수 있는 것은 아주 많다.

둘째, '독도 지키기' 운동에서 아주 잘 하고 있듯이, '4대강 살리기'의 사실과 진실을 세계에 널리 알려서 그 중단을 촉구하는 여론을 세계적으로 형성해야 한다. 이명박 대통령과 한나라당이 국내의 여론은 막무가내로 무시하고 있기 때문에, 그리고 '4대강 살리기'는 세계적인 철새 도래지들을 파괴하는 '지구 파괴 사업'이기 때문에, 우리는 '4대강 살리기'의 문제를 전세계에 알려야 한다. 유넵(UNEP, 유엔환경계획)은 '4대강 살리기'를 아주 좋은 것이라고 주장하고 있고, 유네스코 한국위원회의 전택수 위원장도 '4대강 살리기'를 아주 좋은 것이라고 주장하고 있다.[7] 우리는 유넵과 유네스코에 사실과 진실을 알려야 한다. 특히 유넵에는 정식으로 질의하고 항의해야 한다. 유넵이 어떻게 해서 그런 주장을 하게 된 것인지 면밀히 확인해야 한다. 나아가 NYT를 비롯한 세계적인 언론매체들이 나서서 '4대강 살리기'의 사실과 진실을 알리도록 해야 한다.

셋째, 올바른 농업·농촌·농민 정책을 마련하고 추진해야 한다. 예컨대 산골에서 들판에 이르기까지 농수로의 콘크리트화가 강력하게 진행되고 있다. 본래의 농수로는 살아 있는 생태계로서 우리의 국토에서 실핏줄과도 같은 구실을 했지만 콘크리트 농수로는 그저 물의 이동을 위한 콘크리트 통로일 뿐이다. 이런 식의 반생태적 토건사업은 결국 농업·농촌·농민을 피폐하게 만들 수밖에 없다. 농업·농촌·농민

---

[7] 전택수 위원장은 '한반도 대운하' 사업에서 문화정책의 책임자로 활동했던 사람이다.

이 이 세상의 큰 바탕이라면, 자연과의 교감과 조화는 농업·농촌·농민의 근본이 되어야 한다. 자연과의 교감과 조화를 무시하거나 이해하지 못하는 농업·농촌·농민은 그 존재이유 자체가 심각한 의심의 대상이 될 수밖에 없다. 농약, 비료, 비닐, 기계, 전봇대, 콘크리트의 문제를 해결해서 아름답고 풍요로운 농업·농촌·농민을 이룰 수 있도록 생태문화적 개발의 연구와 실천에 최선을 다해야 한다.

(2010년 3월)

참고자료

이영문, 1999, 『모든 것은 흙 속에 있다-농부 이영문의 태평농법 이야기』, 양문.
장일순, 1997, 『나락 한알 속의 우주』, 녹색평론사.
천규석, 1999, 『돌아갈 때가 되면 돌아가는 것이 진보다』, 실천문학사.
한살림, 1990, 『한살림』, 한살림.
홍성태, 2007, 『개발주의를 비판한다』, 당대.
_____, 2009, 『민주화의 민주화 - 노무현과 이명박을 넘어서』, 현실문화연구.
_____, 2010, 『생명의 강을 위하여』, 현실문화연구.

김준기, 2010, "농지 감소 10년 뒤면 식량자급 위기.", 〈경향신문〉, 3월 21일.
동성혜, 2010, "청와대 '정정길-정몽준 4대강 발언' 한겨레에 정정 요구.", 〈데일리안〉, 3월 23일.
박경만, 2010, "4대강 농민 2만5천 명 삶터서 쫓겨나.", 〈한겨레신문〉, 3월 18일.
서상준, 2010, "강만 파헤치면 되는 줄 아는 대통령 믿을 수 있나 - 여강선원 열고 4대강 문제 대안 찾는 수경스님.", 〈위클리 경향〉, 3월 30일 (868호).
장상환, 2009, "농업·농민 위태롭게 하는 4대강사업.", 〈한국농어민신문〉, 12월 17일(2201호).

제12장
토건국가의 환상, '4대강 죽이기'
– 생태복지국가의 전망 –

I. 망국의 토건국가 문제

토건국가(construction state)란 무엇인가? 그것은 왜 문제인가? 토건국가의 개혁은 왜 중요한가? 이 나라의 '진정한 선진화'를 위해 우리는 이런 질문들에 대한 답을 찾아야 한다. 이미 망국적 상태에 이른 토건국가 문제를 그대로 두고는 이 사회의 발전은 요원한 과제일 수밖에 없다.

 토건국가 문제에 대해 살펴보기에 앞서서 여기서 먼저 사회관에 관해 잠시 논하고 싶다. 대체로 기존의 사회관에서는 자연을 그저 자원으로 여기거나 심지어 비존재로 여긴다. 그러나 생태위기의 악화에 따라 이런 비과학적 사회관은 더 이상 존립할 수 없게 되었다. 사회는 자연을 정복하고 작동되는 것이 아니라 자연 속에서 형성되고 작동되는 것이다. 우리는 자연을 파괴하고 그로부터 벗어나서 살 수 없으며 어디까지나 자연 속에서 자연을 이용하며 살아야 한다. 우리는 생태적 사회관을 확립해야 한다. 그런데 토건은 자연을 이용하는 기본방식이다. 그것은 길을 닦고 집을 짓는 것으로 시작된다. 토건의 핵심인 토목을 영어로 civil engineering이라고 부르는 것은 이 때문이다. 토건은 문명의 기술로서 필요하고 중요하다. 그것은 자연을 가공해서 사회의 물리적 기초를 형성한다. 따라서 토건의 상태에 따라 한 사회의 물리적 기초가 규정될 수 있다. 이런 점에서 생태적 사회관은 토건의 상태에 대한 관심을 촉구한다. 나아가 그것이 형성하는 사회의 물리적 기초 또는 사회의 하부구조에 대한 관심을 촉구한다.

토건국가 문제는 생태적 사회관을 구체화하는 아주 중요한 단초를 제공한다. 사회의 물리적 기초를 형성하는 기술과 산업이 사회의 생태적 및 경제적 몰락을 촉진할 수 있다는 사실을 토건국가는 잘 보여주기 때문이다. 자연은 물론이고 사회의 하부구조가 존재하지 않는 것처럼 여기며 정치나 경제만을 논하는 것은 한마디로 비과학적인 인식의 소산일 뿐이다. 토건국가는 과잉성장한 토건업의 유지를 위해 막대한 재정을 탕진하고 소중한 국토를 파괴하는 비정상적 개발국가를 뜻한다. 애초에 이 개념은 1970년대 말에 다나카 가쿠에이의 '일본 열도 개조론' 이후 크게 악화된 일본의 문제를 지적하기 위해 일본에서 고안되었다. 1990년대 중반 이후 일본에서는 '거품경제'에 대한 비판을 계기로 이 문제가 계속 개혁되었으나, 그 무렵부터 한국은 더욱 더 악화되어 일본보다 훨씬 심각한 토건국가 상태에 이르게 되었다. 매년 40~50조 원에 이르는 혈세가 토건사업에 쓰이고 있으며, 그 중에는 불필요한 사업들이 아주 많다. '한탄강댐', '경인운하', 그리고 '4대강 살리기'는 그 단적인 예이다. 전국이 말 그대로 공사판인 실정이다.

    토건국가는 재정의 왜곡을 통해 경제의 왜곡을 야기한다. 막대한 혈세를 불필요한 토건사업에 퍼부어서 재정을 왜곡할 뿐만 아니라 토건업의 과잉성장을 유도해서 경제를 왜곡하는 것이다. 토건국가는 재정의 왜곡, 산업구조의 왜곡, 고용구조의 왜곡, 국토의 파괴를 체계적으로 야기해서 결국 나라의 현재를 망치고 미래를 어둡게 한다. 토건국가를 개혁하면, 불필요한 토건사업에 퍼붓는 막대한 혈세를 복지, 문화, 교육, 기술 등에 투자할 수 있으며, 그 결과 재정의 개혁, 산업구조의 개혁, 고용구조의 개혁, 국토의 보존을 체계적으로 추구할 수 있다. 우리 앞에는 토건국가를 방치하는 망국의 길과 토건국가를 개혁하는 흥국의 길이 놓여 있다. 미래는 창조되는 것이라고 한다. 우리는 어떤 미래를 창조해야 하는가? 토건국가를 개혁하고 생태복지국가를 이룩하는 것이어야 하지 않을까? 우리가 토건국가 문제를 직시하고 개혁한다면, 머지 않아 생태복지국가를 이룩하게 되지 않을까? 우리가 추구해야 하는 '진정한 선진화'의 대안은 여기에 있지 않을까?

II. '4대강 죽이기'의 내용

이명박 대통령과 한나라당이 70%에 이르는 국민적 반대와 우려에도 불구하고 강행하는 '4대강 살리기'의 실체는 '4대강 죽이기'이자 '대운하 살리기'로서 그야말로 '토건국가의 극단화'에 해당하는 것이라고 할 수 있다. 이제 지난 8월 하순에 발표된 〈4대강 살리기 마스터플랜 최종보고서〉라는 것을 통해 그 내용을 간략히 확인해 보도록 하자.

    이에 따르면, '4대강 살리기'는 크게 '본 사업'과 '직접연계사업'으로 나뉜다. 여기서 우선 주의할 것은 '직접연계사업'이라는 표현에서 알 수 있듯이 '간접연계사업'도 있다는 사실이다. 이것도 당연히 '마스터플랜'에 포함되어야 하지만 정부는 사업비를 적게 보이게 하기 위해서 사실상 감춰두고 있다. 정부의 발표에 따르더라도 '본 사업'과 '직접연계사업'의 전체 사업비는 무려 22조2002억 원에 이르며, 한나라당 이한구 의원이 지적했듯이 여기에 '간접연계사업'을 포함하면 전체 사업비는 30조 원을 훨씬 넘을 것이다. 사업비의 지역별 배분을 보면, 낙동강 수계에 본사업비의 57.7%가 투여된다. 이런 점에서 이 사업은 '낙동강 퍼주기' 사업이라고 할 수 있다. 또한 사업의 내용을 보면, 준설, 보와 댐 건설, 제방보강, 자전거 도로 건설 등 자연을 대대적으로 파괴하는 대규모 토건사업이 대부분이다. 이른바 '생태하천'이라는 것은, 이미 실행된 사례들에서 잘 볼 수 있듯이, 대체로 자연하천을 파괴하는 것이다. 이런 점에서 이 사업은 명백히 '토건족 퍼주기' 사업이라고 할 수 있다. 또한 무모한 준설과 수많은 보와 댐의 건설은 '한반도 대운하'의 1단계 사업에 해당하는 것이다. 이런 점에서 이 사업은 확실히 '대운하 살리기' 사업이라고 할 수 있다. 끝으로 이미 대부분의 사업지역에서 대대적인 투기가 이루어졌다. 이런 점에서 이 사업은 분명히 '투기꾼 퍼주기' 사업이라고 할 수 있다.

무엇보다도 '4대강 살리기'는 '하천정비사업'으로 행해진다는 것을 잊지 말아야 한다. 그런데 4대강의 하천정비는 이미 2006년 현재 97.3%나 이루어진 상태였다. 2006년으로부터 불과 3년밖에 지나지 않았는데 무슨 하천정비를 또 한다는 것인가? 이런 점에서 '4대강 살리기'는 애초부터 성립할 수 없는 사업이었다. 또한 '4대강 살리기'는 서울의 한강을 모범으로 해서 강행되고 있다. 그러나 서울의 한강은 처절하게 파괴된 강의 표본과 같은 곳이다. 금모래를 모조리 퍼내고, 섬들을 거의 모두 폭파해 버리고, 굽이치는 강을 직강화하고, 강변을 콘크리트로 뒤덮고, 수중보를 건설해서 불필요하게 수심을 높였다. 서울의 한강이야말로 진정한 살리기의 대상이다. 그것은 잠실과 신곡의 수중보와 강변의 콘크리트 호안을 철거하는 것으로 시작될 수 있다.

III. '4대강 죽이기'의 문제

이명박 대통령과 한나라당은 수량 확보, 수질 개선, 지역 개발 등의 목적을 내세우며 '4대강 살리기'를 흥국의 길이라고 열렬히 선전하고 있다. 그러나 수량은 상당히 풍족하며, 수질은 대체로 양호하며, 강 죽이기는 지역 개발일 수 없다. 이른바 '4대강 살리기'는 너무나 많은 문제들을 지니고 있다. 분명히 그 실체는 '4대강 죽이기', '대운하 살리기', '낙동강 퍼주기', '토건족 퍼주기', '투기꾼 퍼주기'라고 해야 옳을 것이다. 이제 홍보, 재정, 행정, 정치, 경제, 투기, 부패, 문화, 지역, 생태 등 열 가지로 나누어서 '4대강 죽이기'의 문제를 구체적으로 검토해 보도록 하자.

첫째, 홍보의 문제이다. 홍보는 어떤 주체가 스스로 선별한 정보를 일방적으로 유포하는 것을 뜻한다. 그런데 이 정부에는 홍보만 있고 정보는 없는 것 같다. 이것은 민주주의를 근저에서부터 위협하는 대단히 큰 문제가 아닐 수 없다. 민주주의는 주권자인 시민들이 모든 정보를 공유하고 합의해서 작동하는 정치체제이기 때문이다. 이 정부는 온통 녹색으로 덧칠한 수많은 홍보물을 만들어서 온갖 수단을 동원해서 유포하고 있다. 그러나 '4대강 살리기'의 실체는 녹색보다는 회색에 더 가까울 것이다. 강바닥과 강주변을 폭파하고 굴착해야 하는 무지막지한 준설과 보, 댐, 제방, 자전거 도로 등 온통 콘크리트를 퍼붓는 사업들이 '4대강 살리기'의 내용이기 때문이다.

둘째, 재정의 문제이다. 2009년 9월에 기획재정부는 '4대강 살리기

사업 예산'이 15.6조 원이라고 제시했다. 그러나 이것은 환경부와 농림부의 관련 예산을 쏙 빼놓은 명백한 '거짓말 예산'이다. 더욱이 15.6억 원 중에서 8조 원은 수자원공사에서 투자하도록 했다. 이것은 사실상 '불법 예산'이라고 할 수 있다. 이런 식으로 분산되어 있는 예산을 모두 더하면 '4대강 살리기'에는 모두 30조 원을 넘는 혈세가 투여될 것으로 추정되고 있다. 지자체에서 요청한 '4대강 살리기' 관련 예산을 모두 더하면 거의 100조 원에 이른다. 이렇듯 막대한 예산을 '4대강 살리기'에 퍼붓기 위해 복지, 교육, 문화의 예산을 줄이는 것은 물론이고 심지어 다른 SOC 예산도 줄이고 있다. 극히 위험한 재정의 왜곡이 자행되고 있는 것이다. 여기에 덧붙여서 사업별 총액만으로 '4대강 살리기'의 예산을 제시한 것도 큰 문제이다. 지구별, 하천별 예산을 제시해야 실제적인 평가가 이루어질 수 있기 때문이다.

셋째, 행정의 문제이다. '4대강 살리기'는 아주 이상한 방식으로 강행되고 있다. 국가재정법의 개악과 환경영향평가의 편의적 진행은 그 단적인 예이다. 원래 국가재정법에 따르면 '4대강 살리기'의 수많은 토건사업들은 대부분 예비타당성조사('예타')를 받아야 한다. 그러나 이명박 대통령과 한나라당은 국가재정법 시행령을 개악해서 '예타'를 받지 않고 '4대강 살리기'를 강행할 수 있도록 했다. 정종환 국토해양부 장관은 국민의 재산과 생명을 지키기 위한 사업을 하는 것이니 '예타'를 받지 않아도 된다고 말해서 세상을 놀라게 했다. 정말로 국민의 재산과 생명을 지키기 위해 대규모 토건사업은 반드시 '예타'를 받아야 한다. 또한 이명박 대통령과 한나라당은 환경영향평가도 형식적으로 진행해서 마쳤다. 우리는 물론이고 후손의 생명까지 걸린 어마어마한 토건사업을 강행하면서 환경영향평가조차 불과 4개월만에 요식적으로 끝낸 것이다. 참으로 경악할 일이 아닐 수 없다. 정말로 '4대강 살리기'에 강한 자신감을 갖고 있다면, 결코 이렇게 엉터리로 행정을 왜곡하며 강행하지 않을 것이다. 여기서 이명박 대통령과 한나라당에 대한 불신은 더욱 더 깊어지지 않을 수 없다.

넷째, 정치의 문제이다. '4대강 살리기'에서 우리는 정치의 실종을 실감하게 된다. 70%에 이르는 국민들이 '4대강 살리기'에 대한 반대와 우려의 뜻을 밝혔으며, 이에 따라 야4당도 모두 '4대강 살리기'에 대한 전면적인 재검토를 요구했다. 그러나 이명박 대통령과 한나라당은 그야말로 눈을 감고 귀를 막고 자료조차 거의 공개하지 않은 채로 '4대강 살리기'를 강행하고 있다. 여기서 볼 수 있는 것은 막무가내식 토건정치뿐이다. 이명박 대통령과 한나라당은 막대한 혈세를 사업비와 보상비로 지급하고 개발에 따른 엄청난 투기이익이 발생하게 되면, 모든 반대와 우려가 사라질 것이라고 확신하는 것 같다. 요컨대 이명박 대통령과 한나라당은 토건국가 문제를 적극적으로 활용해서 정권을 재창출하려고 하는 것이다. 이 나라는 토건국가 병에 워낙 깊이 걸려 있어서 이명박 대통령과 한나라당이 토건국가의 극단화를 통해 정권을 재창출할 수 있을 지도 모른다. 그러나 그 결과 막대한 혈세의 탕진과 소중한 국토의 파괴가 극단화되고 말 것이다.

다섯째, 경제의 문제이다. 미국의 대공황은 플로리다의 난개발에서 시작되었다. 투기이익에 눈이 멀어 불필요한 대규모 토건사업을 계속 벌였고, 당연히 그것이 실패로 돌아가자 금융위기가 터졌고, 결국 경제 전체가 중단되는 지경에 이르렀던 것이다. 일본의 '거품경제'와 경제위기도 역시 불필요한 대규모 토건사업을 계속 벌인 것에서 시작되었다. 이 때문에 일본은 '격차사회'라고 불리는 불평등의 악화를 겪게 되었다. 한국도 예외가 될 수 없다. 불필요한 대규모 토건사업은 결국 토건공황으로 귀결될 수밖에 없다. 이미 병적 과잉상태에 있는 토건업의 대대적인 축소와 산업구조의 개혁을 시급히 추구하지 않는다면, 막대한 혈세의 탕진과 소중한 국토의 파괴는 물론이고 경제의 몰락이 초래되고 말 것이다. 토건업으로는 고용의 증대를 꾀할 수 없을 뿐더러 신규고용이 이루어지더라도 극소수 '비정규 삽질'에 불과할 것이다. 40조 원이 넘는 경제효과와 30만 명이 넘는 고용효과라는 것은 한국은행의 산업계수와 고용계수가 잘 보여주듯이 사실상 아무런 근거도 갖고 있지 않은 일방적 선전일 뿐이다. 정말로 경제를 살리고 고용을 늘리고 싶다면, '4대강 죽이기'에 퍼붓는 막대한 혈세를 복지, 교육, 문화, 기술 등에 써야 한다. '4대강 살리기'는 '4대강 죽이기'를 넘어서 경제 죽이기, 고용 죽이기의 문제로 이어질 것이다.

여섯째, 투기의 문제이다. 이미 2008년에 4대강 수계의 곳곳에서 엄청난 투기가 이루어졌다. 정부에서 수익을 보장하며 4대강 지역의 개발을 강행하면, 투기는 더욱 더 강력하게 추진될 것이다. 강변에 묘목을 심어 놓는 행위도 갈수록 늘어날 것이며, 여기저기 비닐집이나 가건물을 짓는 행위도 갈수록 늘어날 것이다. 수천억 원 또는 수조 원의 막대한 혈세가 투기이익이 되어 투기꾼의 배를 불리게 될 것이다. 이러한 투기꾼의 '성공'을 보면서, 수많은 사람들이 건전한 근로의욕을 상실하고 투기에 깊은 관심을 기울이게 될 것이다. 그 결과 토건국가와 짝을 이루는 투기사회의 문제가 더욱 더 악화될 것이다. 경제는 무너지고, 고용은 악화되고, 투기는 극성을 부리는 참담한 상황이 임박하고 있다. '4대강 살리기'는 이 나라의 미래에 드리운 참으로 거대한 먹구름이다.

일곱째, 부패의 문제이다. "건설 있는 곳에 부패 있다"고 할 정도로 토건업의 부패는 심각하다. 토건업의 뇌물은 전체 공사액의 5%~20%에 이르는 것으로 추정되고 있다. 1조 원의 공사라면 500억 원~2000

억 원이 뇌물로 사용되는 것이다. 불필요한 대규모 토건사업일수록 부패는 심각할 수밖에 없다. 설계, 시공, 감리의 모든 과정에서 부패가 발생한다. 그리고 부패는 곧 부실로 이어진다. 와우아파트, 성수대교, 삼풍백화점, 한강 제방, 소양강댐 등 곳곳에서 부패와 연관된 부실의 문제가 발생했다. 부패가 극심한 발주방식으로 알려져 있는 '턴키방식'으로 강행되는 '4대강 살리기'는 단순히 단군 이래 최대의 토건사업이 아니라 단군 이래 최대의 부패한 토건사업이 될 수 있다. 그것은 이미 심각한 상태에 이른 이 나라의 부패를 더욱 더 악화시킬 것이다.

여덟째, 문화의 문제이다. 강은 생명의 원천이자 문화의 원천이다. 강은 강이 안고 있는 넉넉함으로 풍요로운 강 문화를 길렀다. 이와 함께 강을 따라서 저마다 다른 독특한 지역문화가 형성되었다. 서울의 한강을 모범으로 강행되는 '4대강 살리기'는 강을 파괴하여 풍요로운 강 문화를 파괴하고, 나아가 지역의 서울화를 강행해서 독특한 지역문화를 파괴할 것이다. 새로운 문화의 시대가 열리는 것이 아니라 최악의 문화 파괴의 시대가 열릴 것이다. 자연의 강을 대대적으로 파괴해서 콘크리트 수로와 콘크리트 저수지로 만들면서 강 문화를 기르고 지역문화를 지키는 것은 불가능하다. 하회마을의 아름다운 백사장은 완전한 수몰의 위험을 겨우 피했으나, 상류의 개발에 따라 모래의 공급이 제대로 이루어지지 않아 심각한 훼손의 위험을 맞게 되었다. 세계에 자랑하는 우리의 전통주거공간이 크게 망가질 위기를 '4대강 살리기'는 초래하고 있는 것이다.

아홉째, 지역의 문제이다. 잘 알다시피 이 나라는 극심한 서울/수도권 집중으로 시달리고 있다. 서울/수도권은 과밀로 무너지고 있고, 비서울/수도권 지역은 과소로 쓰러지고 있다. 이 문제를 해결하기 위해서는 서울/수도권의 개발을 강력히 억제하고 정부기관들을 중심으로 강력한 분산정책이 추진되어야 한다. 그러나 이명박 대통령과 한나라당은 '세종시'로 대표되는 이러한 분산정책을 거부하고 강력한 서울/수도권 집중정책을 강행하고 있다. 그리고 이에 대한 지역의 반발을 무마하기 위해 강행하는 것이 '4대강 살리기'라고 할 수 있다. 그러나 '4대강 살리기'를 아무리 열심히 한다고 해도 서울/수도권 과밀이 해소되지 않는다면, 비서울/수도권 지역의 과소는 계속 악화될 것이다. 신도시를 건설하고 유흥지를 개발할 수 있어도, 그것은 모두 유령신도시와 유령 유흥지가 되고 말 것이다. 더욱이 시대의 추세에 비추어 보자면, 지역이 갖고 있는 자연이야말로 가장 소중한 지역의 자산이다. 우리가 추구해야 하는 것은 생태문화적 개발이지 '4대강 살리기'와 같은 반생태문화적 개발이 아니다.

열째, 생태의 문제이다. 생태계를 지키는 것은 오늘날 절박한 생존의 요청이 되었다. '4대강 살리기'는 이미 세계 평균보다 2배나 빠른 속도로 진행되고 있는 한국의 지구 온난화 속도를 더욱 빠르게 할 것이다. 강을 직강화하고 콘크리트화할 뿐만 아니라 강을 저수지로 만들어서 썩게 할 것이기 때문이다. 수질도 극히 악화될 것이다. 30km 단위로 보와 댐이 들어서게 될 낙동강은 이제 강이 아니라 저수지의 연속체로 전락해서 늘 썩은 물이 넘쳐나는 처참한 곳이 되고 말 것이다. '4대강 살리기'는 강의 수질을 극히 악화시켜서 심각한 식수난을 초래하고 말 것이다. 수자원공사는 '4대강 살리기'의 막대한 비용을 충당하기 위해 결국 수도물값을 크게 인상하게 될 것이다. 더욱이 지구 온난화에 따라 예측하기 어려운 호우가 자주 쏟아지고 있는 상황에서 보와 댐이 늘어나고 직강화와 콘크리트화가 확대되면 결국 홍수가 크게 늘어날 수밖에 없다. 대규모 폭파와 굴착을 통한 준설이 강행되고 강의 직강화와 콘크리트화가 추진되면, 결국 강 생태계는 그야말로 총체적 파괴의 위기를 맞게 될 것이다. 강 주변의 지하수에 심각한 악영향이 미쳐서 식수는 물론이고 농사에도 큰 문제가 야기될 것이다. 그리고 우리의 강들을 풍요롭고 아름답게 하는 수많은 풀과 벌레와 물고기와 새들이 영원히 사라지게 될 것이다.

IV. 생태복지국가의 전망

우리는 하루빨리 토건국가에서 벗어나서 복지국가로 나아가야 한다. 복지국가(welfare state)의 개념은 처칠이 이끄는 영국의 보수당 정부가 1942년 11월에 세계 최초로 제안하고 추진한 것이다. 복지국가를 '진보'의 전유물로 여기거나, 심지어 '빨갱이'의 '선동'으로 여기는 것은 완전히 잘못된 것이다. 복지국가의 형성에 '진보'의 영향이 크게 작용한 것은 틀림없다. 그러나 복지국가는 보수와 진보가 서로 영향을 주고받으려 공진화한 결과로 이룩된 것이다. 복지국가를 진보의 타락으로 여기는 것은 올바른 진보가 아니며, 복지국가를 보수의 실패로 여기는 것은 올바른 보수가 아니다. 사회는 보수와 진보를 다 필요로 하며, 둘이 함께 작용해서 이룩한 역사의 산물이 복지국가이다.

신분제의 혁파 이후에 보수와 진보는 크게 경제적 불평등의 해소를 기준으로 나뉘었다. 전자가 기존의 사회를 유지하면서 경제적 불평등을 해소할 수 있는 길을 찾았다면, 후자는 경제적 불평등을 해소하기 위해 기존의 사회를 혁파할 것을 주장했다. 후자의 주장은 레닌이 주도한 소련의 건국으로 성공을 거두는 것처럼 보였다. 그러나 그것은 75년만에 실패로 돌아가고 말았다. 역사를 돌이켜 보건대, 결국 성공한 것은 그저 기존의 사회를 유지하려는 쪽도 아니었고, 막무가내로 기존의 사회를 혁파하려는 쪽도 아니었으며, 시대의 요구를 올바로 반영해서 사회의 공동체성을 유지하려는 쪽이었다. 그 구체적인 성과가 바로 복지국가였다. 복지국가를 단지 개량주의나 수정주의로 보는 것은 잘못이다. 복지국가는 역사와 사회의 새로운 발전으로 이해될 수 있다.

복지국가에 대한 새로운 이해는 인간과 사회에 대한 새로운 이해를 필요로 한다. 인간은 자유를 추구하지만 사회는 규제를 필요로 한다. 그런데 인간은 사회에 선행한다. 따라서 당연히 우리는 자유를 전제로 규제를 실행해야 한다. 사회주의는 규제를 전제로 자유를 제공하려 했기 때문에 실패했다. 이런 점에서 자유를 전제로 하는 자본주의는 사회주의보다 우월하다. 그러나 자본주의는 자유의 동력을 인간이 아닌 자본으로 하고 있다는 점에서 근원적인 한계를 지닌다. 이에 비해 복지주의(welfarism)는 단순히 절충의 산물이 아니라 각각 한 극단을 대표하는 자본주의와 사회주의를 넘어선 새로운 사회체계를 제안하는 논리이다. 우리는 낡은 보수와 진보의 틀이 아니라 이러한 복지주의에 입각해서 적극적으로 복지국가를 추구해야 한다.

모든 '선진국'은 복지국가이다. 문제가 많다고 하는 미국이나 일본도 역시 복지국가이다. 복지국가를 부정하고 '선진국'이 될 수는 없다. 이 나라가 '선진국'이 되고자 한다면, 당연히 복지국가가 되어야 한다. 1980년대에 일본 케이단렌에서 제시한 '선진국병'이라는 터무니없는 주장을 표절해서 복지국가는 '선진국병'의 원천이라고 주장하는 것은 그야말로 후진적인 행태일 뿐이다. 정도나 방식에서 차이가 있기는 하지만 모든 '선진국'은 복지국가이다. 복지국가를 부정하면서 '선진국'이 되겠다고 하는 것은 거짓말을 하는 것일 뿐이다. 복지국가는 국가가 주체가 되어 공동체를 사회 전체로 확대한 것이라고 할 수 있다. 이런 점에서 복지국가는 개인의 자유와 사회의 규제가 적절히 조화를 이룬 새로운 사회로 파악될 수 있는 것이다. 중요한 것은 역사의 발전을 올바로 이해하는 것이다.

그러나 복지국가라고 해서 문제가 없는 것은 아니다. 예컨대 복지국가도 성장의 정체에 따른 실업의 증대로 고통받고 있다. 그런데 사실 이보다 더 큰 문제는 생태위기이다. 복지국가는 단지 인간의 선의나 투쟁으로 이룩된 것이 아니다. 그 바탕에는 공업의 발달에 따른 생산의 증대라는 물질적 변화가 자리잡고 있는 것이다. 복지국가는 세계 전역에서 엄청난 노동과 자연을 착취하고 이룩된 것이기도 했다. 이에 대한 반성과 개혁이 많이 이루어지기도 했지만 여전히 문제는 심각하다. 지구 온난화와 환경호르몬 등 생태위기에 대해서도 '선진국'의 책임은 대단히 크다. 오늘날 복지국가는 인간과 인간의 공생을 넘어서 인간과 자연의 공존을 실현해야 하는 과제를 안고 있다. 생태위기의 현실을 무시하는 복지국가는 더 이상 복지국가로 존립할 수 없다.

한국은 국토가 세계 109위밖에 되지 않는 작은 나라이지만 경제는 세계 10위권에 속하는 큰 나라이다. 한국은 복지국가를 추구할 수 있는 경제적 기반을 이미 지니고 있다. 한국의 문제는 빈곤이 아니라 부유에 있다. 대단히 잘못된 방식으로 많은 돈을 벌고 쓰고 있는 것에 한국의 문제가 있는 것이다. 오늘날 한국은 대표적인 '돈 많은 못 사는 나라'이다. 그 핵심에 토건국가가 자리잡고 있다. 불필요한 대규모 토건사업에 퍼붓는 막대한 혈세를 복지, 교육, 문화, 기술 등에 사용한다면, 한국의 산업구조와 고용구조는 '선진국형'으로 크게 개혁될 것이며, 사회 질과 삶의 질이 크게 향상되어 확실히 '선진국'이 될 것이며, 자연이 보존되어 대단히 쾌적한 환경을 즐길 수 있을 것이다. 생태적 전환의 요청을 이룩한 복지국가, 즉 생태복지국가는 바로 지금 여기에서 실현할 수 있는 과제인 것이다.

이러한 생태복지국가의 전망을 우리의 현실로 만들기 위해 우리가 무엇보다 먼저 주의해야 하는 것은 재정구조와 정부조직이다. 한국의 재정구조와 정부조직은 토건국가형으로 되어 있다. 바로 이것을 개혁의 핵심으로 삼아야 한다. 특히 국토해양부를 정점으로 해서 수자원공사, 토지주택공사, 도로공사 등의 공사들로 이루어져 있는 정부조직을 하루빨리 완전히 개혁해야 한다. 박정희의 개발독재 때 만들어진 토건국가형 재정구조와 정부조직을 그대로 두고 생태복지국가를 이룩할 수는 없다. 국가의 개혁은 무엇보다 먼저 재정구조와 정부조직을 개혁하는 것으로 이루어진다. 그러므로 우리가 정말 지금 여기에서 생태복지국가를 이룩하고자 한다면, 무엇보다 먼저 재정구조와 정부조직에 깊은 관심을 기울여야 한다.

토건국가의 실질적 개혁을 위해 우리가 더욱 깊은 관심을 기울여야 하는 주체는 공공 토건사업을 주도하는 각종 개발공사들이다. 모든 공공조직은 그 역사적 사명을 다하는 것과 함께 해체되어야 한다. 그러나 현실은 그렇지 않다. 특히 심각한 것은 개발공사들이다. 수자원공사처럼 이미 오래 전에 해체되었어야 하는 개발공사들이 계속 존속하면서 막대한 혈세의 탕진과 소중한 국토의 파괴를 주도하는 것이다. 이런 점에서 토건국가의 개혁은 진정한 공공성의 실현을 이루기 위한 핵심적 과제이기도 하다. 생태복지국가는 이 모든 것의 궁극적 귀결이다. 미래는 창조되는 것이라고 한다. 그러나 올바른 미래를 추구하지 않는다면, 창조되는 것은 결국 잘못된 미래일 것이다.

(2009년 10월)

제13장
한국의 물 위기
– 토건국가와 공공재의 파괴 –

I. 머리말

물은 생명의 원천이다. 지구가 생명의 별이 될 수 있는 것은 태양과의 거리가 적당히 떨어져 있어서 태양에서 에너지를 충분히 공급받을 뿐만 아니라 지구의 물이 자유롭게 삼태를 반복할 수 있기 때문이다. 지구가 생명의 별이 될 수 있었던 가장 중요한 내적 요인은 바로 지구가 물의 별이라는 사실이다. 물의 중요성은 다시 말할 필요가 없다. 지구에는 인간을 비롯해서 모든 생명을 충분히 살릴 수 있는 물이 있다. 그러나 인간의 활동에 따른 오염으로 말미암아 쓸 수 있는 물의 양이 계속 크게 줄어들고 있다. 물 오염은 오늘날 지구가 직면한 가장 보편적인 위기인 생태위기의 중요한 양상이다.

물 오염은 오폐수의 방류와 난개발에 의해 이루어진다. 각종 오염물질들이 하천으로 방류되면 당연히 하천이 더러워지며, 난개발로 하천이 훼손되어도 하천은 더러워지고 만다. 따라서 하천을 지키기 위해서는 오폐수의 방류를 막는 것은 물론 난개발도 막아야 한다. 하수처리시설을 제대로 건설하고 가동하는 것과 함께 하천을 파괴하는 난개발을 중단-저지해야 하는 것이다. 이 때문에 이른바 '선진국'에서는 이미 19세기 초반부터 하수관거와 하수처리장으로 대표되는 하수처리시설의 구비에 큰 힘을 쏟아 왔을 뿐만 아니라 20세기 후반부터 댐과 호안의 철거로 대표되는 하천의 재자연화에도 큰 힘을 쏟아 왔다.

이런 관점에서 한국에서 진행되어 온 물의 근대화를 살펴보면 큰 문제를 확인할 수 있다. 한국에서 물의 근대화는 1960년대 초부터 박정희 독재에 의해 강압적으로 본격화되었다. 그것은 무엇보다 대형 댐들의 건설과 하천변의 개발로 나타났는데, 이와 함께 엄청난 물의 파괴와 오염이 진행되었다. 1980년대에 전두환 독재는 물의 오염에 대응해서 대대적인 하수처리시설의 건설을 추진했다. 그러나 전두환 독재는 박정희 독재가 추진한 물의 파괴를 계속 이어받았고, 놀랍게도 21세기에 들어와서 박정희-전두환 독재의 물의 파괴는 이명박 정권에 의해 극단적으로 악화되었다. '4대강 사업'[1]이 바로 그것이다.

---

1 이명박 정부가 강행한 '4대강 사업'의 정식 명칭은 '4대강 살리기 사업'이다. 그러나 이 사업의 실체는 '4대강 죽이기 사업'이라고 해야 옳을 것이기 때문에 이 글에서는 그냥 '4대강 사업'으로 부른다. 서울대 환경대학원 명예교수로 토목학과 생태학을 전공한 김정욱 교수는 이것이 무지막지한 토목공사였다는 점에 초점을 맞춰서 '4대강 토목공사'라고 불렀다(김정욱, 2010).

물은 비경합성과 비배제성을 갖는 공공재(public goods)이다.[2] 따라서 그것은 개인과 기업에 의한 심각한 '무임승차'의 문제를 낳을 수 있기 때문에 정부가 애써서 관리해야 한다. 또한 물은 누구나 생존을 위해 절대적으로 필요로 하는 절대재(absloute goods)이기 때문에 정부는 물의 공급에 만전을 기해야 한다. 그러나 정부가 심각한 물의 파괴와 오염을 일으킬 수 있고, 물 정의(water justice)의 문제를 크게 야기할 수 있다. 요컨대 정부가 공익을 내걸고 각종 비리를 저질러서 생태위기와 사회위기를 모두 크게 악화시킬 수 있는 것이다. '4대강 사업'과 제주도의 지하수에서 잘 드러난 한국의 물 위기는 그 중요한 예이다.

II. 4대강 사업의 문제

2008년 12월부터 2012년 4월까지 무려 22조3천억 원의 혈세를 투입해서 진행된 이른바 '4대강 살리기 사업'의 실체는 '4대강 망치기 사업'이며, 나아가 아예 '4대강 죽이기 사업'이라고 할 수 있다. 그 까닭은 이 사업이 극심한 4대강의 파괴와 오염을 야기했기 때문이다. 우선 감사원의 감사 결과를 통해 '4대강 사업'이 얼마나 많은 문제를 안고 진행되었는가에 대해 살펴보도록 하자. 2012년 말에 '4대강 사업'이 종료되고 얼마 뒤에 발표된 두 편의 감사원보고서가 중요한데, 하나는 2013년 1월 17일에 발표된 〈4대강 살리기 사업 주요시설물 품질 및 수질 관리실태〉라는 감사 결과 보고서이고, 다른 하나는 같은 해 7

2　이것은 재화로서 물의 가장 일반적인 규정이다. 물은 관리와 이용에 따라 여러 재화로 규정될 수 있다. 특정 지역에서 주민들이 관리하는 물은 '공동재'(common goods)이며, 특정 기업에서 회원에게만 개방하는 물은 '클럽재'(club goods)이고, 병에 담아 파는 물은 '사유재'(private goods)이다.

월 10일에 발표된 〈4대강 살리기 사업 설계·시공일괄입찰 등 주요계약 집행실태〉라는 감사 결과 보고서이다. 그리고 추가로 2014년 5월에 작성되었으나 2015년 1월 19일에 발표된 〈공기업 주요 정책사업 추진실태 및 개선방안〉이라는 감사연구원의 연구 보고서를 참고할 필요가 있다.[3]

먼저 '4대강 품질 감사 보고서'는 언론에서 '4대강 사업 총체적 부실'을 밝힌 감사원 보고서로 널리 보도되었다. 그도 그럴 것이 이 보고서에서는 '4대강 사업'의 모든 면에 큰 문제가 있는 것을 낱낱이 밝혔기 때문이었다. 그 주요 내용은 다음의 〈표1〉과 같다.

〈표1〉에서 볼 수 있듯이 감사원은 4개 분야 12개 항목으로 구분해서 '4대강 사업'의 문제를 정리해서 제시했는데, 이것은 그야말로 '4대강 사업'의 모든 공사가 엉터리로 진행되었음을 밝히는 것이었다. '4대강 사업'은 크게 홍수 조절, 가뭄 극복, 수질 개선, 생태 회복, 수변 공원 등의 목적을 내걸고 추진되었으나 실제는 모든 면에서 엉터리 자료에 근거해서 엉터리 설계에 입각해서 엉터리 공사로 진행되었던 것이다. 언론에서 감사원이 '4대강 사업'을 '총체적 부실'로 파악했다고 보도한 것은 이런 점에서 올바른 것이었다.[4]

같은 해 7월 10일에 발표된 '4대강 사업 집행 감사 보고서'는 공사

---

[3] 감사 결과 보고서는 감사원의 홈페이지에서, 연구 보고서는 감사연구원의 홈페이지에서 볼 수 있다.

[4] 이명박-박근혜 정권의 가장 큰 지지 기반인 〈조선일보〉는 아예 감사원이 '총체적 부실'로 규정한 것처럼 보도했다. '감사원 "4대강 안전·수질·관리 등 총체적 부실"', 〈조선일보〉 2013년 1월 17일. 이에 비해 한겨레는 사설에서 필자의 평가로 제시했다. '총체적 부실덩어리로 드러난 4대강 사업', 〈한겨레〉 2013년 1월 17일.

표1 4대강 사업의 총체적 부실

사업 분야	주무부서	부실 내용
주요 시설물 품질 분야	국토해양부	* 소규모 보 기준을 적용하며 보 설계·시공, 바닥보호공 손상·세굴 초래 * 수문에 작용하는 수압·진동 영향 검토가 미흡하여 수문 운영에 차질 우려 * 다기능 보 본체 구조물의 균열·누수 등 설계 및 시공관리 부실
수질 관리 분야	환경부	* 보 구간 수질관리 기준 불합리, 수질예측 및 수질관리 대책 미흡으로 수질 악화 우려 * 총인처리시설 설치사업의 사업자 선정, 준공검사 관련 업무 부당처리
유지 관리 분야	국토해양부	* 불합리한 준설 및 유지관리로 유지관리비 과다 등 우려 * 둔치 유지관리계획이 불합리하여 조성된 둔치 관리 소홀 우려 * 보 설치에 따른 수위 상승 구간의 농경지 배수시설에 대한 보강조치 미흡
준설계획 수립, 준설토 처리 등 기타 분야	국토해양부	* 낙동강 창녕·함안보~합천·창녕보 구간 준설계획 변경 부적정 * 낙동강 장천지구 준설토 매각 업무 부당처리 * 준설토 운반비에 대한 설계변경 및 정산 업무 부당처리 * 명품보 명목으로 공사비를 추가 반영하면서 집행기준 미마련, 일반보와 차별성 상실

의 담합 비리에 초점을 맞춘 것이었다. 이 보고서는 이명박 정부가 국민에게 폐기한 것으로 공표한 '한반도 대운하'를 계속 염두에 두고 '4대강 사업'을 추진했다는 사실을 밝혔으며, 건설사들이 저지른 각종

표2 '4대강 사업'의 담합 비리

사업 분야	부실 내용
1차 턴키담합 분야	* 4대강 살리기 사업 턴키공사 담합사건 처리 부적정 - 4대강 턴키공사 담합사건 지연처리 - 4대강 턴키담합 처리 부적정 * 4대강 1차 턴키공사 담합빌미 제공 및 담합대응 부적정 * 4대강 살리기 사업 준설·보 설치 및 유지관리 계획 부적정
2차 및 총인처리 턴키담합 분야	* 4대강 턴키공사 부당 공동행위 사업자 통보 - 들러리 입찰 - 가격 담합
최저가 입찰 분야	* 최저가 낙찰제 대상 공사 전자파일 불법교체 등 부적정

담합 범죄를 다음의 〈표2〉와 같이 3개 분야 5개 항목으로 정리해서 제시했다.

여기서 알 수 있듯이 건설사들은 턴키공사를 중심으로 온갖 비리를 다 저질러서 부실 공사를 저지르며 막대한 혈세를 그야말로 퍼먹었다. 그런데 여기서 주의할 것은 이 감사에 앞서서 공정거래위원회의 조사가 행해져서 이미 이런 범죄를 적발했으나 아무런 조치를 취하지 않아서 야당들의 요구로 이 감사가 행해진 것이라는 사실이다. 공정위가 해야 할 일을 하지 않고 범죄를 봐주고 있었던 것이다. 이명박 정부는 엉터리 자료로 '4대강 사업'을 강행했을 뿐만 아니라 그에 대한 조사와 조치도 엉터리로 시행하는 거대한 비리를 계속 저질렀던 것이다. 그런데 불행히도 이것이 비리의 끝이 아니다. 2015년 12월 24일 대법원은 '4대강 사업'의 담합 비리 범죄에 대한 최종판결에서 해당 건설사들에 대해 모두 합해서 고작 5억원의 벌금을 내도록 했다. 이 건설사들이 '4대강 사업'에서 담합 범죄로 벌어들인 이익은 무려 1조6635억 원이었다. 이것은 이명박 정부가 '건설산업기본법'을 개정해서 건설 담합 범죄의 형량을 크게 낮춰놓은 결과였다.[5]

한편 '4대강 사업 집행 감사 보고서'는 문화재 관련 감사 내용을 참고사항으로 제시하고 있다. 이 감사의 결과는 2013년 10월에 독자적인 감사 보고서로 발표되었다. 당시 감사원은 야당들이 요구한 '4대강 사업'의 '매장 문화재 보호 및 조사에 관한 법률 위반 감사'를 거의 마친 상태였다. 그 주요 내용은 국토부(20개 공구에서 육상 지표조사를 누락한 채 공사를 시행, 27개 나룻터 구간에서만 수중 지표조사 시행, 109개 유물 산포지에서 보존대책 시행 없이 공사 시행, 103개 유물 산포지에서 문화재청의 심의결과 무시 공사), 문화재청(하도 준설구간 전체에 대해 수중지표조사를 면제 조치)의 문제를 밝힌 것이었다. 이렇듯 '4대강 사업'은 막대한 역사 유물·유적의 파괴를 자행하고 강행됐다는 의혹을 피할 수 없게 되었다. '4대강 사업'은 상수원의 95%를 차지하고 있는 4대강을 대대적으로 파괴하고, 22조원이 넘는 혈세를 토건족에게 퍼주고, 길이 후손에게 전해줘야 할 소중한 문화재마저 대대적으로 파괴한 최악의 불필요 토건 사업이었던 것이다.

이명박 정권이 끝나기 직전인 2013년 1월부터 시작해서 박근혜 정

---

5 김청환, '4대강 담합 건설사에 법정 최고형, 그러나 벌금은 고작 7,500만원', 〈한국일보〉 2015년 12월 25일. '4대강 사업'의 담합 범죄 건설사들은 크리스마스 이브에 대법원에서 아주 큰 선물을 받았던 것인데 사실 그것은 현대건설 회장 출신으로 한국의 토건족 대표인 이명박이 만들어 놓았던 것이다. 이 건설사들은 다 사면되었으며 그 전에도 막대한 공공부문 수주를 계속하고 있었다. 이명박-박근혜 정부에서 토건족의 문제는 말 그대로 극단화되었다. 유지웅, '4대강 입찰 담합 17개 건설사, 100% 사면', 〈평화뉴스〉 2015년 9월 16일.

권의 초기인 2013년 10월까지 감사원은 '4대강 사업'의 문제를 밝히는 데서 큰 역할을 했다. 그러나 이와 관련해서 감사원의 독립성에 대한 의혹이 강력히 일어나게 되었다. 감사원은 '4대강 사업'에 대해 2011년 1월과 2013년 1월, 7월, 10월 등 모두 네 번의 감사 결과를 발표했다. 각 감사의 초점은 세부계획 수립과 이행실태(1차, 2011년 1월), 주요 시설물 품질과 수질관리 실태(2차, 2013년 1월), 설계 시공 일괄입찰 등 주요계약 집행 실태(3차, 2013년 7월), 매장문화재 조사와 보호실태(4차, 2013년 10월)였다. 그런데 1차 감사 결과에서는 당시 이미 드러난 여러 문제들에도 불구하고 '4대강 사업'을 합리화하는 것으로 끝나 버렸는데 정권이 바뀌기 직전과 정권이 바뀐 직후에 계속 발표된 세 번의 감사 결과에서는 '4대강 사업'의 문제를 상세히 밝혔던 것이다. 이런 맥락에서 2014년 5월의 감사연구원 연구 보고서도 이전에 행한 감사원의 감사가 부실하게 시행되고 조치된 의혹을 덮기 위한 것이라는 지적까지 제기되었다.[6]

'4대강 사업'의 재앙적 성격은 2015년 1월에 공개된 〈공기업 주요 정책사업 추진실태 및 개선방안〉이라는 감사연구원의 연구 보고서에서 다시 적나라하게 제시됐다.[7] 공기업이 추진하는 주요 정책사업들

---

6 이런 감사원의 행태는 국가 기구가 법률에 규정된 대로 엄정하게 활동하지 않고 당시의 정치 상황이나 권력에 의해 크게 좌우된다는 사실을 확인해 주는 것이다. 감사원 같은 사실 확인을 전담하는 국가 기구가 이렇게 정치에 의해 크게 좌우되는 것은 사회 전체에서 신뢰라는 사회적 자본이 축적되는 것을 근원적으로 저해하고 사회적 비용을 증가시켜 사회의 발전을 저지하게 된다.

7 구영식, '감사원 '4대강 사업 부실감사' 증거 나왔다', 〈오마이〉 2015년 2월 10일. 사실 이런 논란은 2013년 7월에 '4대강 사업'이 '한반도 대운하'와 연관되어 진행됐다는 감사 결과가 발표되면서 본격화했다. '감사원 "MB정부 대운하

표3 공기업의 주요 정책사업 평가

기관	사업	사업결정과정 투명성		사업목적		사업타당성		재원분담·손실보전 합리성	
		투명	불투명	명확	불명확	확보	미확보	합리	비합리
LH	임대주택사업		✓	✓			✓		✓
수공	경인운하		✓	✓			✓		✓
수공	4대강		✓		✓		✓		✓
도공	도로건설	✓		✓		✓			✓
철도공사	인천공항철도		✓	✓			✓	✓	
철도공사	PSO 보상	✓		✓		✓			✓
가스공사	가스요금	✓		✓		✓			✓
한전	전력요금	✓		✓		✓			✓

출처: 감사연구원(2014: 12)

에 대한 체계적 정리와 이론적 설명을 제시한 이 보고서에서 '4대강 사업'은 '경인운하 사업'보다 더욱 엉터리인 최악의 정책사업으로 파악되었다. '4대강 사업'은 '사업목적'조차 불분명해서 애초에 공기업의 정책사업으로 추진될 수 없는 것이었다. '경인운하'도 이명박 정부가 '4대강 사업'을 하면서 함께 강행한 것으로 무려 2조5천억 원의 혈세를 투입해서 거대한 폐기물을 만든 것에 불과한 실정이다.[8] 그런데

염두에 두고 4대강 설계'", 〈연합뉴스〉 2013년 7월 10일. '[사설]'감사원의 4대강 감사'를 감사하고 싶다', 〈경향신문〉 2013년 7월 11일. '4대강 감사결과 3차례 달라…'정치감사' 뒷말', 〈연합뉴스〉 2013년 7월 11일. 박세열, '감사원의 낯 뜨거운 '4대강 감사' 자화자찬', 〈프레시안〉 2013년 7월 30일.

8 "배 없는 아라뱃길'..돈 쏟아붓고 어쩌나?', KBS 2015년 5월 27일.

'4대강 사업'은 '경인운하 사업'보다 더 엉터리 사업으로 판명된 것이다.[9]

그러나 이렇듯 모든 문제가 낱낱이 밝혀진 상황에서 대법원은 2015년 12월 10일에 '4대강 사업'이 적법하다고 판결했다. 이에 대해 대법원은 철저히 이명박-박근혜 정부의 편에서 사실을 무시하고 국민을 우롱하는 판결을 내렸다는 강력한 비판이 제기되었다.

판결 소식이 전해지자 4대강조사위원회, 4대강복원범국민대책위원회, 4대강 국민소송단은 기자회견을 자청해 "우리는 기울어진 천칭을 반영한 오늘의 판결에 대해 실망을 금할 수 없다"고 격노하고, "4대강 사업의 사법적 정의를 실현하지 못한 잘못된 판결이라고 판단한다. 또한 이러한 판결은 국민적 상식으로 검증된 4대강 사업의 문제점을 모두 부정한 것이다"는 입장을 보였다.
4대강 사업이 과정과 내용 모두 명백한 하자가 있음을 정부기관이 스스로 인정한 바 있음에도 이 같은 판결이 나오자 "이제 사법부의 정치적 판결로 4대강 사업은 다시 우리 사회의 과제로 돌아왔다. 강은 바위를 만난다고 흐름을 멈추지 않는다. 4대강을 살리기 위한 운동은, 잘못된 사법부의 판결에도 불구하고 계속될 것이다"고 밝혔

---

[9] '국무총리실 4대강사업 조사·평가위원회'(4대강 조사위)는 2014년 12월 23일 조사결과를 발표했는데 일부 성과를 거두었다는 설명에도 불구하고 실제 내용을 보면 결국 '총체적 부실'을 확인한 것으로 파악되었다. '4대강 사업, 결국⋯ '총체적 부실'로 드러나', 〈퓨쳐에코〉 2015년 1월 19일. 이에 대해 '4대강 복원범국민대책위원회'(4대강 범대위)는 '4대강 조사위'의 조사 결과를 강력히 비판하는 성명을 발표했다.

다.[10]

'4대강 사업'이 끝난 바로 다음 해인 2013년부터 4대강은 큰 문제를 드러내기 시작했다. 첫째, 가장 먼저 나타난 문제는 오염이었고, 오염의 대표는 바로 녹조의 창궐이었다. 녹조가 마치 진한 죽처럼 4대강과 지천들을 뒤덮었다. 더욱이 이 녹조는 그냥 녹조가 아니라 발암성 녹조였다. 둘째, 오염에 따른 생태계 파괴가 일어났다. 녹조의 창궐에 의한 1차 오염은 수많은 어패류가 죽으면서 2차 오염으로 진행되었다. 결국 '4대강 사업'은 4대강 생태계의 파괴로 이어진 것이다. 4대강의 곳곳에서 대표적인 오염 지표종인 붉은 실지렁이들이 발견되었는데 이것은 4대강이 시궁창 수준으로 더러워진 것을 뜻한다.[11] 셋째, 수돗물의 암 유발 위험이 커졌다. 4대강에 발암성 조류가 창궐하면서 4대강을 원수로 하는 수돗물에서 발암물질도 증대했다.[12] 특히 '4대강 사업'을 열렬히 지지한 부산 지역의 수돗물이 서울의 수돗물보다 훨씬 많은 발암물질을 함유하고 있는 것으로 드러났다.[13] 넷째, '4대강 사업'의 예산이 폭증해서 22조3천억 원에서 30조 원을 훨씬 넘어설 것으로 예측되기에 이르렀다. 잘못된 보들의 건설과 준설로 강의 파괴와 오염을 비롯한 각종 문제들이 발생한 것에 더해서 보상비를 노린 투기

---

10 '4대강, 총체적 부실 안고도 "적법사업"-대법원, 4대강 책임자 불기소 처분', 〈퓨처에코〉 2015년 12월 24일.

11 '강바닥 퍼올리자 실지렁이 '득실'…4대강의 비극', sbs 2016년 9월 23일.

12 '수돗물에 '발암 유해물' 3종…4대강사업 후 새로 검출', 〈경향〉 2015년 10월 5일.

13 '부산 수돗물 속 유해물질 서울보다 훨씬 많다', sbs 2015년 3월 19일. '부산 수돗물 발암 물질 농도 서울의 약 2배', 부산mbc 2016년 9월 19일.

범죄들도 널리 행해지고 있기 때문이다.[14] 이명박-박근혜 정권이 결코 행해서는 안 되는 잘못된 사업을 강행한 결과로 생명의 젖줄인 4대강이 대대적으로 파괴되었고 막대한 혈세가 계속 투입되어 토건족만 큰 이득을 보고 국가 재정이 대대적으로 왜곡되었다.

III. 제주도의 지하수 문제

한국의 영토에서 가장 큰 섬인 제주도는 거대한 화산도로서 독특한 지질과 생태를 갖고 있는 곳이다. 이 때문에 제주도는 한국에서 최초로 유네스코 세계자연유산에 등재된 지역이 있는 곳이 되었다. 2007년에 한라산, 성산 일출봉, 거문오름 용암동굴계 등의 세 지역이 '제주 화산섬과 용암동굴'이라는 이름으로 등재된 것이다.[15] 이렇듯 제주도는 한국에서 대단히 귀중한 곳일 뿐만 아니라 지구 전체에서도 대단히 귀중한 곳이다. 그러나 지금 제주도는 한국에서 가장 급격히 난개발되고 있는 곳이기도 하다. 이 때문에 많은 문제들이 일어나고 있으며, 물을 둘러싼 논란도 갈수록 커지고 있다.

---

14 '4대강 정비사업 혈세 흡혈귀… 부가사업까지 30조 원', 〈오마이〉 2009년 6월 9일. '13조가 1년도 안 돼 30조로', 〈경향〉 2009년 10월 11일. '4대강 사업비, 예상보다 8조 더 들어…30조 넘는다', 〈한겨레〉 2010년 10월 11일. '밑빠진 독 '4대강 부채'…16년간 혈세 7조 더', 〈머니투데이〉 2016년 9월 3일. '수공 'MB 4대강 사업 빚' 6조8천억원 국민 세금으로 갚는다', 〈한겨레〉 2015년 9월 9일. '빚더미 4대강 사업 수자원공사 채무에 10조원 추가 투입', 〈노컷뉴스〉 2016년 9월 30일.

15 '세계자연유산 제주' 홈페이지 http://jejuwnh.jeju.go.kr/ 참고. 2002년에 지정된 제주도 생물권 보전지역, 2010년에 지정된 제주도 세계지질공원, 2012년에 개관한 제주 세계자연유산센터 등이 함께 연결되어 있다.

제주도는 가운데 한라산이라는 높고 큰 산이 있는 거대한 화산섬이고 거기에서 바다로 흘러가는 작은 개울들이 많지만 큰 강은 없다. 연중 강수량이 많지만 개울의 물은 금방 바다로 흘러들고 지하로 스며들고 하늘로 증발되어 버려서 개울은 대체로 말라 있다. 제주도의 개울은 장마철에 쏟아져 내리는 많은 빗물을 바다로 빼내는 배수로의 구실을 주로 하는 것이다. 오랫동안 제주도에서는 사람들이 용천수, 즉 지하로 스며든 물이 솟아나는 샘이 있는 곳에서 주로 거주했다. 이런 용천수 지역은 주로 바닷가에 있었기에 제주도의 전통 마을은 대부분 바닷가에 몰려 있었고, 빗물에 많이 의지해야 했던 중산간 지역은 마을들이 드문드문 있었다(桝田一二, 1933; 박원배, 2008).

제주도의 상수원은 대부분 지하수이다. 제주도는 식수와 용수의 95%를 지하수에 의지하고 있다. 제주도에서 지하수는 말 그대로 생명수다. 지하수를 이용하는 방식은 자연적인 것과 인공적인 것이 있다. 제주도에서 자연적인 지하수 이용은 용천수 이용을 뜻한다. 용천수는 지하수가 자연적으로 솟아오르는 것을 가리킨다.[16] 이에 비해 인공적인 지하수 이용은 일제 강점기 때 부분적으로 시작되었다. 제주도는 화산섬이라서 땅을 조금만 파도 바로 암반이 있어서 땅을 파고 우물을 만들기가 어렵다. 제주도에서 인공적인 지하수 이용은 유엔의 지원을 받아 1961년에 본격적으로 시작되었다.

오늘날 상수는 상수도를 통해 제공된다. 상수도는 취수장, 정수장, 송수관, 급수관 등의 여러 시설들을 건설해서 상수를 만들고 공급하고

---

16 용천수가 없는 지역은 빗물을 받아서 상수로 썼는데 이것을 봉천수라고 불렀다. 애월읍 하가리 연화지는 그 대표적인 예이다. 1964년의 조사에서 용천수는 456개소, 봉천수는 374개소였다(박원배·정영태, 2010).

이용하는 거대한 체계를 뜻한다. 제주도의 상수도는 주로 용천수를 상수원으로 이용해서 1953년부터 건설되기 시작해서 1967년부터 본격적으로 건설됐으며 1985년에는 99%의 상수도 보급율을 기록했다. 제주도의 상수도 보급율이 크게 높아진 것은 지하수의 이용이 크게 늘어난 것을 뜻했다. 1960~80년대의 경제성장에 힘입어 제주도의 개발도 계속 확대되었다. 그 결과 1989년부터 지하수의 관리 문제가 제주도의 현안으로 떠오르게 시작했다(고기원, 2006).

제주도에서 지하수 관리는 그야말로 생명을 지키는 것이다. 제주도의 지하수는 '제주특별자치도 설치 및 국제자유도시 조성을 위한 특

그림1 제주도의 수자원 구성

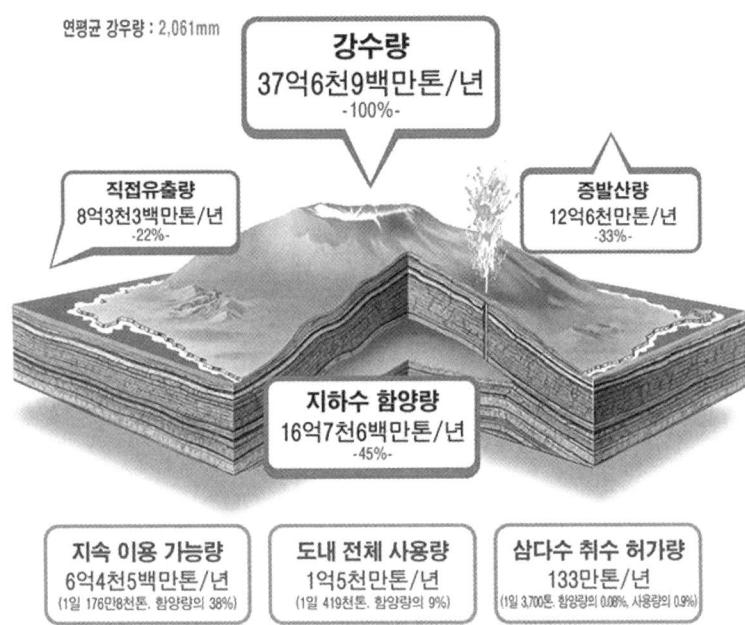

출처: 제주특별자치도개발공사, '제주水 이야기'의 '수자원 현황'
https://www.jpdc.co.kr/water/resources

별법(제주특별법)'의 제361조에 따라 '제주도 조례'에서 '보존자원'으로 지정되어 관리되고 있다. 또한 이 법은 제주도의 지하수를 '공공의 자원'으로 규정해서 관리하고 있다.[17]

제377조(지하수의 공공적 관리) ① 제주자치도에 부존하는 지하수는 공공의 자원으로서 도지사가 관리하여야 한다.
② 도지사는 지하수의 적정관리와 오염예방, 용수의 안정적 공급, 지하수의 기초조사 및 관측, 대체수자원의 개발 및 이용 등에 최선을 다하여야 한다.

이에 따라 규정된 지하수 관련 조항은 제378조(수자원관리종합계획의 수립 등), 제379조(지하수개발·이용허가 등에 관한 특례), 제380조(지하수 개발·이용허가의 제한 및 취소), 제381조(지하수 취수량 제한 및 이용중지 등), 제382조(지하수자원 특별관리구역의 지정 및 관리), 제383조(지하수오염방지명령 등에 관한 특례), 제384조(지하수 관측망의 설치·운영 등), 제385조(지하수관리위원회의 구성 등) 등으로 특히 379~381조는 지하수의 이용을 적극 제한할 수 있는 조항이다. 제주도의 지하수는 제주도의 모든 사람들을 위한 공공재로서 적극 관리되고 있는 것이다.

그러나 이런 엄격한 관리 제도에도 불구하고 제주도의 지하수에 대한 우려는 오래 전부터 계속 제기되고 있다. 가장 큰 문제는 지하수 이용량의 급증으로 상수원 부족과 해안 지역 염해가 발생하는 것이다. 이 때문에 이미 2003년에 당시 건설교통부는 '구 제주도특별법'에 먹

---

[17] '지하수법'에서도 지하수를 '공적 자원'으로 규정하고 있다. 한국에서 지하수는 국가가 이용을 관리하는 '공수'인 것이다.

는 샘물의 제조·판매를 위한 지하수의 이용을 제한하겠다는 계획을 발표했다.[18] 제주도의 지하수를 이용해서 만든 먹는 샘물로 널리 알려진 '삼다수'는 '제주 개발공사'가 생산해서 위탁판매하는 것이다.[19]

그런데 민간 기업에서 대량으로 제주도의 지하수를 파내서 팔고 있기도 하다. 한진 재벌의 한국공항(주)가 바로 그 기업이다. 이에 대해 제주도의 시민단체들은 한국공항(주)이 법을 무시하며 제주도의 생명수를 위협하는 잘못된 시도를 계속하고 있으며, 이에 대해 제주도, 제주도의회, 지하수심의위원회 등이 모두 명백한 불법조차 제대로 따지지 않고 대기업의 이익을 위하고 있다고 비판한다.

제주도특별법 부칙 제23조는 특별법 시행일인 2006년 7월 1일 이전에 지하수 개발이용허가를 받은 자는 도지사의 허가를 받은 것으로 보고 사업을 계속할 수 있도록 하고 있다. 이는 한진그룹이 기존의 허가사항인 월 3,000톤의 지하수 취수에 대해서만 사업을 계속할

---

18 '제주도 지하수 개발 용수부족·오염 취약 – 공업·생활·농업용수 적정량 88% 개발', 〈의학신문〉 2003년 10월 29일.

19 '삼다수'는 롯데 재벌의 방계 기업인 농심에서 오랫동안 독점 판매했으나 2011년에 계약해지됐고 2012년부터 광동제약이 독점 판매를 시작했다. '삼다수'와 같은 물을 흔히 '생수'라고 부르는데, '생수'는 말 그대로는 '살아 있는 물'로서 화학적 또는 물리적 처리를 거치지 않고 그냥 마실 수 있는 물을 뜻한다. '먹는 물 관리법'이 주요 관련 법이다. 1994년에 대법원의 판결로 1995년부터 '먹는 샘물'의 판매가 전면 허용됐다. 이에 따라 1995년 1월에 시행된 '제주도 개발특별법'의 제25조에서 지방자치단체나 지방공기업만이 제주도의 지하수를 이용해서 '생수'를 만들어 팔 수 있도록 규정했다. 이에 따라 제주도는 1995년 3월에 '제주도 지방개발공사'를 설립해서 '삼다수'의 생산을 시작했다. 고경호, '도민 공동의 자산 보호 위해 공수화 개념 도입 – 삼다수의 태동', 〈제주신보〉 2015년 9월 15일.

수 있음을 시사한 것일뿐 이를 넘어서 증량에 대해서는 언급을 하지 않고 있다. 따라서 월 3,000톤 이상을 추가증산은 신규허가사항으로 보아야하며, 이는 제주도특별법에 의해 불가한 사항이다.[20]

그러나 지금 제주도의 지하수에 더 큰 위협은 계속 인구가 빠르게 늘면서 상수로 쓸 부족해지고 중산간 지역의 난개발로 상수원인 지하수가 형성되는 지역이 파괴되는 것이다. 다행히 이에 대응해서 제주도는 중산간 지역을 '지하수 특별관리구역'으로 지정하고 사설 지하수 관정을 제한하는 조치를 취하기로 했다.[21] 이 조치가 시행되면 중산간 지역의 난개발이 사실상 불가능해지고 지하수 보호가 크게 향상될 것으로 기대되고 있다.

그러나 어떤 제도가 만들어진다고 해서 그대로 시행되는 것은 아니다.[22] 제주도 수자원본부는 무려 7년 간이나 상수도 유수율을 조작해서 큰 불신의 대상이 된 상태이다. 제주도 감사위원회는 제주도 상수도본부 감사 결과는 심지어 상수원 주변 난개발과 계량기 수치 조작

---

20 '제주 시민사회·농민·노동단체 공동성명 - 공수화 정책 짓밟는 한진그룹의 지하수 증산요구를 불허하라!', 2016년 5월 17일. 이 요구는 다행히 기각됐다. 한진 재벌은 서울에서 호텔을 지을 수 없는 경복궁 옆 송현동에 호텔을 짓겠다고 청와대에까지 강력히 요청하는 수완을 부렸다. 조현아의 '땅콩 회항 사건'에서 잘 드러났듯이 한진 재벌은 억지를 중요한 경영방식으로 여기고 있는 것 같다.

21 '제주 지하수 특별관리구역 지정...사설지하수 허가 제한', 〈헤드라인 제주〉 2016년 7월 13일.

22 제도는 사회의 실체라고 할 수 있을 정도로 사회의 형성과 운영에서 중요하다. 그러나 비리가 만연한 곳에서는 제도는 비리의 온상이 되거나 무력화되기 일쑤다.

의혹까지 제기된 '총체적 부실'로 보도되었으나 실제 처분은 가장 강한 것이 고작 '경징계' 2명에 그쳤다.[23]

제주도 상수도 통계가 거짓으로 작성되면서 2010년 고시한 〈수도정비 기본계획 2010~2025년〉과 2013년 수립한 〈제주도 수자원 종합관리계획 2013~2022년〉도 왜곡되는 결과로 이어지고 있다. 〈제주도 수자원 종합관리계획〉을 보면 2010년 제주도 상수도 유수율은 76.7%로 기재됐고, 이를 기준으로 분석한 만큼 2025년에는 83.0%까지 유수율이 증가할 것으로 내다봤다. 거짓통계에 기반한 엉터리 예측인 셈이다.[24]

제주도에 따르면 2006년 특별자치도가 되기 전까지 4개 시군 당시 평균 유수율은 73.5%였다. 제주도는 통합 후 2007년 76.7%라고 발표했다. 하지만 제주도가 2008년 설치한 유량계를 통해 유수율을 자세히 조사해 보니 42%로 그동안 발표된 유수율과 무려 30%P 이상 차이를 보였다. 2006년 이전 4개 시군에서 각각 발표한 유수율부터 모두 믿을 수 없게 됐다. 2008과 2009년 광역상수도 1-2단계 사업을 마무리한 후 유수량을 측정해 보니 76.7%가 아니라 44%대였다. 제주도는 2008년부터 이 같은 사실을 알고 있었지만 이를 공개하지

---

23 '제주도 수자원본부 '총체적 부실' 드러나', 〈한겨레〉 2015년 9월 2일. 심지어 이런 심각한 거짓 행정에 가장 큰 책임이 있어서 제주도민들에게 공식사과한 홍성택 제주 수자원본부장(지방부이사관)은 2016년 7월에 제주도 안전관리실장(지방이사관)으로 승진했다.

24 '제주도, 상수도 유수율 30% 뻥튀기하는 동안 실제 유수율은 뚝뚝↓', 〈경향신문〉 2015년 9월 2일.

않고 유수율 70% 대를 기준으로 각종 상수도 정책을 추진해 왔다.[25]

2016년 9월에 밝혀진 하수 유출 문제도 제주도의 물 행정을 믿지 못하게 하는 중요한 사안이다. 인구 급증, 관광객 급증, 난개발 강행 등으로 말미암아 제주도의 하수 처리 용량에 대한 우려가 계속 제기되었다.[26] 그러나 제주도는 이 문제에 적극 대처하지 않고 처리하지 않은 하수를 대형 관을 이용해서 은밀히 바다로 무단방류하는 범죄를 15개월이나 계속 저질렀다. 심지어 하수처리장을 제대로 관리하지 않아서 하수를 분해해야 할 하수처리조의 미생물들이 대부분 사멸해 버렸다.[27] 이렇듯 제주도의 물 위기는 중산간 지역과 해안의 상수 부족을 넘어 하수의 무단 방류로 말미암은 바다 오염으로 나아간 상태다.

IV. 토건국가 한국의 문제

'4대강 사업'은 말할 것도 없고 제주도의 지하수 관리에서도 많은 문제들이 나타났다. 이 문제들에서 특히 주의해야 할 것은 강과 지하수에 대해 전적인 관리의 책임을 지고 있는 정부[28]가 강과 지하수를 망

---

25 '제주도 상수도 유수율 통계 모두 엉터리', 〈노컷뉴스〉 2015년 8월 15일.

26 '제주 하수처리장 포화 처리대난 오나', 제주mbc 2015년 12월 16일.

27 '제주 하수처리장의 비밀', mbc 2016년 9월 4일. 이 보도는 국민들을 그야말로 경악시켰다.

28 하천 및 하천수, 지하수는 모두 법으로 규정된 '공적 자원'으로 사적 주체가 마음대로 이용할 수 없으며 국가가 그 소유와 관리의 주체이다. '하천법' 4조는 "①하천 및 하천수는 공적 자원으로서 국가는 공공이익의 증진에 적합한 방향으로 적절히 관리하여야 한다"고 규정하고 있다. 또한 '지하수법' 3조는 "① 국가는 공적 자원인 지하수를 효율적으로 보전·관리함으로써 모든 국민

치는 주역일 수 있다는 사실이다. '4대강 사업'은 이미 계획 단계에서 많은 문제들이 명확히 지적되었음에도 불구하고 이명박 정부가 자료들을 조작하고 엉터리 설계와 공사를 강행해서 대다수 국민들의 식수원인 4대강을 대대적으로 망친 세계적으로 유례를 찾을 수 없는 정부 토건사업이다. 제주도의 지하수 관리에서도 비슷한 문제들을 살펴볼 수 있는데 제주도 자치체가 7년 동안이나 유수율 통계를 조작했고 상수원 주변의 난개발을 조장했던 것이다.

이렇게 정부가 자기의 존재이유를 저버리고 해야 할 일을 하지 않는 것을 이론적으로 어떻게 이해해야 할 것인가? 19세기 말에 미국에서 정립된 행정학의 규범적인 설명은 정부가 권력이라는 합법적 강제력을 사용해서 공익을 추구하는 주체라는 것이다. 이로부터 정부가 올바른 정책을 추진하게 하는 것이 중요한 과제로 제시되었고, 정부의 비리는 부분적인 문제로 인식되게 되었다. 2차 세계대전 이후 '선진국'의 일반적인 상태로 정립된 복지 국가는 이런 '공익 국가'론에 기초한 것이었다. 그런데 기업의 활동을 최고의 가치로 여기는 자들이[29] 이

이 양질의 지하수를 이용할 수 있도록 지하수에 관한 종합적인 계획을 수립하고 합리적인 시책을 마련할 책무를 진다"고 규정하고 있다.

29 이들은 흔히 '시장주의자'로 불리지만 실은 '기업주의자'나 '기업 자유지상주의자'로 불려야 한다. 기업은 사익을 위한 조직이니 기업이 지배하는 사회는 사익이 지배하는 사회가 된다. 애덤 스미스는 '보이지 않는 손'을 통해 이런 사익 추구가 공익 확대로 이어진다고 했지만 그는 그 전제로 엄격한 도덕성과 투명성을 제시했다. 그런데 현대의 기업주의자들은 이 전제를 무시하고 기업의 사익 추구만을 강조한다. 이들이 실제로 원하는 것은 부익부 빈익빈이 극단화된 '정글 사회', '노예 사회'이다. 이들은 1950년대에 하이에크와 프리드먼을 중심으로 열심히 관련된 주장을 만들었는데, 이 주장은 1970년대의 석유위기와 그에 따른 경제위기를 배경으로 들어선 최악의 기업주의

에 대한 공격을 계속 펼쳤다. 그 결과 1960년대 초에 미국에서 제임스 부캐넌과 고든 털럭을 중심으로 공공 선택론 또는 공적 선택론(public choice theory)이 형성됐다. 공적 선택론은 공적 주체인 정치인(정당)이나 공무원(정부)도 개인이나 기업과 똑같이 사익을 추구하는 주체라고 파악한다. 실제로 정당이나 정부가 공익을 내걸고 사익을 추구해서 세금의 낭비와 절취, 공공재의 훼손과 망실 등의 문제를 일으킨다. 공적 선택론은 정부의 과실과 기업의 성과를 강력히 대비해서 '정부의 최소화'와 '시장의 최대화'를 추구한다. 공적 선택론은 결국 기업이 주도하는 '정글 사회'를 정당화하는 것이다(이정전, 2006).

'공익 국가론'을 부정하는 것은 국가의 존재이유를 부정하는 것이다. 정부는 공익을 추구해야 하며 추구한다. 문제는 정부의 비리를 최소화해서 성과를 최대화하는 것이다. 여기서 주의해야 할 것은 '정경유착' 문제이다. 사회는 정치와 경제를 두 축으로 형성되고 운영된다. 경제가 개인 주체의 사적 이익을 중심으로 작동한다면, 정치는 경제를 통제해서 사회 전체의 공익을 실현해야 한다. 정치와 경제가 유착하면, 소수의 지배세력에 의한 다수 국민들의 억압과 수탈의 문제가 발생한다. 현대 미국에서 이 문제는 군인 출신 대통령이었던 아이젠하워에 의해 '군산복합체'라는 개념으로 제시되었다. 베블렌이 처음 제시한 제도주의는 제도의 중요성을 잘 입증했지만 그것을 실제로 형성하고 운영하는 주체의 문제를 제대로 인식하지 못했다. 이런 점에서 아이젠하워의 '군산복합체'론에서 영향을 받은 밀즈의 '파워 엘리트'론은 대단히 중요하다. 밀즈는 정치와 경제의 지배세력이 사회를 장악하

정부였던 영국의 대처 정부와 미국의 레이건 정부에 의해 강력히 실행되었고, 1990년대에 '신자유주의'로 세계 전역에서 악명을 떨치게 되었다.

고 지배하는 실상을 드러내 보였다. 제도에만 주의해서는 안 된다. 주체의 문제를 간과하면 제도는 '정경유착'의 허울로 악용되기 일쑤다.

한국의 경우는 '정경유착' 문제가 미국보다 훨씬 더 심각하다. 이 사실은 세계경제포럼이나 세계투명성기구 등에서 발표하는 '부패 지수'를 통해 쉽게 알 수 있다. 이에 따르면 미국은 세계 10위권의 청렴 국가인 반면에 한국은 세계 40위권의 부패 국가이다. 한국의 부패 문제는 이명박-박근혜 정권에서 크게 악화됐다. '4대강 사업'과 제주도 지하수 문제도 그 명확한 예이다. 그런데 우리는 이 문제를 '역사-구조적 관점'에서 파악할 필요가 있다. 한국의 '정경유착'은 오랜 시간에 걸쳐 역사적으로 구조화됐으며, 그런 만큼 많은 사람들이 당연시하고 있어서 개혁하기가 대단히 어렵다. 무엇보다 그것은 30년에 걸친 박정희-전두환-노태우 군사-개발독재의 산물이다. 모든 독재는 그 자체로 강력한 비리의 체제이며, 박전노 군사-개발독재는 군사반란에 의해 형성된 더욱 강력한 비리의 체제이다. 박전노 군사-개발독재는 한국 사회를 '비리 사회'로 만들었으며, 그 물적 기초로 거대 공기업과 사기업이 주도하는 '토건국가'를 만들었다. 토건국가는 '토건 복합체'라고 부를 수 있는 방대한 '정경유착' 주체의 이익을 위해 불필요한 토건사업을 끝없이 남발해서 공공재를 훼손하고 파괴한다(홍성태, 2007, 2009, 2014ㄱ).

토건국가의 가장 근원적인 문제는 공공재를 훼손하고 파괴하는 것이다. '4대강 사업'에서 볼 수 있듯이 그 규모가 그야말로 전체 국민의 생명에 영향을 미칠 수준으로 방대하다. 전력 공급이 넘치는 데도 핵발전소를 계속 증설하는 것도 토건국가의 문제로 명확히 이해될 수 있는 사안이다. 그 강력한 위력은 김영삼-김대중-노무현의 민주화에도 계속 확대되었다는 것에서도 잘 알 수 있다. 김김노 민주정부는 박전노 군사-개발독재의 문제를 올바로 이해하지 못했으며, 특히 토건국가를 적극 활용해야 할 대상으로 여겼다가 오히려 그것에 잠식당해 버렸다. 대표적인 자연 공공재인 지표수와 지하수가 모두 대대적으로 파괴되고, 그 결과 전국에서 많은 공동재와 공동체가 계속 파괴되고 있다. 오늘날 미시사회로서 공동체와 그 물적 기초로서 공동재에 대한 관심이 커지고 있는 것은 거대사회로서 국가의 문제를 개선하기 위한 중요한 변화이다(최현 엮음, 2016ㄱ, 2016ㄴ). 한국에서 이 관심은 토건국가 문제를 올바로 인식하고 개혁하는 것을 통해 그 실질적 성과를 거둘 수 있을 것이다. 그 핵심은 토건국가의 재정과 조직을 복지국가의 재정과 조직으로 전환하는 것이다.

토건국가 문제가 해결되지 않는 것은 '비리사회'라는 더 큰 맥락에서 검토될 필요가 있다. 그 핵심은 지배세력이 연줄로 연결되어 비리로 사회를 지배하는 것이다(김진균, 1983; 홍성태, 2014ㄴ). '토건 복합체'는 훨씬 더 큰 '비리 복합체'로 이어져 있다. 그 실체는 2014년 4월 16일의 '세월호 대참사'를 통해 여실히 드러났다. 이른바 '정피아', '관피아', '법피아' 등 모든 권력기관이 '마피아'처럼 작동하고 있으며, 여기에 기업들은 물론 언론과 학계도 촘촘히 연결되어 있다. 한국에서 '정경유착'은 사실 '정관법재언학 유착'으로 작동하고 있는 것이다. 그 결과 '4대강 사업'과 제주도 지하수 문제에서도 잘 드러났지만, 잘못된 토건사업이 올바른 토건사업으로 치장되어 강행되고 선전되며 결국 큰 문제가 터져도 거의 처벌받지 않는다. 각종 정책 사기, 과학 사기 등이 만연해 있는 '비리사회'를 개혁하는 것은 존 롤스가 말한 사회제도의 제1 덕목인 정의를 바로 세우기 위한 가장 기본적인 과제이다.

(2016년 10월)

참고자료

감사원, 2013ㄱ, '4대강 살리기 사업 주요시설물 품질 및 수질 관리실태'.
_____, 2013ㄴ, '4대강 살리기 사업 설계·시공일괄입찰 등 주요계약 집행실태'.
감사연구원, 2014, '공기업 주요 정책사업 추진실태 및 개선방안', 2014년 5월.
고기원, 2006, '제주도 지하수의 특성과 수자원관리 III', 『물과 미래』, 9월호.
김정욱, 2010, 『나는 반대한다 - 4대강 토건공사에 대한 진실 보고서』, 느린걸음.
김진균, 1983, 『비판과 변동의 사회학』, 한울.
대한하천학회 외 엮음, 2010, 『한강의 기적』, 이매진.
박원배, 2008, '제주도 물 문화의 소고-용천수를 중심으로', 『제주발전연구』 12.
박원배·정영태, 2010, '물문화와 제주 산물의 가치 제고', 『제주발전연구』14.
이정전, 2006, 『경제학에서 본 정치와 정부』, 박영사.
최현 엮음, 2016ㄱ, 『공공자원의 섬 제주 1: 땅, 물, 바람』, 진인진.
____ 엮음, 2016ㄴ, 『공공자원의 섬 제주 2: 지역 공공성의 새로운 지평』, 진인진.
홍성태, 2007, 『개발주의를 비판한다』, 당대.
_____, 2009, 『민주화의 민주화』, 현실문화.
_____, 2010, 『생명의 강을 위하여』, 현실문화.
_____, 2011, 『토건국가를 개혁하라』, 한울.
_____, 2014ㄱ, 『위험사회를 진단한다』, 아로파.
_____, 2014ㄴ, 『김진균 평전』, 진인진.
_____ 엮음, 2005, 『개발공사와 토건국가』, 한울.
_____ 엮음, 2006, 『한국의 근대화와 물』, 한울.
_____ 엮음, 2007, 『동북아의 근대화와 물』, 한울.
桝田一二(1933), 홍성목 역(1995), 『제주도의 지리적 연구』, 제주시 우당도서관.

Rawls, John, 1971, *A Theory of Justice*, Harvard Univ. Press.
富山和子, 1974, 『水と緑と土』, 中公新書.

국가수자원관리종합정보시스템, http://www.wamis.go.kr.
수자원장기종합계획, http://www.molit.go.kr.
제주특별자치도 수자원본부, http://www.jejuwater.go.kr.
제주특별자치도 개발공사, https://www.jpdc.co.kr.
세계자연유산 제주, http://jejuwnh.jeju.go.kr.
제주특별자치도개발공사, https://www.jpdc.co.kr/water/resources(제주水
　　　이야기의 '수자원 현황').

4대강 찬동인사 인명록(2013년 2월 19일 4차 발표로 267명의 명단 확정)

제14장
파괴토건국가를 생태복지국가로!

I. 머리말

오늘날 한국은 중대한 발전의 기로에 서 있다. 자연과 노동의 착취에 기반을 둔 후진적인 성장 사회에 머물 것인가? 자연과 노동의 존중에 기반을 둔 선진적인 성숙 사회로 나아갈 것인가? 자연은 세상을 떠받치는 기초이고 노동은 세상을 유지하는 동력이다. 자연과 노동을 무시하고 착취하는 사회는 결코 행복할 수 없으며 지속될 수 없다. 자연과 노동의 착취는 OECD 최고의 자살율과 세계 130위 수준의 환경 질로 나타나고 있으며, 이 참담한 상태를 혁파하는 것이야말로 진정한 선진화를 이루는 것이다. 이를 위해 발전을 개발과 동일시하며 성장을 최고의 가치로 추진하는 잘못을 하루빨리 바로잡아야 한다. 그렇지 않으면 한국은 '사고사회'로서 대재난을 맞게 될 것이다(홍성태, 2007ㄱ; 2007ㄴ).

사실 한국이 처한 발전의 문제는 이른바 선진국에서 이미 오래 전에 나타났으며, 아직도 상당한 정도로 해결되지 않은 문제이다. 선진국은 이 문제를 해결하기 위해 복지국가를 구축했으며, 나아가 이제는 복지국가의 생태적인 전환을 위해 애쓰고 있다. 자연과 노동의 존중을 통해 누구나 생생하게 살아 있는 자연 속에서 사람답게 살 수 생태적인 복지국가, 즉 생태복지국가(eco-welfare state)는 오늘날 인류가 추구해야 하는 보편적인 발전의 과제이다. 생태복지국가는 결코 이룰 수 없는 추상적인 이상이 아니라 진정한 선진화의 현실적인 이상이다. 이제 생태위기에 대한 우려는 생태복지국가의 구축에 관한 관심으로 깊어져야 한다. 인류는 생태복지국가로 나아가야 한다.[1]

그런데 생태복지국가라는 인류의 보편적 발전 과제는 국가마다 특수한 경로를 통해 이루어질 수 있다. 국가마다 다른 역사를 겪고 다른 사회를 이루고 있기 때문이다. 한국의 경우는 공사와 재벌이 함께 주도하고 있는 토건국가의 문제를 철저히 개혁해야 한다. 한국의 발전을 가로막고 있는 토건국가의 문제는 서구의 연구와 실천을 통해서는 제

---

[1] 환경운동 또는 생태운동은 단순히 자연을 지키는 운동이 아니라 자연을 지키기 위해서도 자연을 파괴하는 사회를 개혁하는 운동이어야 한다. 사회개혁운동으로서 환경운동 또는 생태운동이 제대로 전개되기 위해서는 그 목표를 명료히 제시해야 한다. 그러나 한국의 환경운동 또는 생태운동은 이런 인식과 목표를 결여한 채 각종 문제들에 대한 사후적 대응에 몰두하고 있다. 이런 관점에서 '한국 환경운동의 실패'에 대해 진지하게 성찰해야 한다. 무엇보다 천박한 실용주의와 황당한 샤머니즘을 모두 철저히 극복해야 한다. 현실적인 이상(real ideal)이 중요하다.

대로 인식하는 것조차 어렵다. 서구에서는 토건국가의 문제가 나타난 적이 없기 때문이다. 토건국가는 불필요한 개발 사업을 끝없이 벌여서 막대한 혈세를 탕진하고 자연을 파괴하고 부패를 조장하는 기형적인 개발국가이다. 한국에서는 토건국가의 문제를 철저히 개혁해야 비로소 복지국가의 전망이 활짝 열릴 수 있다. 토건국가는 복지국가를 가로막는 거대한 구조적 장벽이다(홍성태, 2011).

오늘날 한국이 처한 중대한 발전의 기로는 민주화를 더욱 깊고 넓게 하는 과제와 직결된 것이기도 하다. 민주화는 시대의 변화에 따라 계속 새로운 과제를 추구하는 영속적 과정이다. 모든 민주화는 기존의 성과를 활용해서 더 깊고 넓은 민주화로 나아가는 '민주화의 민주화'이다. 이런 '영속적 민주화'의 관점에서 보았을 때, 민주화는 정치적 민주화에서 경제적 민주화로 발전했으며, 다시 경제적 민주화에서 생태적 민주화로 발전하고 있다. 한국에서 토건국가의 개혁은 이런 '민주화의 민주화'를 이루는 핵심적인 계기이기도 하다(홍성태, 2009). 생태복지국가는 복지국가의 생태적 전환이라는 점에서나 민주화의 역사적 발전이라는 점에서나 인류의 보편적인 발전 과제이다. 이제 이런 이론적 기반 위에서 파괴적인 토건국가의 문제와 생태적인 복지국가의 과제에 대해 살펴보도록 하자.

II. 4대강 사업의 실체

한국에서 토건국가의 문제는 많은 사례들을 통해 쉽게 확인할 수 있다. 전국 어디서나 대규모 토목사업을 중심으로 주거, 휴양, 일상 등 여러 영역에서 토건국가의 문제가 만연해 있기 때문이다. 이 나라에서 '전국이 공사판'이라는 말은 결코 과장이 아니다.

표1 토건국가의 사례

구분	사례
하부구조	댐/보, 제방, 다리, (자전거) 도로, 발전소, 간척, 항만, 공항 등
주거	주택 단지, 신도시 등
휴양	골프장, 스키장, 콘도 등
일상	보도 블럭 교체 등

물론 모든 토건사업이 문제인 것은 아니다. 우리는 사업의 필요성과 방식의 적절성을 기준으로 해서 좋은 토건사업과 나쁜 토건사업을 구분할 수 있다. 토건국가는 토건족의 이익을 위해 불필요하고 파괴적인 나쁜 토건사업이 끝없이 추진되는 기형적인 개발국가이다. 새만금 개발사업, 시화호 개발사업, 경인운하 개발사업, 한탄강댐 건설사업, 핵발전소 건설사업, 핵폐기장 건설사업 등은 나쁜 토건사업의 중요한 예들이다. 그리고 '4대강 살리기 사업'은 생명의 젖줄인 강들을 대대적으로 파괴하는 사업이라는 점에서 가장 나쁜 토건사업으로 꼽을 수 있다.

'4대강 살리기 사업'으로 토건국가의 극단화가 이루어졌다. 이명박-새누리 정권이 대다수 국민들의 반대를 무시하고 강행한 '4대강 살리기'의 실체는 명백히 '4대강 죽이기'이다.[2] '4대강 살리기'라는 사업명은 역사상 최악의 사기성 표현이라고 할 수 있을 것이다.[3] 이 사업은 이미 심각한 토건국가의 문제를 극단화해서 망국적 상태로 악화시키는 것으로서, 그 문제는 단순히 강을 죽이는 것을 넘어서 경제를 망

---

2 '4대강 살리기'의 생태적 실체는 녹조 사태와 물고기 떼죽음이 생생히 입증했듯이 '4대강 죽이기'이며, 물리적 실체는 강변 파괴와 보의 위치에서 명확히 입증됐듯이 '대운하 1단계'이다(홍성태, 2010ㄱ).

3 이명박 정권은 허황된 말로 잘못을 호도한 정권으로 오래도록 악명을 떨칠 것이다. '4대강 살리기'는 '4대강 죽이기'였고, '녹색 성장'은 '회색 파괴'였다.

치고 민주주의를 훼손하는 차원에까지 이르렀다. 이런 점에서 '4대강 살리기 사업'의 문제를 반생태성, 반경제성, 반민주성 등의 세 가지로 크게 나누어 간략히 살펴보도록 하자.

첫째, 반생태성. '4대강 사업'의 가장 크고 명백한 문제는 반생태성이다. '4대강 사업'은 생생히 살아 있는 자연의 강을 대대적으로 파괴해서 콘크리트 인공 수로로 만들었다. 그것은 자연 여과장치이자 수많은 생명체의 서식지인 모래와 자갈을 대대적으로 파괴했고, 강변의 습지를 없애고 직강화해서 콘크리트나 돌망태 제방으로 뒤덮어 파괴했고, 제방 위에 콘크리트와 아스팔트로 자전거 도로를 건설해서 파괴했고, 20개에 이르는 보/댐을 건설해서 강물이 흐르지 못하고 썩게 만들었다. 생태적인 면에서 '4대강 사업'은 생명의 젖줄인 강에 대한 전면적인 파괴이다. 2012년 여름의 녹조 사태와 가을의 물고기 떼죽음 사태는 그 생생한 증거이다. 강변이 대대적으로 파괴되고 강물이 흐르지 못하게 되자, 4대강에서 전대미문의 대대적인 녹조 사태가 발생했고, 4대강은 물고기들이 살 수 없는 강이 되고 있다. 또한 정부는 녹조를 안 보이게 하기 위해 치매 유발 위험이 큰 응집제를 대량으로 살포했다.

둘째, 반경제성. '4대강 사업'에는 공식적으로 3년 동안 22조 2천억 원의 혈세가 투여되었다. 실로 엄청난 혈세가 투여된 것이다. 그런데 사실 관련된 사업들을 모두 더하면 30조 원이 넘는 혈세가 투여되었을 것으로 추정된다. 실로 엄청난 액수의 혈세가 불과 3년이라는 짧은 시간 동안 '4대강 살리기'를 표방하고 강행된 '4대강 죽이기'에 투여된 것이다. 그러나 이로부터 얻을 수 있는 이익은 아무것도 없다. 용수 공급, 홍수 방지, 여가 활동 등의 모든 면에서 '4대강 사업'은 완전히 불필요한 사업이었기 때문이다. 4대강의 용수 공급은 전혀 부족하지 않았고, 홍수 방지는 이미 2006년에 완료되었으며, 살아 있는 강에서 활발한 여가 활동이 펼쳐지고 있었다. '4대강 사업'은 엄청난 부패를 통한 역사상 최대의 토건족 퍼주기이다. 경제적인 면에서 '4대강 사업'은 역사상 최악의 토건 부패사업이다. 재벌들은 담합해서 사업비를 부풀리는 방식으로 1조 원이 넘는 막대한 혈세를 먹어치웠다. '4대강 사업'에 참여한 기업들이 회계를 조작해서 빼돌린 전체 혈세는 이보다 훨씬 더 많을 것이다.

셋째, 반민주성. '4대강 사업'은 극심한 반생태성과 반경제성의 문제를 안고 있었기 때문에 올바른 토론을 통해 추진될 수 없었다. 기본 자료들도 제대로 공개되지 않았고, 환경영향평가, 예비타당성조사, 문화재 지표조사 등이 모두 제대로 수행되지 않았으며, '4대강 사업'을 일방적으로 미화한 각종 홍보물들이 제작되어 대대적으로 유포되었다. 그 중에는 외국 강의 사진을 한국 강의 사진인 것처럼 제시한 것과 정부의 선전을 받아들이는 것을 '애국'으로 제시하는 홍보물도 있었다. 이러한 '4대강 사업'의 홍보는 히틀러와 괴벨스가 거짓 정보와 정치 선동을 널리 퍼트렸던 것을 연상케 했다. '4대강 사업'은 이명박-새누리 정권의 반민주성을 입증한 가장 명확한 사례이다.

'4대강 살리기'는 가장 불필요한 사업이며, 가장 파괴적인 사업이고, 가장 많은 혈세를 탕진한 토건사업이다. 이 사업의 생태적 실체는 '4대강 죽이기'이고 물리적 실체는 '대운하 1단계'이다. 2010년 12월 8일에 '날치기'로 처리된 예산안에서 잘 드러났듯이 토건족은 부족한 복지비조차 무차별적으로 먹이로 삼는다. 당시 한나라당은 영유아 필수 접종지원예산, 결식아동 방학 중 급식지원비 등 인권의 견지에서 결코 없앨 수 없는 예산조차 없애 버렸다. 이것은 무엇보다 이명박과 한나라당의 문제였지만 그 이면에서 토건국가의 구조가 작동했다는 사실을 잊지 말아야 한다. '4대강 죽이기'를 막고 극단화에 이른 토건

사진1 '4대강 사업'의 홍보물

국가를 개혁하는 것은 생태복지라는 '진정한 선진화'를 향해 성큼 나아가는 것이다.

III. 토건국가의 문제

1. 토건국가의 개념

'4대강 사업'의 문제는 너무나 크고 명확하다. 그러나 이 사업은 단순히 이명박이나 이명박-새누리 정권의 야욕에서 빚어진 것이 아니다.[4] 물론 이 사업의 결정에는 토건족 출신 이명박의 의지가 결정적 역할을 했다고 할 수 있으나 이 사업의 기획과 추진에는 토건국가의 구조가 결정적 영향을 미쳤다. 만일 토건국가를 개혁하지 못한다면, 이런

---

4   이명박의 문제뿐만 아니라 박근혜의 문제도 반드시 기억해야 한다. 애초에 이명박 정권은 한나라당이 제시한 '이명박근혜'라는 조어에서 잘 나타났듯이 박근혜 세력의 강력한 협력으로 성립되었다. 권력의 분배를 둘러싸고 이명박 세력과 박근혜 세력의 갈등은 있었지만 박근혜는 이명박의 잘못된 정책을 제지하지 않았다. 박근혜는 이명박의 '4대강 살리기'를 적극 지지했다. 이명박의 토건국가 극단화는 박근혜의 지지를 통해 실현된 것이다. 여기에 부가적으로 박준영 전남지사를 대표로 하는 민주당의 일부가 적극 가담했다. 이런 점에서 민주당의 책임도 명확하다.

사업은 계속 기획되고 추진될 것이다. 그러므로 우리는 '4대강 사업'의 폐해를 시정하는 것을 넘어서 이런 사업을 낳는 토건국가 자체를 철저히 개혁하기 위해 애써야 한다(홍성태, 2011). 토건국가는 과연 무엇이며, 그것은 어떻게 개혁될 수 있는가?

모든 근대 국가는 다양한 개발사업을 벌여서 국가의 물리적 기반을 다지고 경제의 성장을 추구하는 개발국가이다. 그러나 정치에 의해 개발국가는 토건국가로 타락할 수 있다. 정치는 빠른 경제 성장과 고용 증가를 위해 토건업의 비대화를 추구할 수 있다. 이렇게 되면 비대해진 토건업을 유지하는 것이 중대한 정치의 목표가 되고 만다(경제의 토건화). 또한 정치는 국민의 지지를 얻기 위해 전국 곳곳에서 각종 개발사업을 벌인다. 이렇게 해서 모든 지역에서 개발사업을 당연한 것으로 여기고 계속 요구하게 된다(지역의 토건화). 경제의 토건화는 지역의 토건화를 통해 구현된다. 이렇듯 지지를 손쉽게 확보하기 위한 정치의 노력이 '경제의 토건화'와 '지역의 토건화'를 유발하고, 그로써 토건사업으로 정치적 지지를 얻는 '정치의 토건화'가 구조화된 토건국가가 나타나게 된다.

사실 토건국가의 대표 사례는 일본이었다. 이와 관련해서 1970년대 초에 당시 일본 수상이었던 다나카 가쿠에이의 '일본 열도 개조론'이 중요하다. 자민당은 전통적인 지지기반인 농촌의 인구 감소에 대응해서 전국 곳곳에서 대규모 개발사업을 벌여서 비대해진 토건업을 지지하는 동시에 지역의 지지를 얻고자 했다. 그 결과 다나카 가쿠에이와 자민당은 전국 곳곳에서 수많은 불필요한 개발사업을 벌여서 토건업과 지역에 막대한 혈세를 퍼주는 대신에 기업에서는 뇌물을 받고 지역에서는 지지를 받는 정경민 유착[5]의 토건정치로 작동되는 토건국가

---

5 정치와 경제의 부당한 결합을 단순히 정경 유착으로 파악하는 것은 잘못이다.

를 확립했다.[6]

이러한 토건국가는 막대한 세금을 투여해서 토건업의 비대화를 계속 강화했을 뿐만 아니라 부동산의 개발과 투기를 경제의 핵심으로 만들었다. 그 결과 일본의 경제는 돈에 의해 주도되는 '자본주의'(資本主義)가 아니라 땅에 의해 주도되는 '지본주의'(地本主義)라는 주장마저 제기되었다.

"전후의 토지자산의 팽창 상태는, 일본 경제의 '재고화'로서 경제백서에서도 문제가 되었지만, 일본형 자본축적양식의 필연적 귀결일 것이다. 토지 소유량의 증대가 최선의 기업전략이 된 일본 특유의 금융·세제 시스템이 '지본주의'이며, 그 이데올로기가 '지가는 반드시 상승'하므로 토지야말로 확실한 자본 수익의 원천이라는 '토지신화'이다(佐藤誠, 1990: 138).

'토지신화'와 '지본주의'는 일본을 넘어 한국으로 번졌다. 박정희의 개발독재는 참혹한 식민지 역사의 문제를 더 이상 묻지 않는다는 조건

주권자인 국민의 참여에 의한 정경민 유착에 주의해야 한다. 특히 토건국가에서는 그렇다. 그리고 토건국가에서는 민주화와 함께 정경민 유착이 더욱 더 강화되기 십상이다. 주민들에게 각종 보상비를 제공해서 주민들의 강력한 지지를 받아서 불필요한 토건사업을 정당화하게 되는 것이다. 민주화 이전에 토건국가는 주로 국가 폭력에 의지해서 작동했다면, 민주화와 함께 토건국가는 주로 보상비에 의지해서 작동한다. 이런 점에서 보상비의 정치적 의미에 크게 주의해야 한다.

6 다나카 가쿠에이는 결국 토건을 매개로 한 거대한 비리와 부패가 발각되어 몰락하고 말았다. 토건국가는 비리국가이며 부패국가이다. 토건국가의 파탄은 필연적인 것이다.

그림1   공공사업의 동향 (일본과 주요국)

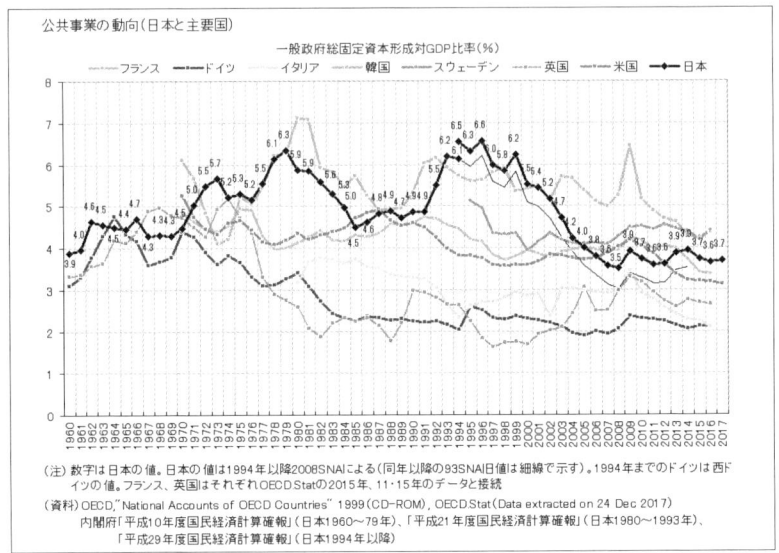

출처: http://www2.ttcn.ne.jp/honkawa/5165.html

으로 일본의 지원을 받아 일본식 경제 성장을 강력히 추진했다. 그리고 일본은 2000년대에 들어와서 토건국가의 개혁이 적극 추구되고 있으나 한국은 더 악화되어 세계 최악의 토건국가가 되었다.

일본의 한 연구소에서 작성한 다음의 〈그림1〉은 2008년 이후 한국 정부의 토건비가 급증한 것을 잘 보여준다. 일본과 한국은 OECD 회원국들 중에서 토건비의 비중이 병적으로 높은 두 나라였다. 그러나 일본은 2000년대에 들어와서 지속적으로 토건비의 비중이 줄어들었다. 그러나 한국은 별로 그렇지 못하다가 이명박 정권이 들어선 이후 아예 토건비가 급증하게 되었던 것이다. 이명박 정권의 후진성과 파괴성이 참으로 적나라하게 드러나는 증거가 아닐 수 없다.

2. 토건국가의 작동

'토건국가 한국'은 개악된 일본의 길을 적극 추구한 박정희의 개발독재를 통해 형성됐다. 박정희 정권은 각종 대규모 개발사업을 남발해서 이 나라를 개발과 투기에 중독된 토건국가로 만들었다. 토건국가는 박정희가 만든 '박정희 시스템'의 근간이며, 재벌경제도 그 위에서 자라난 큰 나무이다. 불행하게도 김영삼, 김대중, 노무현 정권의 민주화 동안에도 토건국가 문제는 전혀 해결되지 않았다(홍성태, 2009). 만일 민주화 동안에 토건국가 문제를 해결하거나 적극 완화했다면, '4대강 죽이기'라는 토건국가의 극단화를 강행한 이명박 정권은 성립되지 못했을 것이다. 이명박은 박정희와 전두환의 개발독재 시대에 크게 성공한 토건족의 대표답게 대규모 토건사업을 통해 정치적 지지를 확보하고자 하는 토건정치를 극단적으로 강화했다.

토건국가의 개혁은 이명박-새누리 정권을 넘어서 그 모태인 박정희의 개발독재를 바로잡는다는 역사적인 의미를 갖고 있기도 하다(홍성태, 2007ㄱ). 토건국가를 개혁하지 않는다면, 박정희의 개발독재가 만든 '박정희 시스템'은 계속 살아남을 것이고, 이명박과 같은 자가 계속 나타나서 '4대강 죽이기'와 같은 짓을 계속 벌일 것이다. 토건국가는 개발과 투기에 대한 국민의 지지를 바탕으로 공사와 재벌의 주도로 작동된다. 요컨대 토건국가는 정경민 유착에서 정치적 동력을 얻고 공사와 재벌이 실무를 기획하고 추진하는 방식으로 작동된다(홍성태 엮음, 2005). 따라서 토건국가의 개혁은 이 나라를 경제적으로 지배하고 훼손하는 공사와 재벌의 개혁이며, 이 나라를 망치는 각종 개발사업들을 승인하고 추동하는 정경민 유착의 개혁이다.

한국에서 토건국가는 핵발전소조차 그 먹이로 만들었다. 단순히 '핵마피아'가 전력 수요와 핵발전소의 안전성을 속여서 핵발전소의 연장운행과 증설을 강행하는 것이 아니다. 참담한 폭발 위험에도 불구하고 수명을 다한 핵발전소의 연장운행과 새로운 핵발전소의 증설이 강행될 수 있는 것은 '핵마피아'가 막대한 개발비와 보상비를 통해 지역 주민들을 '매수'할 수 있기 때문이다. 따라서 우리는 지역 주민들의 문제에도 마땅히 큰 주의를 기울여야 한다. 독재 시대에는 힘으로 잘못된 정책이 강행되지만 민주화 이후에는 돈으로 잘못된 정책이 강행된다. 핵발전소는 30년 동안 운행하고 10만년 동안 폐기해야 하는 가장 더럽고 비싸고 위험한 시설이다. 그러나 핵마피아와 토건족은 자신들의 이익을 위해 막대한 혈세로 주민들을 '매수'해서 파국적 핵발전 정책을 강행하고 있다.

현재 토건국가 한국은 어떤 상태에 있는가? 그것은 계속 유지될 수 있는가? 토건국가 한국은 이미 병적인 상태를 넘어서 망국적 상태에 있으며, 정치적으로 지지되지 않는 한 경제적으로 결코 유지될 수 없다. 결국 정치 개혁이 핵심이다. 경제 개혁과 사회 개혁은 저절로 이루어지지 않는다. 정치 개혁이 이루어지지 않으면, 경제 개혁과 사회 개혁은 요원하다. 그리고 토건국가의 개혁을 추구하지 않으면, 경제 개혁과 사회 개혁은 결코 실현될 수 없다. 따라서 정치 개혁을 외치면서 토건국가의 개혁을 제시하지 않는 것은 근본적으로 잘못된 것이다. 복지국가를 이룩하겠다고 하면서 불필요한 토건사업에 막대한 혈세를 탕진하고 가장 보편적인 복지의 근간인 자연을 파괴해서 토건족 퍼주기를 강행하는 토건국가를 방치하는 것은 완전히 틀린 것이다.

3. 토건국가의 실태

이제 잠시 토건국가 한국의 실태에 대해 살펴보자. 사실 일본보다 훨씬 나쁜 토건국가 한국의 문제는 일본보다 훨씬 좋은 복지국가 한국의

표2 국내총생산의 추이

2002	2007	2010
720조 5,390억 원	975조 130억 원	1,173조 2,749억 원

표3 정부 재정 규모

	2002	2007	2010
중앙정부 통합재정규모	136조 원	210조 원	264조 원
중앙정부 총지출 규모	-	238조 원	293조 원

표4 토건업의 규모

	기업체 수	종사자 수	매출액 (백만 원)
2002	62,165	1,524,562	114,121,028
2007	61,366	1,727,536	166,735,009
2010	65,330	1,625,313	191,491,114

표5 공공부문 토건 투자 (수주액, 백만 원)

	2002	2007	2010
공공부문	56,636,900	75,181,611	93,065,495

전망을 보여주는 것이기도 하다. 한국은 토건국가를 개혁하면 바로 우수한 복지국가로 나아갈 수 있기 때문이다. 한국에서 토건국가의 개혁과 복지국가의 구축은 올바른 정치적 의지와 실천의 문제이지 결코 경제적 능력의 문제가 아니다.

오늘날 한국은 OECD 회원국들 중에서 국내총생산이 8위에 이르는 경제대국이다. 그러나 전체 경제에서 토건업이 차지하는 비중과 정부 재정에서 토건 투자가 차지하는 비중은 단연 1위이다. 지난 50년 동안 국내총생산과 정부재정이 계속 커지면서 토건업의 규모와 정부의 토건 투자도 계속 커졌다. 사실 경제성장이 이루어질수록 많은 개발이 이루어지고, 따라서 고도의 경제성장이 이루어지면 개발이 줄어드는 것이 정상이다. 그러나 한국은 그렇지 않고 계속 더 많은 개발이 이루어지는 비정상 상태를 보이고 있다. 2010년 현재 매출액 기준으로 토건업의 규모는 국내총생산의 16.32%를 차지한다. 이것은 명백히 병적으로 비대한 규모이다. 다른 OECD 회원국들의 토건업 규모를 보면 대략 국내총생산의 5% 이내이다. 한국은 계속 심한 과잉개발로 고통받고 있다.

정부와 기업은 경제 성장과 고용 증대를 위해 이미 오래 전부터 병적으로 비대한 토건업을 계속 더욱 더 성장시켜야 한다고 언제나 주장한다. 이명박-새누리 정권에 의해 초대형 토건 중앙부서로 설립된 국토해양부의 '건설투자 확대론'은 그 단적인 예이다.

"2010년과 2011년의 건설투자 감소가 없었더라면 2011년 우리나라 경제성장률은 실제 성과(3.6%)보다 훨씬 높은 4.4%를 달성할 수 있었을 것이다." 국토해양부는 최근 발간한 'SOC투자의 이해' 책자에서 건설투자의 경제성장 효과를 이렇게 평가했다. 전후방 연쇄효과가 큰 SOC 투자를 축소함으로써 경제전반의 성장이 둔화됐다는 지적이다(《건설경제》, 2012/6/7).

그러나 이러한 '건설투자 확대론'은 토건족이 자신의 이익을 위해 늘 외치는 주장으로서 크게 잘못된 것이다. 참여정부 때에도 당시 건설교통부는 토건업의 당연한 축소를 반전시키기 위해 '건설경기 연착륙'이 중요하다고 강력히 주장하며 토건국가의 확대를 강행했다. 경제 성장과 고용 증대를 위해 토건업의 적극적 축소를 추진해야 한다.

첫째, 이제 토건업은 경제 성장에 별로 기여하지 못한다. 경제 성장이 어느 정도 수준에 이르면 비대한 토건업은 오히려 경제의 질을 약

표6 건설 투자의 경제 성장 기여도 추이 (단위: %p)

구분	1980년대	1990년대	2000년대
건설투자	1.4	1.3	0.4
설비투자	1.0	0.9	0.5

출처: 이찬영, 2010, 『건설 투자 부진의 의미와 시사점』, 삼성경제연구소

화시키고 경제 성장도 제약하게 된다. 요컨대 '삽질 경제'로 '스마트폰 경제'를 이길 수는 없다. 토건족을 비롯한 보수 세력이 신처럼 떠받드는 '삼성경제연구소'도 이미 2010년에 한국은행의 자료를 분석한 결과를 제시하는 방식으로 이 명백한 사실을 인정했다. '4대강 살리기 사업'과 같은 대규모 토건사업을 통해 경제 성장을 이루겠다는 이명박-새누리 정권의 주장은 현실과 전혀 맞지 않는 사기에 가까운 것이었다. 이명박-새누리 정권은 나라를 망치고 혈세를 탕진해서 토건족의 배를 불렸을 뿐이다. 토건족의 대표인 재벌은 '4대강 살리기 사업'에서 담합을 통해 무려 1조 원이 넘는 혈세를 그야말로 먹어치웠다.

둘째, 이제 토건업은 고용 증대에 별로 기여하지 못한다. 토건업의 구조적 성숙화[7]에 따른 토건업의 규모 축소와 토건업의 기계화에 따른 토건업의 인력 축소로 토건업의 고용이 줄어들고 있다. 이명박 정권은 '4대강 살리기 사업'으로 무려 34만 명의 고용효과를 거둘 수 있

---

[7] "27일 한국은행 조사국 산업분석팀 최인방·박창현 과장이 작성한 '국내 건설업의 구조적 발전단계에 대한 평가 및 시사점'이라는 보고서를 보면 국내총생산(GDP)에서 건설업이 차지하는 생산 비중은 90년대 11.2%에서 2011년 현재 5.9%로 줄어들었다. 취업자 수 역시 97년 9.6%에서 7.2%까지 줄어들었다. 보고서는 이처럼 최근 국내 건설업이 크게 부진한 것은 대내외 경기불황뿐만이 아니라, 국내 건설업이 구조적 성숙단계에 접어들면서 나타나는 현상이라고 평가했다. 보고서는 건설업 수요가 앞으로 둔화될 것으로 봤다"(〈경남도민일보〉, 2012/8/28).

다고 선전했지만 이 선전은 결국 '새빨간 거짓말'로 드러났다. 흔히 토건업을 '삽질업'이라고 부르지만 '4대강 사업' 현장 어디서도 삽질하는 노동자를 좀처럼 볼 수 없다. 이같은 사실은 고용계수에서도 명확히 나타난다. 2005년 현재 토건업의 고용계수는 8을 조금 넘는 수준이었다. 이것은 1998년의 15에 비해 거의 절반 정도로 줄어든 것이다. 이에 비해 2005년 현재 사회복지의 고용계수는 23을 조금 넘었다. 이것은 1995년의 18에 비해 거의 28% 정도가 늘어난 것이다. 우리는 토건이 아니라 복지와 문화를 추구해야 한다.

복지국가를 이루고자 한다면, 병적으로 비대한 토건업과 개발에 중독된 지역에 막대한 혈세를 투여하는 토건국가를 하루빨리 개혁해야 한다. 아니, 그저 경제 성장을 이루고 고용 증대를 이루기 위해서도 토건족의 배를 불리기 위해 불필요한 토건사업을 끝없이 벌여서 혈세를 탕진하고 국토를 파괴하는 토건국가를 하루빨리 개혁해야 한다. 구조적 성숙화에 따라 축소되는 토건업을 지키기 위해 국가가 불필요한 대규모 토건사업을 계속 벌이는 것은 시장경제를 크게 왜곡하고 훼손하는 것이기도 하다. 이렇듯 토건국가는 극심한 반경제의 문제도 안고 있다. 이런 문제들 때문에 토건국가는 결국 비리로만 유지될 수 있다. 토건업에서 뇌물의 비율이 보통 공사비의 5%를 넘으며 때로는 20%를 넘기도 하는 것으로 알려졌다.[8] 토건국가는 정책사기와 과학사기가 만연한 비리-부패 국가인 것이다. 진정한 선진화를 이루고자 한다면, 하

---

8 한국의 재벌은 물론이고 중견기업들도 모두 건설사를 갖고 있다. 이것도 토건국가 한국의 명확한 특징이다. 그 까닭은 이런저런 토건사업을 통해 막대한 돈을 쉽게 벌 수 있기 때문이며, 토건업의 부실한 회계를 악용해서 막대한 비자금을 만들 수 있기 때문이다. 토건국가는 토건업을 통한 정경유착과 지하경제의 거대한 구조화가 이루어진 비정상적 개발국가이다.

표7 토건업의 고용계수

토목건설	14.91724 (1998)	8.14630 (2005)
사회복지	17.74764 (1995)	23.18190 (2005)

루빨리 후진 토건국가를 역사의 강물에 떠내려보내야 한다.

IV. 생태복지국가의 과제[9]

1. 생태위기와 생태복지

우리는 파괴적인 토건국가를 혁파하고 생태적인 복지국가를 향해 나아가야 한다. 생태복지는 생태위기의 현실에서 비롯된 보편적인 과제이다. 오늘날 생태위기는 우리가 대처해야 하는 가장 보편적인 문제이다.[10] 많은 사람들의 여러 노력에도 불구하고 지역적 차원을 넘어서 지구적 차원에서 생태위기는 계속 악화되고 있다. 지구 온난화, 환경 호르몬, 오존층 파괴, 생물종 감소 등은 그 핵심적인 예이다. 여러 자료들을 통해 우리는 이 사실을 쉽게 확인할 수 있다(Gore, 2006; BBC, 2007). 우리는 어떻게 생태위기에 대처해야 하는가? 우리는 어떻게 생태위기를 극복할 수 있는가?

생태위기는 '생태계의 재생산 위기'라고 할 수 있다. 생태계의 재생산이 제대로 이루어지지 않는다면 생태계를 이루고 있는 생물들이 모두 죽을 수도 있다. 지구는 하나의 거대한 생태계를 이루고 있다. 현재의 지구 생태계는 지구의 탄생 이후 무려 45억 년에 걸쳐 진행된 공진

---

9 이 부분은 홍성태(2010ㄴ: 30-39)를 부분적으로 수정하고 보완한 것임.

10 생태위기는 부와 권력의 차이를 떠나서 모든 사람들에게 영향을 미치는 문제이다. 생태위기가 심화되어 결국 생태파국에 이르게 된다면 그 누구도 건강과 생명을 지킬 수 없게 된다. 생태위기의 절대적 보편성을 직시해야 한다.

화의 결과이다. 그러나 인간의 활동으로 말미암아 지구 생태계는 갑작스런 파멸 위기를 맞게 되었다. 이것은 지구 생태계의 한 존재인 인간의 파멸 위기이기도 하다. 따라서 우리는 이 위기를 막기 위해 최선을 다해야 한다. 여기서 무엇보다 중요한 것은 생태위기의 원인은 자연적인 것이 아니라 사회적인 것이라는 사실이다. 생태위기는 인간에 의해 만들어진 것이며, 따라서 인간에 의해 완화되거나 극복될 수 있는 것이다(홍성태, 2004).

앨빈 토플러와 같은 이른바 '미래학자'는 우주 식민지의 개발이 인류의 역사적 과제라고 주장한다. 그러나 이 과제는 다이너마이트를 터트려서 강을 죽이면서 강을 살리는 것이라고 주장하는 것과 마찬가지로 결코 실현될 수 없는 주장일 뿐이다.[11] 이 광활한 우주에서 생명이 번성한 곳은 지구뿐이다. 머나먼 우주 어느 곳에 지구와 같은 별이 또 있을 수도 있지만 그것을 확인하는 것은 영원히 불가능할 수 있다. 그곳을 찾아가서 개발하고 이용하는 것은 더욱 더 그럴 것이다. 우리는 지구에서 태어나서 살아가는 존재이다. 우리는 지구 생태계에서 작동하는 영원한 회귀의 순환운동을 이루는 한 요소이다. 우주 식민지를 찾는 것이 아니라 지구 생태계를 지키는 것이 우리가 해야 할 올바른 일이다.

오늘날 인류 앞에는 두 과제가 놓여 있다. 모든 인간들이 자유롭고

---

11 아마도 세계적으로 가장 유명한 미국의 '미래학자'일 앨빈 토플러의 주장에 대해 미국의 사회학자인 다니엘 벨은 그럴 듯하지만 사실인 경우가 드물다는 뜻에서 '스타 트렉 사회학'이라고 비판했다. 1960년대 초에 처음으로 방영된 미국의 공상과학물인 '스타 트렉'은 그럴 듯한 과학적인 외양을 하고 있지만 사실은 비현실적인 기계들을 제시해서 큰 인기를 끌었다. 이에 대해 물리학자가 본격적인 평론서를 쓰기도 했을 정도이다(Krauss, 1995).

풍요롭게 사는 것이 첫번째 과제이고, 인간과 자연이 조화를 이루고 존재할 수 있게 하는 것이 두번째 과제이다. 그런데 사실 인간은 자연 속의 존재라는 점에서 두번째 과제가 더욱 근원적이며, 생태위기의 악화에 따라 두번째 과제의 중요성은 날이 갈수록 커지고 있다. 이런 관점에서 우리는 기존의 복지를 새롭게 조망할 필요가 있다. 기존의 복지는 '물질적 복지'에 초점을 맞추면서 심각한 생태위기를 초래했다. 이제 '생태적 복지'를 중심으로 기존의 복지를 검토하고 복지의 지평을 새롭게 생성하지 않으면 안 된다(홍성태, 2004). 생태복지는 인류가 추구해야 하는 보편적인 발전의 과제이다.

2. 생태복지의 의미

생태복지(ecowelfare)는 '생태적인 복지'를 뜻한다. 그 뜻을 좀더 풀어서 말하자면, 생태복지는 '생태계와 조화를 이루는 복지'라고 할 수 있다. 따라서 생태복지를 이해하기 위해서는 우선 생태계에 대해 이해할 필요가 있다. 생태계는 생물과 비생물이 어우러져 이루어진 복잡한 체계를 뜻한다. 우리가 살아가는 이 세상은 하나의 생태계이다. 지구 전체가 하나의 생태계를 이루고 있다. 인간은 이 생태계와 무관하거나 그 바깥에 존재하는 것이 아니라 이 생태계를 이루는 하나의 요소일 뿐이다. 따라서 생태계의 파괴는 결국 인간의 파괴로 귀결된다. 생태계를 지키는 것은 바로 우리를 지키는 것이다. 생태계가 제대로 유지되지 않는다면 복지는 아예 생각할 수도 없게 된다.[12] 생태복지는 여

---

12 자연이 파괴되어 제대로 숨을 쉴 수도 없고 늘 산성비가 내려 외출하기도 어려운 곳에서 어떻게 복지가 가능할 수 있는가? 자연은 복지의 기초이자 핵심이다.

기서 비롯된다.

생태복지를 올바로 이해하기 위해서는 생태계에 대한 인식에 기초해서 기존의 사회관 자체를 재구성할 필요가 있다. 정치, 경제, 문화의 세 영역론으로 대표되는 기존의 사회관은 사실상 자연을 존재하지 않는 것으로 여기고 성립했다. 그러나 이것은 명백히 잘못이다. 사회는 자연 속에서 성립하는 것이기 때문이다. 자연은 사회가 없어도 존재할 수 있지만 사회는 자연이 없이는 존재할 수 없다. 기존의 사회관은 새로운 생태적 사회관으로 전환되어야 한다. 그렇게 해야 우리는 사회와 자연의 관계를 올바로 이해할 수 있으며, 복지의 목표와 과제에 대해서도 올바로 이해할 수 있다. 이제 이러한 생태적 사회관에 입각해서 생태복지의 의미에 대해 좀더 살펴보도록 하자.

첫째, 생태복지는 생태파국을 향해 질주하고 있는 생태위기에 대한 적극적인 대응의 의미를 갖는다. 생태위기는 미래의 일이 아니라 현재의 일이다. 생태위기는 크게 생태파괴와 자원고갈로 나누어 살펴볼 수 있다.[13] 지구 온난화가 생태파괴의 대표적인 예라면, 석유 고갈은 자원고갈의 대표적인 예이다. 지구 온난화는 기후 변화, 해수면 상승, 사막화 확대 등의 문제를 낳는다면, 석유 고갈은 현대 문명의 급격한 종식을 야기할 수 있다. 이러한 생태위기를 계속 방치한다면 머지않아 인류는 결국 생태파국을 맞고 말 것이다. 최악의 경우에 생태파국은 인류를 비롯한 모든 생물의 멸종으로 귀결될 수도 있다. 1970년대 이후 생태위기에 대한 대응은 크게 두 방식으로 제기되었다. 하나

---

13 더욱 직접적인 것은 물론 생태파괴이다. 그러나 생태파괴는 자원고갈의 성격을 지니고 자원고갈은 생태파괴의 성격을 지닌다. 즉 양자는 내적으로 뗄 수 없이 연결되어 있다.

는 맬더스적 방식이고, 다른 하나는 생태복지의 방식이다. 전자는 불평등을 악화하는 방식으로 생태위기에 대응하고자 하는 것이고, 후자는 불평등을 완화하는 방식으로 생태위기에 대응하고자 하는 것이다. 인권의 원리에 근거했을 때 우리는 당연히 생태복지의 길을 택해야 한다. 생태복지는 생태위기의 해소 또는 완화가 단순히 자연의 보호에 그치는 것이 아니라 복지의 증진으로 이어질 수 있다는 것을 보여준다. 복지는 생활의 안정으로 시작된다. 생태위기의 시대에 가장 근원적인 생활의 안정은 생태위기의 해소 또는 완화를 통해 비로소 이루어질 수 있다. 이런 점에서 생태복지는 '가장 근원적인 복지'의 의미를 가진다.

둘째, 생태복지는 단순한 복지의 확장이 아니라 복지의 전면적인 재구성을 의미한다. 인류는 오랫동안 풍요를 염원했다. 그러나 풍요는 쉽게 이루어지지 않았다. 소수의 풍요와 다수의 빈곤 상태가 오랫동안 이어졌다. 그리고 18세기 중반에 이르러 영국에서 시작된 공업혁명으로 비로소 모든 인류가 풍요를 누릴 수 있는 길이 열리게 되었다. 공업은 자연을 적극적으로 가공하는 것으로 성립된다. 인류는 공업을 통해 자연을 적극적으로 가공해서 엄청난 풍요를 이룰 수 있게 되었다. 그러나 풍요는 고르게 분배되지 않았다. 부유층과 빈곤층의 격렬한 분배투쟁을 겪고 비로소 정의로운 풍요의 분배가 이루어질 수 있게 되었다. 복지국가가 형성되었던 것이다. 복지국가는 자유주의(자본주의)와 통제주의(사회주의)의 융합을 통해 나타난 인류의 역사적 발전이다. 그러나 기존의 복지국가는 물질적 풍요를 위해 자연을 대대적으로 파괴해서 엄청난 생태적 문제를 초래했다. 서구 복지국가의 풍요는 지구 전역을 대상으로 한 생태적 착취의 결과이기도 했다. 1970년대 이후 이러한 상황은 더 이상 지속될 수 없게 되었다. 1970년대 이후 생태위기는 명백히 지구적 차원의 현실이 되었고, 서구는 타국에 대한 생태적 착취가 결국 생태적 부메랑으로 돌아온다는 사실을 깨닫게 되었다(Beck, 1992). 이런 상황에서 복지국가의 생태적 전환이 새로운 발전의 과제로 제기되었다. 1970년대에 들어와서 확산된 서구 중산층의 탈물질주의 가치도 이런 변화와 깊이 연관된 것이다. 이런 점에서 생태복지는 '가장 선진적인 복지'의 의미를 갖는다.

셋째, 생태복지는 복지의 궁극적인 실현태이다. 복지는 모든 사회 구성원에게 인간다운 삶을 보장하는 것으로 이루어진다. 이런 점에서 복지는 단순히 풍요로운 물질을 의미해서는 안 된다. 복지는 적절한 물질을 전제로 풍요로운 자연 속에서 풍요로운 관계를 맺고 살아가는 것으로 이루어질 수 있다(暉峻淑子, 1989). 여기서 우리는 자연의 중요성에 대해 재인식해야 한다. 자연은 모든 사람들이 누려야 하는 가장 보편적인 공공재이자 가장 근원적인 공공재이다. 다시 말해서 자연은 모든 사람의 건강과 생명에 영향을 미친다는 점에서 가장 보편적이고 근원적인 공공재이다. 이런 점에서 자연을 무시하고 복지를 추구하는 것은 애초부터 불가능한 것이다. 그러나 기존의 복지는 자연을 무시하고 물질의 만족을 추구했다. 이제 이런 상태를 전면적으로 반성해야 한다. 자연을 존중하는 복지를 이루는 것이야말로 복지의 궁극적인 실현이라는 관점 위에서 복지의 생태적 전환을 적극 추구해야 한다. 이런 점에서 생태복지는 '가장 보편적인 복지'라는 의미를 갖는다.

3. 생태복지의 과제

생태복지는 인류가 추구해야 하는 보편적인 목표이지만 그 경로는 나라마다 다를 수밖에 없다. 목표의 보편성만 강조해서는 안 되고, 경로의 특수성만 강조해서도 안 된다. 요컨대 목표가 같다고 해서 그것에 이르는 경로도 모두 같은 것은 아니라는 사실을 올바로 인식해야 한다. 나라마다 커다란 역사적 차이가 있고, 이것이 사회적 경로의 차이를 낳는다. 따라서 기존의 경로를 올바로 이해하는 것이 대단히 중요하다. 사실 이것은 생태복지라는 새로운 역사적 발전의 과제에만 해당되는 것이 아니라 개혁을 추구하는 모든 사회운동에 해당되는 것이다. 새로운 길을 만들기 위해서는 우선 기존의 길을 잘 알아야 한다. 물론 가장 중요한 것은 목표를 올바로 세우는 것이다.

여기서 기존의 경로는 나라마다 특수한 사회적 구조를 뜻한다. 모든 나라는 저마다 역사적으로 형성된 특수한 사회적 구조를 갖고 있다. 요컨대 우리는 '역사-구조'의 관점에서 사회를 파악해야 한다. 그 사회적 구조 위에서 사회의 형태와 주체의 생활이 이루어지는 것이다. 외국의 연구를 수입하는 것으로는 결코 이 사회적 구조를 이해할 수 없다. 우리가 살아가고 있는 나라의 특수한 사회적 구조에 대해 잘 알아야 한다. 외국의 연구는 참조대상일 수는 있어도 직접적인 해답이 될 수는 없다. 우리의 문제를 해결하기 위해서는 우리의 문제에 대해 잘 알아야 한다. 그것은 외국의 연구를 열심히 공부하는 것으로는 결코 이루어지지 않는다. 우리에 대해 열심히 공부해야 우리의 문제를 잘 알 수 있다.

생태복지는 단순히 그 의미를 강조하는 것으로 이루어지지 않는다. 모든 개혁의 과제와 마찬가지로 그것은 구체적인 개혁을 통해 이루어진다. 요컨대 생태복지를 위한 정치적인 실천이 올바로 추구되는 것이 중요하다. 생태복지는 저기 어딘가에 있는 것이 아니라 지금 여기에서 개혁을 통해 형성되는 것이다. 생태복지는 지금 여기에서 잘못된 것을 바로잡으면서 만들어지는 올바른 미래인 것이다. 생태복지를 이루기 위해서 우리는 무엇보다 먼저 두 가지의 개혁을 추구해야 한다. 정부 재정과 정부 조직의 개혁이 바로 그것이다.[14] 그리고 여기서 나아가 산업구조와 고용구조의 개혁, 생태복지를 이루고자 하는 시민 주체의 형성이 추구되어야 한다.

첫째, 정부 재정의 개혁. 복지는 국가가 국민의 생활을 보장하는 제도인 만큼 많은 재정을 필요로 한다. 요컨대 정부가 거둬들인 세금의 많은 부분을 복지에 쓸수록 강한 복지국가가 되는 것이다. 따라서 복지의 정도는 재정구조에 의해 결정된다. 생태복지가 이루어지기 위해서는 기존의 복지 분야뿐만 아니라 생태 분야의 재정도 크게 강화되어야 한다. 생태복지는 생태위기의 개선을 우선적인 목표로 추구하기 때문이다. 생태위기를 방치하고 복지의 수준을 높일 수 없다는 것이 생태복지의 출발점이다. 건강한 자연은 그 자체로 가장 중요한 복지의 원천이다. 생태위기는 이런 사실을 생생히 보여준다. 또한 때로는 기존의 복지 분야를 축소하고 생태 분야의 재정을 강화해야 할 수도 있다. 예컨대 오염된 수돗물을 대신해서 생수비를 지급하는 것이 아니라 상수원과 수도관의 개선을 추구하는 것이 생태복지이고, 오염된 대기로 말미암은 호흡기 치료비를 지급하는 것이 아니라 대기의 오염을 막는 것이 생태복지이기 때문이다. 물론 이런 식의 대체는 중장기적으로 변화의 추이를 검토해서 이루어져야 한다. 어느 경우에나 구체적인 항목은 나라에 따라 크게 달라질 수 있겠지만 중요한 것은 재정구조의 개혁이 생태복지를 이루기 위한 관건이라는 사실이다.

둘째, 정부 조직의 개혁. 정부는 공익을 위해 존재한다. 그러나 실제는 그렇지 않을 수도 있다. 예컨대 시대적 소명을 다한 정부조직은

---

14 2012년의 대선을 앞두고 민주당의 문재인 후보만 토건국가의 개혁과 이를 위한 구체적인 과제로 토건 재정과 토건 정부의 개혁을 명확히 제시했다.

해체되는 것이 당연하다. 그러나 한국의 개발 부서들과 개발 공사들처럼 그렇게 되지 않고 오히려 확대되는 수도 있다(홍성태 엮음, 2005). 권력자들이 자신들의 이익을 위해 해당 정부조직을 확대하거나 해당 정부조직의 구성원들이 자기들의 이익을 위해 그렇게 하는 것이다. 어느 경우나 결국 공익을 내걸고 사익을 추구하는 것이다. 특히 이 경우는 '국가의 사유화'라는 극히 심각한 문제에 해당된다. 가장 큰 문제는 이런 정부조직들이 '국가의 사유화'를 자행할 뿐만 아니라 변화의 요구를 억압하거나 왜곡해서 사회의 발전을 크게 제약한다는 사실이다. 생태복지가 제대로 이루어지도록 하기 위해서는 생태계의 한계를 무시하고 개발을 능사로 여기는 정부조직들을 대대적으로 개혁해야 한다. 그렇지 않는다면 이 정부조직들은 생태복지의 요구를 억압하고 왜곡해서 자기들의 이익을 추구할 것이다. 또한 이와 함께 기존의 복지와 관련된 업무를 다루는 정부조직도 상당한 개혁을 필요로 한다. 생태복지가 제대로 이루어지도록 하기 위해서는 복지를 생태의 차원에서 파악할 수 있어야 하기 때문이다. 요컨대 생태복지는 복지와 관련된 정부조직의 생태적 전환을 요구하는 것이다.

셋째, 산업구조와 고용구조의 개혁. 결국 생태복지를 이루기 위해서는 생태복지를 저해하는 기존의 재정구조와 정부조직을 개혁해서 생태복지를 추구하는 새로운 재정구조와 정부조직을 구성해야 한다. 생태복지는 새로운 것을 생성하는 것인 동시에 기존의 것을 개혁하는 것이다. 또한 재정구조와 정부조직의 개혁은 생태복지를 이루기 위한 핵심적인 과제이지만 이것으로 모든 것이 충분한 것은 아니다. 재정구조와 정부조직의 개혁을 중심으로 해서 산업구조와 고용구조의 개혁을 추구해야 한다. 생태복지는 기존의 복지에 생태적 고려를 추가하는 방식으로 시작될 수 있다. 그러나 실질적인 생태복지는 이런 수준을 훨씬 넘어서야 한다. 그것은 반생태적인 사회를 생태적인 사회로 전환하는 수준으로 나아가야 한다. 이런 점에서 산업구조와 고용구조의 개혁은 관건적인 과제이다. 재정구조와 정부조직의 생태적 개혁은 산업구조와 고용구조의 생태적 개혁을 이끄는 동력으로 작용해야 한다. 이렇게 해서 공적 부문과 사적 부문을 막론하고 사회 전반에서 생태적 고려가 보편적으로 확립될 때, 비로소 생태복지는 성숙과 발전의 단계에 접어들게 될 것이다.

넷째, 시민 주체의 형성. 현대의 복지는 서구에서 처음으로 나타났다. 잘 알다시피 그것은 자본가와 노동자의 대립을 기반으로 했다. 이 때문에 수입상적 지식인이나 운동가는 노동운동의 강화를 통한 복지의 확립을 복지국가의 유일한 길인 듯이 제시한다. 그렇다면 노동운동이 약한 곳에서는 복지국가는 불가능한 것인가? 결코 그렇지 않다. 다수의 시민이 원한다면 복지국가는 어디서나 가능하다. 경제적으로 풍요롭지 않은 상황에서도 다수의 시민이 원한다면 복지국가는 가능하다. 생태복지의 경우도 마찬가지이다. 생태복지는 기존의 복지를 개혁해야 이루어질 수 있다. 중요한 것은 다수의 시민이 생태복지의 의미에 대해 자각하고 그것을 이루기 위해 적극적으로 실천하는 것이다. 생태복지를 향한 길에서는 공적 부문과 사적 부문이 모두, 자본가와 노동자가 모두 진지한 성찰과 개혁의 대상이다.

V. 생태복지와 정치개혁

생태복지를 이루기 위한 한국의 과제는 무엇인가? 이 문제에 대한 답은 한국에서 생태복지의 실현을 가로막는 문제에 대한 답으로부터 찾아야 한다. 그것은 무엇보다 '토건국가'에서 찾을 수 있다. 토건국가는 복지국가가 될 수 있는 능력을 갖춘 나라가 복지국가가 되지 못하도록 막는 가장 강력한 장애물이다.[15] 1990년대 중반에 일본의 시민운동에서 제기했던 '토건국가를 복지국가로!'라는 구호는 지금 우리에게 더욱 더 생생한 의미를 갖고 다가온다. 그러나 생태위기의 현실에 비추어서 이 구호는 이제 '파괴적인 토건국가를 생태적인 복지국가로!'라는 것으로 바뀔 필요가 있다. 생태복지의 관점에서 보았을 때, 토건국가의 문제는 더욱 더 명확하게 확인된다. 그것은 크게 다음의 두가지로 제시할 수 있다.

첫째, 그것은 복지에 써야 할 막대한 재정을 토건사업에 소모해서 복지의 축소나 왜곡을 초래한다. 불필요한 토건사업들에 막대한 혈세를 탕진하고 있기 때문에 복지 예산을 늘리기는커녕 오히려 줄이게 된다. 이런 상황에서 이른바 '보편적 복지'에 대한 사회적 관심이 확산된 것은 대단히 다행스러운 일이 아닐 수 없다. 그런데 '보편적 복지'를 위해서도 무엇보다 먼저 불필요한 토건사업에 탕진되는 막대한 혈세를 꼭 필요한 복지사업에 쓰도록 해야 한다. 그냥 복지의 확충을 위해서도 토건국가의 개혁이 무엇보다 중요하다. 복지국가의 길을 가로막고 있는 거대한 장애물인 토건국가에 대해 무심하거나 무지하면서 '보편적 복지'는 물론이고 복지의 확충을 주장하는 것은 그저 공론에 그칠 가능성이 크다.

둘째, 토건국가는 막대한 재정을 탕진해서 소중한 국토를 파괴하는 기형적인 개발국가이다. 토건국가는 대대적인 자연의 파괴를 매개

---

15 토건국가의 개혁은 재벌 개혁의 한 핵심이기도 하다. 재벌은 공사와 함께 토건국가의 핵심 주체이며 토건사업을 통해 많은 돈을 벌고 비자금을 만들어서 정경유착과 지하경제를 주도한다. 토건국가를 개혁하면 재벌의 힘은 크게 줄어들게 되며, 따라서 재벌 독식경제를 국민 상생경제로 만들 수 있는 길이 크게 열리게 된다.

로 막대한 혈세를 분배해서 거대한 정치적 이권관계를 형성하는 방식으로 작동한다. 따라서 토건국가는 생태위기를 크게 악화시킬 수밖에 없다. 토건국가의 개혁은 토건국가가 자행하는 대대적인 파괴를 줄이는 것이기 때문에 그 자체로 중대한 생태적 개혁에 해당된다. 생태운동 쪽에서도 이 사실을 올바로 인식해야 한다. 토건국가라는 구조와 그것을 가동하는 주체를 개혁하는 것이 생태운동의 핵심적인 과제가 되어야 한다. 이와 관련해서 생태운동의 개혁도 대단히 시급한 과제이다. 나아가 생태운동은 자연의 보호가 복지의 증진을 위해 가장 보편적이고 근원적인 과제라는 사실을 올바로 인식하고 널리 알려야 할 임무를 지니고 있다.

한국은 민주화를 통해 지속적인 경제의 성장을 이룰 수 있게 되었지만, 불행히도 민주화 세력도 토건국가의 문제를 올바로 인식하지 못했다. 그 결과 민주화 동안에도 토건국가의 문제는 더욱 더 악화되었다. 그리고 토건세력의 집권과 함께 토건국가의 극단화가 강행되었다.[16] 이런 상황에서 복지운동과 생태운동의 개혁, 그리고 양자의 결합은 이미 초미의 과제이다. 이 과제를 적극 추구하기 위해 생태운동은 우선 생태복지국가의 전망을 확립해야 한다. 그런데 생태복지국가는 결국 정치개혁을 통해 구현될 수 있다. 따라서 생태운동은 '생태복지국가'라는 전망과 이를 위한 핵심 정책들을 전면에 내걸고[17] 정치개혁

---

16 민주화 세력이 토건국가를 확대해서 국민의 지지를 얻으려고 했으나 결국 실패해서 원조 토건세력인 보수 독재 세력이 정권을 잡고 토건국가의 극단화를 강행하게 됐던 것에 대한 깊은 반성이 필요하다(홍성태, 2009).

17 국가의 면에서는 정부 재정과 정부 조직을 개편하는 것이 최대의 정책 과제이며, 사업의 면에서는 4대강의 재자연화와 핵발전소의 폐기가 최고의 정책 과제이다.

에 적극 참여해야 한다.

    생태위기에 올바로 대응하기 위해 생태운동은 정치개혁의 핵심으로 나서야 한다. 이를 위해 생태운동은 구조개혁의 과제를 명확히 하고 독자적인 정치세력화를 추구하는 동시에 기성 정당에 영향을 미치기 위한 활동을 크게 강화해야 한다. 토건국가의 개혁은 그 핵심이며, 4대강의 재자연화는 또 그 핵심이다. 문제를 해명하는 것은 과학이지만 문제를 해결하는 것은 정치이다. 문제가 해명된다고 해서 그냥 해결되지는 않는다. 개혁을 위해서는 결국 올바른 정치적 실천이 무엇보다 중요하다. 토건국가의 개혁과 생태복지를 향한 생태운동의 정치적 성숙이 절실하다.

(2012년 11월)

참고자료

김정욱, 2010, 『나는 고발한다』, 느린걸음.
이찬영, 2010, 『건설 투자 부진의 의미와 시사점』, 삼성경제연구소.
홍성태, 2004, 『생태사회를 위하여』, 문화과학사.
_____, 2007ㄱ, 『개발주의를 비판한다』, 당대.
_____, 2007ㄴ, 『대한민국 위험사회』, 당대.
_____, 2009, 『민주화의 민주화』, 현실문화.
_____, 2010ㄱ, 『생명의 강을 위하여』, 현실문화.
_____, 2010ㄴ, '생태복지의 의미와 과제', 『계간 사회복지』187, 한국사회복지협의회.
_____, 2011, 『토건국가를 개혁하라』, 한울.
_____ 엮음, 2005, 『개발공사와 토건국가』, 한울.

暉峻淑子(1989), 홍성태 옮김(2007), 『부자 나라 가난한 시민 – 풍요란 무엇인가』, 궁리.
佐藤誠, 1990, 『リゾート列島』, 암파서점.

Beck, Ulich(1992), 홍성태 옮김(1997), 『위험사회』, 새물결.
Krauss, Lawrence(1995), 박병철 옮김(1996), 『스타 트렉의 물리학』, 영림카디널.

BBC, 2007, 〈지구〉.
Gore, Al, 2006, 〈불편한 진실〉.

제4부
공동체와 생태적 전환

제15장
지역발전과 공동체운동
– 생태공동체와 교육공동체를 중심으로 –

I. 머리말

지역불균등발전은 현대 사회에서 보편적으로 나타나는 현상이다. 우리는 중앙과 지방, 도시와 농촌 사이의 지역불균등발전을 어디서나 찾아볼 수 있다. 이 문제에 가장 큰 영향을 미치는 것은 지역을 삶의 자리가 아니라 이윤의 대상으로 파악하는 자본주의의 작동원리이다(Carney et al. eds., 1980; 홍성태, 2000). 그러나 사실 사회주의에서도 지역불균등발전은 나타났다. 이런 점에서 지역불균등발전은 국가적 차원에서 자원이 불균등하게 배분되는 현대 사회의 필연적 현상이라고 할 수 있다.

지역불균등발전이 현대 사회의 필연적 현상이라고는 해도 그 정도는 국가마다 다르게 나타난다. 이와 관련해서 일본의 사례는 특히 잘 알려져 있다. 1950-60년의 고도성장기를 지나며 일본은 과밀지역과 과소지역으로 양분되었다. 과밀지역을 대표하는 도쿄 지역에는 3000만 명이 넘는 인구가 모여서 '도쿄 일극집중'이라는 용어가 만들어지기도 했다. 그런데 한국의 지역불균등발전은 일본보다 더욱 심각하다. 예컨대 국토의 0.6%밖에 되지 않는 서울에 전체 인구의 1/4 정도가, 그리고 국토의 11%밖에 되지 않는 수도권에 전체 인구의 1/2 정도가 모여 살고 있으며, 서울, 인천, 경기는 전체 경제의 48% 정도를 차지하고 있고, 거의 모든 대기업 본사가 이곳에 자리잡고 있다(홍성태, 2005ㄱ). 이에 따른 사회적 비용은 순수히 경제적 차원에서도 이미 커다란 장애가 되었다. 개발독재와 고도성장을 통해 기형적으로 악화된 지역불균등발전을 해결하는 것은 한국 사회의 발전을 위한 초미의 과제이다.

사실 이 문제는 이미 개발독재 시대 때부터 중대한 정치적 과제로 떠올랐다. 그러나 박정희 정권을 비롯한 역대 정권은 이 문제를 완화하기보다는 악화하는 방향으로 정책을 펼쳐왔다. 사실 박정희 이후에는 강력한 '경로 의존성'이 작용하여 지역불균등발전을 바로잡는 것이 극히 어려워졌다. 이런 상황에서 참여정부는 '행정수도'와 같은 특단의 대책을 추진했다. 그러나 한편에서는 결국 수도권의 반발을 이기지 못하고 수도권규제완화정책을 펼치고 있으며, 다른 한편에서는 사실상 전국을 대상으로 역대 어느 정권보다도 강력한 개발정책을 펼치고 있다. 참여정부는 '국가균형발전'을 내걸고 지역불균등발전을 사실상 존치하는 동시에 개발독재와 고도성장의 구조적 유산인 '토건국가'를 확대재생산하는 모순적 정책을 펼치고 있다[1](조명래, 2006; 홍성태 엮

---

1 이에 따라 급기야 2006년 10월에 전국의 많은 시민단체들이 참여한 '수도권

음, 2005).

한국의 지역불균등발전은 '서울집중현상'으로 대표된다. 그러나 지방이라고 해서 이 문제로부터 자유로운 것은 아니다. 지방에서도 도시와 농촌 사이에 이미 심각한 지역불균등발전의 경로가 형성되었다. 서울과 지방 사이의 관계가 지방에서 비슷하게 재현되는 '프랙탈 현상'[2]을 볼 수 있는 것이다. 이러한 지방 안의 지역불균등발전도 대단히 심각한 문제이다. 여기서 우리는 무엇보다 먼저 지역과 지방을 명확히 구분할 수 있어야 한다. 지방은 중앙에 대비되는 말이지만 지역은 전국에 대비되는 말이다. 이런 점에서 우리가 살아가는 모든 곳은 지역이다. 따라서 지역을 살리는 것은 우리를 살리는 것이다(홍성태, 2006 ㄱ).

지역불균등발전의 문제를 극적으로 해결하기는 어려울 것이다. 이미 너무나 강력한 '경로 의존성'이 작동하고 있기 때문이다. 그러나 이 문제의 영향이 역시 이미 너무나 심각하기 때문에 우리는 이 문제를 완화하기 위해 최선을 다해야 한다. 이를 위해 우리는 세가지 과제를 유념해야 한다. 첫째, 서울과 지방의 불균등발전을 완화해야 한다. 둘째, 지방 안의 불균등발전을 완화해야 한다. 셋째, 반생태적 개발이 아니라 생태적 개발을 추구해야 한다. 서울은 생존을 위협할 정도로 심각한 반생태적 지역이 되었다(홍성태, 2005ㄴ). '국가균형발전'을 추구한다면서 이러한 반생태성을 다른 지역들로 확산해서는 안 될 것이다.

과밀반대전국연대'가 발족했다.
2 프랙탈(fractal)이란 1975년에 폴란드 출신의 수학자 베노이트 만델브로트(Benoit Mandelbrot)가 고안한 개념으로 부분이 전체를 닮는 자기-유사성을 가리킨다.

바로 이런 점에서 우리는 국가 중심의 지역개발정책이 아니라 공동체 중심의 지역발전정책에 주목할 필요가 있다. 전자가 집중적이고 공업적인 지역정책을 대표한다면, 후자는 분산적이고 생태적인 지역정책을 대표한다. 물론 공동체는 아직 대단히 취약하며, 그 자체로 여러 문제를 안고 있기도 하다. 그러나 그것은 거대한 미래적 가치를 지니고 있으며, 또한 현대적 지역개발정책을 보완할 수 있는 가능성을 안고 있다(이근행, 2006). 이 글에서는 이런 관점에서 한국의 공동체운동에 대해 살펴보고자 한다.

II. 현대 사회와 공동체

우리는 '공동체'라는 말을 일상적으로 사용하며 살고 있다. 그런데 共同體라는 한자나 이 말에 해당하는 community라는 영어나 '모두 함께 평등하게 살아간다'는 뜻을 담고 있다. 바로 이 때문에 우리는 공동체라는 말을 대체로 긍정적 의미로 사용한다. '모두 함께 평등하게 살아간다'는 것은 오랜 옛날부터 인류가 꿈꿔온 이상이기 때문이다.[3]

그러나 우리는 이러한 이상의 공동체와 현실의 공동체를 구분할 필요가 있다. 이것은 공동체의 역사적 변천에 대한 이해와 밀접한 연관을 맺고 있다. 우리는 보통 근대화에 따라 공동체가 해체되고 현대 사회가 만들어졌다고 말한다. 이러한 생각의 바탕에는 요컨대 다음과 같은 이분법이 자리잡고 있다.

현대 사회의 형성은 공동체의 해체를 통해 이루어졌다. 그런데 이 변화를 '타락'으로 보는 것은 동의하기 어려운 주장이다. 왜냐하면 과거의 공동체는 사실 공동체 내부의 개인에 대해 대단히 억압적이었고,

---

[3] 이 이상을 사회 전체로 확대해서 나타낸 것이 유가의 유토피아인 '대동사회(大同社會)'이다.

표1 공동체와 현대 사회의 이분법

과거	현재
공동체	현대 사회
인간	물질
상생	경쟁
이상	타락

또한 공동체 외부의 존재에 대해 대단히 배타적이었기 때문이다. 바로 이런 점에서 근대화는 '자연의 한계로부터 해방'이자 '공동체로부터 해방'이라는 이중적 해방을 가져온 것으로 여겨진다. 따라서 우리는 공동체를 쉽사리 이상화하지 않도록 주의해야 한다. 공동체라는 기표와 그것이 나타내는 기의 사이에는 커다란 어긋남이 있는 것이다.

오늘날 우리가 흔히 공동체를 이상화해서 말하는 까닭은 사실 현대 사회의 문제에서 비롯되는 것이다. 예컨대 현대 사회는 대다수 사람들이 비대면적 관계 속에서 치열한 경쟁을 벌이며 살아가야 하는 사회이다. 그러나 전근대 사회에서는 대다수 사람들이 대면적 관계 속에서 깊은 인간적 관계를 맺고 살았다. 전근대 사회는 억압성과 배타성의 문제를 안고 있었지만 현대 사회와 같은 경쟁과 소외의 문제를 가지고 있지는 않았다. 전근대 사회도 소중한 장점을 지니고 있었던 것이다. 또한 현대 사회는 반생태적 개발로 말미암아 자연과의 연계가 파괴되고, 우리 자신의 자연성에 대한 깊은 인식을 잃어버린 사회이다. 그러나 전근대 사회에서는 자연 속에서 우리 자신을 온전히 이해하고 영혼의 만족을 추구할 수 있었다. 별을 보고 길을 찾던 고대인의 통찰이 오늘날까지도 깊은 울림을 가지고 우리를 감동시키는 것은 이 때문이다(Lukacs, 1915).

현대 사회의 기계성과 파괴성을 극복하기 위해 전근대 사회의 인간성과 생태성에 주목할 필요가 있다. 바로 이런 점에서 현대 사회의 문제를 해결하기 위한 적극적 실천으로 공동체운동이 나타나게 되었다. 그러나 현대의 공동체운동은 단순히 과거의 공동체를 되살리려는 운동이 아니다. 그것은 과거의 공동체를 되살리기 위한 운동이기보다 현대 사회를 개혁하고자 하는 운동이다. 현대의 공동체운동이 건설하고자 하는 새로운 공동체는 과거의 공동체와 달리 구성원에게 자유를 보장한다. 자유와 자치는 새로운 공동체의 기초이다. 이런 점에서 새로운 공동체는 과거의 공동체와 크게 다르다. 과거의 공동체는 개인에게 무조건 주어진 것이었던 반면에 새로운 공동체는 개인의 선택과 참여로 만들어진다.

이러한 공동체운동의 대표적 예로 생태공동체를 들 수 있다. 이것은 현대 사회의 반생태성을 극복하고 생태적 미래를 생성하고자 하는 노력의 산물이라고 할 수 있다. 이와 함께 비교적 많은 사람들이 활발히 참여하고 있는 새로운 공동체의 분야로 교육공동체를 들 수 있다. 사실 생태공동체와 교육공동체는 밀접한 연관을 맺고 있기도 하다. 생태공동체는 그 자체로 교육공동체의 성격을 지니며, 교육공동체는 대체로 생태적 가치를 중요시하기 때문이다.[4] 그러나 물론 명시적으로 내건 목표에서 양자는 분명히 구별되며, 이 점을 무시해서는 안 될 것이다. 특히 학벌사회 문제와 관련해서 교육공동체는 독자적 의미를 크게 지닐 수 있다.

---

4   문화공동체도 늘어나고 있다. 사실 생태공동체와 교육공동체는 새로운 생활 방식과 가치를 추구한다는 점에서 그 자체로 문화공동체라고 할 수 있다. 그런데 좀더 좁은 의미에서 문화적 산물의 생산과 향유, 그리고 문화적 지역발전을 직접적 목표로 추구하는 문화공동체가 나타나고 있다. 안성의 '웃는 돌', 원주의 '노뜰', 부안의 '부안생태문화활력소', 밀양의 '밀양연극촌' 등이 그 예이다. 문화공동체는 무엇보다 이런 다양한 새로운 공동체적 실천을 가리킨다.

공동체에 관한 논의에서 가장 흔하게 다루어지는 논제는 그 지역성에 관한 것이다. 본래 공동체는 비교적 좁은 지역에서 함께 생산하고 소비하며 살아가는 사람들의 단위를 가리킨다. 이제는 거의 사라지고 없는 '동족촌'은 그 대표적인 예이다. 현대의 공동체운동에서도 이러한 지역성은 무엇보다 중요한 공동체의 목표이자 준거이다. 그러나 현대 사회는 본질적으로 이러한 공동체와 대립한다. 이 때문에 현대 사회에서는 지역성보다 '소속감'이 더욱 중요한 공동체의 목표이자 준거로 떠오르게 되었다. 사실 지역성은 교통기술과 정보통신이 발달하지 않았던 시대의 직접적 반영이기도 하다. 현대 사회에서는 고도로 발달한 교통기술과 정보통신이 지역성을 대신해서 '소속감'을 강화해주는 공동체의 기술로 작용한다. 그 결과 어떤 지역에서 수용할 수 있는 것보다 훨씬 더 많은 사람들이 공동체와 연관을 맺고 공동체적으로 살아갈 수 있다.

이제 다음과 같은 세가지 주제로 나누어 두 공동체에 대해 살펴보고자 한다. 첫째, 생태공동체와 교육공동체의 사회적 가치와 역할에 대한 이론적 이해를 추구한다. 둘째, 새로운 공동체의 대표적 예인 생태공동체와 교육공동체의 유형을 검토한다. 셋째, 지역발전이라는 맥락에서 생태공동체와 교육공동체의 가능성을 탐구한다. 여기서 지역발전은 경제성장을 무시하지 않지만 그것에 지배되지도 않고, 지역의 생태적 조건과 문화적 특성을 잘 살리는 것을 뜻한다.

III. 생태공동체의 가능성

1. 생태공동체의 이해

오늘날 생태공동체라는 말은 어떤 특정한 울림을 갖고 있다. 그것은 대체로 반생태적 도시에서 벗어나 생태적 시골에서 소수의 사람들이 농사를 지으며 함께 살아가는 것으로 요약할 수 있다. 그러나 생태공동체는 이런 울림을 크게 넘어서서 대단히 심오한 의미를 지니고 있다. 특히 현대의 거대사회[5]를 넘어서 대안사회를 구성하려는 사람들에게 생태공동체는 바로 그 대안사회의 구체적 실체로 여겨진다.

여기서 생태공동체운동센터를 설립해서 생태공동체운동을 활발히 펼치고 있는 두 전문가의 설명에 잠시 귀를 기울여 보도록 하자.

> 생태공동체운동은 단기적으로는 유기농업을 근간으로 사람과 자연이 공생하는 정주시스템을 만들어서, 장기적으로는 지역적으로 순환하는 경제시스템을 만들고자 하는 전략적인 운동이다. 생태공동체를 주장하는 사람들이 농업을 중시하는 것은 물론 위에 언급한 경제적 및 생태적 이유도 있지만 그보다는 농업이야말로 자연으로부터 떨어져 나와 정체성을 상실한 인간의 본성을 되찾는데 기본이 된다는 믿음 때문이다(황대권, 2005: 492).

> 생태공동체는 주류의 자연·사회적인 관계를 극복하고 근본적으로 지속가능한 관계망을 짜려는 작은 단위의 시도이다. 생태공동체는

---

[5] 그 사회적 내용은 크게 두가지로 정의할 수 있다. 첫째, 공업사회이다. 이것은 자연을 대규모로 인위적으로 변형해서 물질적 풍요를 가져온 동시에 생태위기를 초래했다. 둘째, 자본주의 사회이다. 이것은 더 많은 이윤이 경제의 기본원리인 사회로서 모든 가치를 이윤에 종속시키는 문제를 낳았다. 여기에 덧붙여서 관료제사회의 문제도 중요하다. 관료제는 수많은 사람들을 규율하는 데 효과적이지만 관료제에 사람들을 종속시키는 문제를 낳았다. 이렇게 해서 현대 거대사회는 많은 발전을 이루었지만, 그와 함께 생태위기와 인간소외 등의 근본적 문제를 낳았다.

물질중심의 산업화와 자본경제의 세계화로 삶의 터전이 황폐해지고 공동체가 해체되며 자연과 인간의 소외가 극심해진 위기상황을 극복하려는 운동이기에, 생태공동체가 형성되는 분야와 영역은 삶의 토대요 근본인 사람들의 기본필요에 따른다(이근행, 2005: 523).

두 전문가의 설명에 따르면, 생태공동체는 유기농업을 중심으로 지역적 순환경제체계를 만들어서 많은 근본적 문제를 안고 있는 현대 거대사회를 대체하는 대안사회를 만들기 위한 실천의 산물이다. 이런 점에서 생태공동체는 생태사회를 만들기 위한 한 방식이라고 할 수 있다. 그것은 아래로부터 분산적으로 생태사회를 만드는 방식이다.

그런데 생태사회는 어떤 사회인가? 그것은 쉽게 말해서 생태적 한계를 존중하는 사회이다. 전근대 사회는 본질적으로 생태사회였다고 할 수 있다.[6] 근대 사회는 생태적 균형을 깨트리고 생태위기를 초래했다. 그러나 이런 상황은 결코 오래 갈 수 없을 것이다. 근대 사회를 지탱하는 자원이 급속히 고갈되고 있기 때문이다.[7] 또한 사회는 생태계 속에서 존재한다. 따라서 생태위기는 사회와 인간의 존속위기이다.[8]

---

6 전근대 사회에서도 환경문제는 발생했다. 예컨대 메소포타미아 문명은 주변의 숲을 이용해서 문명이 번창했으나 바로 그 때문에 결국 몰락하고 말았다(Engels, 1896; Hughes, 1975). 그러나 근대 이전의 환경문제는 그 영향력의 면에서 근대 이후의 환경문제와 질적으로 다르다.

7 예컨대 석유는 이미 소비 증가량이 생산 증가량보다 많으며, 앞으로 30년 정도 이내에 고갈될 것으로 파악된다(이필렬, 2002). 전기의 생산 이외에는 석유라는 화석물질을 결코 대체할 수 없는 광물인 우라늄도 역시 50년 정도 이내에 고갈될 것이다.

8 예컨대 지구 온난화로 말미암아 지구의 기상체계가 급격히 변동하면 인간을

이런 점에서 반생태적 근대 사회는 결국 다시금 생태적 탈근대 사회로 돌아갈 수밖에 없다.

생태사회에 이르는 길은 두가지가 있다. 첫째, 생태위기를 악화시켜서 결국 생태파국을 맞는 길이다. 생태파국은 너무나 강력해서 세계적으로 수억 명 또는 수십억 명의 사람들이 빠른 죽음을 맞을 수 있다. 이러한 죽음과 파괴 위에서 새로운 생태사회가 나타날 것이다. 둘째, 생태위기에 적극적으로 대처해서 생태파국을 막는 길이다. 현재의 풍요와 능력을 최대한 활용해서 다가오는 반생태적 문명의 몰락을 넘어서 새로운 생태적 문명으로 나아갈 수 있다. 우리는 당연히 두번째 길을 택해야 한다. 그러나 이 당연한 선택은 기득권과 불평등이라는 장벽에 가로막혀 있다. 이 장벽은 너무도 강해서 좀처럼 무너질 것 같지 않다. 그러나 베를린장벽이 무너진 것처럼 이 장벽도 결국 무너지고 말 것이다. 생태위기의 현실에 비추어 보았을 때, 너무나 불합리한 것이기 때문이다.

그런데 두번째 길은 다시 두 갈래로 나뉜다. 첫째, 국가가 중심이 되어 적극적으로 산업구조를 바꾸고 생태위기에 대처하며 생태사회로 나아가는 것이다. 이것은 환경영향평가와 같은 제도를 제대로 실행하는 것으로 시작될 수 있다. 이런 면에서 현재 가장 앞서 있는 곳은 서구 선진국, 특히 독일과 그 북쪽의 나라들이다. 둘째, 개인이 중심이 되어 적극적으로 생태사회의 구성을 시도하는 것이다. 여기에 혼자 산 속으로 들어가서 문명과 관계를 끊고 사는 것은 해당되지 않는다. 혼

포함해서 모든 생명체가 커다란 생존의 위협에 처하게 된다. 자연의 안정은 문명의 전제조건이다. 아토피나 환경호르몬이 잘 보여주듯이 자연의 오염은 자연 속의 존재인 인간의 오염으로 이어진다. 이런 사실을 올바로 이해하지 못하는 '생태적 문맹'은 문명의 종말을 재촉하는 무서운 사회적 문제이다.

자서는 사회를 이룰 수 없기 때문이다. 개인이 중심이 된다는 것은 개인들이 자발적으로 작은 단위의 생태사회를 이루는 것을 뜻한다. 그 대표적인 예가 바로 생태공동체이다.

문명의 시간으로 보자면, 국가가 중심이 된 길도 결국 생태공동체에 이르게 될 것이다. 그것만이 반생태적 공업문명의 궁극적 몰락 이후에 다시금 도래할 새로운 생태적 농업문명 속에서 유일하게 유지될 수 있는 사회의 내용이자 단위이기 때문이다. 이런 점에서 생태공동체는 '오래된 미래'를 준비하는 중요한 실천이라고 할 수 있다. 그러나 현재의 시간으로 보자면, 생태공동체는 너무나 작아서 현대 거대사회의 변화에 별 영향을 미치지 못한다. 현대 거대사회의 현실을 바로잡기 위한 구조개혁이 생태공동체보다 더욱 절실한 것이다. 바로 이런 점에서 우리는 서구 선진국을 모범으로 삼아 '생태복지사회'를 추구할 필요가 있다. 우리는 이미 복지사회를 이룰 수 있는 물질적 능력을 갖췄다.[9] 이제 이 능력을 최대한 선용해서 복지사회를 이루어야 한다. 그리고 그것은 생태위기의 현실에 적극적으로 대처하는 생태적 복지사회여야 한다(홍성태, 2006ㄴ).

이러한 구조개혁의 맥락에서 생태공동체는 더욱 적극적인 의미를 지니게 된다. 이를테면 그것은 생태복지사회의 '원형'과 같은 것으로 파악될 수 있다. 반생태적 현대 거대사회에서 생태공동체는 '특이한 섬'과 같은 것으로 여겨진다. 그러나 생태복지사회에서 그것은 적극적으로 추구해야 할 새로운 사회의 모범으로 전환된다. 이런 점에서 생태공동체운동은 생태복지사회운동과 긴밀하게 결합되어야 한다(홍성태, 2004).

---

[9] 2006년 현재 한국의 경제력은 GDP 기준으로 세계 11위이지만, 삶의 질은 고작 30위 수준이고, 특히 환경 질은 130위 수준에 머물고 있을 뿐이다. 이런 격차를 해소하는 것이 진정한 '선진화'의 과제이다.

2. 생태공동체의 유형

생태공동체의 유형에 대해 살펴보기 위해서 우선 그 기준에 대해 살펴볼 필요가 있다. 기준에 따라 대단히 다양한 유형의 생태공동체를 찾아볼 수 있기 때문이다(김성균, 2002; 황대권, 2004; 이근행, 2006). 이와 관련해서 생태공동체운동센터에서는 생태성, 공동체성, 영성의 세가지 기준을 강조한다. 그런데 앞의 두가지는 생태공동체라는 말 자체에 담겨 있는 것이다. 이에 비해 영성은 겉으로 드러나지 않지만 생태성과 공동체성만큼이나 중요한 기준이다. 이것은 종교와 깊이 통하는 것이지만 생태공동체가 종교공동체를 추구하는 것은 아니다. 반생태적 종교공동체도 얼마든지 있을 수 있다. 이런 점에서 영성은 사실 생태성의 또 다른 표현이라고 할 수 있다. 우리 자신을 생태계 속의 한 존재로 인식하고 살아가는 것이 그 핵심이기 때문이다. 따라서 영성은 생태공동체의 대단히 중요한 기준이 될 수 있다.

그러나 다른 관점에서 보자면, 영성을 생태공동체의 결정적 기준으로 보는 것은 문제일 수 있다. 예컨대 자연 속에서 단순히 행복감을 느끼는 것도 일종의 영성으로 설명할 수 있다. 그러나 영성은 단순히 행복감을 느끼는 것을 넘어서는 의식적 노력과 자각을 요구한다. 이런 점에서 보자면, 영성을 생태공동체의 결정적 기준으로 제시하는 것은 너무 탈속적이거나 엘리트주의적으로 비칠 수 있을 것 같다. 행복감은 육체적 만족감이기도 하다. 자연 속에서 행복감을 느끼는 것은, 많은 연구가 이미 증명했듯이, 상당한 정도로 물질적 과정의 산물이다.[10] 이

---

[10] 예컨대 숲 속에서 기분이 좋아지는 이유는 우선 나무들이 신선한 공기와 피톤치드(Phytoncide)라고 하는 물질을 내뿜기 때문이다. 이 때문에 우리는 황량한 시골보다 울창한 도시 숲에서 더 깊은 행복감과 '영성'을 느낄 수 있다. 이런 점에서 용산 미군기지를 숲으로 만드는 것은 대단히 중요한 생태문

런 점에서 영성은 생태공동체의 한 유형을 규정하는 기준이 되는 것이 옳을 것 같다. 물론 영성을 제대로 추구하지 않으면 생태공동체를 유지하기 어렵다는 주장도 일리가 있다. 그러나 이를테면 영성적 생태공동체와 비영성적 생태공동체가 있을 수 있다.

영성적 생태공동체는 자연 속에서 살아가기 위한 의식적 노력과 자각을 강조한다. 이에 비해 비영성적 생태공동체는 자연 속에서 살아가는 것의 육체적 장점을 강조한다. 그것은 크게 두가지를 들 수 있다. 첫째, 신선한 공기와 피톤치드 등의 좋은 물질을 호흡하며 자연의 리듬에 맞춰 사는 것이다. 둘째, 오염되지 않은 먹을거리들을 먹으며 건강하게 사는 것이다. 요컨대 현대 거대사회의 '공해병'에서 해방된 건강한 삶을 살 수 있는 것이다. 이른바 '웰빙'은 이러한 흐름을 대변한다. 많은 사람들이 영적 깨달음이나 교감보다는 육체의 편안함과 건강을 위해 생태공동체에 관심을 갖게 되었다. 여기에는 대중매체의 영향도 크다. 대중매체는 생태공동체를 '공해병'에 찌든 현대 거대사회에서 벗어난 어떤 곳으로 다루는 경향이 있기 때문이다. 그러나 이러한 '웰빙'에 초점을 맞춘 생태공동체도 궁극적으로 자연과의 교감을 전제로 한다는 점에서 '느슨한 영성적 생태공동체'라고 할 수 있을 것이다.

또한 공동체는 비교적 좁은 지역적 범위 안에서 존재한다. 지역성은 공동체의 본질적 특성이다. 그러나 공동체가 지역사회와 같은 것은 아니다. 공동체는 지역사회보다 더 좁으며, 대면적 접촉에 의해 유지되고, 공동의 이해관계로 묶여 있다. 이 때문에 서로 돕고 보호하는 것이 공동체의 가장 중요한 긍정적 특성이 된다. 그리고 바로 이 때문에

화적 과제이다(홍성태, 2006ㄷ). 숲의 효과와 중요성에 관해서는 김기원 외 (2005)와 KBS 환경스페셜(2006)을 참조.

현대 거대사회에서 공동체에 관한 관심이 계속해서 커지는 것이다. 그러나 공동체는 너무 좁다. 따라서 서로 돕고 보호하는 공동체의 특성을 사회적으로 확산하려는 노력이 필요하다. 이와 관련된 가장 오래된 노력은 바로 협동조합[11]이다. 잘 알다시피 협동조합은 오웬식 사회주의의 핵심으로서 맑스식 사회주의의 강화와 함께 '공상적 사회주의'로 내몰리는 수난을 당했다. 그러나 이런 이념적 역사와는 별개로 자조와 자치를 기조로 공동체의 사회화를 추구하는 것으로서 협동조합운동은 세계 곳곳에서 펼쳐졌다.[12] 그 결과 설립된 협동조합은 '사회공동체'라고 할 수 있다. 한편 사실 공동체의 사회화를 추구해서 이룩한 가장 큰 성과는 복지사회[13]라고 할 수 있다. 사회의 모든 구성원에게 서로 돕고 보호하는 삶을 살 수 있도록 하는 것이 복지사회이기 때문이다. 그러나 복지사회는 강력한 국가의 개입을 통해 국가적 차원에서 이루어

---

11 한국의 대표적인 협동조합은 농업협동조합일 것이다. 그러나 이것은 국가협동조합으로서 자치협동조합과 사실은 완전히 다른 것이며 극심하게 대립하는 것이기도 하다. 농협, 수협 등 국가협동조합의 개혁은 이미 오래 전부터 대단히 중요한 사회적 과제로 떠올랐다.

12 한국에서는 원주가 그 중심지로서 장일순 선생과 지학순 주교가 이 운동을 이끌었다. 40년 전인 1966년에 처음으로 생활협동조합이 결성된 이래 현재 원주에는 여러 생활협동조합이 운영되고 있으며, 2000년대에 들어와서는 의료생협도 결성되었다(김용우, 2006).

13 사회복지학에서 복지사회는 복지국가와 명확히 구분되는 개념이다. 이것은 복지를 제공하는 주체와 관련된다. 국가가 사실상 모든 복지를 책임지는 것을 복지국가라고 하며, 국가뿐만 아니라 사회의 여러 단위들이 복지를 제공하는 것을 복지사회라고 한다. 그러나 여기서 복지사회는 주체의 차이를 떠나서 복지가 사회적으로 원활히 제공되어 나타나는 서로 돕고 보호하는 사회적 상태를 복지사회라고 한다.

지는 것이기 때문에 개인의 자발적 참여를 통해 형성되는 공동체와는 명확히 구분된다.

이런 논의를 전제로 현재 운영되고 있는 생태공동체[14]를 보면, 크게 그 형태는 계획공동체와 지역공동체로 나뉘며, 또한 그 내용은 근본주의적인 것과 현실주의적인 것으로 나눌 수 있다. 계획공동체는 뜻을 같이 하는 사람들이 한울타리 안에서 공동체를 이루고 생산과 생활을 영위하는 것이며, 지역공동체는 독립된 가구들이 일정한 지역에 분포되어 살면서 공동의 생산과 생활을 영위하는 것을 뜻한다. 그런데 아직까지 지역공동체는 제대로 된 예가 만들어지지 않았다. 따라서 계획공동체가 생태공동체를 대표하는 형태이다(황대권, 2005: 493).

다음의 〈표2〉는 황대권의 연구에서 제시된 공동체들을 중심으로 생태공동체의 유형을 나타낸 것이다. 황대권은 계획공동체를 생태공동체의 대표적 형태로 파악하고, 한생명공동체를 포함한 다섯개의 공동체를 한국의 대표적 생태공동체로 꼽았다. 필자는 한생명공동체가 지역공동체를 적극적으로 추진한다는 점에서 이것을 지역공동체로 분

표2 한국 생태공동체의 유형

	근본주의	중도	현실주의
계획공동체	변산공동체	화성 산안마을 함양 두레마을	울진 한농복구회
지역공동체	실상사 한생명공동체		
사회공동체			한살림운동

14 생태공동체를 포함해서 다양한 성격의 공동체들이 전국적으로 200개가 넘는 것으로 추정되고 있다. 또한 실제 참여하고 있는 사람들의 수는 모두 2만여 명 수준인 것으로 추정된다. 사회적으로 큰 영향력을 행사하기에는 아직까지 대단히 작은 규모인 것이다.

류했다. 황대권은 이것을 '실상들녘공동체'로 부르며, 계획공동체와 지역공동체의 성격을 모두 가지고 있다고 지적한다(황대권, 2005: 506). 또한 필자는 이근행과 마찬가지로 생활협동조합을 생태공동체의 한 유형으로 파악하고자 한다. 그러나 이것은 사실 공동체와 개념적으로 맞지 않기 때문에 앞에서 논의한 대로 '공동체의 사회화'로 파악하는 것이 옳을 것이다.

여기서 가장 특이한 것은 기업화한 계획공동체인 한농복구회이다. 이것은 생태공동체가 자본주의의 현실 속에서 어느 정도까지 변형될 수 있는가를 보여주는 좋은 예라고 할 수 있다. 생태공동체의 이념형적 설명에 따르면, 생태공동체는 공업사회와 자본주의의 문제를 극복하고 대안사회를 만들기 위한 노력으로 만들어진다. 그러나 현실은 그렇게 쉽게 바뀌지 않는다. 오히려 현실이 이상을 포섭해 버리는 일이 더 흔히 일어난다. 외국으로까지 사업의 범위를 확장한 한농복구회는 이런 사실을 보여주는 명확한 예라고 할 수 있을 것이다.

3. 생태공동체와 지역

생태공동체의 사회적 가치에 관한 이해를 대표하는 것은 물론 생태적 접근이다. 그러나 이와 함께 경제적 접근도 이미 오래 전부터 나타났다. 이것은 갈수록 공동화하는 농촌을 살릴 수 있는 하나의 가능성을 생태공동체에서 찾고자 하는 것이다. 애초에 생태공동체는 소수의 사람들이 생태적 삶을 사는 방도로서 추진되었다. 그러나 이제 생태공동체는 지역의 생태적 발전을 이끄는 주체라는 새로운 사회적 지위를 지니게 되었다. 이것은 생태위기의 현실을 반영하는 것이면서 개발주의의 폐해에 맞선다는 점에서 대단히 중요한 사회적 변화가 아닐 수 없다.

여기서 지역에 관한 논의를 잠시 다시 하도록 하자. 본래 지역은 중앙-지방과는 다른 개념이다. 지방뿐만 아니라 중앙도 하나의 지역이다. 그러나 오늘날 한국에서 지역은 사실상 지방과 거의 같은 개념으로 사용되고 있다. 무엇보다 지역주의라는 말이 이런 사실을 잘 보여준다. 한국은 세계적으로 드문 지역불균형 문제를 안고 있다. 이것은 박정희의 개발독재가 서울과 부산을 중심으로 이루어졌기 때문에 생겨난 역사적 결과이다. 서울은 국토의 0.6%밖에 되지 않지만 인구의 22%가 몰려 있고, 경제적 집중도는 더욱 커서 대기업 본사의 96%가 서울에 있다. 서울은 과밀로 고통받고 있으며, 반면에 지역은 과소로 고통받고 있다. 이 문제는 이미 국가발전의 심각한 장애로 작용하고 있다.

이 때문에 오늘날 국가균형발전은 무엇보다 서울의 분산을 뜻하고 있다. 이를 위해 행정복합도시 건설을 비롯한 커다란 지역개발사업들이 국가적 차원에서 활발히 펼쳐지고 있다.[15] 이것은 기본적으로 지역의 도시화와 지역도시의 활성화를 통해 국가균형발전을 이루고자 하는 시도이다. 공간적으로 보아서 현대 사회는 '도시사회'이다. 따라서 도시정책을 중심으로 지역정책을 펼치는 것은 아마도 당연하다고 할

---

15 이러한 사업들의 방향과 결과에 대한 논의는 정치권뿐만 아니라 학계에서도 대단히 논쟁적으로 펼쳐지고 있다. 그러나 전체적으로 개발주의와 결합된 지역주의를 의식한 정치공학의 산물이라는 성격을 강하게 지니고 있다. 연기는 행정도시, 광주는 문화중심도시, 전주는 전통문화도시, 경주는 역사문화도시를 배치하고, 이것도 모자라 기업도시와 혁신도시를 여러 도시에 골고루 배치하는 것을 과연 순수한 국가균형발전 정책으로 볼 수 있겠는가? 참여정부의 국가균형발전정책은 경제적으로 세계 최악에 상태에 이른 '토건국가'의 확대정책이며, 정치적으로 지역주의의 장벽을 넘기 위한 개발주의 정치공학의 산물이라는 비판에서 자유롭기 어렵다.

수 있을 것이다. 그러나 여기서 우리는 지역이 도시지역보다 훨씬 더 넓은 비도시지역으로 이루어져 있다는 사실을 잊지 말아야 한다. 그리고 이러한 비도시지역은 국가를 지탱하는 생태적 근간으로 작동하고 있다. 따라서 국가균형발전은 도시정책뿐만 아니라 반드시 비도시정책을 함께 추진해야 하며, 더욱이 그 사회적 핵심은 공업의 폐해를 치유할 수 있는 것이어야 한다. 다시 말해서 전체적으로 생태적 지역정책이 필요하며, 비도시지역은 더욱 더 그렇다는 것이다. 이런 사실을 제대로 이해하지 못하고 무조건 도시정책을 중심으로 펼쳐지는 지역정책은 그 자체로 큰 문제를 낳을 수밖에 없다.

생태공동체는 도시지역에서도 나타날 수 있다. 대표적인 예는 사회공동체, 즉 생활협동조합이다. 그러나 이러한 사회공동체는 넓은 의미의 생태공동체이며, 실제적 생태공동체는 역시 계획공동체와 지역공동체이다. 이러한 좁은 의미의 생태공동체는 생태적 농업을 중심으로 생산과 생활이 함께 이루어지는 사회적 단위이다. 이런 점에서 생태공동체는 국가균형정책의 중요한 주체로 작용할 수 있다. 그것은 국토에서 가장 큰 비중을 차지하는 비도시지역의 자연을 지키면서 경제를 이루고자 하는 노력의 소산이기 때문이다. 그것은 생태적 미래를 준비하는 곳이자 반생태적 현재에 희망을 불어넣는 곳이다. '웰빙'에 대한 사회적 요구가 갈수록 커지면서 생태공동체의 가치는 더욱 더 커지고 있다. 이른바 신토불이와 유기농업만이 한국 농업의 실제적 희망이라고 한다. 생태공동체야말로 이 희망을 기르는 가장 중요한 장소이다. 따라서 비도시지역의 생태적 발전을 추구하는 생태공동체에 대한 국가적 차원의 관심과 지원이 더욱 활성화될 필요가 있다.

그런데 이러한 관심과 지원을 받기 위해서 생태공동체는 공간적인 면에서도 모범이 되어야 할 것이다. 한국의 농촌은 공업적 농업으로 심하게 병들었을 뿐만 아니라 공간적으로도 멋을 잃은 척박한 곳이 되었다. 참으로 기이한 형태의 시멘트 건물들이 농촌의 경관을 돌이킬 수 없을 정도로 파괴하고 있다. 전봇대가 논이고 밭이고 마을이고 가리지 않고 제멋대로 들어서서 지극히 보기 좋지 않을 뿐만 아니라 많은 사람들의 목숨을 위협하고 있기도 하다. 생태공동체는 한국의 농촌이 지니고 있던 생태문화적 경관을 되살려야 한다. 그렇게 하면 생태공동체의 경제적 가치는 더욱 커질 것이다. 아름다운 옛집들이 개량된 형태로 들어서서 농촌이 자연과 조화를 이룬 원래의 모습을 되찾도록 해야 한다. 이런 변화를 생태공동체가 주도해야 한다. 한농복구회나 함양 두레마을은 이미 지역경제의 성장에 상당히 이바지하고 있다(황대권, 2005). 한생명공동체의 영향도 점차 커지고 있다. 이와 연관된 지리산생명연대의 활동과 성과는 자연을 지키고 경제를 키우는 모범사례로 언론에 소개되기도 했다(임항, 2006). 이런 성과가 아름다운 마을만들기나 지역만들기로 이어져야 한다. 그렇게 될 수 있도록 정부는 물론이고 시민사회의 다양한 지원과 참여가 이루어져야 한다.

생태공동체는 지역의 생태적 발전을 위해 커다란 가능성을 지니고 있다. 여기에는 농업과 관광을 통한 경제적 성장의 가능성도 포함된다. 그러나 다른 한편 다음과 같은 두가지 문제에 주의할 필요가 있을 것이다. 첫째, 기업화의 문제이다. 생태공동체가 기업으로 변질해서 이윤의 논리에 휘둘릴 가능성도 있다. 이미 한농복구회가 이러한 예로 지적되고 있다. 둘째, 상품화의 문제이다. 생태공동체가 기업화하지는 않더라도 그것이 상품화되어 생태공동체의 가치를 잃어버릴 수 있다. 생태공동체의 목표를 희석하지 않고 사회적으로 확산하는 것이 무엇보다 중요하다.

이런 점에서 생태공동체를 단순히 지역경제의 활성화를 위한 수단으로 다루는 것은 위험하다. 정부의 지원은 무엇보다 생태공동체의 내적 발전을 위한 것이어야 한다. 그렇게 해서 생태공동체가 여기저기서 발전하고, 그 결과 비도시지역의 생태적 발전이 추진되도록 해야 한다. 생태공동체는 사회의 생태적 전환을 이끄는 동력이 되어야 한다. 물론 도시지역의 생태적 전환도 중요한 실천의 목표가 될 수 있다. 이와 관련해서 생태도시의 실험에서 적극적으로 배워야 할 것이다(박용남, 2000; 김해창, 2003; KYC 외 엮음, 2004).

IV. 교육공동체의 가능성

1. 교육공동체의 이해

교육은 사회의 재생산을 위한 기본활동이다. 그것은 후세에게 지식과 문화를 전수해서 사회가 존속될 수 있도록 한다. 교육이 없으면, 사회도 없다. 그러므로 누구나 교육을 기본권으로 누려야 한다. 그러나 모든 사람이 체계적 교육을 받게 된 것은 근대화의 결과이다. 전근대 사회에서 교육은 대단히 차별적으로 이루어졌다. 체계적 교육은 지배계급의 특권이었다. 피지배계급은 주로 부모에게서 삶에 필요한 지식을 교육받을 수 있을 뿐이었다.

근대 사회에서 교육의 확산이 이루어진 이유는 두가지 면으로 나누어 살펴볼 수 있다. 첫째, 민주화의 결과이다. 민주주의는 모든 사람이 평등하다는 사상에서 시작한다. 이에 따라 모든 사람이 교육을 기본권으로 누리는 교육의 민주화가 이루어졌다. 둘째, 사회의 기능적 필요이다. 전근대 사회와 달리 근대 사회는 모든 구성원에게 여러 분야에 걸쳐 많은 지식을 전수해야 한다. 근대 사회의 구성원은 민주주의에 관해 배워야 하고, 과학기술에 관해 배워야 한다. 이러한 근대 사회의 기능적 필요에 따라 모든 구성원에게 체계적 교육을 시행하게 되었던 것이다.

교육의 민주화는 근대화로 이루어진 위대한 역사적 성취이다. 그러나 그렇다고 해서 모든 것이 좋아진 것은 아니었다. 위대한 역사적 성취에도 많은 문제들이 있었다. 예컨대 획일성과 경쟁성의 문제가 있다. 어떤 지식을 '표준'으로 확정하는 과정에서 많은 지식들이 폐기되거나 배제되었다. 또한 이것을 역시 '표준'으로 확정된 방식으로 가르치면서 학생들의 차이는 사실상 무시되었다. 그 결과 교육의 근본인 '지혜'는 사라지고, 그 작은 수단인 '교과서'만이 남게 되었다. 이 문제와 관련해서 일찍이 화이트헤드는 이렇게 말했다.

> 이상이 시들어 간다는 것은 인간의 노력이 패배한다는 슬픈 증거가 된다. 고대의 학원에서 철학자들은 지혜를 전수하려고 열망했는데, 현대의 대학에서는 학과목을 가르치는 것이 초라한 목적이 되고 있다. 고대인들이 목표로 삼았던 성스러운 지혜로부터 현대인이 이룩한 교과서 지식으로의 전락은 오랜 시대를 거쳐 계속되어 온 교육상의 실패를 말한다. 나는 교육을 실천하는 데 고대인이 우리보다 더 성공적이었다고 주장하는 것이 아니다. … 내가 강조하려는 것은 다음과 같다. 유럽 문명의 여 명기에는 교육에 생기를 불어넣는 이상으로 충만해 있던 사람들로 출발했었는데, 우리의 이상은 차츰 실천과 대차 없는 수준으로 가라앉고 말았다(Whitehead, 1923: 91-92).

그러나 이렇듯 큰 문제를 안고 있는 교육이 사람들의 능력을 평가하는 기준이 되었다. 그 자체로 큰 문제를 안고 있는 교육이 사회의 불평등구조를 정당화하는 가장 강력한 근거로 사용되는 또 다른 문제가 빚어진 것이다.

비록 산업사회에서 교육기회는 평등하게 개방되어 있다고 하더라도 모든 사람이 전문적 고등교육을 받는 것은 아니며, 일반적으로 교육비를 오랫동안 많이 감당할 수 있는 사람이 교육의 혜택을 많이 받게 된다. … 이수한 교육의 수준과 종류에 따라 예컨대 전문적 경영자, 기술자, 사무원, 육체노동자로 분화되어 조직구조의 어떤 위치를 차지한다. 일단 어떤 위치를 차지하고 난 후에는 조직구조의 하층쪽에 위치한 사람일수록 전문적 기능의 훈련에서 오는 제약성 때문에 상층으로 이동하기가 곤란하다. 기술적 능력이나 자질은 오히려 봉건사회의 신분의 벽처럼 상향이동의 길을 막는 두꺼운 벽으로 변모한다. … 이것이 공업체계에서 발생되는 봉건주의적 성격이다. 산업사회가 전반적으로 기술화되고 관료제화되면 될수록 이러한 성격은 사회전체구조로 확대되어 가는 것이다(김진균, 1978: 224-225).

이에 따라 교육을 둘러싸고 격렬한 경쟁이 벌어지게 되었다. 이런 문제는 이른바 '지식사회'에서 더욱 악화된다. 이 사회는 더욱 발달된 공업사회이며, 더욱 강화된 경쟁사회이기 때문이다(홍성태, 2005ㄷ). 더욱이 한국은 학력과 학벌이 개인의 삶에 거의 결정적 영향력을 미치는 '학벌사회'이기 때문에 지식의 중요성이 강조될수록 경쟁적 교육의 문제는 더욱 더 악화되기 쉽다(김상봉, 2004).

오늘날 교육의 획일성과 경쟁성의 문제는 널리 알려졌다. 이 문제를 해결하기 위한 정부의 노력도 끊이지 않고 있다. 그러나 문제가 해결될 기미는 좀처럼 보이지 않는다. 오히려 교육의 위기에 대한 비판과 우려가 갈수록 커지고 있다. 많은 사람들이 사교육에 의지해서 경쟁에서 이기고자 한다. 그 결과 교육의 위기는 더욱 더 악화된다. 사교육비 때문에 파출부로 일하거나 심지어 도둑질을 하다가 잡히는 어머

니까지 나타났다. 2006년 7월의 조사에서는 가정의 소비에서 사교육비가 차지하는 비중이 가장 큰 것으로 나타났다. 요컨대 학벌이 문화사회로의 전환을 가로막는 가장 큰 장애로 작용하고 있는 것이다.

2005년 4월 4일에 발표된 한국은행의 교육비 집계자료를 보면, 문제가 계속 악화되고 있다는 것을 쉽게 알 수 있다. 이 자료에 따르면, 가계의 교육비 지출액에서 사교육비가 차지하는 비중(국외교육비 포함)은 해마다 계속 늘어나서[16] 교육 예산(일반·특별회계 포함) 4조 6천억 원의 3.5배에 이르는 16조 원 정도인 것으로 나타났다. 국내 사교육비 지출액은 2003년의 7조 4,200억 원에서 7조 9,600억 원으로 7.3% 늘어났으며, 유학·연수 경비에 동반 가족의 생활비를 포함한 실제 유학·연수 경비는 8조 1천억 원에 이른 것으로 조사되었다(『한겨레신문』 2005년 4월 5일치).

1990년대에 들어와서 공동체적 방식으로 교육의 위기를 극복하고자 하는 새로운 자율적 노력들이 커지게 되었다. 그 결과 1997년 3월에 '간디학교'라는 새로운 교육공동체가 문을 열게 되었다.[17] 새로운 교육공동체는 '대안교육'을 지향한다. 대안교육은 교육의 위기를 낳은

---

16 2000년 33.0%, 2001년 36.3%, 2002년 37.6%, 2003년 39.7%, 2004년 41.3%.

17 1952년 4월에 설립된 풀무농업기술학교가 대안교육의 효시로 여겨지기도 한다. 이 학교는 기독교 근본사상을 바탕으로 비도시지역에서 '위대한 평민'을 기르는 것을 목표로 설립되었다. 또한 영산 성지학교도 대안교육의 중요한 예로 흔히 거론된다. 원불교 재단에서 운영하는 이 학교는 가난한 비도시지역 학생들에게 중학 과정의 학습 기회를 주기 위해 1975년에 설립되었고, 1982년에 각종 학교로 인가받은 뒤에 부적응 학생들을 위한 대안학교로 널리 알려지게 되었다.

획일성과 경쟁성의 문제를 극복하고자 한다. 대안교육은 획일성과 경쟁성에 물들지 않은 새로운 주체의 형성을 이루고자 한다. 이렇게 해서 대안교육은 결국 대안사회로 이어진다. 새로운 교육공동체는 대안교육을 통해 대안사회로 나아가고자 하는 사회적 실천인 것이다.

이런 점에서 교육공동체는 커다란 의미를 지닌다. 교육은 언제나 단순히 교육에 그치지 않는다. 그것은 사회의 주체를 길러서 결국 사회의 존속과 변화에 큰 영향을 미치게 된다. 새로운 교육공동체는 새로운 주체의 육성을 통해 새로운 사회로 나아간다는 과제를 안고 있다. 이 과제를 추구하는 것은 대단히 어려운 과정이다. 여기에는 기존 제도교육과 적절한 관계를 맺는 것도 포함된다. 자유와 평등을 적극적으로 추구하는 새로운 교육공동체와 기존 제도교육은 심각한 갈등을 빚기도 하기 때문에 이 과제의 해결은 결코 쉽지 않다.[18]

새로운 교육공동체가 추구하는 가치와 목표는 현대 거대사회의 문제를 극복하려는 것이다. 따라서 국가는 기존의 제도교육을 모범으로 해서 새로운 교육공동체를 적극적으로 순치하려고 한다. 이를 위해 정부는 지원을 강화하는 대신 그 운영에 개입하려고 한다. 새로운 교육

---

18 대표적인 예가 산청 간디학교 양희규 교장을 불구속 기소했던 사건이다. 2001년 8월에 검찰은 간디학교가 중학과정의 설립을 인가받지 않은 채 중학과정을 운영했다는 이유로 양 교장을 기소했다. 도교육청의 고발에 따른 조치였다. 이에 대해 간디학교와 시민사회는 '대안교육에 대한 몰이해'의 소치라며 강력히 맞섰다. 현재 간디학교는 여러 곳에서 운영되고 있는데, 고등학교 과정인 경남 산청 간디학교와 경북 군위 간디자유학교, 중·고등학교 통합과정의 충북 제천 간디청소년학교, 중학교 과정인 산청 간디마을학교 등이다. 또한 산청 간디학교만 특성화학교로 인가를 받았고, 나머지는 모두 미인가 대안학교다(이종규, 2005).

공동체는 이제 제도화의 단계로 성장했지만, 그와 함께 정부의 순치정책이라는 새로운 문제를 만나게 되었다.

2. 교육공동체의 유형

기존 학교 교육의 문제에 대응하는 실천은 크게 세가지로 나뉜다. 첫째, 학교 교육의 정상화이다. 기존 학교를 입시경쟁의 전쟁터에서 전인교육의 장으로 바꾸는 것이다. 둘째, 대안학교의 활성화이다. 기존 학교를 바꾸는 것은 사실상 불가능하므로 전인교육을 할 수 있는 새로운 학교를 만드는 것이다. 셋째, 집 학교의 활성화이다. 기존 학교는 물론이고 대안학교도 가지 않으려는 학생들을 위해 집에서 충분한 교육을 받을 수 있도록 하는 것이다.

교육공동체는 기존 학교 교육의 문제를 해결하려는 노력의 결과이다. 교육공동체의 핵심에는 학교가 자리잡고 있다. 요컨대 대안학교가 교육공동체의 핵심이다. 그러나 공동체적 방식으로 운영되는 집 학교[19]도 있다. 같은 상태에 있는 부모나 학생들이 서로 연계해서 대책을 마련하고 '교육 품앗이'를 하기도 한다.[20] 이런 점에서 집 학교도 일종

---

[19] home school을 가리킨다. 대부분의 집 학교는 부적응 등의 문제로 학교를 다닐 수 없게 된 탈학교 학생들이 어쩔 수 없이 집에서 홀로 공부하는 것을 뜻한다(박창섭, 2006).

[20] 여기서 집 학교는 지역화폐운동과 연결된다. 현대 거대사회를 작동하는 가장 중요한 매체는 바로 돈이다. 그러나 돈이 이른바 '보편적 등가물'로서 모든 활동의 중심에 자리잡게 되면서 돈이 우리의 삶을 지배하게 되고 말았다. 지역화폐운동은 이런 상황을 극복하기 위해 1980년대 초에 캐나다에서 시작되었으며, 국내에서도 이미 10여 곳에서 펼쳐지고 있다. 지역화폐는 여러 능력을 가진 개인들이 공동체적 관계를 결성해서 서로 직접 돕는 방식으로

의 교육공동체로 볼 수 있다. 요컨대 대안학교라는 장소가 교육공동체의 핵심이기는 하지만 더욱 중요한 것은 공동체적 교육방식 자체이다.

교육공동체는 교육내용에서도 기존 학교 교육과는 사뭇 다른 가치와 목표를 추구한다. 그것은 공동체적 인간, 공동체적 사회를 만들기 위한 것이다. 간디학교는 이것을 '진정한 전인교육'으로 제시한다. 그 내용은 다음과 같다.

> 지난 반세기 동안 교육은 정부에 의해 주도되어 왔고, 주입식 교육과 입시위주 교육에서 벗어나지 못했다. 그 동안 이러한 교육이 국민의 계몽에 기여한 공로가 큰 것은 사실이나 최근에 들어와 여러 가지 심각한 문제점들이 드러나고 있다. 날로 심각한 양상의 학원폭력의 문제, 대학에 가지 못하는 학생들을 들러리 인생으로 취급할 수밖에 없는 교육상황, 시대에 뒤떨어진 일률적 주입식 형태의 교육, 공교육에 대한 거부의 상징으로 나타나는 조기 유학 붐의 문제, 이러한 상황에서 교육개방이 이루어질 경우 우리 자녀들의 교육이 외국인의 손에 넘어갈 것이라는 예측 등은 이제 곧바로 이러한 문제점들을 극복한 새로운 교육, 즉 대안이 될 수 있는 교육이 등장할 것을 강력히 요구한다. 이것은 민과 관 어느 쪽에 책임이 돌아가는 문제상황이 아니라, 민과 관이 마음을 열고 협력하지 않으면 결코 성과를 거둘 수 없는 매우 어렵고도 중대한 과제이다(간디학교, 1997).

작동된다. 국내의 사례로는 대전의 '한밭레츠'가 잘 알려져 있다. 그러나 그 실상은 극히 미미해서 1년의 교환규모가 1억도 되지 않는다. 2006년 5월 20일 상지대에서 열린 장일순 선생 추모식 심포지움에 참여한 '한밭레츠'의 대표는 이런 사실을 보고하면서 협동조합운동의 '성지'인 원주에 대한 큰 기대의 뜻을 밝혔다.

다음의 〈표3〉은 한국 교육공동체의 작동방식과 지향을 살펴보기 위해 앞의 〈표2〉를 적용해서 교육공동체의 유형을 정리한 것이다.

표3 한국 교육공동체의 유형

	근본주의	중도	현실주의
계획공동체	자유학교 물꼬	간디학교	이우학교
지역공동체		성미산학교 실상사 작은학교	
사회공동체		민들레 사랑방	

여기서 근본주의와 현실주의는 대학 진학을 정점으로 한 기존 교육제도의 수용 정도와 대안사회에 관한 교육을 기준으로 하며, 계획공동체, 지역공동체, 사회공동체는 공동체의 형성과 작동방식을 기준으로 한다.

현재 한국의 대안학교는 학력별로 보자면, 초등학교에서 대학교까지 모두 있다고 할 수 있다. 탈학교[21]와 관련된 책을 전문적으로 출판하는 민들레 출판사는 민들레 사랑방을 열어서 직접 교육을 하고 있으며, 그 홈페이지에는 8개의 집 학교와 12개의 주말계절학교를 포함해서 모두 95개의 학력별 대안학교들에 관한 자료를 자세히 정리해서 올려놓았다. 대학교로는 2001년에 함양에서 문을 연 녹색대학을 들 수

---

21 한국에서 탈학교는 이미 일반적 현상이다. 그 가장 중요한 원인도 개인적인 것이기보다 구조적인 것이다. 기존 학교의 획일성과 경쟁성, 이로부터 비롯되는 폭력성이 탈학교 현상을 낳고 있는 것이다. 일찍이 이반 일리치는 기존 학교의 문제를 지적하면서 탈학교화를 통한 자유교육의 강화를 역설했다 (Illich, 1971). 혹심한 학벌사회의 현실에서 자유교육은 큰 한계를 가질 수밖에 없지만 탈학교화를 통한 교육은 그보다는 쉽게 이루어질 수 있다.

있다. 또한 1994년에 시작되어 전국적으로 60여 개로 늘어난 공동육아 어린이집도 교육공동체에 포함할 수 있다.

이렇듯 한국의 교육공동체는 1990년대 중반부터 시작해서 10여 년이 지나는 동안에 보육에서 대학에 이르기까지 모든 학령과 학력을 망라할 정도로 크게 성장했다. 그러나 대부분의 대안학교는 도시지역에 있어서 비도시지역에서 대안학교에 다니고자 하는 학생들은 어려움이 크다. 또한 대안학교는 비용이 많이 들어서 경제적으로 어려운 사람들은 참여하기가 여전히 어렵다. 그러나 가장 큰 문제는 학벌주의이다. 대안학교는 대안사회를 추구한다. 학벌주의는 이러한 대안학교를 근저에서 위협한다. 간디학교를 만든 양희규는 이 사실을 다음과 같이 설명한다.

> 교육예산의 확대에도 불구하고 공교육은 좋아지기는커녕 점점 더 나빠지고 있다. 아무리 좋은 제도를 만든다 하더라도 그 제도의 효력이 없을 것은 뻔하다. 그것은 공교육 체제 유지의 주범이 바로 '내 자식은 좋은 대학에 보내겠다'는 대부분의 시민이기 때문이다.
>
> 따라서 학벌주의로부터 해방된 부모들과 대안적 삶을 추구하는 사람들에 의해서만 대안적 교육이 가능하다. 아무리 '대안학교'란 간판을 걸어놓아도 의식혁명이 일어난 부모와 교사가 존재하지 않는 학교는 결코 대안학교가 될 수 없는 것이다(양희규, 2004).

대안학교가 중산층이나 비적응 학생들을 위한 변형된 사교육으로 변질되지 않도록 하는 것이 무엇보다 중요한 것이다.

3. 교육공동체와 지역

한국의 교육은 지역적 면에서도 큰 문제를 안고 있다. 서울과 수도권 지역에 너무 많은 사람들이 몰려 있는 것의 직접적 결과로 서울과 수도권 지역에 너무 많은 학교들이 몰려 있다. 이와 달리 지역에서는, 특히 비도시지역에서는 학교들이 계속 없어지고 있다. 한때 학생들로 북적대던 많은 학교들이 이제는 폐교되어 체험학습장이나 연수원이나 작업실로 활용되고 있다. 이 문제는 안타까운 정서의 차원을 넘어서 국가 경제와 문화와 자연의 차원에서 고민해야 한다. 비도시지역의 지역사회 자체가 해체되어 없어지는 것을 뜻하기 때문이다.

이런 상황에서 교육공동체는 지역의 재생을 위한 중요한 구실을 할 수 있다.[22] 첫째, 지역의 교육적 재생이다. 여기서 특히 중요한 것은 비도시지역 교육공동체이다. 교육공동체는 대체로 생태적 대안사회에 많은 관심을 갖고 있으며, 이에 따라 비도시지역의 생태적 재생을 추구하는 경향을 보인다. 교육공동체도 서울과 수도권지역에 많기는 하지만, 비도시지역에서 지역사회의 재생을 추구하는 교육공동체들도 많다. 간디학교와 성지학교처럼 대안학교의 대명사처럼 알려진 학교들이 그 좋은 예이다. 이런 학교들의 성과를 지역사회의 재생이라는 관점에서 적극적으로 해석하고 평가해야 한다. 교육이 사회의 존속을 위해 가장 근본적인 문화적 활동이라는 점에서 비도시지역 교육공동체의 가치는 대단히 크다.

둘째, 지역의 문화적 재생이다. 교육공동체는 그저 교육기관에 머

---

22 그러나 기존 지역사회와 융화 혹은 기존 지역사회의 개혁이라는 어려운 과제를 안고 있다. 이것은 모든 공동체운동의 일차적 과제이기도 하다. 이런 점에서 이것은 공동체가 더 큰 사회 속의 한 부분이라는 사실을 새삼 깨우쳐 주는 것이기도 하다.

물지 않고 지역사회의 문화적 구심으로 발전하는 경향을 보인다. 교육공동체가 추구하는 문화는 생태적이며 협동적인 문화로서 현대 거대사회의 문제를 치유하는 것과 직접적으로 연관된다. 이 점에서 교육공동체는 지역사회의 단순한 재생을 넘어서 새로운 지역사회의 형성으로 나아가고자 한다. 이것은 지역의 의미와 가치를 크게 바꿔놓는다는 점에서 대단히 중요하다. 교육공동체의 발전과 함께 그것이 자리잡고 있는 지역의 의미와 가치 자체가 크게 바뀔 수 있는 것이다. 이렇게 해서 교육공동체는 외부 지역에서 사람들을 끌어들이게 된다. 교육공동체가 지역을 매력적인 곳으로 만들고, 이른바 '지역 마케팅'의 핵심요소가 되는 것이다.

셋째, 지역의 경제적 재생이다. 여러 이유로 비도시지역으로 가서 살고 싶은 사람들을 망설이게 하는 큰 장애 중의 하나가 바로 교육문제이다. 주민들이 줄어들면서 많은 분교들이 영영 문을 닫고 말았다.[23] 이렇게 해서 많은 비도시지역이 가족을 이루고 살 수 없는 곳이 되고 말았다. 이런 반지역적 정책에 맞서서 강력한 시민적 저항운동이 일어났다. 1993년에 시작된 '두밀리 분교 폐교 반대운동'[24]이 그것이다. 그러나 두밀리 분교는 1994년에 계획대로 폐교되었고, 저항운동은 소송에서도 지고 말았다. 그렇다고 운동이 그냥 끝난 것은 아니었다. 두밀리 분교를 지키기 위한 운동은 '작은 학교 지키기운동'으로 이어졌다. 경제적 논리로 비도시지역의 학교들을 없애는 것은 문화적으로는 말

---

23 비도시지역 학교들은 1982년부터 1995년까지 13년 동안 1,133개교가 폐교되었고, 1991년부터 1993년까지 3년 동안 전체의 75%인 887개교가 폐교되었다.
24 두밀리는 경기도 가평군에 있는 작은 산골마을이다. 정부가 이곳에 있던 분교를 폐교하기로 하자 이에 맞서서 주민들이 저항운동을 펼치기 시작했으며 여기에 시민단체들이 힘을 보태어 6년에 걸쳐 헌법소원까지 청구했다.

할 것도 없고 경제적으로도 큰 문제를 안고 있는 것이다. 이런 점에서 '작은 학교 지키기운동'은 그 의미가 크다.[25] 그리고 새로운 학교를 만들어 지역의 경제적 재생을 추구한다는 점에서 교육공동체는 '작은 학교 지키기운동'보다 더욱 적극적인 지역교육운동이다. 이와 관련된 최근의 좋은 성과로 '실상사 작은 학교'가 알려졌다. 실상사 한생명공동체와 연계된 교육공동체를 운영해서 사람들이 찾아드는 지역살리기에 성공한 것이다. 자연과 사람이 참으로 조화를 이루는 생산과 교육의 체계를 만들어서 새로운 지역살리기의 모범을 만들고 있는 이 사례는 앞으로 더욱 주의깊게 연구되어야 할 것이다.

네째, 지역의 정치적 재생이다. 교육공동체는 지역 시민사회의 발전에 이바지함으로써 지역의 자립과 자치를 한 단계 높은 수준으로 끌어올릴 수 있다. 이로써 지역을 단순히 경제성장의 대상으로 보거나 중앙정치의 부속물로 여기는 관점의 변화를 적극적으로 추구할 수 있다. 교육공동체는 실질적인 분권과 자치를 위한 사회적 자원을 형성하는 근원적 구실을 할 수 있다. 이런 점에서 특히 지역공동체의 성격을 강하게 갖는 교육공동체가 중요하다. 그리고 모든 교육공동체가 지역사회와 체계적 연관을 맺을 수 있도록 자치체의 행정이 크게 개선될 필요가 있다.

이 나라의 발전을 위해서 국가균형발전은 필수적이며, 이를 위해서 지역의 재생은 필수적이다. 지역이 독립적 생활단위가 되기 위해서는 반드시 지역 안에서 교육이 이루어질 수 있어야 한다. 이런 점에서 작은 학교 지키기와 교육공동체 활성화는 지역의 재생을 위한 교육정책의 두 축이 된다. 재정의 문제나 학벌주의의 문제가 있기는 하지

---

25 불행히도 이 운동은 별 성과를 거두지 못하고 있다. 정부는 계속해서 작은 학교 없애기를 추구하고 있다.

만 교육공동체는 현대 거대사회의 문제를 바로잡기 위한 가능성을 지니고 있다. 대다수 대안학교의 인가를 계기로 교육공동체에 관한 더욱 깊은 토론과 실천이 이루어져야 할 것이다.

V. 맺음말

일반적으로 말해서 공동체운동은 '뜻을 같이 하는 사람들이 기존 질서를 벗어나서 자기들의 뜻대로 살기 위한 실천'이라고 할 수 있다. 이런 점에서 공동체운동은 사실 전근대 시대에 이미 나타났다. 일심교라고 불리는 갱정유교를 신봉하는 사람들이 모여 사는 지리산 청학동[26]은 그 좋은 예이다. 이런 공동체는 종교공동체이면서 현실에서 이탈하고자 하는 것이다. 이 때문에 신채호 선생은 청학동을 강하게 비판하기도 했다. 그러나 이런 공동체는 신앙촌과 같은 예에서 알 수 있듯이 근대화 이후에도 계속 나타나고 있다.

그런데 근대화의 결과로 형성된 현대 거대사회의 문제가 갈수록 커지면서 이 문제에 적극적으로 대응하는 실천으로서 새롭게 '탈근대적 공동체운동'이 펼쳐지기 시작했다. 생태공동체는 그 대표적인 예라

---

26 본래 청학동은 무릉도원과 마찬가지로 이상향을 뜻하는 지명이었다(박태순, 1983: 3장). 지금의 청학동은 19세기 말에 『정감록』 등의 비결을 믿는 사람들이 들어와서 살았으나 한국전쟁을 거치면서 그들이 떠나고 갱정유교를 믿는 사람들이 들어와서 살게 되었다. 갱정유교는 강대성이라는 사람이 1929년에 창시했으며, 그는 1954년에 반공법 위반 혐의로 체포되어 고문후유증으로 죽었다. 이곳에 사는 도인들도 이곳이 청학동이라고 주장하지 않았다. 그러나 1973년 10월에 한국문화재보호협회의 한 지부에서 이곳을 조사하고 이곳이 청학동이라고 주장하면서 그렇게 굳어지고 말았다(김명수, 2002). 청학동은 청학동이 아닌 것이다.

고 할 수 있다. 새로운 공동체운동은 이탈이자 생성으로서 새로운 공동체를 추구한다. 현대 거대사회로부터 벗어나는 것이면서 새로운 대안사회를 만들고자 하는 것이다. 이탈은 기존 질서를 따르지 않는 것을 뜻한다. 기존 질서를 따르는 것은 커다란 문제를 안고 있는 현대 거대사회를 재생산하는 것이다. 따라서 이탈은 그 자체로 실천적 의미를 지니게 된다. 생성은 여기서 더 나아가 새로운 질서를 적극적으로 창안하는 즐거운 노력이다.

현대 거대사회는 공업주의, 자본주의, 관료제 등의 문제를 안고 있다. 그 결과 현대 거대사회는 놀라운 효율성과 생산성을 거두었지만, 자연과 인간의 파괴라는 심각한 문제를 낳고 말았다. 공동체운동은 이런 문제를 해결하기 위한 아래로부터의 노력을 대표한다. 그것은 권력과 소유의 구조를 직접적으로 공격하지 않는다. 그것은 사람들의 생활방식과 사고방식을 바꾸어서 새로운 질서가 나타나도록 하는 방식으로 대안사회를 추구한다. 대안사회는 자연과 조화를 이루고 사람들이 서로 존중하는 사회이다.

공동체운동은 현재적 가치보다 미래적 가치가 더 큰 사회운동이다. 문명의 관점에서 보자면, 현대 거대사회는 자원의 고갈과 함께 사라질 수밖에 없다. 새로운 문명에서 자유와 평등의 가치가 더욱 활발히 살아나도록 하기 위해 공동체운동은 지금 여기에서 자유와 평등의 가치를 사회 곳곳으로 더욱 깊이 스며들도록 하기 위해 애쓰고 있다. 그러나 공동체운동의 현재적 가치도 사실 대단히 크다. 그것은 이미 현대 거대사회의 문제를 치유하는 데 이바지하고 있으며, 현대 거대사회가 나아가야 할 새로운 발전의 길을 제시하고 있다.

국가균형발전의 면에서도 공동체운동은 나름대로 큰 의미를 지닌다. 그것은 생태적이고 시민적인 지역발전의 길을 열어가고 있기 때문이다. 대안사회를 바라는 사람들의 자발적 참여를 통해 기존의 국가주의적 방식과는 다른 지역발전의 방식이 추구되고 있다. 이러한 공동체운동의 특성이 더욱 널리 구현될 수 있도록 깊은 관심과 지원이 필요하다. 그러나 순치를 전제로 한 지원정책은 새로운 공동체운동이 지니고 있는 대안사회운동의 성격을 약화시키거나 변질시킬 우려를 안고 있다. 공동체는 현대 거대사회에 비해 너무나 작다. 따라서 대안사회운동의 성격이 약화되거나 변질되는 것은 결국 현대 거대사회 속으로 공동체운동이 포섭되는 것을 뜻할 뿐이다. 이렇게 되지 않도록 각별한 주의가 필요하다.

공동체운동은 바로 우리 자신의 미래를 생성하는 운동이다. 무엇보다 비도시지역의 발전에서 생태공동체와 교육공동체는 커다란 가능성을 갖고 있다. 물론 그것은 '생태도시'와 같은 방식으로 도시지역의 변화에도 영향을 미칠 수 있다. 그러나 현대 거대사회 속에서 그 한계가 명확하기 때문에 관심도 지원도 조심스럽게 이루어져야 한다. 우리의 미래를 소중하게, 그러나 열정을 갖고 키워가야 할 것이다.

(2007년 1월)

참고자료

김기원 외, 2005,『숲이 희망이다』, 책씨.
김명수, 2002,『지리산』, 돌베개.
김상봉, 2004,『학벌사회』, 한길사.
김성균, 2002, '한국 공동체의 흐름과 스펙트럼',『지역사회개발연구』27-2.
김용우, 2006, '원주 협동조합운동',『원주에 사는 즐거움』, 원주협동조합운동협의회, 2006년 4월호.
김진균(1978), '테크놀로지적 사회구조론', 김진균(1983),『비판과 변동의 사회학』, 한울.
김해창, 2003,『환경수도, 프라이부르크에서 배운다』, 이후.
박용남, 2000,『꿈의 도시 꾸리찌바』, 이후.
박태순, 1983,『국토와 민중』, 한길사.
양희규, 2004, '세상을 바꾸는 아이들 - 대안학교의 진화와 확산을 위한 몇 가지 생각들', 옛 간디학교 홈페이지.
이근행(2005), '생태공동체의 지속가능 전략과 실천', 국중광·박설호 엮음 (2005),『새로운 눈으로 보는 독일 생태공동체』, 한신대출판부.
_____, 2006, '한국 공동체운동의 형성과 전개에 관한 연구', 성공회대 NGO 대학원 석사학위논문.
이필렬, 2002,『석유시대 언제까지 갈 것인가』, 녹색평론사.
조명래, 2006,『개발정치와 녹색진보』, 환경과생명사.
한국청년연합회(KYC) 외 엮음, 2004,『도시 속 희망공동체 11곳』, 시금치.
홍성태, 2000,『위험사회를 넘어서』, 새길.
_____, 2004,『생태사회를 위하여』, 문화과학사.
_____, 2005ㄱ, '신행정수도의 이상과 현실: 국가균형발전인가, 토건국가의 확장인가',『시민과 세계』7(2005년 상반기호).
_____, 2005ㄴ,『생태문화도시 서울을 찾아서』, 현실문화연구.
_____, 2005ㄷ,『지식사회 비판』, 문화과학사.
_____, 2006ㄱ, '지역과 민주주의',『시민과 세계』9(2006년 하반기호).

_____, 2006ㄴ, '고도성장의 한계와 생태적 전환', 『경제와 사회』69(2006년 봄호).

_____, 2006ㄷ, '용산 미군지와 서울의 생태문화적 재생', 『에코』10(2006년 상반기호).

_____ 엮음, 2005, 『개발공사와 토건국가』, 한울.

황대권, 2004, '생태공동체와 한국 사회운동', 『비평』12(2004년 상반기).

_____ (2005), '한국 생태공동체의 농업현황과 전망', 국중광·박설호 엮음(2005), 『새로운 눈으로 보는 독일 생태공동체』, 한신대출판부.

Carney, John et al. eds.(1980), 한국공간환경연구회 지역분과 옮김(1991), 『지역문제의 정치경제학』, 풀빛.

Engels, Fridrich(1896), '원숭이의 인간화에 있어서 노동의 역할', Engels(1925), 윤형식·한승완·이재영 옮김(1989), 『자연변증법』, 중원문화.

Hughes, Donald(1975), 표정훈 옮김(1998), 『고대 문명의 환경사』, 사이언스북스.

Illich, Ivan(1971), 황성모 역(1978), 『탈학교의 사회』, 삼성문화문고.

Lukacs, Georg(1915), 반성완 역(1985), 『소설의 이론』, 심설당.

Whitehead, Alfred(1923), '자유와 규율의 율동적 요청', Whitehead(1929), 오영환 옮김(2004), 『교육의 목적』, 궁리.

간디학교, 1997, '설립취지', www.gandhischool.net.

박창섭, 2006, '홀로 알아서? 사회 무관심 탓 발걸음 버겁다.', 〈한겨레신문〉, 2월 6일.

이종규, 2005, '간디학교 가 보니.', 〈한겨레신문〉, 3월 30일.

임항, 2006, '환경 보호·대안학교 통해 인구 늘렸어요… 윤정준·이경재씨.', 〈국민일보〉, 4월 21일.

KBS 환경스페셜, 2006, '숲, 도시를 치유하다', 4월 5일 방영.

간디학교, http://www.gandhischool.net.
대안교육연대, http://www.psae.or.kr.
두밀리 소나무자연학교, http://www.sonamoo.or.kr.
민들레, http://www.mindle.org.
생태공동체운동센터, http://www.commune.or.kr.

제16장
시민사회와 생태주의 교육
- 생태적 복지사회를 향하여 -

> 철학적으로 고찰했을 때, 우주는 자연과 영혼으로 이루어져 있다.
> - Emerson, 1836, 'Nature'

> 세상에 태어난다는 사실은 대단한 사건 중에서도 대단한 경사입니다.
> - 장일순, 1988, '삶의 도량에서'

I. 머리말

우리는 생태계 속의 한 존재이다. 따라서 생태계가 건강해야 우리도 건강하게 살 수 있다. 그러나 오늘날 우리는 심각한 생태위기의 시대를 살고 있다. 생태위기는 '생태계의 위기'로서 그것은 생태계의 안정성이 훼손되어 커다란 불안정 상태에 처한 것을 뜻한다. 생태위기가 계속 악화되면 결국 인간을 포함해서 이 세상의 모든 생명이 멸종될 수도 있다. 생명의 별 지구가 죽음의 별 지구로 급전할 수도 있는 것이다.[1]

---

[1] 생태위기에서 무엇보다 중요한 것은 이것이 인간이 초래한 위기라는 사실이

생태위기는 여러 현상을 통해 확인된다. 지구 전체의 차원[2]에서 가장 심각한 것은 '지구 온난화'이다(米本昌틀, 1994; Think the Earth Project, 2006). 우리가 화석연료를 너무 많이 사용해서 지구의 성층권[3]에 이산화탄소 등의 기체들이 쌓이게 되었고, 그 결과 햇빛의 열을 우주로 제대로 방출하지 못해서 지구가 마치 온실처럼 더워지고 있는 것이다.[4] 이 때문에 지구의 기후가 바뀌고, 빙하와 빙산이 녹고 있고, 가뭄과 홍수가 심해지고 있다. 지구가 생태적으로 극히 불안정해지고 있는 것이다. '광우병'도 생태위기를 보여주는 좋은 예이다. 소에게 소를 비롯한 동물성 단백질을 먹여서 생긴 병이 바로 '광우병'이다. '광우병'에 걸린 소를 인간이 먹으면 인간도 '광우병'에 걸려서 '뇌 송송 구멍 꽉' 뚫린

다. 따라서 생태위기를 완화하거나 해소하기 위해서는 인간이 자신의 생활방식을 바꿔야 한다. 오염과 고갈과 파괴를 댓가로 풍요를 누리는 현재의 생활방식을 고수하는 한, 생태위기는 머지 않아 생태공황으로 이어질 것이며, 인간의 생존위기로서 생태위기는 파국에 이를 것이다(홍성태, 2007ㄱ).

2 생태위기는 국지적 차원, 지역적 차원, 국가적 차원, 지구적 차원 등으로 나누어 살펴볼 수 있다. 삼성중공업 기름유출사고는 태안 지역에서 심각한 생태위기를 초래했고, 공업문명은 결국 지구 전체 차원에서 심각한 생태위기를 초래했다.

3 지구의 대기권은 지상 1000km에까지 이르고 있으며, 그 중에서 성층권은 지상 50km 구간에 형성되어 있다. 이곳에 있는 오존층이 자외선과 우주선을 차단하고 있어서 지구에서 생명이 번성할 수 있다. '프레온 가스'라는 상품명으로 잘 알려진 CFC라는 물질이 이 성층권 오존층을 파괴하는 '오존층 파괴' 문제는 지구 온난화와 함께 지구적 환경문제의 대표적 예이다.

4 지난 100년 간 지구의 평균기온은 섭씨 0.6도 상승했다. 과학자들은 2020년대에 1도 상승할 것으로 예측하고 있으며, 6도 상승하게 되면 금성과 같은 죽음의 별이 될 것으로 본다.

상태로 비참하게 죽어야 한다.[5] '지구 온난화'와 마찬가지로 자연의 질서와 한계를 거슬러서 인간의 욕망을 추구한 결과로 발생한 생태위기의 한 현상이 바로 '광우병'인 것이다.

공업문명은 두가지 점에서 지속될 수 없다. 먼저 공업문명은 엄청난 자원을 필요로 한다. 그러나 그 자원은 유한하다. 공업문명의 성장과 함께 자원은 더욱 더 빠른 속도로 고갈되며, 따라서 공업문명도 종점을 향해 더욱 더 빠른 속도로 치달리게 된다. 또한 공업문명은 '지구 온난화'나 '광우병'과 같은 오염문제를 일으켜서 생태계의 안정성을 크게 훼손한다. 이런 식으로 공업문명은 자신의 기반을 스스로 파괴하는 것이다. 그러나 공업문명의 돌연한 몰락은 바로 인류의 돌연한 몰락을 뜻한다. 오늘날 인류는 공업문명 속에서 살아가고 있기 때문이다. 따라서 우리는 공업문명의 성과를 최대한 활용해서 공업문명의 점진적 쇠퇴와 생태적 이행을 추구해야 한다. 이것은 생태위기의 현실 속에서 인류에게 부여된 가장 근원적인 인류의 과제이다. 이 인류의 과제를 올바로 달성하기 못한다면, 인류는 머지않아 멸종의 위기에 처하고 말 것이다(Meadows et al., 1972: 139~140).

생태위기에서 벗어나기 위해 다양한 주체들이 다양한 노력을 펼쳐야 하는 것은 다시 말할 필요가 없다. 그 중에서도 시민사회의 책임은 두드러진다고 할 수 있다. 시민사회는 시민의 삶에 막대한 영향을 미치는 국가와 시장을 개혁해서 좋은 사회를 만들기 위한 시민들의 자구노력이 펼쳐지는 사회영역을 뜻하기 때문이다. 일반적으로 시민들

---

5 이런 점에서 광우병 위험이 큰 미국산 쇠고기의 전면수입을 전격적으로 결정한 이명박 정부의 잘못이 너무도 크다. 이에 대해 국민들은 촛불시위로 맞섰으나 이명박 정부는 이마저 강력히 진압하는 잘못을 또 다시 저질렀다(홍성태 엮음, 2009).

은 시민단체를 결성해서 국가와 시장의 개혁을 추구한다. 따라서 시민단체는 대체로 이런 개혁활동으로 표상된다. 그러나 그 바탕에서는 시민들에 대한 다양한 교육활동이 펼쳐지고 있다. 자각한 시민의 자발적 참여야말로 시민사회의 동력이며, 시민사회의 교육활동은 이러한 동력을 확보하기 위한 노력이다. 이제 이 글에서는 생태적 복지사회의 전망을 중심으로 시민사회의 생태주의 교육에 대해 살펴보도록 한다.

II. 생태주의의 발전

언제부터인가 우리는 '생태'라는 말을 흔히 쓰게 되었다. '생태'(生態)라는 한자어를 우리말로 풀어 보자면, '삶의 모습' 또는 '살아 있는 것의 모습'이 된다. 요컨대 이 말은 생명체가 살아가는 방식을 뜻하는 것이다. 그런데 사실 이 말은 '에콜로지'(ecology)라는 서양어에서 비롯되었다. 에콜로지는 eco+logy의 합성어로서 eco는 '집'을 뜻하고 logy는 '학'을 뜻한다. 에콜로지는 '집에 관한 학문'인 것이다. 그런데 eco가 뜻하는 '집'은 가정을 넘어선 자연 또는 지구이기도 하다. 그러므로 에콜로지는 '자연학' 또는 '지구학'이라고 할 수 있다.[6]

---

6 eco는 '경제'를 뜻하는 '에코노미'(economy)의 어간이기도 하다. 에코노미는 원래 '집 또는 자연을 이용하는 것'을 뜻한다. 자연을 다스리는 것의 핵심은 자연을 아끼는 것이다. 여기서 에코노미는 '절약'이라는 뜻도 가지게 되었다. 이런 점에서 사실 '경제'는 에코노미보다 훨씬 심각한 뜻을 지니고 있다. 이 사실은 주목할 가치가 있다. "서양 학문을 먼저 받아들인 일본인들은 '이코노미'(Economy)를 '경제'로 번역했다. 중국 수나라 때 왕통이 편찬한 책으로 알려진 『문중자』(文中子)에 나오는 단어다. '세상을 다스리고 백성을 구제한다'는 뜻의 '경세제민'(經世濟民)을 줄인 것이다. 이코노미는 애초 '가정'(oikos)과 '다스린다'(nem~)는 뜻이 합쳐진 것이고, 이를 다루는 학문은

오늘날 에콜로지는 '생태학'으로 번역되고 있다. 하나의 학문분야로서 생태학은 본래 1866년에 독일의 에른스트 헤켈이라는 생물학자에 의해 생물학의 하위분야로 창설되었다. 그는 생명체를 이해하기 위해서는 생명체가 살아가는 모습 자체에 주목해야 한다고 생각했다. 이로써 그는 생명체와 그 환경을 통합적으로 파악하는 길을 열었다.[7] 생명체는 그 환경에서 독립해서 존재하지 않는다. 생명체는 그 환경과 서로 영향을 주고받으면서 함께 변화한다. 이것을 '공진화'라고 부른다. 이러한 발견은 1935년에 영국의 식물학자인 아서 탠슬리가 '생태

'가정관리학'에 더 가까웠다. 그래서 근대의 지성들은 나라의 살림살이를 고민한 '정치경제학'자였지, '경제학'자가 아니었다. 자유주의 경제사상의 영향을 많이 받은 오늘날 주류 경제학은 '경세제민'에는 관심이 없다. 무엇이 옳고 그른지는 따지지 않고, 경제의 운동 법칙만을 탐구한다. '효율'을 모든 가치에 우선하는 시장지상주의자들은 '시장의 결정이 곧 정의'라고 말하기도 한다. 불공정한 세상살이에 대해 '어쩌냐? 그게 시장논리인데 …'라고 넘어간다. 환자의 멀쩡한 손가락을 잘못 자른 군의관이 '어쩌냐? 여긴 군대인데 …'라고 했다는 슬픈 우스갯소리를 떠올리게 한다."(정남구, '경세제민', 〈한겨레신문〉 2007년 7월 5일).

[7] 헤켈은 다윈의 『종의 기원』(1859년)에 크게 영향을 받고 진화론을 독일에 퍼트린 다윈주의자였다. 그런데 그는 생물학을 사회이론으로 확대했고, 진화론을 인종주의와 결합시켰다. 뒤에 히틀러는 헤켈을 이용해서 나치즘을 정당화했다. 생태학의 역사는 과학이 다양한 때로는 극단적 '해석'의 가능성을 안고 있다는 사실을 증명한다. 이른바 기독교의 '창조론'에서는 이러한 생태학의 역사를 비판하며 '창조론'을 옹호한다. 그러나 이것은 종교로 과학을 폐기하려는 잘못이다. '창조론'은 과학이 아니라 그저 종교일 뿐이다. 일찍이 린위탕이 비판했듯이 "종교는 모름지기 정신적인 영역에만 머물러 있어야 될 것이다"(林語堂, 1940: 281). 종교가 과학을 폐기하려는 황당한 행태 자체가 종교의 위험성을 증명한다.

계'(eco-system)라는 용어를 고안하면서 널리 확산될 수 있었다. 이 세상은 생명체와 비생명체가 어우러진 생태계이며, 생태학은 이러한 생태계를 연구하는 학문이다. 생태학은 이 세상의 실체를 보여주는 과학이다. 따라서 우리는 생태학에 따라 이 세상을 이해해야 하며, 우리의 존재방식을 개혁해야 한다.[8]

생태학의 발전은 생태주의의 발전으로 이어졌다. 생태주의(ecologism)는 생태학에 기초한 이론적 관점이자 실천적 원리이다. 생태주의의 발전은 1960년대 초 서구에서 시작되었다. 여기에는 생태위기라는 현실의 심각한 문제가 커다란 영향을 미쳤다. 사실 서구에서는 공업화와 함께 이미 19세기 초부터 여러 환경문제들이 나타나기 시작했다. 이러한 환경문제들은 해결되지 않고 계속 악화되었으며, 그렇게 한 세기 정도의 시간이 지나자 결국 생태위기에 이르고 말았다.[9] 많은 곳에서 자연이 쉽사리 회생될 수 없거나 영원히 회생될 수 없는 상태가 되

---

8 물론 여기서 생태학은 헤켈 식의 특정 인종/민족의 순수주의와 우월주의를 주장하는 것이 아니라 만물의 연관과 순환을 강조하는 북친 식의 생태학이어야 할 것이다. 캐나다의 머레이 북친은 생태계에서 나타나는 만물의 연관과 순환을 사회에서도 구현해야 한다는 '사회생태주의'를 주창했다(Bookchin, 1990).

9 환경문제와 생태위기의 개념적 차이는 우선 환경과 생태계의 개념적 차이라고 할 수 있다. 환경(environment)은 인간을 중심에 두고 자연을 파악하는 개념이며, 이에 비해 생태계는 인간을 그 구성요소의 하나로 파악하는 개념이다. 환경문제는 인간을 제외한 자연의 문제라는 관점에 입각해 있지만, 생태위기는 인간을 포함한 자연의 문제라는 관점에 입각해 있다. 여기서 나아가 환경문제는 공업화에 따른 자연의 파괴를 국부적이고 일시적인 관점에서 파악하는 것이지만, 생태위기는 전체적이고 지속적인 관점에서 파악하는 것이다. 역사적으로 보자면, 환경문제에서 생태위기로 악화되었다고 할 수 있다.

고 말았다. 그 결과 인간을 포함한 모든 생명체가 심각한 생존의 위기에 처하게 되었다. 미국의 생물학자였던 레이첼 카슨이 1962년에 발표한 『고요한 봄』이라는 책은 이러한 문제를 널리 알리는 데서 획기적 성과를 거두었다.[10] 이러한 『고요한 봄』의 영향으로 생태학에 의거해서 세상을 이해하고 개혁하고자 하는 생태주의의 발전이 본격적으로 이루어지기 시작했다.

생태주의의 발전은 다시 정책의 변화로 이어졌다. 예컨대 1970년에 미국에서는 대통령 산하기구로 '환경보호청'(EPA)이 설립되었고, 같은 해 일본에서는 이른바 '공해국회'가 열려서 환경법을 제정했다. 그리고 1972년에는 스웨덴의 스톡홀름에서 '유엔 인간환경회의'가 열렸으며, 그 뒤 이 회의는 10년마다 개최지를 바꿔서 계속 열리고 있고, 1992년의 '리우회의'에서는 '지속가능발전'이 모든 나라의 정책목표로 확립되었다. 1960년대 말부터 서구에서는 이렇게 정책의 변화가 계속 이루어지는 것과 함께 생태주의를 둘러싸고 여러 연구자들과 운동

---

10 이 책은 2차대전 뒤에 살충제로 널리 사용되었던 DDT의 문제를 세밀히 다루었다. 살충제는 사실 '살생제'이고, DDT는 모든 곤충을 죽인다. 그 결과 봄이 되어도 꽃을 찾아 소란을 피우는 곤충들을 볼 수 없는 '고요한 봄'이 된다. 그러나 곤충은 빠르게 면역품종을 낳는다. 그 결과 자연만 크게 오염되고 만다(Carson, 1962: 18~19). 이 책은 미국인들을 공업문명의 미몽에서 계몽시켰다. 당시 미국의 대통령이었던 존 F. 케네디도 의회연설에서 이 책을 언급하며 대책을 약속할 정도였다. 사실 "많은 종류의 곤충이 DDT에 내성(耐性)이 있는 새끼들을 재빨리 번식시킨다. DDT는 안정한 화합물로 곤충에 축적되어 이 곤충을 먹고 사는 동물, 특히 새나 물고기에 독성이 나타난다. 이러한 2가지 단점 때문에 1960년대에 이르러 살충제로서 DDT의 가치는 감소했고, 미국에서는 1972년에 사용을 제한했다"(다음 백과사전, 'DDT'). 오늘날 DDT는 환경호르몬 물질로서 널리 알려져 있기도 하다.

표1 서구 생태주의의 세 유형

반동적 생태주의	**'구명선 윤리'론, '인구폭탄'론** 흔히 신맬더스주의로 지칭되는 초기 생태주의의 한 유형. 한계의 문제를 지적하는 점에서는 옳았지만, 그에 대한 대안은 제국주의 중산층의 이해관계를 대변하는 것이라고 할 수 있음. 절대적인 인구의 증가를 억제할 필요성을 절대시하는 반면에, 자원분배의 불평등을 완화할 필요성은 지나치게 폄하함. 따라서 공업생산력과 현대의 거대 사회체계 자체는 부정되지 않음.
개혁적 생태주의	**환경케인즈주의, 생태사회주의, 생태맑스주의** 이들은 자본주의 자체의 지양을 주장하는가(생태사회주의, 생태맑스주의), 그렇지 않은가(환경케인즈주의)의 차이는 있지만, 공업생산력과 현대의 거대 사회체계 자체를 부정하는 것이 아니라 그것을 '수선'하려고 한다는 점에서 같은 '개혁적' 생태주의로 구분될 수 있음. 그러나 생태주의의 관점에서 보았을 때, 자본주의와 사회주의의 차이보다는 공업생산력에 기반한 거대 사회체계라는 동형성을 우선시해야 함.
근본적 생태주의	**심층생태주의, 사회생태주의, 생태페미니즘** 이들은 공업생산력과 현대의 거대 사회체계 자체의 지양을 주장. 심층생태주의는 세상 만물의 상호연관과 개인의 깊이있는 자각을 강조하며 신비주의적 경향을 보이기도 함. 사회생태주의는 심층생태주의의 신비주의적 경향에 대해 극히 비판적이며, 조화로운 자연관에 기초하여 위계없는 공동체의 건설을 주장함. 생태페미니즘은 역사적으로 형성된 남녀의 위계구조가 자연의 지배에 대해 미친 영향을 강조하며, 이 점에서 사회생태주의에 대한 중요한 비판으로 인정됨.

가들 사이에서 치열한 논쟁이 계속 이루어졌다. 1990년대를 지나면서 그것은 크게 〈표1〉과 같은 세가지 유형으로 분화되었다(홍성태, 1998:

84~85). 따라서 우리는 이 세가지 유형에 의거해서 현대의 생태주의를 이해하고, 올바른 생태적 전환의 과제를 추구할 수 있을 것이다. 또한 이 세가지 유형은 단지 서구의 생태주의를 분석한 결과가 아니라 한국의 생태주의를 분석하기 위한 기초이기도 하다.

III. 생태주의 교육의 전개

한국에서는 1970년대 초부터 '공해' 개념을 중심으로 생태주의가 형성되기 시작했다. 이에 관한 최초의 논문은 농업경제학자였던 유인호가 박정희의 성장주의를 'GNP교'로 비판한 것이었다(유인호, 1973; 홍성태, 2005). 그 뒤 이 논문에서 지적한 문제는 더욱 더 악화되었으나, 이 논문은 시나브로 잊혀진 상태가 되고 말았다.[11] 그렇지만 환경문제가 계

---

11 이것은 '학문의 식민성'을 보여주는 또 하나의 예라고 해야 할 것이다. 환경문제를 연구하는 사회과학자들조차 우리의 현실을 잘 설명하지 못하는 서구의 연구는 시시콜콜히 살피면서 정작 우리의 현실을 잘 설명하는 우리의 연구는 그렇게 하지 않고 있다. 이러한 '식민성'의 연원은 대단히 깊다. 400년 전에 장유는 "중국의 학술은 갈래가 많아서 정학과 선학, 단학이 있으며, 정·주를 배우는 자가 있고, 육씨를 배우는 자도 있어서 문로가 하나만이 아니다. 그런데 우리나라는 유식·무식을 논할 것 없이 책을 끼고 글을 읽는 자라면 모두 정·주의 학문을 욀 뿐이고 딴 학문이 있다는 것은 듣지 못한다"고 통탄했다(장유, 1635: 71). 역시 400년 전에 김시양도 "우리나라 사람은 비록 박습하고 통달하고 뚫어질 듯 관통하고 있는 사가라고 이름이 있는 자도, 일찍이 동국의 역사를 읽지 않는다. 그러므로 겨우 수십년을 경과하여 귀로 들을 수 없고 눈으로 볼 수 없게 되면 어질고 어리석고 사악하고 바른 것을 거의 알지 못한다"고 통탄했다(김시양, 1612: 227). 다시 현대의 김진균은 "학문의 연원을 외국에서 찾는 버릇부터 고쳐보자. 연구논문에 외국의 사례만 준거로 드는 일이 사라지도록, 우리의 연구실적을 쌓아서 거기서 주를 달아나갈 수 있도록 해보자. 그리고 우리 이야기를 바깥 세상에 우리 목소리로

속 악화되면서 1980년대 초부터 이에 대한 사회운동의 대응이 시작되었고, 1980년대 말에는 마침내 '한살림 선언'을 통해 생태주의가 본격적으로 주창되었다(한살림모임, 1989). 그리고 1990년대 초에 서구 생태주의에 관한 연구서가 발간되었고(문순홍, 1992), 이어서 환경운동연합 등이 창립되면서 생태주의의 심화가 이루어지게 되었다(홍성태, 2007ㄱ: 211~235).

생태학은 이 세상의 구성과 작동에 관해 설명하는 과학이므로 생태학에서 이 세상의 변화를 위한 윤리가 직접 도출되는 것은 아니다. 우리는 생태학과 생태주의의 차이를 올바로 이해할 필요가 있다. 생태주의는 생태학에 입각한 이론적 관점이자 실천적 태도이다. 따라서 생태학과 생태주의 사이에는 커다란 간극이 있을 수 있다. 많은 사람들이 생태주의라는 말을 들으면 보통 '심층생태주의'를 떠올린다. 사실 심층생태주의는 생태주의를 가장 강력히 주창하는 흐름이라고 할 수 있다. 그러나 바로 그 때문에 가장 현실성이 약한 생태주의라고 할 수 있다. 이 세상 모든 것의 동등성을 주장하기 때문이다. 한국의 경우는 예컨대 생명사상의 형태로 심층생태주의가 확산된 위에서 실제로는 개혁적 생태주의가 널리 추구되고 있다. 그리고 그 내용은 대체로 환경케인즈주의와 생태사회주의의 사이에 놓여 있다.

이렇듯 생태주의는 일률적이지 않으며, 따라서 생태주의 교육도 일률적일 수 없다. 그런데 우리가 무엇보다 먼저 올바로 이해해야 하는 것은 생태주의 교육의 의미이다. 생태주의 교육은 생태주의의 사상이나 이론을 가르치는 것에 그치지 않는다. 그것은 생태위기의 실상을 이해하고 생태사회의 전망을 추구하게 하는 교육이다. 그리고 교육은

전하도록 해보자"(김진균, 1990: 143)고 제안했다. 그러나 이러한 김진균의 제안은 여전히 사실상 공허한 메아리로 남아 있다.

사실 주체를 육성하는 활동이다. 따라서 생태주의 교육은 생태주의를 추구하는 주체를 육성해서 이 사회의 생태적 전환을 이루고자 하는 중요한 실천에 해당한다. 생태주의 교육을 무시하고 생태적 전환을 이루는 것은 불가능하다. 어떤 변혁과 이행도 자각한 주체의 적극적 실천이 없이는 이루어질 수 없기 때문이다.

생태주의 교육은 크게 학교에서 행해지는 제도교육과 학교 밖에서 행해지는 비제도교육으로 나눌 수 있다. 시민사회의 생태주의 교육은 비제도교육의 대표적인 예에 해당한다. 그런데 사실 한국의 시민사회는 내적으로 대단히 다양한 가치와 목표를 추구하는 여러 주체들로 이루어져 있으며, 한국의 시민사회에서는 당연히 생태주의도 이미 다양하게 분화를 이룬 상태로 추구되고 있다. 한국의 시민사회에서 시행되고 있는 생태주의 교육은 무엇보다 이러한 다양성을 전제로 이해될 필요가 있다. 이제 시민사회의 생태주의 교육을 내용, 방식, 주체로 나누어 살펴보도록 하자.

첫째, 생태주의 교육의 내용에 대해. 서구 생태주의의 유형에 비추어 보았을 때, 한국의 시민사회에서는 심층적 생태주의와 개혁적 생태주의가 널리 교육되고 있다. 한국의 시민사회에서 반동적 생태주의는 대체로 강력한 비판의 대상이다. 그렇다고 해서 인구문제의 중요성을 무시하는 것은 아니다. 인구의 증가는 생태위기의 중요한 원인이기 때문이다. 그러나 반동적 생태주의처럼 강압적이고 차별적으로 인구의 증가를 제한하려고 하는 것은 그 자체로 커다란 문제를 안고 있다. 한국의 시민사회는 생태적 전환과 불평등의 해소를 동시에 이루고자 하는 지향성을 강하게 지니고 있다.[12]

---

12 이것은 한국의 시민사회가 민주화운동을 통해 형성되었다는 역사적 사실과 밀접한 연관을 맺고 있다.

생태주의 교육의 내용은 크게 생태적 가치, 문제의 해명, 대안의 제시 등의 세가지로 줄일 수 있다. 한국의 시민사회는 어려운 여건에도 불구하고 많은 시민의 지원을 바탕으로 생태주의 교육에서 이미 상당한 성과를 거두었다. 그러나 이러한 성과에도 불구하고 한국의 현실은 그 동안 더욱 더 악화되었다. 심지어 '한반도 대운하'와 같은 전대미문의 파괴적 개발사업마저 국민적 반대에도 불구하고 강행되고 있는 실정이다.[13] 생태주의 교육이 더욱 널리 확산되고 이 사회의 변화로 이어지기 위해서는, 무엇보다 우리의 현실을 천착해서 목표를 더욱 구체화해야 하며, 또한 문제를 해결하는 이행의 과정을 더욱 구체화해야 한다. '목표와 과정의 구체화'는 생태주의 교육의 내용에서 시급히 크게 보완되어야 하는 두가지 핵심이다. 생태적 전환은 단순히 자연을 지키는 것이 아니라 우리가 살아가는 사회의 전면적 변화를 뜻한다. 따라서 정부조직, 산업구조, 노동구조 등이 어떻게 변해야 하는가에 대해 연구하고 널리 교육해야 한다. 가장 중요한 내용은 서구에서는 볼 수 없는 '토건국가'의 문제를 직시하고 정부조직과 국가재정의 개혁을 추구하는 것이다(홍성태, 2007ㄱ).

둘째, 생태주의 교육의 방식에 대해. 다른 교육과 마찬가지로 생태주의 교육의 방식도 대체로 강의, 토론회, 출판, 체험 등의 네가지로 줄일 수 있다. 곳곳에서 다양한 강의가 활발히 행해지고 있다. 그러나

---

13 토건국가, 투기사회, 부패사회, 지역주의 등으로 나타나는 부실한 사회체계는 한국을 서구보다 훨씬 위험한 '위험사회'로 만들었다. 우리는 사실 '사고사회'라고 해도 좋을 정도로 위험에 둔감한 상태에서 살고 있다(홍성태, 2007ㄴ). 이명박 정부는 국민의 반대에 부딪혀 '한반도 대운하'를 중단한다고 했지만 실제로는 '4대강 살리기'로 이름을 바꿔서 강행하고 있다(박창근, 2009; 홍성태, 2009).

강의에 참여하는 시민들의 수는 대체로 아주 적다. 강의에 들이는 노력에 비해 그 효과는 미미하다고 할 수 있다. 전국 곳곳에서 토론회도 다양한 주제에 걸쳐 계속 열리고 있다. 그러나 많은 시민을 만날 수 있는 토론회는 아주 드물다.[14] 출판도 활발히 이루어지고 있다. '환경 책'들을 한 자리에 모아서 시민들에게 알리고 읽히는 행사도 몇 해 전부터 펼쳐지고 있다. 그러나 처세나 투기에 관한 책들처럼 널리 읽히고 있지는 않다. 답사를 중심으로 다양한 체험 프로그램들도 펼쳐지고 있다. 무공해 비누 등을 만드는 제작체험도 있다. 그러나 이러한 체험 프로그램들도 역시 많은 사람들이 대대적으로 참여하는 것이 아니라 소수의 사람들이 어렵게 참여하고 있는 편에 가깝다.

생태주의 교육의 방식에서 드러나는 가장 큰 문제는 많은 사람들이 지속적으로 참여할 수 있도록 하기가 어렵다는 것이다. 이 문제를 극복하기 위한 가장 좋은 방안은 대중매체의 활용이다. 인터넷을 통한 소통도 적지 않은 효과를 거둘 수 있지만, 효과가 가장 큰 것은 역시 텔레비전을 활용하는 것이다. 몇 해 전에 서울방송에서 방영한 '환경의 역습'은 그 좋은 예이다. 이 프로그램은 자연의 한계를 무시한 개발과 성장이 결국 우리의 건강과 생명을 위태롭게 만들고 있다는 사실을 잘 보여주었다. 또한 김대중 대통령이 동강을 다룬 한국방송의 '환경스페셜'을 보고는 '동강댐' 계획의 폐기를 결정했다는 평가도 있다. 광우병 위험에 대한 문화방송 'PD수첩'의 심층보도도 중요한 사례이

---

14 환경문제와 관련해서 열린 토론회 중에서 가장 많은 시민이 참여한 것은 아마도 2008년 1월 31일에 서울대에서 열린 '한반도 대운하' 관련 토론회였을 것이다. '한반도 대운하' 계획의 문제를 경제학, 토목학, 생태학, 문화재 등의 분야에서 검토한 이 토론회는 서울대 법학기념관 대강당에서 열렸는데 참여한 시민이 많아서 좌석은 물론이고 복도와 입구까지도 꽉 찼다.

다. 텔레비전은 개발과 성장을 부추기는 가장 강력한 매체이자 생태주의 교육의 강화를 위한 가장 강력한 매체이기도 하다. 생태주의 교육을 텔레비전 방송의 핵심과제로 정립하기 위한 노력이 크게 강화되어야 한다.

 셋째, 생태주의 교육의 주체에 대해. 오늘날 한국의 시민사회를 구성하는 모든 주체들이 사실상 생태주의 교육을 행하고 있다. 한국의 환경지수는 세계 130위권에 머물고 있을 뿐이다. 이처럼 열악한 현실 때문에 대다수 시민들이 환경문제에 대해 크게 우려하거나 관심을 가지고 있다. 이 때문에 오늘날 한국의 시민사회에서 생태주의 교육은 보편적 주제가 되었다. 그러나 물론 생태주의 교육을 전문적으로 추구하는 다양한 주체들이 있다. 이들은 크게 환경단체, 생태공동체, 생태적 대안학교로 나눌 수 있다. 오늘날 한국의 시민사회에서 가장 많은 시민단체는 바로 환경단체이다. 가장 활발히 활동하고 있는 생태주의 교육의 주체는 이러한 환경단체이다. 생태공동체를 포함해서 전국의 공동체는 대체로 200개 정도로 추산되고 있다. 변산공동체, 한생명공동체, 두레마을 등의 생태공동체는 생태주의 교육의 핵심적 내용인 생태적 생산과 생활을 실제로 실천한다는 점에서 환경단체보다 더욱 심층적인 생태주의 교육을 실행하는 주체라고 할 수 있다. 생태적 대안학교는 초중고 과정은 물론이고 대학 과정까지도 설치되어 있다. 자유학교 물꼬, 간디학교, 녹색대학 등이 그 예이다(홍성태, 2006: 104, 113).

 이렇듯 여러 주체들이 생태주의 교육을 전문적으로 실행하고 있으나, 사회 전체로 보아서 그 영향력은 아직 미미한 편이다. 생태위기에 대한 관심은 널리 확산되었으나 생태적 전환에 대한 관심은 그렇지 않다. 생태주의 교육의 주체들은 무엇보다 이 사실을 직시해야 할 것이다. 생태주의 교육의 내용과 방식에서 더 많은 사람들이 공감하고 참여할 수 있도록 하는 혁신이 이루어져야 한다. 이와 관련해서 '대운하' 계획에 대한 국민적 반대와 미국 소 전면수입에 대한 국민적 저항에 주목할 필요가 있다. 전자는 식수원인 강을 대대적으로 파괴할 정책이고 후자는 '광우병'을 널리 퍼트릴 수 있는 정책이다. 두 정책은 대다수 국민의 생활과 생명에 막대한 해를 입힐 수 있으며, 또한 그 바탕에는 생태계의 한계를 무시하는 반생태적 인식이 놓여 있다. 이런 점에서 시민사회는 두 정책을 생태주의 교육의 발전을 위한 중요한 계기로 삼고 생태주의 교육을 계속 강화해야 한다.[15] 그 핵심은 공업문명의 위험을 직시하고 개혁하기 위해 최선을 다하도록 하는 것이다.

IV. 생태적 복지사회의 전망

생태주의 교육은 생태적 전환에 관한 이해로부터 시작되어야 한다. 생태적 전환은 생태학의 연구에 의거해서 생태계의 한계를 존중하지 않는 현재의 사회를 개혁해서 생태계의 한계를 존중하는 사회를 형성하는 것을 뜻한다. 이 점에서 생태적 전환은 사실 '생태학적 전환'(the ecological turn)이다. 이것에 대해서는 20세기 초에 이루어진 이른바 '언어학적 전환'(the linguistic turn)과 연관지어 살펴볼 필요가 있다(홍성태, 1998).

소쉬르의 언어학에서 비롯된 '언어학적 전환'은 사회의 산물인 언

---

15 '대운하' 문제에 대해서는 '운하백지화국민행동', '운반반대전국교수모임', '종교인 생명평화 도보순례' 등의 활동이 펼쳐지면서 다양한 교육이 이루어졌다(김정욱 외, 2008). 그러나 '광우병'에 대해서는 인터넷을 활용한 시민의 자발적 저항이 폭발했으나 시민사회의 체계적 교육은 별로 이루어지지 않았다.

어가 인간의 인식을 규정한다는 사실에 대한 발견에서 비롯되었다. 언어는 단순한 도구가 아니며 오히려 인간의 인식을 규정하는 주체이다. 이로써 인식론에서 거대한 변화가 이루어졌다. 이처럼 '언어학적 전환'이 '인식론의 전환'을 뜻한다면, 이에 비해 '생태학적 전환'은 '존재론의 전환'을 뜻한다. 현대 사회는 생태계의 한계를 무시하고 형성되었다. 생태학은 이러한 현대 사회가 지속될 수 없을 뿐만 아니라 급격한 파멸을 맞을 수 있다는 사실을 입증했다. 우리는 단순히 생존을 위해서도 생태학에 따라 기존의 생산과 생활을 모두 재구성해야 한다. '생태학적 전환'은 절박한 생존의 요청이다. 이 요청이 실현되기 위해서는 학문의 '생태학적 전환'도 추구되어야 한다. 자연과학, 사회과학은 물론이고 인문학도 그렇다. 사실 인문학[16]은 그 태생부터 강한 인간주의의 전통 속에 있기 때문에 더욱 더 적극적으로 '생태학적 전환'을 추구할 필요가 있다.

시민사회의 생태주의 교육은 이제까지의 성과를 바탕으로 한층 연역적으로 심화되어야 한다. 여기서 무엇보다 중요한 것은 교육의 목표를 생태적 전환의 관점에서 제시하는 것이다. 이를 위해 생태위기에 공감하는 사람이라면 누구나 동의하고 함께 추구할 수 있는 발전의 전망이 제시될 필요가 있다. 요컨대 시민사회의 생태주의 교육은 이 사회의 생태적 전환을 목표로 삼고, 이것을 실현하기 위해 생태적 복지

---

16 인문학(humanities)은 그 이름 자체에 인간주의의 전통을 강하게 담고 있다. 인간의 관점에서 세계을 보고, 세계 속에서 인간의 지위를 탐구하는 것이 인문학인 것이다. 이러한 인문학의 인간주의 전통은, 만일 인간이 생태계의 한계를 존중하지 않는다면 인간을 포함한 생태계가 조만간 파멸할 것이라는 사실 위에서 근원적으로 재형성되어야 한다. 요컨대 인문학은 '생태적 인문학'으로 재구성되어야 하는 것이다.

표2 현대 사회의 네가지 방향

신자유주의 사회	현대 거대사회체계의 강화. 경제주의와 과학주의의 지배. 무한경쟁의 논리가 개인과 집단의 운영원리로 확고히 작동. 소비사회의 내부 계층화 진행. 물질적 소유의 상한선은 물론 하한선도 폐지.
물질적 복지국가	현대 거대사회체계의 추수. 경제주의와 과학주의의 지배. 경제적 평등과 자유의 원리를 조화시키기 위한 국가적 개입. 대중 소비사회의 실현. 물질적 소유의 상한선은 사실상 없으며 하한선 설정.
생태적 복지국가	현대 거대사회체계의 변화 모색. 노동사회에서 문화사회로 변화 추구. 물질적 대중 소비사회에서 문화적 대중 소비사회로 변화 모색. 물질적 소유의 상한선 및 하한선 설정.
자족적 공생사회	현대 거대사회체계에서의 이탈을 통한 그 해체의 추구. 노동사회에서 문화사회로. 문화적 대중 소비사회에서 문화적 다중 소비사회로. 물질적 소유의 상한선 및 하한선 설정.

사회의 전망을 제시해야 한다. 생태적 복지사회의 전망에 관해 살펴보기에 앞서서 우선 이 사회가 나아갈 수 있는 방향을 정리해 보자. 그것은 다음과 같이 크게 네가지로 제시할 수 있다(홍성태, 1998: 87~88).

여기서 신자유주의 사회와 물질적 복지국가의 반생태적 문제는 이미 잘 드러난 상태이다. 불평등 문제에 대한 대응이라는 점에서 둘은 큰 차이를 보이지만, 자연의 착취라는 점에서 둘은 사실상 같다. 따라서 생태주의 교육의 내용은 신자유주의 사회의 문제뿐만 아니라 물질적 복지국가의 문제에 대해서도 적극 대응하는 것이어야 한다. 생태위기의 현실은 생태위기를 낳은 현대 사회의 발본적 개혁을 요구하는 것이다. 이런 점에서 ①과 ②는 반생태적 길이다. 이에 비해 ③과 ④는 생태적 길이라고 할 수 있다. 물론 생태적 전환을 엄격히 규정하자면,

아마도 ④만이 생태적 길에 해당할 것이다. 그러나 이런 관점은 비현실적일 뿐만 아니라 위험하기도 하다. 만일 우리가 지금 당장 파괴적 공업문명을 버리고 자족적 공생사회로 돌아간다면 어떻게 될까? 우선 농업 생산력이 절반 이하로 줄어들 것이다. 그 결과 굶어죽는 사람들이 속출할 것이다. 이런 점에서 우리는 최악과 최선 사이에 넓은 스펙트럼이 있다는 사실을 잊지 말아야 하며, 충분한 시간을 두고 인구와 산업 등이 생태적 전환을 이루는 점진적 이행을 추구해야 한다.[17]

    신자유주의 사회가 냉전 이후 세계의 일반적 추세가 되었다면, 생태적 복지사회는 이에 맞서는 세계적 대안의 전망이라는 의미를 갖는다. 복지사회는 풍요와 평등을 동시에 이루었다. 그것은, 물론 완벽한 것은 아니었지만, 인류가 이제까지 이룬 최대의 성과이다. 그러나 생태위기의 현실을 무시한 복지사회는 신기루와 같은 것이다. 지구 온난화로 잘 드러나듯이 생태위기는 복지사회를 녹여 없앨 수 있다. 사실 생태계가 파괴되면 생태계 속의 존재인 사회 자체가 존재할 수 없게 된다. 복지사회의 생태적 전환이야말로 오늘날 인류가 추구해야 하는 가장 중대한 발전의 과제이다. 이런 점에서 생태적 복지사회는 오늘날 세계 어디서나 추구되어야 하는 보편적 과제이다. 그리고 인류는 이미 생태적 복지사회를 이룩할 수 있는 물질적 조건을 갖추고 있다. 필요한 것은 문제를 유지하거나 악화시키는 데서 이득을 보는 세력과 여기에 부합해서 개인의 이익을 추구하는 시민을 개혁하는 것이다.

---

17 물론 '충분한 시간'이 그렇게 긴 시간은 아닐 것이다. 현대 공업문명은 '석유화학문명'이라고 할 수 있다(Singh, 1976: 35-40). 석유가 없이 현대 공업문명은 유지될 수 없다. 그런데 석유는 이미 '정점'에 이른 상태이다. 석유의 고갈은 한 세대 안에 이루어질 확고한 사실이라고 주장하는 전문가들도 있다(이필렬, 2002).

한국은 세계 10위의 경제대국으로서 이미 복지사회를 이룰 수 있는 물질적 기반을 갖추고 있다. 그러나 토건국가 한국은 복지의 증진에 써야 할 막대한 혈세를 자연의 파괴에 쓰고 있다.[18] 매년 50조 원 정도의 혈세가 대규모 토건사업에 투여된다. 불필요한 대규모 토건사업을 지속적으로 추진해서 혈세를 탕진하고 국토를 파괴하는 토건국가는 한국을 규정하는 핵심적 특징이다. 서구의 연구와 실천에서는 이에 관한 논의 자체를 찾아볼 수 없다. 서구에서는 토건국가라는 문제가 나타나지 않았기 때문이다. 한국에서 생태적 전환을 이루고자 한다면, 토건국가 문제를 해결하지 않으면 안 된다. 토건국가의 개혁은 복지의 증진을 위한 막대한 세금과 건강한 자연을 확보하는 것이다. 토건국가의 개혁을 통해 우리가 이룰 수 있고, 이루어야 하는 생태적 전환의 구체적 목표가 바로 생태적 복지사회이다(홍성태, 2007ㄱ).

V. 정부조직의 개혁 과제

생태적 복지사회라는 전망을 구현하기 위해서는 정부조직, 산업구조, 노동구조 등을 모두 아우르는 전면적인 개혁의 계획이 마련되어야 한다. 특히 정부조직의 개혁은 전체 사회의 개혁을 위한 관건의 의미를 가진다. 오늘날 정부는 사회의 모든 분야에 거대한 영향력을 행사하고 있다. 개발주의 정부는 개발주의 사회를 형성하고 유지하는 강력한 주체이다. 따라서 우리는 개발주의 정부의 개혁을 통해 개발주의 사회의

---

18 토건국가는 투기를 부추기는 방식으로 작동한다. 투기이익을 추구하는 사람들은 토건국가를 적극 옹호하며 불필요한 대규모 토건사업을 지속적으로 추진할 것을 강력히 요구한다. 새만금개발사업, 연안권개발사업, '한반도 대운하', 경인운하, 4대강 살리기 등은 그 단적인 예이다.

개혁을 추구할 수 있다. 정부의 존재이유는 공익의 실현에 있으며, 생태적 전환은 이미 가장 중요한 공익의 내용이 되었다. 생태주의 교육은 생태적 가치에 대한 교육을 넘어서 생태적 복지사회의 구현을 위한 실천이 되어야 하며, 이를 위해 개발주의 사회를 재생산하는 주체로서 개발주의 정부에 관한 연구와 교육이 널리 이루어져야 한다.

이런 관점에서 2007년 10월에 김진균기념사업회 주최로 연속토론회가 열렸다. '파괴적 토건국가를 넘어서 생태적 복지사회로'라는 제목으로 열린 이 연속토론회에서는 생태적 복지사회를 위한 정부개혁의 과제가 구체적으로 제시되었다. 그리고 이 연속토론회의 성과를 바탕으로 참여연대, 환경운동연합, 환경정의, 녹색연합, 청년환경센터 등의 시민단체들이 논의를 계속해서 2008년 1월에 참여연대 주최로 열린 정부개혁의 과제 토론회에서 '생태적 복지사회를 향한 토건국가 개혁의 과제'라는 문건을 발표했다(홍성태 외, 2008). 이 문건에서는 토건국가의 문제가 망국적 상황에 이르렀다는 사실을 밝히고, 개발독재의 유산인 개발부서와 개발공사의 개혁을 중심으로 생태적 복지사회의 전망을 제시했다. 시민사회의 생태주의 교육은 이 문건에서 제시된 것과 같은 정부조직 개혁의 과제를 더욱 구체화하는 방향으로 나아가야 한다.

개발부서는 여러 개발공사들을 거느리고 대규모 개발사업을 적극적으로 기획하고 추진하며, 심지어 '공익'을 내세워서 막대한 '사익'을 추구하기도 한다.[19] 토건국가를 주도하는 개발부서와 개발공사의 개

---

19 2008년 4월에도 주택공사가 막대한 폭리를 취했다는 사실이 또 다시 밝혀졌다. 주택공사와 토지공사는 대규모 개발사업의 주체로서 막대한 폭리를 취하고 대대적 파괴를 자행하고 있다.

혁은 토건국가를 개혁하고 생태적 복지사회를 이룩하기 위한 전략적 과제이다. 이와 관련해서 참여연대 등이 작성한 '문건'은 개혁의 3대 방향과 기본 내용을 다음과 같이 제시했다(홍성태 외, 2008).

개발부서와 개발공사 개혁의 3대 방향
1) '생태복지사회'라는 역사적 목표를 정립한다.
2) 이를 위해 '망국적 개발주의'의 혁파라는 과제를 추구한다.
3) 그리고 '개발부서와 개발공사의 개혁'을 구현의 수단으로 삼아야 한다.

개혁의 기본 내용
1) 토건사회를 복지사회로 개혁하기 위해 우선 개발독재 시대의 구조적 유산들을 청산해야 한다(건교부 해체, 수자원공사와 농촌공사 해체 등).
2) 불합리한 업무의 조정과 비효율적 기구의 정리를 위해 정부조직과 재정구조를 전면적으로 개혁해야 한다(국토환경부 신설, 주공·토공 통폐합 등).
3) 생태복지사회를 위한 정부조직과 재정구조를 확립하고, 공무원의 재교육과 재배치를 광범위하게 추진해야 한다.

무엇보다 중요한 것은 개발부서와 개발공사라는 개발주의 주체들을 개혁하는 것이다. 자기의 이익을 위해 병적으로 비대한 토건업과 유착한 이 거대한 정부조직들을 그대로 두고 생태적 전환을 이룰 수 있는 길은 없다. 생태주의 교육에서 이러한 정부조직과 재정구조의 문제에 주목하지 않는 것은 그 자체로 잘못된 것이다. 참여연대 등의 '문건'은 "개발부서들은 대규모 개발사업의 기획·실시·관리 주체로서 사회적 통제를 받지 않는 무소불위의 권력이 되었다"고 규정하고 건설교통부, 산업자원부, 농림부, 환경부 등 4대 부서의 전면적 개혁을 촉구했다. 여기서 환경부도 대표적인 개발주의 부서의 하나로 제시되었다는 사실에 주의할 필요가 있다. 사실 환경부 예산의 60%는 개발사업에 사용되고 있을 정도로 환경부는 개발주의 부서의 성격을 강하게 지니고 있다.[20]

개발부서의 개혁 방향

1) 건설교통부 폐지[21]
   - 건교부는 '국토계획', 'SOC 건설', '주택 공급' 기능을 수행하고 있으며, 이 모든 기능을 오로지 대규모 토건사업 중심으로 강행하고 있다. 시대적 소명을 다한 건교부는 즉각 해체되어야 하며, 관련 사업들도 전면적으로 재검토해야 한다.

2) 부총리급 '국토환경부', 'SOC·교통청', '주택청' 신설
   - 건교부의 국토계획, 환경부의 국토보전, 산자부의 자원·에너

---

[20] 이명박 정권은 환경부를 아예 '한반도 대운하'의 전위대로 만들었다. 이만의 환경부 장관과 이병욱 환경부 차관은 '한반도 대운하'에 반대하는 국민들과 교수들을 가리켜서 전문지식도 없이 '정치적 반대'를 하고 있다는 망발을 서슴치 않았다.

[21] 이명박 정권은 건설교통부를 국토해양부로 확대했다. 이것은 이른바 '한반도 대운하' 계획을 강행하기 위한 구상의 일환으로 이루어진 것으로서 이명박 정권이 극단적인 토건국가 확대정책을 추진하고 있다는 것을 보여주는 중요한 지표이다.

지 정책을 통합 관리하는 '국토환경부' 신설 (국토의 지속가능한 계획과 관리 시스템 구축).
- 독립적 'SOC·교통청' 신설 (독자적 입법 및 예산 수립 통제, 환경부 상하수도업무도 이관).
- 독립적 '주택청' 신설 (주공·토공의 통합, 농촌공사 등의 기능 일부 흡수, 정부의 자체 계획 및 사업 확대).

개발공사는 개발업무를 실제로 추진하는 '공공기관'을 뜻한다. 중앙정부와 지방정부 산하에 많은 개발공사들이 있지만 가장 중요한 것은 중앙정부 산하의 주택공사, 토지공사, 수자원공사, 도로공사(이상 국토해양부 산하), 농촌공사(농림부 산하), 한전(산업자원부 산하) 등 6대 개발공사이다(홍성태 엮음, 2005). 이들은 모두 1960·70년대의 개발독재 시대에 설립되었으며, 이미 존재이유가 없어졌거나 기능의 축소가 불가피한 상태가 되었고, 방만경영·혈세낭비·국토파괴·지역파괴·개발폭리·투기악화·부패만연 등의 많은 문제들을 일으키고 있다. 생태적 복지사회를 이룩하기 위해서는 개발공사들을 전면적으로 개혁해서 혈세의 탕진과 국토의 파괴를 막아야 한다.

개발공사의 개혁 방향

1) 주공·토공의 통폐합과 '주택청'의 신설
   - 택지를 조성하는 토지공사와 공공주택을 건설하는 주택공사의 기능은 연속적이어서 별도의 조직을 운영하는 것은 중복과 잉투자의 전형에 해당된다.
   - 주공과 토공의 통합은 이미 1990년대 초부터 첨예한 개혁과제로 제시되었으며, 2007년 6월에 관련 법안이 국회에 다시 상

정되었다.
- 비효율적 중복투자의 전형인 주공과 토공을 통폐합하고 독립적 '주택청'을 신설해서 주택공급의 공공성을 구현해야 한다.

2) 수자원공사 해체 및 재조직
- 수자원공사의 주요사업 중 댐건설과 광역상수도 건설사업은 대부분 마무리됐고, 산업단지 조성은 추가사업이 금지되는 등 공사의 설립목적이 달성되었으므로 즉각 해체해야 한다.
- 광역상수도와 지방상수도(환경부, 지자체 운영)의 중복투자가 심각하고(7조 원 이상 낭비), 영세규모 수도사업자(지자체)의 경쟁력이 미비하므로, 지방수도사업자와 수공조직을 통합하여 유역별 공사체계로 전환한다.
- 신설되는 유역공사들에게 유역통합관리, 하천생태계 복원, 수질관리 등 관련 업무를 맡긴다.
- 산업단지 관련 업무는 'SOC·교통청'을 신설하여 이관한다.

3) 농촌공사 해체 및 재조직
- 농업 기반사업(저수지, 수로 등)이 대부분 마무리되어 조직의 설립목적이 완성되었으므로 존재이유가 없다.
- 농업 시설의 보수·관리 중심의 '농업시설관리공단'을 신설한다.
- 단지사업 등의 개발업무는 'SOC·교통청' 혹은 지자체로 이관한다.

4) 도로공사 사업 재평가 및 개혁기구 설치
- 도로건설사업과 계획에 대한 전면적인 재평가 및 재검토를 시

행해야 한다.
- 'SOC·교통청'을 신설해서 체계적으로 도로의 건설을 추진하고, 도로공사는 도로의 관리업무만을 맡도록 역할을 조정

5) 한전의 특혜 폐지 및 개혁기구 설치
  * 한전 등이 누리고 있는 부당한 독점적 지위를 시급히 개혁해야 한다.
    - 전원개발사업자에 인허가 특혜를 주는 전원개발촉진법 개혁(법 6조 등)
    - 한국수력원자력 등 발전회사들의 정보공개 예외 인정 (정보공개법 령 2조)
  * 준조세로서 부당하게 징수되고 사용되는 전력산업기반기금을 개혁해야 한다.
    - 산업자원부 중심으로 운영되는 전력산업기반기금의 운영 방식 개혁
    - 공공성 원칙에 위배되는 핵발전소 홍보 예산 삭감
    - 빈곤층 전력무상지원, 도서벽지 전력공급, 사회복지시설 전기요금 지원 등 공익적 목적 예산 확대
  * 각종 의혹을 빚고 있는 발전소주변지역지원에 관한 법률을 개정해야 한다.
    - 발전소주변지원금 및 특별지원금 등 발전소와 관련된 각종 지원금의 개혁
    - 지원금 집행 여부에 대한 투명성, 공익성에 대한 감시체계 필요
    - 원자력문화재단 등 발전 사업과 관련 없는 사업비 전면 삭감

VI. 맺음말

시민사회의 생태주의 교육은 생태적 전환이라는 시대적 과제를 달성하기 위한 실천적 활동이어야 한다. 이를 위해 시민사회의 생태주의 교육은 '생태적 복지사회'라는 거시적 전망을 명확히 세우고 추진될 필요가 있다. 이것은 시민사회의 생태주의 교육이 생태적 가치에 관한 '고담준론'의 차원을 넘어서 한국 사회의 개혁을 위한 구체적 활동으로 펼쳐져야 한다는 것을 뜻한다. 서구의 운동이나 연구를 소개하는 것도 필요하겠지만 그것은 어디까지나 '참조'의 대상일 뿐이다. 한국 사회의 개혁을 위해서는 무엇보다 한국 사회의 실태에 대해 올바로 이해하고 있어야 한다.

생태적 복지사회를 이룩하기 위해서는 정부조직, 산업구조, 노동구조 등이 모두 개혁되어야 한다. 생태적 전환이 어려운 것은 그것이 이처럼 거대하고 구체적인 개혁의 과제를 통해 이루어지는 것이기 때문이다. 막연히 공공성의 주장을 내세워서 정부를 이용하려고 하는 발상은 실패할 수밖에 없다. 개발주의 정부는 그 자체로 가장 중대한 생태적 전환의 대상이기 때문이다. 이른바 '적녹연합'을 주창하는 것도 같은 문제를 안고 있다. 개발주의 노동구조 속에 갇혀 있는 노동운동도 그 자체로 중요한 생태적 전환의 대상이기 때문이다. 우리는 정부조직, 산업구조, 노동구조 등이 어떤 상태에 있으며, 생태적 전환의 관점에서 어떤 문제를 안고 있는가를 올바로 이해해야 한다.

모든 사회는 저마다 특수한 역사적 과정의 산물이며, 따라서 저마다 특수한 사회적 과제를 안고 있다. 이러한 특수성에 주의하지 않고는 어떤 개혁도 이루어지기 어렵다. 한국에서 생태적 복지사회를 이룩하기 위해서는 무엇보다 토건국가의 문제에 주목할 필요가 있다. 토건국가는 병적으로 비대한 토건업을 중심으로 '정관재언학'의 연계[22]가 구조화되어 재정의 파탄과 국토의 파괴가 끊임없이 자행되는 기형국가를 뜻한다. 토건국가의 개혁은 복지의 증진을 위한 재정의 확보로 이어질 것이며, 또한 그 자체로 복지의 기반인 자연의 보존으로 이어질 것이다. 따라서 한국에서는 토건국가의 개혁을 중심으로 생태적 복지국가의 전망을 구체화하고 널리 확산해야 한다.

생태적 전환은 지금 여기서 이루어져야 하는 절박한 과제이다. 따라서 우리의 현실을 천착하지 않고 생태적 전환은 이루어질 수 없다. 서구의 사례와 연구를 소개하는 차원을 넘어서, '고담준론' 수준의 생태적 가치를 설파하는 차원을 넘어서, 생태적 전환을 가로막는 정부조직, 산업구조, 노동구조 등의 개혁으로 나아가야 한다. '진리는 구체적'이다. 생태적 전환을 위해서는 우리의 현실에 대한 구체적 이해가 선행되어야 한다. 생태적 전환을 가로막는 구조, 제도, 주체에 대한 이해와 개혁의 계획이 제시되어야 한다. 그리고 무엇보다 먼저 개발부서와 개발공사 등의 거대한 주체가 막대한 자원을 사용해서 반생태적 구조와 제도를 형성하고 유지하는 활동을 벌이고 있다는 사실에 유의해야 한다.

끝으로 생태적 복지사회를 이룩하기 위해 시민사회는 독자적인 생태주의 교육의 강화에 힘을 쏟을 뿐만 아니라 제도교육의 변화를 위해 애써야 한다(홍성태, 1998: 88-89). 제도교육은 매년 수백만 명의 학생들에게 특정한 가치와 지식을 전달한다. 이러한 제도교육에 비해 시민사회의 교육은 너무나 작고 약하다. 제도교육에서 생태주의 교육을 강화

---

22 정치, 관료, 기업, 언론, 학계가 거대한 이익집단으로 연결되어 있는 것을 뜻한다.

하고 심화할 수 있도록 애써야 한다. 제도교육에서 수많은 학생들이 생태적 복지사회와 자족적 공생사회의 전망에 대해 배울 수 있어야 한다. 그렇게 된다면 생태적 전환의 가능성은 더욱 더 커질 것이다. 그러나 이러한 제도교육의 변화를 위해서도 정부조직이라는 거대한 주체에 대한 연구와 교육은 무엇보다 중요하다.

(2009년 3월)

참고자료

김시양(1612), 남만성 옮김(1981), 『부계기문』, 삼성문화문고.
김정욱 외, 2008, 『재앙의 물길, 한반도 대운하』, 도요새.
김진균(1990), '우리 학문의 발전에 대하여', 김진균(1997), 『한국의 사회현실과 학문의 과제』, 문화과학사.
문순홍, 1992, 『생태위기와 녹색의 대안』, 나라사랑.
박창근(2009), '4대강 살리기의 문제점과 바람직한 하천관리 방향', 운하반대 전국교수모임 등(2009), 『한일공동심포지움 - 바람직한 하천정비와 대안적 지역개발』, 서울대학교 CTL 대형강의실, 3월 27일.
유인호, 1973, '경제성장과 환경파괴', 『창작과 비평』8-3(1973년 가을).
이필렬, 2002, 『석유시대 언제까지 갈 것인가』, 양문.
장유(1635), 김철희 옮김(1974), 『계곡만필』, 을유문고.
장일순(1988), '삶의 도량에서', 장일순(1997), 『나락 한 알 속의 우주』, 녹색평론사.
한살림 모임(1989), '한살림 선언', 한살림 모임(1990), 『한살림』.
홍성태, 1998, '생태위기와 생태론적 전망 - 새로운 생태사회를 향한 전망', 『문화과학』16(1998년 가을).
_____, 2004, 『생태사회를 위하여』, 문화과학사.
_____, 2005, '한국의 근대화와 생태주의', 『시민과 세계』8(2006년 상반기).
_____, 2006, '지역발전과 공동체의 가능성: 생태공동체와 교육공동체를 중심으로', 『지역사회학』8-1(2006년 8월).
_____, 2007 ㄱ, 『개발주의를 비판한다』, 당대.
_____, 2007 ㄴ, 『대한민국 위험사회』, 당대.
_____, 2009, '4대강 살리기 사업은 토건망국의 길', 『월간 재난포커스』2009년 3월호.
_____ 외, 2008, '생태적 복지사회를 향한 토건국가 개혁의 과제', 참여연대 등, 『인수위의 정부조직 개편안에 대한 쟁점 토론회』, 1월 22일, 참여연대 느티나무홀, 9-17쪽.

_____ 엮음, 2005, 『개발공사와 토건국가』, 한울.

_____ 엮음, 2009, 『촛불집회와 한국사회』, 문화과학사.

米本平昌(1994), 박혜숙·박종관 옮김(1995), 『지구환경문제란 무엇인가』, 따님.

林語堂(1940), 안동민 옮김(1968), 『생활의 발견』, 문예출판사(이 책의 원제는 *The Importance of Living* 즉 '삶의 중요성'이다.).

Bookchin, Murray, 1990, *Remaking Society – Pathways to a Green Future*, South End Press.

Carson, Rachel(1962), 이길상 옮김(1990), 『침묵의 봄』, 탐구당.

Emerson, Ralph(1836), 'Nature', Emerson, Ralph(1965), *Selected Writings of Ralph Waldo Emerson*, The New American Library.

Meadows, Dennies et al.(1972), 김승한 옮김(1972), 『인류의 위기』, 삼성문화문고.

Singh, Narindar(1976), 박덕제 옮김(1986), 『경제학과 환경위기』, 비봉출판사.

Think the Earth Project(2006), 김은하 옮김(2007), 『지구 온난화 충격리포트』, 미디어월.

정남구, 2007, "경세제민.", 〈한겨레신문〉, 7월 5일.

자료

개발부서와 개발공사의 현황 (2007년 현재)

이명박 정부의 개악으로 정부조직과 재정구조가 더욱 악화되었다. 생태주의 교육은 이러한 반생태적 현실을 구체적으로 이해하는 것으로 시작되어야 한다. 다소 변화가 있었지만 이를 위한 자료를 여기에 제시한다. 이 자료를 보완하는 것 자체가 생태주의 교육의 중요한 내용이 될 수 있을 것이다.

4대 개발부서의 현황

1. 건설교통부
   조직 : 3,960명
   예산 : 일반회계 17.6조 원, 특별회계 13조 원, 기금 23.3조 원
   사업 : 국토계획, 교통, 물류, SOC건설, 주택정책, 건설지원, 행복도시 건설
   문제 : 과다한 개발사업 양산, 중복과잉 투자, 잦은 부패 및 비리 사건 연루

2. 산자부
   조직 : 1,084명
   예산 : 일반회계 1.9조 원, 특별회계 4.2조 원, 기금 1.9조 원
   사업 : 산업정책 수립 및 집행, 무역 투자 지원, 자원·에너지정책 수립 집행
   문제 : 국가차원 산업정책 수립 필요성 감소, 중소기업 대책 부족, 자원·에너지 정책이 산업논리에 휘둘려 기후변화, 에너지 전환 등에 대처 미흡

3. 농림부
   조직 : 3,963명
   예산 : 일반회계 5.4조 원, 특별회계 10.3조 원, 기금 6.3조 원
   사업 : 농업정책 수립, 식량, 축산, 농산물 유통, 농업구조조정 지원 등
   문제 : 농업의 보호와 육성에 대한 본래 기능 퇴색, 불필요한 개발공사 남

발, 환경에 대한 이해 부족과 정책 반영 미흡

4. 환경부
　조직 : 1,744명
　예산 : 일반회계 1.8조 원, 특별회계 3.2조 원, 기금 0.7조 원
　사업 : 환경정책 수립, 자연보전, 대기보전, 수질보전, 폐기물 관리, 상하수도
　문제 : 개발부서에 대한 견제 미흡, 개발 사업에 대한 면죄부 부여, 상하수도 분야에서 대규모 개발사업 전개.

6대 개발공사의 현황

1. 대한주택공사(1962년 설립)
　조직 : 3,834명(임원 8명), 1기획혁신본부 1연구원 6사업본부, 12지역본부
　재정 : 매출 17조 2,960억 원, 자산 40조, 6,261억 원, 부채 30조 9,285억 원, 자본 9조 6,976억 원
　사업 : 주택 건설 등
　문제 : 개발폭리, 투기조장, 부패 만연, 방만경영, 세금낭비, 국토-지역 파괴

2. 한국토지공사(1975년 설립)
　조직 : 2,616명(임원 8명), 1본부 1연구원 28처(실), 12지역본부로 구성.
　재정 : 매출 13조 6,617억 원, 자산 24조 9,718억 원, 부채 19조 5,016억 원, 자본 5조 4,702억 원
　사업 : 택지 개발, 주택 건설 등
　문제 : 개발폭리, 투기조장, 혈세낭비, 방만경영, 국토파괴, 지역파괴

3. 한국수자원공사(1967년 설립)
　조직 : 4,632명(임원 7명), 5본부, 7지역본부, 6실, 21처, 40단, 1원, 6센터
　재정 : 매출 2조 4,980억 원, 자산 11조 3,974억 원, 부채 1조 7,435억 원,

자본 9조 6,538억 원(2006년)
　사업 : 수도사업(광역), 댐건설 운영, 산업단지 조성 분양
　문제 : 주요 사업이 완료되어 역할 없음. 정부의 특혜(댐 건설 지원), 독점적 지위(광역상수도 독점), 부당한 수익(단지 조성 및 분양) 등에 의존한 수익구조로 비효율을 초래하고 사회갈등을 야기하고 있음.

4. 한국도로공사(1969년 설립)
　조직 : 5,188명(임원 8명)
　예산 : 매출 6조 8,619억 원, 자산 36조 7,497억 원, 부채 16조 7,935억 원, 자본 19조 9561억 원,
　사업 : 고속국도 건설, 도로관리
　문제 : 과도한 개발 사업 계획, 사업 결과에 대한 평가 미비, 예산 낭비

5. 한국농촌공사(1970년 2월)
　조직 : 6,575명(임원 7명) 2본부, 2실, 13처, 2단, 9도 본부, 5 사업단, 2 원(토목직 비율: 학사 이상 2,279명 중 1,397명, 박사급 55명 중 32명)
　재정 : 매출 2조 5,112억 원, 자산 4조 9,332억 원, 부채 3조 4,818억 원, 자본 1조 4,514억 원(2006년)
　사업 : 농업기반 시설 건설사업, 관리사업, 구조개선사업, 농지개발(간척)사업
　문제 : 농업 진흥에 대한 기여 미비(사업목적이 농업 지원이 아닌 농촌지역 개발로 변경, 05년), 업무의 중복 및 충돌(지자체, 행자부, 산자부 등), 간척, 저수지 개발, 도로 및 수로 건설 등 토목 사업에 편중

6. 한국전력공사(1961년 설립)
　조직 : 20,890명(임원 8명)
　예산 : 매출 32조 6,692억 원, 자산 63조 5,362억 원, 부채 20조 5,741억 원, 자본 42조 9,620억 원
　주요출자자 : 정부(21.12%), 산업은행(29.95%), 외국인(29.98%), 기타(19.64%)
　자회사 : 한국수력원자력(주), 한국남동발전(주), 한국중부발전(주), 한국서

부발전(주), 한국남부발전(주), 한국동서발전(주), 한국전력기술(주)(97.9%), 한전KPS(주)(100%), 한전원전연료(주)(96.4%), 한전KDN(주)(100%), 한전필리핀(주)(100%), 한전홍콩(주)(100%)

문제 : 무분별한 발전소, 송전탑 건설로 인한 국토 파괴, 각종 기금의 방만한 운영 및 불필요한 지출

제17장
사회운동의 생태적 전환과 연대

I. 머리말

오늘날 환경운동은 어떤 의미를 갖고 있는가? 세계적으로 환경운동은 이미 대단히 활성화되어 있다. 그러나 환경운동의 밖에서는 물론이고 안에서도 환경운동에 대한 상당한 오해가 널리 퍼져 있는 것 같다. 지구적 차원의 생태위기라는 현실에 비추어 보았을 때, 이것은 대단히 크게 우려할만한 사태가 아닐 수 없다.

그 동안 환경운동은 대체로 '신사회운동'으로 설명되었다. 1980년대 중반 유럽에서 제기된 '신사회운동론'은 19세기 유럽에서 형성된 노동운동을 '구사회운동'으로 규정하고, 1960년대 유럽에서 폭발적으로 등장한 환경운동을 '신사회운동'으로 규정한다. 이러한 '신사회운동론'에 따르면, '구사회운동'은 노동자계급에 의한 권력의 장악과 국가의 변혁을 추구한다면, '신사회운동'은 불특정 다수의 시민에 의한 사회와 생활의 변화를 추구한다. 특히 환경운동은 자연의 중요성을 자각하고 자연과 조화를 이룬 생활을 추구한다. 이러한 '신사회운동론'은 마르크스의 낡은 역사철학에 기울어진 기존의 사회운동론을 넘어서 노동운동과 환경운동의 특징을 대체로 잘 설명해준 것으로 널리 받아들여졌다.

그러나 '신사회운동론'은 환경운동과 관련해서 두가지 점에서 큰 문제를 안고 있기도 하다. 첫째, '신사회운동론'은 국가의 변혁과 사회의 변화, 그리고 권력의 변혁과 생활의 변화 사이에 명확한 경계를 설정함으로써 국가와 권력이 사회와 생활에 미치는 심대한 영향을 올바로 파악하지 못하게 한다. 이런 점에서 '신사회운동론'은 낭만적이라는 비판을 받지 않을 수 없다. 둘째, '신사회운동론'은 환경운동을 무엇보다 자연보호운동으로 파악하면서 그것이 생태위기 시대의 사회개혁운동이라는 사실을 올바로 파악하지 못한다. 이것은 생태위기가 현대 사회의 산물이라는 사실에 대한 몰이해와 직결되어 있다. 이런 점에서 '신사회운동론'은 추상적이라는 비판을 받지 않을 수 없다.

사회운동은 사회의 문제를 해결하고 좋은 사회를 만들고자 하는 시민의 자구적 노력의 산물이다. 그 주체와 과제는 시대의 변화에 따라 변화하게 마련이다. 시대의 변화를 올바로 이해하는 것은 사회운동을 올바로 펼치기 위한 출발점이다. 오늘날 가장 근원적이고 보편적인 시대의 문제는 바로 생태위기이다. 생태위기는 현대 공업문명의 산물로서 모든 생물의 생존위기이다. 생태위기에 적절히 대응하지 않는다면, 우리는 생태파국을 맞을 수밖에 없다. 생태파국은 사회는 물론이고 인간 자체가 절멸로 내몰리는 대재앙을 뜻한다. 따라서 좋은 사회를 꿈꾸는 사람이라면 누구라도 생태위기에 적극적으로 대응해야 한다.

이제 '신사회운동론'에 대한 비판과 생태위기론의 관점에서 사회운동의 생태적 전환과 연대에 대해 살펴보고자 한다. 먼저 다음의 2절에서는 환경운동의 성격과 과제에 대해 살펴본다. 여기서는 환경운동이 사회개혁운동이라는 사실을 강조해서 설명할 것이다. 3절에서는 생태적 전환과 연대에 대해 살펴본다. 여기서는 연대의 의미와 조건에 대해 설명하고, 생태적 전환이라는 과제의 보편성을 강조할 것이다. 4절에서는 한국 사회에서 생태적 전환과 연대가 이루어지기 위한 가장 핵심적인 과제로서 토건국가의 개혁에 대해 설명할 것이다. 5절에서는 생태위기 시대에 사회운동이 추구해야 하는 공동의 목표로서 생태복지국가를 제시하는 것으로 글을 맺도록 한다.

II. 환경운동의 성격과 과제

세계적으로 환경운동은 이미 150년 이상의 역사를 갖고 있다. 19세기 중반 영국에서 공업화와 도시화에 따라 자연의 파괴가 가속화되고 이에 따라 야생동물의 서식지가 파괴되어 그 수가 격감하자 야생동물을 관찰하거나 사냥하는 취미를 즐기던 사람들을 중심으로 야생동물의 서식지와 야생동물을 지키고자 하는 활동이 시작되었다. 이것을 대체로 환경운동의 효시로 여긴다. 오늘날 세계적으로 널리 퍼진 환경운동의 한 방식인 '국민 신탁'(national trust) 운동은 1895년 영국에서 야생을 지키고자 하는 운동의 일환으로 시작되었다. 오늘날에도 고전적 디자인으로 널리 알려져 있는 『유토피아 편지』의 작가인 윌리엄 모리스, 오늘날에도 세계적으로 큰 인기를 끌고 있는 '피터 래빗'이라는 그림동화의 작가인 베아트릭스 포터 등은 19세기 영국에서 야생을 지키는 데 앞장섰던 선각자들이기도 하다.

그러나 현대의 환경운동은 1960년대 초 미국에서 시작된 것으로 파악한다. 미국에서도 환경운동은 19세기 중반에 서부개척으로부터 서부의 야생을 지키고자 하는 노력이 펼쳐지는 것으로 시작되었다. 여기에는 존 뮈어라는 박물학자의 노력이 큰 영향을 미쳤다. 사실 미국은 1872년에 세계 최초의 국립공원인 옐로우스톤 국립공원을 지정하는 식으로 대대적인 야생의 보호에 가장 먼저 나선 국가이다. 이런 변화 위에서 존 뮈어와 그의 동료들은 서부개척으로 크게 훼손되기 시작한 시에라네바다 산맥 일대을 지키기 위해 노력해서 1890년에 요세미티 국립공원의 지정에 성공했다. 그리고 2년 뒤인 1892년에 존 뮈어 등은 미국 최초의 환경운동단체인 '시에라클럽'을 설립했다. 이런 위대한 전사가 있기는 했으나, 현대의 환경운동은 1962년에 레이첼 카슨의 『고요한 봄』이 출간되자 그 영향으로 많은 미국인들이 현대 공업문명의 위험을 깨닫고 현대 사회의 개혁을 촉구하고 나선 것으로 시작되었다.

한국에서 환경운동은 1980년대 초부터 시작되었다. 당시에는 '공해'를 반대하는 운동을 표방했다. '공해'란 마치 영어 pollution의 번역어인 것처럼 알려졌으나 사실 pollution은 '오염'을 뜻하고, '공해'는 public nuisance라는 말을 19세기 말에 일본에서 번역한 것이다. '공해'는 불특정 다수에게 해를 입히는 것을 뜻하는데, 자연의 오염은 그 가장 일반적인 예이기 때문에 '오염'을 '공해'로 여겼던 것이다. 그러나 두 말은 명확히 구분되어야 한다. 한국에서 환경운동이 형성된 것은 역시 공업화에 따른 자연의 훼손이 심각해졌기 때문이다. 이 문제는 이미 1960년대 후반부터 가속적으로 나타나기 시작했다. 그리고 이에 대응해서 1973년에 경제학자 유인호는 일본에서 발전한 '공해의 정치경제학'에 입각해서 박정희의 경제성장정책을 비판하는 '경제성장과 환경파괴'라는 제목의 논문을 발표했다. 그러나 문제는 더욱 더 악화되었고, 1980년대에는 민주화운동의 일환이라는 성격을 강하게 갖는 공해반대운동이 전개되었으며, 1990년대에는 민주화를 기반으로 사회와 생활의 변화를 추구하는 환경운동이 본격적으로 펼쳐지게 되었다.

과거와 현재의 차이를 떠나서 환경운동은 소중한 자연을 지키고자 하는 공동의 목표를 지니고 있다. 공업문명의 성장에 따른 자연의 파괴라는 현실에 대한 인식과 그 현실을 바로잡고자 하는 실천적 의지가 환경운동의 기반인 것이다. 그러나 그렇다고 해서 환경운동을 단순히 '자연보호운동'으로 파악하는 것은 대단히 잘못된 것이다. 환경운동은 크게 세가지 성격을 갖고 있다. 이 점을 올바로 이해해야 한다. 첫째, 환경운동은 자연의 보호를 추구한다. 자연의 훼손이라는 문제가 없다면 환경운동도 없을 것이다. 둘째, 환경운동은 자연의 훼손으로 나타나는 각종 환경문제의 해결을 추구한다. 현대 사회가 일으키는 환경문제에 대한 올바른 인식은 환경운동의 기초이다. 셋째, 환경운동은 환경문제를 일으키는 현대 사회의 개혁을 추구한다. 환경문제는 직접적으로는 자연의 문제로 나타나지만 실질적으로는 사회의 문제이다. 환경운동은 사회개혁운동이며 사회개혁운동이어야 한다.

초기의 환경운동은 자연보호에 초점을 맞추고 있었다. 그러나 시간이 지나면서 자연을 지키기 위해서는 사회를 개혁해야 한다는 사실이 갈수록 분명해졌다. 1960년대 초부터 본격적으로 나타나기 시작한 현대의 환경운동은 분명히 삼중의 성격을 지니고 있다. 여기서 나아가 현대의 환경운동은 분명히 자연보호운동을 넘어서 사회개혁운동을 지향한다. 생태위기 자체가 이런 변화를 강요했다고 할 수 있다. 생태위기는 단순히 자연의 위기가 아니라 사회의 위기이자 인간의 위기이다. 무엇보다 중요한 것은 그것이 사회의 산물이라는 사실이다. 따라서 오늘날 자연을 지키는 것은 사회와 인간을 지키는 것이며, 이렇게 하기 위해서는 무엇보다 생태위기를 초래한 현대 사회를 개혁해야 한다. 오늘날과 같은 생태위기의 시대에 환경운동은 가장 보편적이고 근원적인 사회개혁운동이 되지 않을 수 없다.

생태위기는 다양한 형태로 전개되고 있다. 그 중에서 특히 중요한 것으로 지구 온난화와 석유 고갈을 들 수 있을 것이다. 지구 온난화는 수십 억 년에 걸쳐 형성된 화석연료를 200년이 조금 넘는 짧은 시간 동안에 대대적으로 사용한 결과 지구의 성층권에 이산화탄소가 너무나 많이 축적되어 지구의 기온이 상승하는 현상이다. 이러한 지구 온난화는 지구 생태계의 물리적 기초가 삽시간에 송두리째 대대적으로 변화하는 것을 뜻한다. 홍수, 가뭄, 지진, 해일, 붕괴, 해충의 창궐, 질병의 만연, 멸종 등 세계 각지에서 이미 여러 재앙의 징후들이 나타나고 있으며, 이 상태가 계속된다면 2100년도 되기 전에 지구는 결국 불모의 별이 되고 말 것이다. 지구 온난화와 석유 고갈은 함께 진행되고 있다. 인간은 석유를 사용해서 지극히 편리한 공업문명을 영위하게 되었지만 그 결과 석유는 급속히 고갈되고 있으며 지구 온난화도 급속히 진행되고 있다. 지구 온난화가 아니더라도 석유 고갈에 따라 현대의 공업문명은 결국 종말을 맞게 될 것이다. 석유를 대체할 수 있는 물질은 없다. 에너지로서 석유는 일부 대체될 수 있지만 물질로서 석유는 그저 없어질 뿐이다.

우리는 현재의 '풍요'를 최대한 활용해서 지금 여기서 '고갈 이후'를 준비해야 한다. 이 무서운 문제에 대해 모든 사회운동이 깊은 관심을 기울이고 적극 대응해야 하지만, 특히 환경운동은 이 문제에 대한 전문운동으로서 다른 사회운동보다 훨씬 더 큰 책임을 지닌다. 생태위기를 일으키는 현대 사회의 개혁을 추구하면서 현대 사회의 이후를 준비하는 것이야말로 환경운동의 가장 중요한 과제이며 근본적인 존재이유이다. 이런 점에서 환경운동은 사실 윤리적 가치가 아니라 과학적 사실에 기초한 사회운동이다. 환경운동을 단지 자연과의 조화를 추구하는 윤리적 가치에 근거한 사회운동이라고 여기는 것은 완전히 잘못된 것이다. 환경운동이 내세우는 윤리적 가치는 생태학에 입각한 과학적 사실의 소산이다. 환경운동을 올바로 이해하기 위해서는 무엇보다 먼저 생태학에 대해 올바로 이해해야 한다.

오늘날 환경운동은 크게 세가지 방식으로 추진되고 있다. 첫째, 공동체적 방식으로 현대 사회와는 다른 생산과 생활을 추구하는 것이다. 이른바 '생태공동체'로 불리는 다양한 공동체들이 그 좋은 예이다. 그러나 이 운동은 실효성의 면에서 큰 한계를 안고 있다. 둘째, 다양한 시민들의 참여로 단체를 조직해서 현대 사회의 구조적 개혁을 추구하는 것이다. 이것은 가장 일반적인 환경운동의 방식이다. 셋째, 생태적 전환을 더욱 적극적으로 추진하기 위해 '녹색당'과 같은 생태주의 정당을 결성해서 생태적 전환의 정치운동을 펼치는 것이다. 이것은 1970년대 말에 독일에서 시작되어 세계 각국으로 퍼졌으나 아직까지는 독일에서만 상당히 큰 성과를 거둔 상태이다. 궁극적으로 모든 환경운동은 셋째 단계로 발전해서 현대 사회의 반생태성을 극복할 수 있어야 할 것이다. 그러나 그 과정은 대단히 어려울 수밖에 없으며, 여기서 우리는 사회운동의 생태적 전환과 연대에 대해 숙고할 필요가 있다.

III. 생태적 전환과 연대

연대는 모든 사회운동의 핵심적인 방식이자 동력이다. 문제를 개혁하고 좋은 사회를 만들기 위해 모든 사회운동은 적극적으로 연대를 추구해야 한다. 그러나 과연 연대는 무엇인가? 연대의 중요성에 대해서는 누구나 강조하지만 정작 연대가 무엇인가에 대해서는 깊은 논의가 활발히 이루어진 것 같지는 않다. 연대를 뜻하는 영어는 solidarity이다. 이 말은 '단단하다'는 뜻의 solid에서 비롯되었고, 이 말은 본래 바위소금에서 비롯되었다. 이러한 어원으로 미루어 보자면, 연대는 약한 존재들이 힘을 모아 단단해지는 것을 뜻한다. 한자어 연대(連帶)는 여러 존재들이 서로 연결되어 커다란 존재를 이루는 것을 뜻한다. 영어와 한자어의 차이를 떠나서 결국 연대는 여러 약한 존재들이 서로 연결되어 커다랗고 단단한 존재가 되는 것을 뜻한다.

연대와 비슷한 말로 연합을 들 수 있을 것이다. 그러나 연대와 연합은 큰 차이를 갖는다. 연합은 여러 존재들이 단순히 연결되는 것이 아니라 새로운 커다란 존재로 합성되는 것을 뜻한다. 연대는 연결된 존재들의 독자성을 인정하는 것이지만 연합은 그렇지 않다. 연합에서 연대로의 변화는 1980년대에서 1990년대로 나아가면서 한국의 사회운동이 겪은 중요한 변화이다. 강력한 반독재 운동이 전개되어야 했던 때에는 개별 주체의 독자성보다는 전체를 중요시하는 연합이 적절했지만, 민주화가 진행되자 전체보다는 개별 주체의 독자성을 중요시하는 연대가 적절해졌다. 연합에서 연대로의 변화는 커다란 시대적 변화를 반영한 변화였다. 연대는 차이의 인정에서 비롯된다. 해결해야 할 과제를 강조하거나 특정 주체의 우월성을 강조하면서 주체의 차이를 올바로 인정하지 않는 상황에서는 연대는 결코 이루어지지 않는다. 차이의 인정을 전제로 해결해야 할 과제에 대한 동의가 올바로 이루어져야 비로소 연대가 이루어지고 작동할 수 있게 된다.

오늘날 사회운동의 연대는 다양한 분야에서 일상적으로 이루어지고 있다. 그러나 연대가 실질적으로 이루어지지 않는 경우도 많다. 연대의 조건과 방식이 제대로 마련되지 않은 상태에서 형식적인 연대를 추구하곤 하기 때문이다. 연대의 조건과 방식이 제대로 마련되기 위해서는 사실 현재의 사회상태와 사회운동의 목표 등에 대해 심층적인 토론과 합의가 이루어져야 한다. 이것은 대단히 많은 비용이 필요한 피곤한 과정을 통해 이루어질 수 있다. 그러나 오늘날 우리의 현실을 보면, 기존의 논리에 얽매여서 변화를 올바로 파악하지 않으면서 일방적인 주장을 앞세워서 막연히 연대를 강조하는 경우도 많은 것 같다. 일방적인 요구나 일방적인 지원은 연대와는 거리가 먼 것이다. 연대는 강한 자가 약한 자에게, 많은 자가 적은 자에게 손을 내미는 것이 아니다. 연대는 서로 다른 주체들이 서로의 차이를 인정하고 공동의 목표를 위해 함께 나아가는 것이다. 그러므로 공동의 목표에 대한 토의와 합의가 이루어지지 않고 연대를 추구하는 것은 사실상 불가능하다.

낡은 용어의 화용론이 우리의 사회운동을 괴롭히고 있기도 하다. 사람이 말을 이용하는 것이 아니라 말이 사람을 이용한다는 것은 단지 구조주의 언어학의 과도한 주장에 그치는 것이 아니다. 그것은 상당한 정도로 사실이기도 하다. 좌와 우, 진보와 보수가 그 대표적인 예이다. 실질적인 연대의 발전을 위해서는 좌와 우, 진보와 보수 등의 용어들이 발휘하고 있는 주술적 위력에서도 벗어나야 한다. 프랑스 대혁명 당시에 만들어진 좌와 우의 용어, 19세기 후반의 사회혁명 시대를 거치며 만들어진 진보와 보수의 용어는 왕왕 우리의 현실을 올바로 이해하지 못하게 한다. 실질적 연대를 위해서는 선험적 관점이 아니라 실증적 관점에 서서 주체의 차이를 올바로 이해해야 한다. 좌파-진보, 우파-보수라는 용어에 대해서도 우리는 실증적 관점을 견지해야 한다. 역사적으로 형성된 이 용어들의 의미와 우리의 현실 사이에 놓여 있는 거리를 올바로 이해해야 할 것이다. 여기서 이 용어들이 담고 있는 의미의 구도를 대략적으로 정리하면 다음과 같다.

표1 좌파-진보, 우파-보수라는 의미의 구도

좌파-진보	우파-보수
약자	강자
전면적 변화	부분적 변화
급진적 변화	점진적 변화
공생	경쟁

　사실 좌파-진보, 우파-보수는 '자루'와 같은 개념으로서 그 자체로 성립하는 개념이 아니다. 중요한 것은 자루가 아니라 그 내용물인 것처럼 우리는 이 말들이 담고 있는 내용에 주목해야 한다. 더욱이 그 내용은 시대의 변화에 따라 계속 변화한다. 예컨대 20세기 초까지는 불평등이 가장 중요한 문제였다면, 20세기 말이 되어서는 생태위기가 더욱 근본적인 문제로 떠올랐다. 이런 내용에 대해 누구의 관점에서 어떤 방식으로 접근하는가에 따라 좌파-진보, 우파-보수가 규정되어야 한다. 또한 여기서 중요한 것은 좌파-진보, 우파-보수가 일률적으로 구성되지 않는다는 것이다. 예컨대 마르크스주의가 좌파-진보의 전부가 아니며, 파시스트가 우파-보수의 전부가 아니다. 좌파-진보, 우파-보수의 내부에는 다양한 이견과 차이들이 존재한다. 만일 그렇지 않다면, 그것 자체가 심각한 문제이다. 한국은 그 좋은 예이다. 우리는 스펙트럼의 사고를 해야 하며, 이런 관점에서 사상의 지형을 개혁해야 한다.

　마르크스주의로 대표되는 좌파-진보의 일부에서는 생태위기에 대해서도 오로지 노동자의 우월성을 강조하고 나서는 모습을 보인다. 그러나 이것은 현실적으로나 논리적으로나 모두 틀린 것이다. 자연은 노동자와 자본가를 구분하지 않는다. 생태위기는 인간이 자신을 포함해서 모든 생명에게 가하는 절멸의 위기이다. 사회주의의 현실이 잘 보여주었듯이, 자본가만이 아니라 노동자도 생태위기의 심각한 피해자이자 가해자이다. 사실 세계 최악의 자연파괴는 소련과 중국에서 벌어졌다. 아랄해 파괴와 삼협댐 건설이 그것이다. 물론 생태위기에 대해 모든 주체가 동등한 책임을 갖고 있는 것은 아니다. 미국인은 아랍인보다 훨씬 큰 책임이 있으며, 부자는 빈자보다 훨씬 큰 책임이 있다. 정의로운 방식으로 생태위기에 대처하기 위해서는 이런 책임의 크기를 올바로 이해하는 것이 중요하다. 그러나 노동자는 책임이 없다거나 노동자만이 문제를 해결할 수 있다는 주장은 완전히 잘못된 것이다. 생태적 전환은 노동자에게도 부과되는 역사적 과제이다.

생태위기 시대에 사회운동의 연대는 생태적 전환을 전제로 이루어질 수 있다. 생태적 전환은 반생태적인 현대 사회를 생태적인 사회로 바꾸는 것을 뜻한다. 이것은 구조와 일상, 생산과 생활의 모든 면에서 자연의 한계를 초과하는 방식으로 존재하는 현대 사회의 문제를 직시하는 것으로 시작된다. 여기서 나아가 생태적 전환은 정부조직, 재정구조, 하부구조, 산업구조, 고용구조, 생활방식, 사고방식 등을 모두 바꾸는 것이다. 생태적 전환은 지극히 물질적인 변화이다. 이것은 생태학이 지구에 대해 알려준 물질적 진리를 사회적으로 구현하는 것이다. 이 거대한 변화야말로 지금 우리 모두의 생존을 위해 가장 절박한 과제이다. 생태적 전환은 자각한 소수에 의해 시작되었다. 오늘날 이 과제는 유엔과 각국의 차원으로 확대되어 실시되고 있다. 그러나 그 실상은 여전히 큰 문제를 안고 있다. 한국의 경우는 '녹색 성장'을 내걸고 전대미문의 '회색 파괴'가 자행되고 있는 실정이다. 사회운동은 이런 문제를 직시하고 생태적 전환이 실질적으로 추진될 수 있도록 최선을 다해야 한다.

사회운동은 현재의 문제를 해결하고 좋은 사회를 만들고자 하는 시민의 자구적 노력의 산물이다. 절멸의 위기인 생태위기가 갈수록 가속화되고 있는 상황에서 생태위기에 무관심한 사회운동은 그 존재이유에 대해 심각한 의혹이 제기되지 않을 수 없다. 생태위기의 시대에 사회운동은 생태적 전환을 적극적으로 추구해야 하며, 그 바탕 위에서 다양한 사안들에 대한 연대를 추구해야 한다. 생태적 전환은 환경운동의 특수한 과제가 아니라 모든 사회운동의 보편적 과제이다. 물론 환경운동은 생태위기에 대처하는 전문운동으로서 생태적 전환에 더 큰 책임을 지고 있지만, 생태위기는 모든 생명을 위협하는 보편적인 문제이므로 생태적 전환은 당연히 모든 사회운동의 보편적 과제인 것이다. 이런 관점에서 노동운동은 더 많은 성장과 분배를 추구했던 것에서 벗어나서 생태적 전환의 구체적 과정과 목표를 제시하고 추구해야 한다. 그렇게 하지 않는다면, 이른바 '적녹연합'은 그저 공허한 말잔치로 끝나고 말 것이다.

IV. 토건국가의 문제와 개혁

생태적 전환은 지구적 차원에서 보편적으로 추진되어야 할뿐만 아니라 각국마다 다른 조건을 면밀히 검토해서 구체적으로 추진되어야 한다. 각국마다 구조, 생활, 의식 등에서 큰 차이를 지니고 있기 때문이다. 이런 차이를 무시하고 서구의 연구자들이나 운동가들이 내세우는 주장을 무조건 받아들여서 추진하는 것은 그 자체로 '지적 식민성'이라는 문제의 증거일 뿐만 아니라 실제로도 현실을 올바로 이해하지 못한 지독히 잘못된 관념적 실천에 머물기 십상이다. 서구의 연구자들이나 운동가들의 이름은 물론이고 생몰년도까지 자세히 기억하고, 서구에서 일어난 각종 사건들에 대해서도 사전처럼 기억하면서, 정작 여기의 연구자들이나 운동가들에 대해서는 이름조차 기억하지 못하고, 사건들에 대해서도 역시 무관심하다고 한다면, 도대체 지금 여기서 왜 사회운동을 하는가?

한국에서 생태적 전환과 연대가 제대로 이루어지기 위해서는 무엇보다 먼저 한국의 현실에 대한 깊은 연구가 제대로 이루어져야 한다. 같은 자본주의나 사회주의라고 해도 국가마다 차이가 있다. 동일한 공업문명에 의지하고 있으며 이에 따라 생태위기를 유발하는 것은 마찬가지라고 해도 내적인 사회의 구성과 작동에서는 적지 않은 차이가 있는 것이다. 이 차이를 올바로 인식하지 않는다면 생태위기에 대응하는 것은 물론이고 고전적인 불평등에 대응하는 것도 대단히 어려울 수밖에 없다. 서구의 이론과 실천은 여기의 이론과 실천을 위한 참조대상이지 무조건 따라야 하는 교조가 아니다. 군대의 작전지침조차 구체적인 전술의 참조대상일 뿐이다. 이런 관점에서 토건국가의 문제를 무시하고 현대 한국 사회의 문제를 올바로 이해할 수 있는 길은 없다.

토건국가는 무엇인가? 그것은 병적으로 비대한 토건업을 중심으로 정계, 관계, 재계의 유착구조가 형성되어 막대한 재정을 탕진하고 소중한 국토를 파괴하는 기형적인 개발국가를 뜻한다. 서구에서는 이런 문제를 찾아볼 수 없다. 이 때문에 서구의 연구자들과 운동가들 중에서 이 문제를 논한 사람은 찾아볼 수 없다. 그러나 바로 이 때문에 그들의 글을 금과옥조처럼 여기는 한국의 연구자들과 운동가들 중에는 토건국가의 문제를 완전히 무시하거나 그렇지는 않더라도 아주 사소한 것으로 여기는 자들이 퍽 많다. 연구자들과 운동가들 중에 지적 식민성의 늪에 빠져 허우적대는 비현실적인 자들이 많은 것이다. 토건국가의 문제는 국내총생산의 19%에 이르는 토건업의 비중, 50조 원을 넘는 공공토건비용 등에서 명확하게 드러난다. 재정구조와 산업구조가 시대착오적인 토건업을 중심으로 구성되어 있으므로 도처에서 밤

낮없이 토건공사가 그치지 않고 사회의 발전이 이루어질 수 없는 것이다. 이것만으로도 엄청난 문제이지만 문제는 여기서 그치지 않는다.

토건국가는 막대한 재정을 탕진해서 불필요한 대규모 토건사업을 끊임없이 벌이는 기형적인 개발국가이기 때문에 이 과정에서 엄청난 부패가 발생하게 마련이다. 이 나라에서는 심지어 '건설 있는 곳에 부패 있다'고 말할 정도이다. 사업비의 최소 5%가 이른바 '리베이트' 즉 뇌물이라고도 한다. 1조 원 크기의 공사라면 최소 500억 원이 뇌물로 사용된다는 말이다. 한국의 부패지수가 세계 40위권에 머물고 있는 것은 이러한 토건국가의 필연적 산물이라고 할 수 있다. 2005년의 경실련 조사에 따르면 신문에 보도된 뇌물사건의 절반 이상이 토건과 관련된 것이었다. 뇌물로 구속된 공무원들도 절반 이상이 토건과 관련되었다. 이런 문제에도 불구하고 토건국가의 문제가 좀처럼 해결되지 않는 이유는 토건국가가 국민들에게 불로소득인 개발이익을 제공하기 때문이다. 토건국가는 맹렬히 투기를 부추기는 방식으로 작동하는 것이다. 이렇듯 토건국가는 탕진국가, 파괴국가, 부패국가, 그리고 투기국가이다. 우리는 이렇게 잘못된 나라에서 살고 있다.

토건국가는 어떻게 작동하는가? 여기서 무엇보다 중요한 것은 토건복합체를 올바로 인식하는 것이다. 토건복합체는 정계, 관계, 재계, 학계, 언론계의 끈끈한 연결망으로 이루어져 있다. 이들은 불필요한 대규모 토건사업을 끊임없이 기획하고 추진해서 막대한 재정을 나눠먹고 국토를 파괴한다. 이러한 토건복합체의 핵심에 박정희의 개발독재에 형성된 거대한 개발부서들과 개발공사들이 자리잡고 있다. 개발부서들의 대표적인 예는 국토해양부이고, 개발공사들의 대표적인 예는 토지공사, 주택공사, 도로공사, 수자원공사, 농촌공사, 한전 등 '6대 개발공사'를 들 수 있다. 이러한 개발부서들과 개발공사들이 여전히 지배적 지위를 차지하고 있다는 것은 이 나라의 정부조직과 재정구조가 아직도 박정희의 개발독재 시대에서 벗어나지 못했다는 것을 보여준다. 이러한 시대착오적 정부조직과 재정구조를 철저히 개혁하는 것이야말로 진보이고 선진화이며 공공성을 지키는 것이다.

토건복합체는 막무가내로 작동하지 않는다. 독재 시대에 토건국가는 독재자의 의지에 따라 형성되고 작동되었다. 박정희의 독재는 정치적으로 군사독재이자 경제적으로 개발독재였다. 우리의 민주화는 전자에 초점을 맞추면서 후자에 대해서는 올바로 인식하지 못했다. 그 결과 절름발이 민주화가 진행되었고, 이 때문에 독재는 제대로 해결되지 않았다. 그렇지만 민주화의 결과로 통치자가 멋대로 토건사업을 추진하기는 어렵게 되었다. 합리적 외피와 합법적 외피가 필요해진 것이다. 합법적 외피는 의회의 입법을 통해 이루어진다. 불행히도 여와 야, 진보와 보수를 떠나서 의회의 다수는 토건국가의 강력한 주체들이다. 합법적 외피는 아주 쉽게 마련될 수 있다. 합리적 외피는 이보다는 조금 어렵지만 역시 대단히 쉽게 마련된다. 수많은 공공 연구기관들은 물론이고 수많은 교수들이 언제나 엉터리 보고서를 작성할 준비가 되어 있는 것이다. '정치 교수'가 100명이라면, '업자 교수'는 10000명에 이를 것이다. 사실상 모든 대규모 토건사업이 필요성과 타당성부터 엉터리로 결정되어 강행된다. 이렇게 황당한 토건국가의 문제에 관심을 기울이지 않고 이 나라를 개혁한다는 것은 어불성설이 아닐 수 없다.

이 나라에서는 토건국가의 개혁을 중심으로 생태적 전환과 연대가 추구되기는커녕 오히려 토건국가에 대한 오해가 널리 만연되어 있다. 사회운동조차도 상당한 정도로 토건국가의 영향에서 자유롭지 못하며 심지어 그 이익을 분배받고 있기 때문은 아닐까? 토건국가에 대한 오해는 환경운동에 대한 오해와 사실상 같은 것이다. 환경운동이라고 하면 그저 환경을 지키자는 것으로 여기는 것처럼 토건국가라고 하면 그저 자연을 지키자는 주장을 하는 것으로 여기는 것이다. 그러나 오늘날 환경운동은 반생태적인 사회의 개혁을 촉구하는 사회개혁운동이며, 토건국가는 무엇보다 엉터리 토건사업을 벌이기 위해 막대한 재정을 탕진하는 국가를 뜻한다. 토건국가의 개혁은 잘못된 토건사업에 막대한 재정을 탕진하는 비정상적인 국가를 정상적인 국가로 만드는 것이다. 생태위기 시대에 이 나라의 개혁을 위한 사회운동의 연대가 올바로 이루어지기 위해서는 우선 환경운동과 토건국가에 대한 무지와 오해를 해소해야 할 것이다.

토건국가의 사례는 너무나 많다. 2006년 현재 '대규모 공공투자사업'이라는 이름으로 진행되고 있던 토건사업들은 무려 766개였다. 아마도 그 상당수가 불필요한 토건사업이었을 것이며, 필요한 것들도 제대로 요건을 충족해서 진행되지 않았을 것이다. 대표적인 예를 들다면, 새만금개발사업, 시화호개발사업, 굴포천 방수로/경인운하 건설공사, 북한산 관통 터널 건설사업, 고속철 건설사업, 한탄강댐 건설사업, 농수로 시멘트화 사업, 자연형 하천개발사업 등을 들 수 있다. 이것들만으로도 이미 충분히 망국적이라는 비판을 받을 상황이었으나, 이명박 정부와 한나라당은 여기서 더 나아가 아예 4대강을 '대운하'로 만들겠다는 황당한 계획을 강행했고, 이 망국적 계획을 절대다수의 국민이 반대하자 '4대강 살리기'로 이름을 바꿔서 '대운하 살리기'를 강행하고 있다. 이와 함께 '굴포천 방수로' 공사를 완전히 '경인운하'로 바꿔서 강행하고 있다. '경인운하'는 경제성이 전혀 없어서 사실상 폐기되었던 사업이다. 경운기는 보통 시속 20km로 달리지만 운하는 보통 시속 10km 이하로 달려야 한다. '경인운하'는 18km를 2시간 동안 운항하게 된다. 도대체 경운기보다 느린 운하로 어떻게 경제성을 확보할 수 있겠는가? 한탄강댐도 하류의 홍수를 막는다며 최소 1조 900억 원을 들여서 건설하고 있다. 그러나 그 홍수방지 효과는 고작 10cm이다. 한탄강댐의 효용성은 완전히 '사기'라고 해야 하지 않겠는가?

토건국가는 한국의 발전을 가로막는 가장 큰 병이다. 그런데 왜 한국의 노동운동은 이 문제에 별 관심이 없는가? 왜 한국의 좌파-진보라는 세력은 이 문제에 별 관심이 없는가? 신자유주의나 한미FTA가 큰 문제이기는 하지만 이런 문제가 일어나기 전에도 한국은 이미 토건국가로 매년 수십 조 원의 재정이 탕진되고 소중한 국토가 돌이킬 수 없이 파괴되고 있었다. 그렇다면 신자유주의나 한미FTA보다 토건국가가 한국의 발전을 가로막는 훨씬 더 근본적이고 보편적인 문제가 아닌가? 한국의 사회운동은 토건국가의 개혁을 가장 핵심적인 연대의 목표로 추구해야 하지 않는가?

V. 생태복지국가를 향하여

토건국가의 문제를 생생히 확인해주는 불필요한 대규모 토건사업들에서 우리는 두가지 특징을 명확히 확인할 수 있다. 첫째, 그것들은 엄청난 양의 시멘트를 사용해서 소중한 국토를 대대적으로 파괴하는 것이다. 토건국가는 외형적으로 '시멘트 공화국'이라고 해도 좋을 것이다. 쓰레기는 굉장히 유용하지만 상당한 생태적 문제를 안고 있다. 여기서 나아가 한국의 시멘트는 각종 산업쓰레기 소각재를 섞어서 생산되고 있기도 하다. 둘째, 토건국가를 직접 주도하는 주체는 바로 각종 개발공사들이라는 것이다. 개발공사들은 자신의 조직적 이익을 위해 불필요한 대규모 토건사업을 끝없이 기획하고 강행한다. 개발공사들은 이미 공공성의 담지자가 아니라 공공성의 파괴자에 가까우며, 실제로 '국가의 사유화'라는 문제를 극단화한 상태이다. 우리는 문제에 초점을 맞추는 운동이 아니라 문제를 일으키는 주체를 개혁하는 운동을 해야 한다. '문제에서 주체에로'의 변화는 토건국가의 개혁을 위한 핵심적인 과제이다.

한국의 기형적 현실은 몇몇 지표를 통해 쉽게 확인할 수 있다. 한국의 경제력은 세계 10위권이지만 삶의 질은 40위권이며 환경 질은 무려 130위권이다. 한국은 요컨대 '돈 많은 못 사는 나라'이다. 이런 기형적 상황은 산업의 면에서 무엇보다 토건국가에 의해 배태된 것이며, 소비의 면에서 무엇보다 '학벌사회'에 의해 형성된 것이다. 따라서 '진정한 선진화'를 추구하는 세력이라면 누구라도 토건국가와 학벌사회의 개혁을 초미의 과제로 추구해야 한다. 여기서도 더 중요한 것은 당연히 토건국가이다. 막대한 사교육비를 요구하는 학벌사회는 막대한 개발이익을 제공하는 토건국가를 통해 작동하는 것이다. 상상해 보라. 만일 불필요한 토건사업에 탕진되는 막대한 재정을 복지, 교육, 문화에 사용한다면, 이 나라의 불평등은 훨씬 더 완화될 것이고, 학벌사회도 크게 개선될 것이며, 산업구조와 고용구조의 선진화가 이루어질 것이며, 국토의 파괴를 막고 환경 질이 크게 개선될 것이다. 토건국가의 개혁은 복지국가를 향한 첩경이다. 더욱이 그것은 그 자체로 상당한 생태적 개혁의 효과를 가질 것이다. 여기서 나아가 우리는 시대의 요구에 충실하기 위해 '생태복지국가'를 우리의 목표로 추구해야 한다.

연대의 실질화는 현실의 문제와 미래의 목표에 대한 합의를 통해 이루어질 수 있다. 그러나 우리의 사회운동은 현실에 대한 인식에서부터 크나큰 문제를 안고 있다. 노동운동은 생태위기에 여전히 너무나 무심하다. 2001년에 민주노총 집행부가 새만금개발사업에 대한 반대를 결의하자 농업기반공사(현 농어촌공사) 노조는 즉각 민주노총에서 탈퇴했다. 사실 노동운동을 핵심으로 하는 좌파-진보 전체가 사실상 토건국가와 학벌사회의 문제에 거의 완전히 무심하다. 그들은 신자유주의가 만악의 원천이라고 주장하며, 그 저지가 만 명통치약이라고 주장하는 것 같다. 그러나 신자유주의도 지역화를 통해 작동한다. 한국에서 신자유주의는 토건국가와 학벌사회를 통해 작동하지 않는가?

복지국가는 꿈이 아니며 생태복지국가도 결코 꿈이 아니다. 한국은 돈이 없어서 못 사는 나라가 아니라 많은 돈을 잘못된 방식으로 벌고 잘못된 방식으로 쓰고 있어서 못 사는 나라이다. 더욱이 한국의 지구 온난화 속도는 세계 평균의 2배를 넘는 급격한 상태에 있다. '녹색성장'은 이 문제를 더욱 더 악화시키는 것으로서 사실상 '녹색 사기'라고 해야 한다. 한국의 사회운동이 추구해야 하는 역사적 과제는 생태위기에 적극 대응하면서 '진정한 선진화'를 실현하는 것이다. 그 핵심은 포크레인으로 산과 강을 파괴하는 토건국가를 개혁하고 모든 구성원이 건강한 자연 속에서 충실한 복지를 누리는 생태복지국가를 이룩하는 것이다. 정부조직과 재정구조의 개혁은 그 구조적 출발점이다.

(2009년 5월)

제18장
생태복지국가 연대의 형성

"삶의 바탕이 연대이듯이 운동의 바탕도 역시 연대입니다."

- 김진균, 2003, '정년퇴임사',
홍성태, 2014: 372

I. 머리말

2003년 2월에 서울대 사회학과에서 정년퇴임하고 일년 뒤인 2004년 2월에 암으로 세상을 떠난 고 김진균 교수(1937~2004)는 열살 아래 동생인 서울대 정치학과의 김세균 교수가 크리스찬 아카데미 활동으로 말미암아 한명숙 전 총리, 신인령 전 이화여대 총장 등과 함께 박정희 정권에 의해 투옥된 1970년대 말부터 본격적으로 사회운동에 참여하게 되었다. 그는 학문적으로 우리의 실학과 서구의 비판사회과학을 접맥하는 데 힘을 쏟았으며, 실천적으로 민족과 민중을 중심으로 사회를 개혁하는 데 힘을 쏟았다. 사후에 '민중의 스승'으로 추앙된 그는 민족과 민중의 삶을 개선하기 위해 애썼으며, 이를 위해 정의에 기초한 민중의 연대를 무엇보다 중요한 운동의 과제로 여겼다. 따라서 그 주체의 면에서 그의 학문은 '민중 사회학'이라고 할 수 있고, 그 방식의 면에서 그의 학문은 '연대 사회학'이라고 할 수 있다.

연대는 중요하다. 그러나 연대는 과연 무엇이며, 어떻게 이루어질 수 있는 것일까? 그냥 연대를 외치면 연대가 이루어지는 것일까? 분명히 그렇지 않을 것이다. 연대의 목표와 방식과 조건은 엄밀히 규정되어야 한다. 이와 관련해서 많은 단체들과 활동가들이 이미 오래 전부터 지적하고 있는 '연대 피로증'의 문제에 주의할 필요가 있다. 연대 활동은 개별 단체들에게 여러 비용을 요구하지만 그에 비해 뚜렷한 성과를 거두지 못하는 경우도 많다. 여기서 나아가 연대 활동이 너무 많아서 개별 단체들이 본연의 활동을 제대로 수행하지 못하는 경우도 왕왕 발생한다. 사정이 이렇다 보니 명확한 목표를 함께 추구하는 실질적 연대보다는 거시적 목표에 동의하는 추상적 연대가 흔히 이루어진다. 그리고 이 때문에 다시 연대의 필요성과 중요성에 대한 회의가 확산되기도 한다.

한국의 민주화는 '포위된 민주화'이자 '취약한 민주화'로 진행되었으며, 이 때문에 한국 사회는 연대의 필요는 크지만 연대의 조건은 열악한 사회이다. 우리가 추상적 연대를 넘어서 실질적 연대를 추구하기 위해서는 우선 이런 현실을 직시해야 한다. 연대는 사안에 따라 크게 부분적 연대와 전체적 연대로 나뉠 수 있다. 민주주의의 구현을 위한 연대는 민주주의에 동의하는 모든 단체들과 개인들이 참여하는 전체적 연대의 대표적 사례이다. 민주주의는 정치제도의 개혁이라는 차원을 넘어서 '이상사회'의 구현이라는 함의를 품고 있다. 그러므로 우리는 '민주화의 민주화'라는 관점에서 '영속적 민주화'를 추구해야 한다. 정치적 민주화는 사회적 민주화로 이어지고, 다시 생태적 민주화로 나아가야 한다. 나는 이 과정을 통해 우리가 이루어야 할 목표로 '생태복지국가'를 제시한다.

한국은 생태복지국가를 이룰 수 있고, 이루어야 하는 상황에 있다. 이 과제는 한국 사회의 가장 큰 구조적 문제인 토건국가 문제를 극복하는 것과 동전의 양면을 이루고 있다. 토건국가 문제를 개혁하면 복지를 증진하고 자연을 개선할 수 있는 것이다. 이제 한국 사회의 현황, 토건국가 문제, 생태복지국가 연대의 순으로 한국에서 '민주화의 민주화'와 연대의 과제에 대해 살펴보고자 한다.

II. 한국 사회의 현황

연대는 사회의 변화를 추구하는 사회운동의 핵심적인 방식이다. 따라서 실질적 연대가 이루어지기 위해서는 우선 한국 사회가 어떤 사회인가에 대해 연대를 추구하는 세력 사이에서 폭넓은 인식의 공유가 이루어져야 한다. 그러나 이에 대해서도 여러 커다란 차이들이 존재하는 것으로 보인다. 실질적 연대는 거시적 목표의 공유뿐만 아니라 세부적 이익의 배분까지도 요구한다. 따라서 이런 관점에서 한국 사회에 대한 인식의 차이를 인정하거나 해소하려는 노력들이 추구되어야 실질적 연대가 강화될 수 있을 것이다. 이를 위해 몇가지 지표를 중심으로 한국 사회의 현황에 대해 살펴보도록 한다.[1]

첫째, 한국은 국토 크기가 10만km^2 정도인 작은 나라이다. 세계 220개 국가들 중에서 한국의 국토 크기는 109위에 불과하다. 국토 크

---

1 우리는 사회의 기본성격을 정치, 경제, 문화, 자연의 네 요소로 나누어 살펴볼 수 있다. 그리고 이에 앞서서 우선 사회를 이루는 가장 기본적인 요소인 국토와 인구의 특징에 대해 살펴볼 필요가 있다.

기만으로 보자면 한국은 분명히 '소국'이다. 그러나 한국은 삼면이 바다로 둘러싸여 있을 뿐만 아니라 국토는 많은 산과 강으로 나뉘어 있어서 대단히 풍부한 생태계를 이루고 있다. 그런데 한국의 국토는 상당히 작기 때문에 그 풍부한 생태계가 아주 쉽게 파괴될 수 있다. 이러한 생태적 다양성과 취약성은 우리 국토의 특징을 이해하는 기초이다. 이런 사실을 올바로 이해하지 못하고 박정희의 개발독재 이래 파괴적 개발을 강행해온 결과 오늘날 한국의 환경 질은 세계 130위권에 머무는 극히 심각한 상태가 되었다.

둘째, 한국의 인구는 4,800만 명을 넘어서 세계 26위이다. 인구의 지역별 분포는 서울 1,050만 명, 수도권 1,400만 명, 영남 1,300만 명, 호남 520만 명, 충청 500만 명, 강원 150만 명 정도로 이루어져 있다. 서울과 수도권의 인구는 대부분 1960~90년 사이에 다른 지역에서 이주해 온 사람과 그 자손으로 구성되어 있다. 연령별 분포는 0-9세 490만 명, 10-19세 662만 명, 20-29세 702만 명, 30-39세 818만 명, 40-49세 837만 명, 50-59세 635만 명, 60-69세 392만 명, 70-79세 249만 명, 80세 이상 88만 명 정도로 이루어져 있다. 계층별 분포는 대략 부유층 10%, 중산층 60%, 서민층 15%, 빈곤층 15%로 이루어져 있다. 계층적으로 한국은 분명히 '중산층 사회'이다. 따라서 자원의 소비량이 대단히 많다. 또한 박정희의 개발독재 이래로 개발주의와 성장주의가 구조와 생활의 양면에서 확립되어 대다수 사람들을 지배하고 있다.

셋째, 정치의 면에서 한국은 2차대전 이후의 독립국가들 중에서 민주화에 성공한 가장 모범적인 국가이다. 이승만, 박정희, 전두환, 노태우로 이어지는 40여 년 간의 독재에 맞서서 줄기차게 민주화 운동이 전개되어 이런 성과를 거둘 수 있었다. 그러나 민주화는 단순히 정치적 민주화로 끝나지 않는다. 그것은 사회적 민주화로, 다시 생태적 민주화로 나아가야 한다. 이런 점에서 한국이 이룬 민주화는 아직 부분적일 뿐이다. 더욱이 식민과 독재에 뿌리를 두고 있는 사이비 보수 세력의 권력이 여전히 막강한 상황에서 오늘날 한국은 심각한 민주주의의 위기를 맞게 되었다. 우리는 민주주의의 위기에 맞서는 동시에 민주주의의 심화를 이루어야 하는 이중의 과제를 안고 있다.

넷째, 경제의 면에서 한국은 놀라운 고성장을 이루었다. 예컨대 1960년에 79달러였던 1인당 명목국민소득(GNI)이 2007년대에는 20,045달러로 늘어났다. 오늘날 한국은 세계 10위권의 경제대국이다. 이것은 독재와 재벌의 결과가 아니고, '뉴라이트'가 주장하듯이 식민의 결과는 더더군다나 아니며, 수많은 사람들이 말 그대로 피땀을 흘려가며 열심히 공부하고 일한 결과이다. 그러나 그 이면을 보면, 경제질서를 교란하는 재벌의 문제는 전혀 개선되지 않고 있으며, 노동자의 권리는 아직도 제대로 지켜지지 않고 있고, 부동산을 중심으로 양극화가 심화되고 있고, 학벌경쟁의 덫에 빠져서 비정상적인 사교육비 지출이 계속 증가하고 있고, 병적으로 과도한 토건경제가 투기와 결합되어 극성을 부리고 있다.

다섯째, 문화의 면에서 한국은 고도로 다양한 양상을 보이고 있다. 본래 문화는 경제와 표리의 관계를 이루고 있어서 경제가 성장하면 바로 생활의 변화가 이루어지고 문화의 다양화가 촉진된다. 많은 비용을 필요로 하는 각종 매체가 널리 활용되면서 다양한 매체문화가 활성화되는 것은 그 좋은 예이다. 이와 함께 주의해야 하는 것은 문화가 소비의 한 양상이라는 사실이다. 이 때문에 풍요사회의 문화는 더욱 더 소비를 촉진하고 풍요를 만끽하는 것을 강조하기 십상이다. 이미 한국은 고도로 발달한 풍요사회이자 소비사회이며, 이로 말미암아 허다한 문제들이 전국 곳곳에서 발생하고 있다. 자동차 중독증과 골프 중독증은 그 좋은 예이다.

여섯째, 자연의 면에서 한국은 극히 심각한 상황에 처해 있다. 국토 크기 세계 109위의 소국이 본격적으로 경제성장을 시작한지 40년만에 경제 크기 세계 13위(OECD 8위)의 대국이 되는 과정에서 금수강산은 공해강산이요 파괴강산이 되고 말았다. 산, 들, 갯벌, 하늘이 모두 돌이키기 어려울 정도로 크게 파괴되었으며, 이제는 생명의 원천인 강마저 모조리 거대한 시멘트 저수지의 연속체로 파괴될 위기에 처하고 말았다. 한국의 환경 질은 세계 130위권에 머물고 있다. 이처럼 경제력과 환경 질이 극단적인 격차를 보이고 있는 나라는 한국밖에 없다. 한국이 '진정한 선진화'를 이루기 위해서는 양극화를 막아야 할뿐만 아니라 처참한 환경 질을 서둘러 개선해야 한다.

III. 토건국가 문제

1. 토건국가의 개념

오늘날 한국은 세계적인 경제대국이며 정치와 문화의 면에서도 상당한 영향력을 행사하는 '모범국가'이다. 그러나 사회 질이라는 면에서 보자면, 한국은 특이한 문제들을 많이 안고 있는 '문제국가'이다. 학벌사회는 그 좋은 예이다. 한국은 강력한 학벌사회의 구조 때문에 사실상 전국민이 무한학력학벌경쟁을 벌이고 있는 세계 유일의 국가이다. 이 때문에 한국에서는 중산층조차 자신의 삶을 제대로 즐기지 못하고 소득의 상당 부분을 사교육비로 탕진하고 있다. 이런 상황에서 부동산 투기가 강력히 구조화되어 한국은 사실상 전국민이 무한부동산투기경쟁을 벌이고 있는 국가이기도 하다.

학벌과 투기의 문제는 오늘날 모든 한국인의 목에 걸린 두 개의 맷

돌과 같다. 두 문제를 빼고 한국 사회를 올바로 이해하는 것은 불가능하다. 이런저런 서구의 연구들을 아무리 수입해서 적용해도 한국 사회를 올바로 이해하기는커녕 오해만 커지는 이유가 여기에 있다. 우리에게 필요한 것은 서구의 연구들을 수입해서 적용하는 것이 아니라 우리의 현실을 실증적으로 천착하는 것이다.[2] 이런 점에서 우리가 무엇보다 깊은 관심을 기울여야 할 것은 토건국가 문제이다. 토건국가 문제는 병리적인 문제가 아니라 구조적인 문제이며, 부수적인 문제가 아니라 본질적인 문제이다. 학벌과 투기의 문제조차 토건국가 문제를 기반으로 하고 있다. 토건국가 문제는 현대 한국을 이해하기 위한 핵심이다.

토건국가는 무엇인가? 그것은 병적으로 비대한 토건업을 유지하기 위해 불필요한 대규모 토건사업을 끊임없이 벌이면서 막대한 재정을 탕진하고 소중한 국토를 파괴하고 엄청난 부패를 만연시키는 기형적 개발국가를 뜻한다. 이처럼 우리는 비대한 토건업의 유지, 불필요한 대규모 토건사업의 지속, 재정의 탕진, 국토의 파괴, 부패의 만연 등 다섯 가지 요소를 중심으로 토건국가 문제를 살펴볼 수 있다. 여기서 비대한 토건업의 유지가 토건국가의 원천에 해당한다면, 불필요한

---

[2] 한국은 매체의 서평에서 도무지 번역과 저작을 구분하지 않고, 출판에서 번역의 비중이 세계 최고라는 점에서도 '문제국가'이다. 학계가 미국을 중심으로 한 서구를 기준으로 하고 있으니 일반 시민들도 서구의 연구나 학자들에 대해서는 잘 알면서도 한국의 연구나 학자들에 대해서는 잘 모른다. 사실 이 나라의 학계에서 공부를 한다는 것은 서구의 책을 읽는 것이라는 식으로 왜곡된 지가 이미 오래 되었다. 논문에서도 서구의 연구는 줄줄이 인용하면서 국내의 연구는 무시하기 일쑤다. 아예 논문은 이런 식으로 쓰는 것이라고 알려져 있는 것 같기도 하다. 미국 박사들이 학계를 지배하고 있고, 이에 대항하는 쪽은 불란서나 독일의 연구를 열심히 공부한다. 어느 쪽이건 한국은 없다.

대규모 토건사업의 지속은 그 방식에 해당하고, 재정의 탕진과 국토의 파괴와 부패의 만연은 그 결과에 해당한다. 토건국가가 구조적으로 확립된 곳에서 사회 질과 환경 질의 개선을 기대하는 것은 거의 불가능할 것이다.

 토건국가는 본래 현대 일본의 문제를 지적하기 위해 1970년대 말 일본에서 고안된 개념이다. 현대 일본은 정치적으로 '자민당 일당지배' 국가이다. 자민당은 이를 위해 지역개발의 명목으로 막대한 혈세를 각 지역에 보내는 정책을 강행했다. 그 결과 일본 전역에서는 불필요한 대규모 토건사업이 끊임없이 전개되었고, 이를 통해 사업비와 보상비의 형태로 막대한 혈세를 제공받은 지역에서는 자민당을 적극 지지하게 되었다. 이런 점에서 토건국가는 불필요한 대규모 토건사업을 명목으로 막대한 혈세와 정치적 지지를 교환하는 노골적인 '매표정치'의 산물이기도 하다. 이런 점에서 토건국가라는 개념을 단순히 개발문제나 환경문제를 가리키는 것으로 생각하는 것은 무지의 소치라고 하지 않을 수 없다. 그것은 역사적으로 형성된 국가 전체의 구조적 특성을 가리키는 것이기 때문이다.

2. 토건국가의 개혁

토건업은 경제성장의 초중기 단계에서는 크게 성장하기 마련이다. 경제성장의 초중기 단계에서는 철도, 도로, 항만, 댐 등 각종 하부구조를 빠르게 생산해야 하기 때문이다. 산업별로 보아서 경제성장은 대체로 토건업 → 제조업 → 금융업의 순으로 이루어진다. 그러나 한국은 경제성장의 후기 단계로 접어들면서도 토건업의 비중이 줄어들기는커녕 오히려 계속 인위적으로 늘어났다. 오늘날 한국의 토건업은 GDP의 20%를 넘는다. 이에 비해 OECD 평균은 불과 6% 정도이다. 한국의 토건업은 연간 발주액이 200조 원을 넘는 거대한 크기이며, 이 중에서 공적 부문이 차지하는 비중은 무려 50조 원을 넘는다. 그리고 연간 발주액의 20% 이상이 부당이득으로서 거대한 부패의 원천이 되는 것으로 추정되고 있다.

이렇듯 토건국가의 규모는 거대하다. 막대한 혈세를 불필요한 대규모 토건공사에 투여하고 있어서 복지를 증진하지 못하고, 불필요한 대규모 토건공사를 끝없이 벌여서 국토를 파괴하고 있는 것이 토건국가이다. 그 사례는 너무나 많다. 천수만 개발, 시화호 개발, 새만금 개발, 송도 개발, 한강 개발, 평화의 댐 건설, 도암댐 건설, 한탄강댐 건설, 시멘트 농수로 건설, 각종 도로 건설 등 그 목록은 그야말로 끝없이 이어진다. 그러나 최악의 것은 이명박 정부에 의해 강행되고 있는 '4대강 죽이기'이다. 이명박 정부는 4대강을 비롯한 모든 주요 하천들을 '시멘트 직강화'하고 대형댐과 보로 갇힌 '시멘트 저수지'로 만들려고 한다. 이런 점에서 '4대강 죽이기'는 말 그대로 '토건국가의 극단화'에 해당하는 망국의 사업이라고 하지 않을 수 없다.

이렇게 커다란 문제를 안고 있는 토건국가가 왜 좀처럼 개혁되지 않는 것일까? 박정희의 개발독재를 거치며 토건국가는 구조적으로 확립되었다. 강력한 독재를 통해 사회적으로 토건국가의 경로가 군건히 확립되었기 때문에 이것을 개혁하기가 어려운 것이다. 박정희의 독재는 폭치를 통해 강력한 사회체계를 만들었던 것이다. 우리는 이것을 '박정희 체계'라고 부를 수 있다. 토건국가의 개혁은 오늘날 대다수 사람들이 당연한 것으로 여기고 살아가는 '박정희 체계'를 개혁하는 것이다. 사실 '박정희 체계'는 폭력과 토건에 의지하고 있는 낡은 사회체계이다. 이것을 하루빨리 개혁하지 않고 선진화를 이룰 수 있는 길은 없다. 민주주의가 궁극적으로 '이상사회'의 구현을 뜻한다면, 한국에서 그것은 '박정희 체계'를 개혁하지 않고 이룰 수 없다. 그 핵심에 토건국가 문제가 자리잡고 있다.

그러나 토건세력은 토건업의 산업효과와 고용효과를 과장해서 선전하며 토건국가의 확대재생산을 강행한다. 토건세력은 식민과 독재에 뿌리를 둔 사이비 보수세력이 중심을 이루고 있다. 그런데 불행하게도 사이비 보수세력에 맞서서 민주화를 추구한 민주세력도 토건국가의 확대재생산을 추진했다. 민주세력은 '박정희 체계'의 문제를 올바로 이해하지 못했고, 따라서 극복하지 못했던 것이다. 그 결과 이명박으로 대표되는 '원조 토건세력'이 권력을 장악하는 사태가 빚어졌다. 이명박 정부는 경기 부양과 고용 증진을 내걸고 강력한 토건국가 확대 정책을 강행하고 있다. 그러나 그 결과는 암담할 뿐이다. 2009년 상반기에만 토건사업에 무려 31조 원이 넘는 혈세를 투여했으나 건설업의 일자리는 오히려 8만 개나 줄어들었다(〈경향신문〉, 2009/7/22). '토건 살리기'는 사실상 '국토 죽이기'이자 '서민 죽이기'인 것이다.

3. 토건국가의 주체

한국의 토건업은 그야말로 반시장적 산업정책의 대표적인 사례라고 할 수 있다. 시장원리에 따르자면 한국의 토건업은 진작에 크게 축소되었어야 한다. 그러나 불행히도 한국의 토건업은 가장 강력한 경제주체들에 의해 주도되고 있다. 바로 이 때문에 한국의 토건업은 축소되기는커녕 오히려 계속 확대되었다. 한국의 토건업은 1990년대에 GDP의 15% 정도로, 그리고 2000년대 초에는 10% 정도로 축소되었어야 했다. 그러나 한국의 가장 강력한 경제주체들에 의해 한국의 토건업은 오히려 계속 확대되어 이제는 20%를 넘게 되었다. 한국의 가장 강력한 경제주체들은 늘 시장원리를 외치면서 노동운동을 탄압하고 있으

그림1　토건국가의 주체

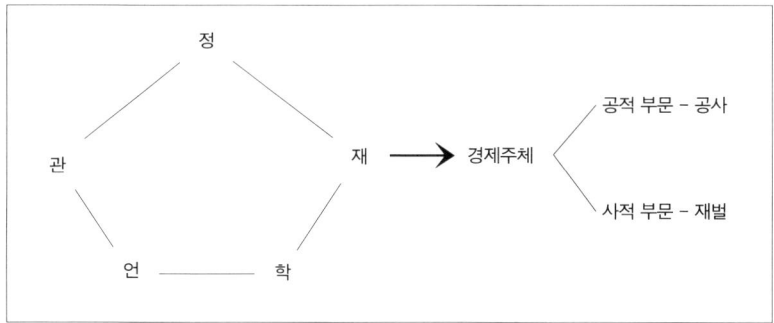

추기: 2018년에 밝혀진 '사법농단' 사건이 잘 보여주듯이 법원/판사가 비리 세력의 최강자로서 모든 토건 비리를 비호할 수 있다. 이런 점에서 '정관재언학법'의 6각 구조로 파악하는 게 더 옳을 것이다. 법원/판사가 정의의 보루여야 한다는 사실로 보자면, 토건국가/비리사회의 개혁에서 가장 중요한 것은 바로 법원/판사의 개혁이다.

나, 토건업에 대한 그들의 대응은 그들의 시장원리가 이상한 것이라는 사실을 잘 보여준다.

　토건국가를 주도하는 가장 강력한 경제주체들은 크게 공적 부문과 사적 부문으로 나누어 살펴볼 수 있다. 공적 부문은 공적 토건사업을 주도하는 각종 공사들로 대표되고, 사적 부문은 사적 토건사업을 주도하는 재벌들로 대표된다. 개발독재 시대에 토건국가는 공적 부문에 의해 주도되었으나, 민주화와 함께 공적 부문과 사적 부문의 사실상 융합이 이루어졌다. 그리고 그 배후에서는 정계, 관계, 재계, 학계, 언론의 광범위한 이익연대가 작동하고 있다. 이 토건국가 연대를 주도하는 것은 '정관재' 연대이지만, 민주화와 함께 학계와 언론의 역할이 대단히 커졌다. 요컨대 토건국가의 주체는 직접주체와 연대주체로 나뉘며, 전자는 공사와 재벌로 대표되고, 후자는 '정관재언학의 5각구조'로 이해되어야 한다.

이렇듯 토건국가는 강력한 주체에 의해 작동되고 있다. 이들을 '토건 마피아'로 부르기도 하고, 이들이 작동하는 방식을 '토건 파시즘'[3]이라고 부르기도 한다. 전자는 이들이 막대한 혈세를 커다란 이권과 뇌물로 활발히 주고받으며 은밀히 작동하고 있는 것을 뜻하며, 후자는 이들이 개발이익에 대한 많은 사람들의 기대를 바탕으로 사실상 불법과 폭력으로 자신들의 이익을 관철하는 것을 뜻한다. 여기서 무엇보다 중요한 것은 아주 많은 사람들이 개발이익에 대한 커다란 기대를 품고 토건국가의 주체로 작동하고 있다는 사실이다. 이 때문에 민주화와 함께 토건정치는 더욱 더 강화되었다. 2008년 총선의 이른바 '뉴타운 정치'는 그 단적인 예이며, 수도권의 부동산 가격이 상승할수록 한나라

---

3   본래 파시즘은 이탈리아의 무쏠리니가 1919년에 주창한 정치운동을 뜻했다. 파시즘은 '파쇼'에서 나온 말인데, '파쇼'는 본래 '묶음'을 뜻했으며 이로부터 단결을 뜻하게 되었다. 요컨대 애국주의와 민족주의로 무조건 단결하자는 것이 무쏠리니의 파시즘이었다. 놀랍게도 이처럼 무모한 주장이 이탈리아 사람들 사이에서 맹위를 떨쳤던 것이다. 한편 마르크스주의에서 파시즘은 1930년대 코민테른의 서기장이었던 불가리아의 게오르그 디미트로프에 의해 "가장 배외주의적이고 군국주의적인 금융자본의 테러독재"라고 규정되었다. 이것은 레닌의 제국주의 개념을 바탕에 두고 제국주의의 가장 폭력적 양태를 파시즘으로 규정했던 것이다. 그러나 이 정의는 대중의 참여라는 파시즘의 핵심을 간과하고 있으며, 소련이나 중국에서 나타난 같은 방식의 '테러독재'를 간과하고 있다. 또한 오늘날 파시즘은 단순히 '폭치'로 정의되기도 한다. 그러나 그렇다면 파시즘은 사회주의의 폭치를 포함할 수 있지만 전근대의 폭치와는 전혀 구분되지 않는 것이 된다. 과연 파시즘을 어떻게 정의해야 할까? 파시즘은 무조건 단결이라는 이름으로 강력한 배타성과 폭력성을 추구하며, 나아가 많은 사람들의 동의를 통해 민주성의 외양마저 띤다. 따라서 파시즘은 "기득권 세력의 주도로 민주성의 외양을 띠고 강행되는 강력한 배타성과 폭력성의 정치"로 규정될 수 있다.

당에 대한 지지가 늘어났다는 최근의 조사결과도 그 좋은 예이다(《동아일보》, 2009/8/3).

물론 그렇다고 해서 국민들을 토건국가 문제의 '주범'으로 볼 수는 없다. '주범'은 문제를 잘 알고 있으면서 국민들을 이용해서 막대한 이익을 챙기기 위해 토건국가 문제를 계속 악화시키는 '정관재언학'의 토건국가 연대이다. 개발이익에 대한 기대로 토건국가 연대를 지지하는 국민들은 '종범'이다. 가장 큰 문제를 안고 있는 주체는 직접주체이며, 그 중에서도 더욱 큰 책임은 공사(公社)에게 있다. 재벌은 사적 경제주체로서 영리에 혈안이 되어 있어서 그렇다고 할 수 있지만, 공사는 그 존재이유 자체가 공익이므로 토건국가 문제의 '주범'이 되어서는 안 되기 때문이다. 토건국가를 개혁하기 위해서는 특히 대규모 토건사업을 주업무로 하고 있는 토지공사, 주택공사, 도로공사, 수자원공사, 농어촌공사, 한국전력공사 등의 6대 개발공사를 축소하고 통폐합해야 한다.

IV. 생태복지국가 연대

1. 생태복지국가 구상

'진정한 선진화'를 이루기 위해서는 이 나라를 후진 상태에 묶어두고자 최선을 다하는 토건국가 연대를 해체하지 않으면 안 된다. 해체는 불가능하더라도 크게 약화시키지 않으면 안 된다. 토건국가 연대가 지금처럼 막강한 위력을 행사하면서 막대한 예산을 탕진하고 소중한 국토를 파괴한다면, 이 나라는 결코 선진화를 이룰 수 없을 것이다. 토건국가의 개혁을 추구하지 않으면서 선진화를 외치는 것은 새빨간 거짓말일 뿐이다. 그러나 이 중대한 과제는 토건국가의 문제를 제시하는 것만으로는 이루어지기 어렵다. 토건국가의 문제를 명확히 이해하고 대응하는 것은 무엇보다 중요한 과제이지만, 이와 함께 토건국가를 넘어선 '진정한 선진화'의 과제를 명확히 제시할 수 있어야 한다.

우리가 추구해야 하는 '진정한 선진화'의 길은 어떤 것일까? 이를 위해 약간의 사고실험을 할 필요가 있다. 나는 1998년 가을에 우리가 추구할 수 있는 길을 신자유주의, 물질적 복지국가, 생태적 복지국가, 자족적 공생사회의 네가지로 정리하고, 그 중에서 가장 현실적이고 이상적인 길로 '생태복지국가'를 제시했다. 여기서 자족적 공생사회는 공업문명에서 벗어난 공동체를 뜻한다. 오늘날 생태사회라고 하면 이 자족적 공생사회를 떠올리는 사람들이 많은 것 같다. 그러나 공동체는 현대의 수많은 사람들을 부양할 수 없다. 머지않아 공업문명이 몰락한 뒤에는 인류는 다시금 공동체로 돌아갈 수밖에 없겠지만, 지금은 공업문명을 적절히 활용해서 자연에 미치는 악영향을 최소로 줄이고 더 많은 사람들이 편안히 살 수 있도록 해야 한다. 나는 이렇게 살 수 있는 사회를 생태복지사회로 제시한다.

생태복지국가는 생태적 한계를 존중하는 복지국가를 뜻한다. 지구는 무한하지 않고 유한하다. 따라서 우리는 유한한 지구의 특성에 맞게 살아야 한다. 그렇다고 즉각 공업문명을 벗어버리고 생태적 생활을 해야 하는 것은 아니다. 만일 그렇게 한다면, 당장 농업생산력이 절반 이하로 떨어져서 세계 인구의 절반 이상이 기아에 허덕이다가 세상을 떠나야 할 것이다. 우리가 해야 할 일은 막강한 공업문명을 잘 활용해서 더 많은 사람들이 생태적 한계를 존중하며 사람답게 살 수 있도록 하면서 공업문명 이후를 철저히 대비하는 것이다. 기존의 복지국가는 생태적 한계에 대한 고려를 하지 않았기 때문에 생태위기를 촉진하는 결과를 빚었다. 복지국가는 인류가 형성한 최상의 사회체계이지만 생태위기를 촉진한다는 점에서는 큰 문제를 안고 있었다.

복지국가를 비난하며 사회주의 또는 공산주의를 추구해야 한다고 주장하는 사람들이 있다. 대체로 맑스주의를 추종하는 좌파, 즉 '맑스주의 좌파'에 속하는 사람들이 그렇다. 그러나 사회주의는 개인보다 사회를 우선시해서 개인의 자유를 억압하고, 개인의 창발성보다 집단의 계획성을 강조해서 생산력의 발달을 저해하고, 여러 문제에 대한 주권자인 시민의 적극적 대응을 가로막아서 위험을 극대화하고, 극소수 권력자가 신처럼 전횡하는 기이한 사회가 될 수밖에 없다는 것을 역사는 생생하게 가르쳐준다. 자유주의에 기반을 두고 민주주의의 원리에 의해 사회의 재구성을 추구하는 복지주의야말로 19세기의 암담한 문제에 대한 20세기의 찬란한 해답이었다.

21세기는 공업문명에 의한 생태위기로 말미암아 인류의 생존 자체가 위태로운 상황에 이르게 된 생태위기의 시대이다. 생태적 전환은 이 시대가 요구하는 가장 중요한 역사적 과제이다. 따라서 우리는 복지국가의 생태적 전환을 추구해야 한다. 그 결과 형성되는 국가가 바로 생태복지국가이다. 생태복지국가는 모든 현대 사회의 전망일 수 있지만 그 경로는 사회마다 다를 수밖에 없다. 모든 사회는 저마다 특수하기 때문이다. 한국의 경우 생태복지국가는 토건국가의 개혁과 동전의 양면을 이루고 있다. 한국에서 토건국가의 개혁은 생태복지국가의 형성으로 직결될 수 있다. 토건국가에 탕진되는 막대한 혈세를 복지에 쓴다면, 그 자체로 복지의 증진과 자연의 보전을 동시에 이룰 수 있기 때문이다. 생태복지국가를 향한 생태적 전환은 재정구조와 정부조직의 개혁으로 시작되어 산업구조, 고용구조, 의식구조의 개혁으로 이어져야 할 것이다.

생태복지국가는 예컨대 토건업이 아니라 환경, 복지, 문화, 교육에 더 많은 재정을 투여하는 국가이며, 국토해양부와 6대 개발공사 등을 통폐합하고 환경, 복지, 문화, 교육을 강화하는 국가이며, 토건업을 대대적으로 축소하고 환경, 복지, 문화, 교육을 확대하는 국가이며, 토건업이 아니라 환경, 복지, 문화, 교육에 더 많은 사람들이 고용되는 국가이며, 토건업의 문제를 직시하고 환경, 복지, 문화, 교육의 가치를 중시하는 국가이다. 이 와중에 핵산업의 환경성을 주장하는 자들도 있다. 그러나 핵산업은 토건업과 긴밀히 결합되어 있기도 하거니와 토건업보다 더 직접적이지는 않아도 더 근원적으로 심각한 절멸의 위험을 안고 있다. 핵산업을 내세운 '녹색성장'은 사실 '회색파괴'일 뿐이다.

2. 생태복지국가 연대

토건국가의 개혁이 저절로 이루어지지 않듯이 생태복지국가의 건설도 저절로 이루어지지 않는다. 토건국가 연대에 맞서는 생태복지국가 연대의 결성과 실천이 무엇보다 중요하다. 생태복지국가 연대는 어떻게 만들어질 수 있으며, 무엇을 해야 하는가? 사회운동을 주도하는 기존의 목표나 방향으로 생태복지국가 연대를 형성할 수 있는가? 그렇지 않으면, 기존의 목표나 방향의 전면적 개혁을 추구해야 하는가? 이미 답은 명확하다. 현재를 넘어서 미래로 나아가기 위해서는 과거를 참조하되 현재를 천착하며 미래를 봐야 한다. 과거에 얽매여서는, 그것도 서구의 과거에 얽매여서는, 결코 미래로 나아갈 수 없을 것이다.

생태복지국가 연대를 일반적인 '적녹연대'의 한 유형으로 생각할 수도 있다. 그러나 '적녹연대'는 두가지 큰 문제를 안고 있다. 일반적으로 '적녹연대'에서 '적'은 맑스주의에 입각한 사회주의 또는 공산주의를 지향하는 것으로 상정되곤 한다. 이것은 잘못이다. 19세기 서구 사회를 배경으로 한 맑스의 이론은 현재에 맞지 않는다. '적'은 사회주의 또는 공산주의가 아니라 복지주의를 추구해야 한다. 또한 '적녹연대'에 앞서서 '적적연대'부터 제대로 이루어질 필요가 있다. 특히 한국의 노동운동은 조직율이 낮을 뿐더러 갈수록 심하게 분열하고 있다. 대기업 대 중소기업, 정규직 대 비정규직 등의 분열을 극복하기는커녕 더욱 더 심하게 분열하고 있는 노동운동에게 '적녹연대'를 요구하는 것은 비현실적이다.

생태주의도 내적으로 단일하지 않다. 심지어 반동적 생태주의도 있다. 그러나 한국의 생태운동은 대체로 개혁적 입장을 추구하고 있으며, 이런 점에서 연대의 기반이 노동운동보다 확고하다. 한국에서 '적녹연대'는 노동운동이 아니라 생태운동의 주도로 이루어질 수밖에 없다. 한국의 노동운동은 대체로 이익집단형 노동운동에 빠져 있으며, 그 이익은 사실상 반생태적인 활동의 결과이기 때문이다. 따라서 '적녹연대'는 사회 구성원 전체의 보편적인 이익을 추구하는 생태운동이 이익집단형 노동운동을 견인하는 방식으로 구현될 수 있다. 그러나 한국의 노동운동이 이익집단형 노동운동의 문제를 벗어나기는 거의 불가능해 보인다. 그렇다면 결국 생태운동을 중심으로 '적녹연대'가 아닌 형태의 생태복지국가 연대가 추구되어야 할 것이다.

생태복지국가 연대는 특정 계급이나 계층의 주도로 이루어질 수 없을 것이다. 그것은 생태위기의 현실에 동의하고 토건국가를 넘어서 생태적으로 안전한 복지사회를 추구하는 광범위한 사회 구성원의 참여로 이루어질 수 있다. 그 기반은 아직 넓지 않은 것으로 보인다. 그러나 사회위기와 생태위기를 넘어서 다수가 행복하기 살기 위해서는 생태복지국가 연대가 확고히 결성되어야 한다. 그것은 민주주의, 복지주의, 생태주의를 핵심적 이념으로 추구한다. 모든 사람이 자유롭게 참여해서 누구나 사람답게 살 수 있는 사회를 추구하되 생태적 한계를 가장 중요한 조건으로 설정하는 것이다. 사실 생태위기에 대한 우려는 사회 전체적으로 대단히 넓게 확산되어 있다. 이런 점에서 아직 목표와 방향을 명확히 설정하지 못했기 때문에 생태운동이 생태복지국가 연대를 결성하지 못하고 있는 것일 수도 있다.

생태복지국가 연대는 토건국가 연대를 제압해야 하며, 이를 위해 토건국가 연대가 제시하는 개발주의에 맞서야 한다. 오늘날 한국에서 개발주의는 성장주의의 다른 이름이며, 지역주의의 본모습이라고 할 수 있다. 성장주의는 끝없는 성장만이 풍요를 가져올 수 있다는 믿음이다. 이 성장주의의 바탕에는 모든 개발을 발전으로 여기는 개발주의가 자리잡고 있다. 개발주의는 투기에 대한 맹목적 기대를 촉진하는 원천으로서 토건국가의 핵심이며, 이 때문에 다수의 사람들이 개발주의를 맹신하고 있다. 지역주의의 본질은 더 많은 개발을 둘러싼 지역 간의 갈등이다. 물론 독재는 지역주의를 민주 대 독재의 대립으로 발현하게 만들었다. 그러나 민주화와 함께 지역주의의 본질이 개발주의라는 사실이 갈수록 분명해지고 있다. 이 점을 올바로 인식하지 못한다면, 개발주의는 물론이고 지역주의도 결코 해결할 수 없다.

이 나라에서 최초로 환경문제의 심각성을 경고하는 논문을 발표한 농경제학자 유인호는 박정희 개발독재가 모든 것을 GNP로 환원해서 측정하는 'GNP교'를 확산해서 사람들을 현혹하고 있다고 지적했다. 또한 그보다 한참 뒤이지만 김진균은 박정희 개발독재가 '새마을 운동'의 이름으로 전통적인 생활방식을 파괴한 것의 문제를 지적했다. 생태복지국가 연대가 제대로 결성되고 작동되기 위해서는 토건국가의 구조를 올바로 이해해야 하며, 이를 위해서는 그 연원에 대해서 잘 이해해야 한다. 민주화와 토건국가의 개혁을 별개로 생각하거나, 박정희 독재의 청산과 '박정희 체계'의 개혁을 별개로 생각하는 한, 생태복지국가 연대는 결코 결성될 수 없다. 박정희 개발독재에서 비롯된 개발주의의 척결은 생태복지국가 연대가 추구해야 하는 근원적 과제이다.

한국 사회는 세계적으로 유례를 찾기 어려운 개발주의 사회이다. 오랜 독재를 거치며 법보다 돈이 중요하다는 인식이 널리 퍼졌고, 개발은 많은 돈을 벌 수 있는 가장 좋은 길이라는 사실이 명확히 확인되었다. 한국은 토건국가가 개발주의를 강화하고 개발주의가 토건국가를 강화하는 토건국가와 개발주의의 악순환이 확립된 기형국가이다. 이 문제를 인식한 시민들의 주권운동으로서 생태복지국가 연대의 결성과 실천이 이루어져야 할 것이다. 이것은 궁극적으로 '녹색당'과 같은 독자정당의 실현으로 나아가야겠지만, 기존 정당의 변화와 참여를 촉구하는 활동도 더욱 강화되어야 할 것이다.

V. 맺음말

민주화에도 불구하고 토건국가 문제는 더욱 더 악화되었다. 그 결과 '원조 토건세력'의 집권이 이루어졌으며, 이들은 대다수 국민들의 반대를 무시하고 '4대강 죽이기'와 같은 토건국가의 극단화 정책을 강행하고 있다. 그 이유는 두가지로 생각할 수 있다. 하나는 구조적인 이유로서 강고한 토건국가의 구조 속에서 토건국가를 유지하는 것이 정치적으로 유리하다는 판단에 따른 것이고, 다른 하나는 주체적인 이유로서 스스로 토건국가의 핵심주체로서 토건국가의 구조를 확대하는 것에서 막대한 이익을 얻을 수 있다는 판단에 따른 것이다.

'4대강 죽이기'는 단순히 국토를 파괴하는 것이 아니라 대다수 국민의 생명을 위협하는 것이다. 이 때문에 '4대강 죽이기'는 토건국가의 극단화에 해당되는 것이다. 이런 상황에서도 토건국가 문제를 폄하하고 무시하는 것은 극히 잘못된 것이다. '4대강 살리기'라는 이름으로 강행되는 '4대강 죽이기'에 맞서서 야4당과 시민단체들이 힘을 모아 2009년 6월 18일에 '4대강 죽이기 저지 범국민대책위'라는 연대조직을 결성했다. 이 조직은 '4대강 죽이기'의 위험을 고스란히 반영하고 있는 것이지만 여전히 토건국가 문제에 대한 구조적 이해는 넓게 확산되어 있지 않다. 이를테면 '4대강 죽이기'를 토건국가의 구조적 산물로 이해하기보다는 이명박 세력의 파괴적 정책으로 이해하는 경향이 더 강한 것이다. 이것은 잘못이다. '4대강 죽이기'는 분명히 이명박 세력의 파괴적 정책이지만 그 바탕에는 토건국가라는 너무나 잘못된 구조가 강고하게 자리하고 있는 것이다.

그러므로 '4대강 죽이기 저지 범국민대책위'는 토건국가 문제라는 관점에서 '4대강 죽이기'의 문제에 적극 대처해야 한다. 그 결과 '4대강 죽이기'를 저지할 뿐만 아니라 토건국가 문제를 해결할 수 있는 길을 열어야 한다. 이를 위해서는 생태복지국가라는 전망을 적극 제시하고 국민들과 소통해야 할 것이다. 단순히 토건국가 문제에 대해 이해하는 것을 넘어서 '좋은 사회'의 구체적인 전망을 추구할 수 있을 때, 사람들은 더욱 더 적극적으로 토건국가 문제의 해결을 요구하게 될 것이다. 그 핵심은 재정구조와 정부조직의 개혁이며, 그 단초는 6대 개발공사의 전면적인 통폐합이다. 토건국가 문제를 개혁하지 않고 한국사회의 개혁을 이룰 수 있는 길은 없다. 토건국가 문제에 무지하거나 무심하면서 개혁과 진보를 외치는 것은 공허할 뿐더러 잘못된 것이다. 환경운동은 물론이고 전체 사회운동이 이 점을 올바로 이해해야 한다. 생태복지국가 연대를 위한 노력이 하루빨리 실질화되기를 바란다.

(2009년 8월)

참고자료

경실련, 2008, 『공공건설 예산낭비 사례 및 대안』.
김진균, 2003, 『21세기 진보운동의 기획』, 문화과학사.
유인호, 1973, '경제성장과 환경파괴 - 〈성과〉와 〈대가〉에서 본 고도성장', 『창작과 비평』8-3(1973년 가을호).
조명래, 2006, 『개발정치와 녹색진보』, 환경과생명사.
허수열, 2005, 『개발 없는 개발』, 은행나무.
홍성태, 2004, 『생태사회를 위하여』, 문화과학사.
_____, 2007, 『개발주의를 비판한다』, 당대.
_____, 2007, 『대한민국 위험사회』, 당대.
_____, 2009, 『민주화의 민주화』, 현실문화.
_____, 2009, 『후진 기어 넣고 앞으로 가자고?』, 한울.
_____, 2009, '사회운동의 생태적 전환과 연대', 『진보평론』40(2009년 여름).
_____ 엮음, 2005, 『개발공사와 토건국가』, 한울.
_____ 엮음, 2006, 『한국의 근대화와 물』, 한울.
_____ 엮음, 2008, 『토지공사의 문제와 개혁』, 한국학술정보.

게오르그 디미트로프, 김대건 편역, 1987, 『통일전선 연구 - 반파시즘 통일전선에 대하여』, 거름.

결론
생태복지국가를 향하여

I.

오늘날 우리는 '선진화'(advancement)의 과제를 안고 있다. 사실 한국에서 '선진화'는 박정희와 전두환의 군사-개발독재에 의해 널리 유포된 말이다. 이 때문에 일부에서는 '선진화'라는 말 자체를 거부하기도 한다. 그러나 거부되어야 하는 것은 '선진화'라는 말 자체가 아니다. 사실 '선진화'는 더 나은 상태로 되는 것을 뜻한다. 군사-개발독재에 의해 널리 유포되었다고 해서 이렇게 좋은 말을 거부하는 것은 그 자체로 문제이다. 중요한 것은 '선진화'라는 말 자체를 거부하는 것이 아니라 그 내용을 올바로 다듬는 것이다. 이런 점에서 가장 중요한 것은 '사이비 선진화'와 '진정한 선진화'를 구분하는 것이다.

'사이비 선진화'는 말로는 선진화를 내세우고 사실은 후진화를 추진하는 것이다. 그것은 무엇보다 자연과 사람에 대한 이중의 착취를 계속 강화하는 것을 선진화로 제시한다. 또한 이렇게 하기 위해서 사람들이 마땅히 누려야 할 자유와 권리를 침해하고 제약하는 것을 선진화로 제시한다. '사이비 선진화'는 군사-개발독재의 후예들이 주도한다. 그들은 많은 매체들을 동원해서 하루 24시간 일년 365일 내내 '사이비 선진화'를 널리 선전하고 있다. 그러므로 크게 조심하지 않으면 누구라도 '사이비 선진화'의 주술에 걸려서 '좀비'의 신세로 전락할 수 있다. 자연과 사람을 착취하는 것, 그리고 자유와 권리를 침해하는 것은 결코 선진화가 아니라 후진화이다. 이 사실을 결코 잊지 말아야 한다.

'진정한 선진화'는 자연과 사람을 착취하지 않고 자유와 권리를 침해하지 않는 것으로 이루어질 수 있다. 이를 위해서 우리는 세가지 과제를 적극적으로 추구해야 한다. 민주화의 관점에서 보았을 때 이것은 '민주화의 민주화'를 이루는 것이라고 할 수 있다. 민주화는 단지 정치적 민주화의 차원에 국한되지 않으며, 더 나은 사회를 향한 영속적 과정으로 추구되어야 한다. '진정한 선진화'를 향한 '민주화의 민주화'는 무엇보다 민주주의, 복지주의, 생태주의라는 세가지 과제를 통해 구현될 수 있다. 그 결과 우리는 '생태복지국가'를 이룩하고 살아가게 될 것이다.

II.

한국에는 '산업화 → 민주화 → 선진화'의 도식이 널리 퍼져 있다. 그러나 이 도식은 잘못된 것이다. 근대화는 산업화와 민주화를 두 핵심으로 한다. 정상적 근대화는 민주적 산업화로 이루어지며, 파행적 근대화는 독재적 산업화로 이루어진다. 그리고 독재적 산업화가 결국 민주적 산업화로 발전하지 못하면, 그 결과는 파국이나 몰락이 되고 만다. 히틀러의 나찌즘으로 귀결되었던 독일의 근대사, 히로히토의 군국주의로 귀결되었던 일본의 근대사, 그리고 한때 한국보다 훨씬 부국이었으나 급속히 몰락한 남미와 동남아의 국가들이 그 생생한 예이다.

한국이 세계 10위권의 경제대국으로 성장해서 막대한 풍요를 누릴 수 있는 까닭은 불굴의 민주화 운동에 의해 결국 민주화에 성공했기 때문이다. 만일 그렇지 못했다면, 한국은 부패로 파멸하고 말았을 것이다. 한국은 독재적 산업화로 상당한 부를 쌓았으나 급속히 몰락할 위기에 처했었다. 전두환의 부패와 1997년의 IMF 사태는 그 좋은 예이다. 그러나 강력한 국가폭력에도 굴하지 않고 전개된 민주화 운동에 의해 국가와 사회의 운영이 상당히 정상화될 수 있었고, 그 결과 한국은 위기를 극복하고 더욱 더 커다란 성장과 풍요를 이룰 수 있었다. 민주화 운동의 성공으로 민주적 산업화가 이루어질 수 있게 되면서 한국은 세계 10위권의 경제대국으로 비약할 수 있었던 것이다. 이제 한국은 '진정한 선진화'를 향해 나아가야 한다. '독재적 산업화 → 민주적 산업화 → 진정한 선진화'의 경로야말로 한국의 발전을 보여주는 올바른 도식이다.

'선진화'는 산업화와 민주화를 두 동력으로 한다. 이 점에서 '선진화'는 결국 근대화의 진척이라고 할 수 있다. 그러나 여기서 우리는 정상적 근대화와 파행적 근대화, 그리고 '사이비 선진화'와 '진정한 선진화'의 구분에 유의해야 한다. '사이비 선진화'는 민주적 산업화를 독재적 산업화로 퇴행시키는 것이며 파행적 근대화를 악화시키는 것이다. '진정한 선진화'는 민주적 산업화를 더욱 심화해서 정상적 근대화의 발전을 추구하는 것이다. 그것은 민주주의, 복지주의, 생태주의를 통해 비로소 구현될 수 있다. 좀더 정확히 말하자면, 민주주의의 기반 위에서 복지주의와 생태주의를 적극 추진하는 것으로 구현될 수 있다.

민주주의는 모든 사람이 동등한 주권자로 정치에 참여할 수 있는 정치체제를 뜻한다. 그러나 민주주의는 여기에 그치지 않는다. 민주주의는 모든 사람이 동등한 구성원으로 함께 잘 살 수 있는 사회체제도 뜻한다. 그러므로 민주주의는 완성될 수 없는 것이며, 언제나 완성을 향해 나아가는 것이다. 일찍이 로버트 달(Robert Dahl, 1915-2014) 교수가 밝혔듯이, 민주주의는 여러 정치제도들로 이루어지는 정치체제를 넘어서 인류가 추구해야 하는 이상사회를 뜻한다. 우리는 이런 민주주의의 특성을 올바로 인식해야 한다.

정치체제로서 민주주의가 이룩한 위대한 사회체제가 바로 복지주의이다. 거의 100년에 걸친 (자유체제인) 자본주의와 (통제체제인) 사회주의의 대립을 융합해서 만들어진 역사적인 사회체제가 바로 복지주의이다. 우리는 복지주의를 단순히 정책이 아니라 새로운 사회체제로서 이해해야 한다. 그것은 자본주의와 사회주의의 악무한적 대립을 넘어서고자 하는 지난한 노력의 놀라운 성과이다. 이런 점에서 신자유주의의 진정한 반대말은 바로 복지주의이다. 그러나 복지주의는 생태위기라는 근원적인 문제 앞에서 본질적인 한계를 드러내 보였다. 복지주의는 생태주의를 적극적으로 받아들여야 한다. 아니, 복지주의는 시급히 생태적 전환을 이루어야 한다. 생태주의를 무시하는 복지주의는 존립할 수 없다는 사실을 생태위기는 이미 뚜렷이 보여주고 있다.

III.

복지국가는 복지주의를 구현하는 가장 강력한 주체이다. 한국의 '보수'는 복지국가를 '좌파'의 산물이라고 주장한다. 그러나 이것은 틀린 주장이다. 세계 최초의 복지국가는 영국이다. 영국의 보수당 정부는 제2차 세계대전이 한창이던 1942년 11월 30일에 『사회보험 및 관련 서비스에 관한 보고서』라는 제목의 보고서를 발표했다. 이 보고서를 작성한 위원회의 책임자였던 경제학자 윌리엄 베버리지의 이름을 따서 '베버리지 보고서'로 불리는 이 보고서에서 '복지국가'(Welfare State)라는 말이 처음으로 사용되었다. 보수당의 처칠 정부는 모든 국민이 '요람에서 무덤까지' 사람답게 살 수 있는 사회를 그 요체로 제시했다.

한국의 '보수'는 '선진화'를 외치면서도 정작 '선진국'을 제대로 배우고자 하지 않는다. 영국에서 시작된 복지국가는 이후 '선진국'의 기본이 되었다. 정말 '선진국'이 되고자 한다면 무엇보다 복지국가를 이룩해야 한다. 그러나 한국의 '보수'는 '선진국병'이라는 이름으로 복지국가를 부정하고 거부한다. 그런데 이 괴이한 말은 사실 1980년대 초에 일본의 기업가조직인 '게이단렌'(經團聯)에서 만들어서 퍼트린 것이다. '게이단렌'이 이 말을 퍼트린 이유는 복지국가에 대한 일본 국민의 여론을 왜곡하기 위한 것이었다. 일본의 반자유주의나 미국의 신자유주의나 사실 '선진국'과는 거리가 먼 것이다. '선진국'은 복지국가를 기본으로 해서 사회적 혁신과 생태적 전환을 추구한다.

정도의 차이는 있어도 복지국가가 아닌 '선진국'은 없다. 우리는 복지국가를 이룩해야 한다. 한국의 '보수'는 항용 아직 때가 아니라고 한다. 그러나 서구의 '선진국'은 1인당 국민소득 6천 달러 정도에서 복지국가를 이룩했다. 한국의 국민소득은 2018년에 3만 달러를 넘어섰다. 한국은 이미 복지국가를 확립해야 지속적인 경제성장도 이룰 수 있는 상태이다. 우리는 '부국빈민'이 아니라 '부국부민'을 추구해야 한다. 그것은 도덕적으로 뿐만 경제적으로 올바른 길이다. 우리는 모든 구성원에게 '요람에서 무덤까지' 사람답게 살 수 있는 부를 이미 갖추고 있다.

복지국가를 추구해야 한국은 '돈 많은 못 사는 나라'에서 '돈 많고 잘 사는 나라'로 발전할 수 있다.

그러나 우리는 복지국가의 문제를 직시해야 한다. 성장의 지체와 신자유주의의 위협도 중대한 문제이지만 가장 근본적인 것은 생태위기의 문제이다. 복지국가의 생태적 전환은 극히 시급한 과제이다. 복지국가는 생태복지국가로 거듭나야 한다. 한국은 더 말할 것도 없다. 한국은 생태적 전환을 적극 추진해야 복지국가를 이룩할 수 있다. '4대강 사업'마저 강행한 토건국가이기 때문이다. 한국은 불필요한 대규모 토건사업에 막대한 혈세를 투여하고 있기 때문에 복지국가를 확충하지 못하고 있다. 토건국가는 복지국가의 확립을 막고 공동체를 계속 파괴하고 있다.

IV.

'파괴적인 토건국가에서 생태적인 복지국가로!' 지금 여기에서 우리가 이루어야 하는 '민주화의 민주화', '진정한 선진화', 그리고 '진정한 진보'의 과제는 이렇게 제시될 수도 있다. '4대강 사업'이 여실히 입증했듯이 토건국가의 문제를 그저 '환경'의 문제로 여기면서 '선진'을 우습게 다루고 '진보'를 우기는 것은 잘못이다. '세계경제포럼'에서는 2년마다 '세계환경성과지수'를 발표한다. 2010년 1월 28일의 발표에 따르면 한국은 163개국 중에서 94위를 차지했다. OECD 30개국 중에서 단연 꼴찌일 뿐만 아니라 2008년 1월 24일의 발표에 비해 무려 43위나 추락한 것이어서 아연하지 않을 수 없었다.

세계 10위권의 경제력과 세계 100위권의 환경 질은 한국의 모순을 극명하게 보여준다. 정말로 이 사회의 발전과 구성원의 삶에 깊은 관심을 갖고 있는 사람이라면 누구라도 이 문제를 올바로 인식하고 적극 대처해야 할 것이다. 경제력과 환경 질 사이에서 이렇게 극단적인 괴리를 보이고 있는 나라는 세계 어디에도 없다. 이 괴리는 당연히 사회 질과 삶의 질에도 깊은 영향을 미치지 않을 수 없다. 바로 이 때문에 오늘날 한국은 세계에서 손꼽히는 '돈 많은 못 사는 나라'가 된 것이다. 이 근본적인 문제의 핵심에 핵발전소도 남발하는 토건국가가 자리하고 있다. 이 문제를 직시해야 한다.

    토건국가의 문제는 무엇보다 먼저 재정의 문제이며 산업의 문제이다. 불필요한 대규모 토건사업이 재정과 산업을 지배하고 있는 상황에서 '선진화'는 이루어질 수 없다. 파괴적인 토건국가를 넘어서 생태적인 복지국가로 나아가야 한다. 이 과제는 발전의 과제이기에 앞서서 생존의 과제이므로 반드시 이루어야 한다. 생태복지국가의 전망을 추구하는 것은 현실적인 이상을 추구하는 것이다. 그것은 우리가 이룰 수 있고 이루어야 하는 역사적인 발전 과제이다. 이 사회의 발전과 구성원의 삶을 염려하는 모든 사람의 머리와 가슴에 아름다운 생태복지국가의 전망이 스며들기를 바란다.

    생태복지국가는 국가기구의 개편만이 아니라 시민사회와 공동체의 활성화를 통해 더욱 원활히 작동될 수 있다. 엘리너 오스트롬이 잘 밝혔듯이 국가가 모든 것을 할 수는 없다. 심지어 국가는 기업과 마찬가지로 심각한 문제의 원천일 수 있다. 이런 점에서 시민사회와 공동체의 활성화는 좋은 사회를 위해 대단히 중요하다. 시민사회는 국가와 기업을 전문적으로 감시-견인할 수 있고, 공동체는 자신과 자연을 지키고 생태적 전환을 촉진할 수 있다. 공동자원은 생태복지국가의 생태적 기반이 될 것이며, 생태복지국가는 공동자원의 정치적 방패가 될 것이다. 이런 식으로 생태적 혁신의 구조적 선순환이 하루빨리 확립되기를 바란다.